dtv
premium

W0172372

Ausführliche Informationen über
unsere Autoren und Bücher
finden Sie auf unserer Website
www.dtv.de

Rainer Hermann

DIE GOLFSTAATEN

Wohin geht das neue Arabien?

Mit vier Karten

Deutscher Taschenbuch Verlag

Originalausgabe 2011
© Deutscher Taschenbuch Verlag GmbH & Co. KG,
München
Das Werk ist urheberrechtlich geschützt.
Sämtliche, auch auszugsweise Verwertungen bleiben vorbehalten.
Umschlagkonzept: Balk & Brumshagen
Umschlagfotos: Agentur Focus/Arabian Eye/Kami (oben), dpa Picture-Alliance
Karten Seite 343–346: Claudia Geyer & Bernd Hesselbach
Redaktion und Satz: Olaf Benzinger,
Verlagsbüro Lektyre, Germering
Gesetzt aus der Concorde 9/11,75° und der Franklin Gothic
Druck und Bindung: Kösel, Krugzell
Gedruckt auf säurefreiem, chlorfrei gebleichtem Papier
Printed in Germany · ISBN 978-3-423-24875-4

Inhalt

Die Golfregion

Einleitung: Die »Arabellion«, das alte und das neue Arabien

Die größte Massenmobilisierung der jüngeren Geschichte hat in der arabischen Welt einen langen Stillstand aufgebrochen. Wellen der Demokratisierung hatten andere Kontinente erfasst, die autoritären arabischen Staaten aber sind geblieben. Vielen Regionen der Welt hatte die Globalisierung das Tor zu einem Aufstieg und zu Wohlstand geöffnet, die arabische Welt aber wurde kaum integriert: mangels Willen und mangels wettbewerbsfähiger Produkte. Von Jahrzehnt zu Jahrzehnt fiel sie immer weiter zurück. Dabei waren entlang des Nils und in Mesopotamien einst die ersten Hochkulturen der Menschheit entstanden, die menschliche Phantasie hatte den Garten Eden in den Nahen Osten verlegt, und hier wurden die drei monotheistischen Weltreligionen geboren. Die Gegenwart ist jedoch trist. Keine Region auf der Welt hat eine größere Konfliktdichte.

Die Energie zur Veränderung kommt von innen, und sie entlädt sich seit Anfang des Jahres 2011. Schon länger hatte sich im Kessel ein Druck aufgestaut. Die Bevölkerung der arabischen Staaten ist jung, die Hälfte ist 24 Jahre und jünger. Zunehmend erkannte die junge Generation, dass die alten Eliten sie um ihre Zukunftsperspektiven betrügen. Mit den Kernländern Ägypten, Syrien und dem Irak war das alte Arabien zu einer faulen Frucht verkommen. Zu spät erkannten ihre Machthaber, dass sie Ventile öffnen müssten. Sie taten es nicht, und so löste die Selbstverbrennung eines tunesischen Straßenverkäufers am 17. Dezember 2010 eine Massenmobilisierung aus, die den überfälligen Wandel mit einer unvorhersehbaren Wucht einleitete. An einigen Tagen gingen in Ägypten sechs Millionen Menschen auf die Straße, in Bahrain demonstrierte jeder dritte Einwohner. Nie hatten im Jemen mehr Menschen demonstriert, nie waren es in Libyen mehr, nie in Syrien.

Nicht der Palästinakonflikt hat die jungen Menschen mobilisiert, von dem es doch stets geheißen hatte, er sei die Achse, um die sich das politische Bewusstsein der Araber drehe. Auch die latenten Spannungen mit der Supermacht Vereinigte Staaten spielten keine Rolle. Ihre eigenen Probleme und die Suche nach einem würdigen Leben trieben die Menschen an, auf die Straße zu gehen und ihr Schicksal selbst zu bestimmen. Ihre Proteste sind Antworten auf lokale Missstände, nicht auf die internationale Politik. Sie sind weder anti-amerikanisch noch antiisraelisch, sie haben nichts mit dem Jihad zu tun und nichts mit al-Qaida, Ideologien spielen keine Rolle. Der Protest richtete sich gegen Armut und Korruption, gegen Unterdrückung und das Vorenthalten von Freiheit.

Begonnen haben die Proteste im alten Arabien. Dort hatte die arabische Kultur vor langer Zeit den Zenit ihrer Blüte erreicht. Doch städtische Zentren wie Kairo, Damaskus und Bagdad stehen für eine große Geschichte, nicht für eine dynamische Gegenwart. Sie haben sich nicht erneuert, sondern sind erstarrt. Nach der Gründung des Staates Israel im Jahr 1948 putschten sich in den meisten Ländern Militärs an die Macht. Sie richteten Diktaturen ein und beendeten eine liberale Epoche, die die Jahrzehnte zuvor geprägt hatte. Die Militärdiktaturen waren nicht mehr an der Kreativität der Gesellschaft interessiert und nicht an der Mehrung des Wohlstands, sondern allein an der Sicherung ihrer Macht und an der Sicherheit ihres Staats. Das alte Arabien glitt in Stagnation ab und wurde ein Konfliktherd mit vielen Wunden.

Im letzten Viertel des 20. Jahrhunderts hatte eine Verschiebung des Gravitationszentrums vom verkrusteten alten Arabien zu einem neuen Arabien am Golf eingesetzt. Die Volkswirtschaften am Golf wurden größer als die des alten Arabiens; die wichtigsten arabischen Medien wurden nicht mehr in Kairo und Beirut produziert, sondern in den freieren und reicheren Staaten am Golf; auch im Hinblick auf die politische Bedeutung liefen die ölreichen Staaten der Arabischen Halbinsel den verarmten Staaten im alten Arabien immer mehr den Rang ab. Das Erdöl spielte eine Rolle, denn mit den üppig fließenden Petrodollars konnten die Golfstaaten ihren Rückstand rasch aufholen. Das Erdöl allein gab indes nicht den Ausschlag. Petrodollars sprudelten ja auch im Irak von Saddam Hussein und im Libyen von Muammar Gaddafi. Der Bevölkerung kamen sie aber kaum zugute.

Das war in den kleinen Monarchien am Golf anders. Dort finanzierten die Petrodollars nicht den Größenwahn von Diktatoren, sondern sie legten das Fundament für ein Entwicklungsmodell, das erst in die Region ausstrahlte, dann in die Welt. Am Anfang stand Dubai. Das kleine Emirat zeigte den Arabern und Muslimen, dass Islam, gesellschaftliche Freiheiten und ein Leben in Wohlstand miteinander vereinbar sind. »Dubai« wurde für Araber und Muslime zur Vokabel für ein besseres Leben. Die Besten wanderten nach Dubai aus, weil sie dort ihre Fähigkeiten entfalten konnten. Von Dubais Erfolg ging ein Sog aus, dem sich kein Land der Region mehr entziehen konnte. Andere mussten nachziehen, kopierten das Modell, wandelten es ab, entwickelten es weiter. Mit der Finanzkrise der Jahre 2008 und 2009 gab Dubai die Fackel des Fortschritts an andere weiter, vor allem an Abu Dhabi und Doha. Das Entwicklungsmodell breitete sich wie ein Ölfleck im Wasser aus. Von diesem Modell und seiner Ausstrahlung handelt dieses Buch.

Das politische und wirtschaftliche Gravitationszentrum der arabischen Welt lag bereits am Golf, als die »Arabellion« das alte Arabien zu neuem Leben erweckte. Die Proteste erfassten die meisten der 22 Staaten der Arabischen Liga, wenn auch in unterschiedlichem Maße. Auf der einen Seite schossen in Libyen und Syrien die Sicherheitskräfte auf die Demonstranten, auf der anderen gab es in reichen Ländern wie den Vereinigten Arabischen Emiraten und Qatar überhaupt keine Proteste. Als Reporter war ich an vielen dieser Brennpunkte des Jahres 2011 Augenzeuge. Fünf Szenen aus fünf Monaten:

• Kairo/Ägypten im Februar, ein Wechselbad der Gefühle. Am Abend des 10. Februar sind auf dem Tahrir-Platz wieder mehr als eine Million Ägypter versammelt. Ihre Proteste haben am 25. Januar begonnen. Heute verfolgen sie auf einer Leinwand eine Rede von Husni Mubarak, bei der sie hoffen, dass es seine letzte als Staatspräsident sein wird. Als Vater lasse er seine Kinder nicht im Stich, stammelt der seit drei Jahrzehnten herrschende Greis. Gespenstische Stille legt sich über den Platz. Immer mehr strecken als Zeichen der Verachtung ihre Schuhe in die Höhe. Ungläubiges Staunen über einen, der nicht erkennt, dass seine Zeit abgelaufen ist. Am nächsten Tag verliest Omar Sulaiman, Mubaraks Stellvertreter, kurz vor 18 Uhr, von einem Offizier bewacht, eine knappe Erklärung: Mubarak trete mit sofortiger Wirkung zurück. In nur einer Sekunde fällt von dem Land eine Last ab, es versinkt in einem Freudentaumel. Die Bevölkerung feiert die ganze Nacht. Am nächsten Morgen, einem Samstag, machen sich Hunderttausende Jugendliche mit Schaufel und Besen daran, den Tahrir-Platz und die Straßen um ihn herum vom Schmutz der Proteste und der Jahrzehnte zu reinigen. Ein Hoher Militärrat aus Generälen übernimmt die Macht.

- Manama/Bahrain im März, statt Aufbruch Friedhofsruhe. Am 14. Februar, drei Tage nach Mubaraks Sturz, beginnen auf dem Perlenplatz von Bahrains Hauptstadt die Proteste überwiegend säkularer schiitischer Jugendlicher. Am 22. Februar ist jeder dritte Bahraini auf den Straßen, um friedlich Reformen zu fordern. Das für den 13. März angesetzte Eröffnungsrennen der Formel 1 in Bahrain wird abgesagt. Am 15. März rollen Truppen mit Soldaten und Polizisten aus Saudi-Arabien und den Vereinigten Arabischen Emiraten über die 26 Kilometer lange Landbrücke nach Bahrain, um die Truppen des Königs bei der Niederschlagung der Proteste zu unterstützen. Eine beispiellose Verhaftungswelle setzt ein, Berufsverbote werden verhängt, viele werden wegen ihrer Beteiligung an den Protesten entlassen. Für den Augenblick ist jede dissidente Stimme erstickt. Im Kessel brodelt es weiter.
- Benghasi/Libyen im April, ein militärisches Patt. Am 19. März hat die Nato ihre Luftschläge gegen militärische Ziele von Revolutionsführer Gaddafi begonnen. Gaddafis Soldaten waren vor den Toren von Benghasi gestanden, der Hochburg der Rebellen, und der Machthaber hatte gedroht, seine Soldaten würden »von Gasse zu Gasse, von Haus zu Haus« ziehen, um das »Ungeziefer« zu vernichten. Die Nato verhindert in Benghasi einen Genozid, ein libysches Srebrenica, und die Rebellen schöpfen wieder Hoffnung. Vom Gerichtsgebäude aus organisieren sie ihren Widerstand. Schäbig wie in der Vierten Welt ist es, dabei ist Libyen ein ölreiches Land. Im Gerichtsgebäude entsteht eine neue, eine »spontane Ordnung«. Auf dem Platz davor wird der französische Staatspräsident Nicolas Sarkozy wie ein Nationalheld gefeiert. Die Front ist nicht weit, am Stadttor von Ajdabiya sehe ich tiefe Krater, zerbombte Panzer, jubelnde Libyer. Beide Seiten beißen sich an der Front in einem Patt fest.
- Sanaa/Jemen im Mai, ein politisches Patt. Die Proteste beginnen am 15. Januar, vom 20. Februar an sind sie intensiv. Staatspräsident Ali Abdullah Saleh will nicht das Schicksal seines Freundes und Weggefährten Mubarak teilen und beginnt zu kämpfen. Er organisiert Massenaufmärsche, die mit der Größe

der Protestzüge der Aktivisten und der Opposition mithalten können. Vor drei Jahren hatte er das Regieren im Jemen mit dem Tanz mit einer Schlange verglichen. Mehr als 32 Jahre gab es im schwer regierbaren Jemen keinen fähigeren Schlangenbeschwörer. Er ruft seinen herbeigeschafften Anhängern zu: »Ihr wollt, dass ich bleibe, und ich verlasse euch auch nicht.« Dann wird er am 3. Juni bei einem Attentat verletzt. Gegen seinen Willen muss er den Jemen verlassen und sich in Saudi-Arabien behandeln lassen.

- Wieder Kairo, im Juni. Der Kreisverkehr um den Tahrir-Platz fließt wie vor der Revolution wieder zäh. Auf dem Rondell in der Mitte, wo im Februar dicht gedrängt Zelte gestanden hatten, sprießt etwas Grün. Wie seit vielen Jahren stehen die rostigen Baukräne auf dem Platz mit der ewigen Baustelle weiter still. Dahinter erhebt sich die ausgebrannte Ruine des Hauptquartiers von Mubaraks aufgelöster Staatspartei. Auf dem Platz bieten Straßenverkäufer T-Shirts zur Revolution an. Auf einem steht: »25. Januar. Wir haben Ägypten verändert.« Was hat sich wirklich verändert?

Die Umwälzungen, die das Jahr 2011 angestoßen hat, werden erst über Jahre sichtbare Änderungen hervorbringen und neue Strukturen schaffen. Eine historische Analogie besteht nicht zum Jahr 1989 mit den Revolutionen Osteuropas und seinen raschen politischen Veränderungen, sondern vielmehr zur Revolution des Jahres 1848.

Damals wurden in Europa erstmals Menschenmassen politisiert. Die neue Idee des Nationalismus mobilisierte sie, eine weitreichende Transformation setzte ein. Zuvor war die Politik Spielfeld einer Elite gewesen, die ihre Länder nach ihren eigenen Vorstellungen geformt hatte. Nun wurde die Politik eine Angelegenheit großer Massen, die ihre Ziele in die Politik einbrachten. Sie konnten nicht länger ignoriert werden. Demokratien waren damit noch nicht entstanden, es waren aber Prozesse in Gang gesetzt, die die Gesellschaften auf Dauer verändern sollten. Genau das erleben wir heute in der arabischen Welt. Gesellschaftliche Prozesse sind jedoch Pendelbewegungen, sie verlaufen nicht geradlinig in eine Richtung.

Doch auch zum Jahr 1989 und dem Fall des Kommunismus bestehen Parallelen. Osteuropas Bürger waren ebenfalls für mehr Rechte und das Ende der Diktaturen auf die Straße gegangen. In der DDR versammelten sie sich in Kirchen, von dort zogen sie zu den Montagsdemonstrationen. In vielen arabischen Ländern ist der Freitag der wichtigste Protesttag, wenn sich die Menschen zum Freitagsgebet versammeln, das kein Machthaber verbieten kann. Danach ziehen sie durch die Straßen. Die Unterschiede des arabischen Jahres 2011 und des osteuropäischen Jahres 1989 sind jedoch größer als die Parallelen. Die arabischen Regime waren nie von außen oktroyiert, und so war mehr erforderlich als nur ein Machthaber wie Michail Gorbatschow, der mehr Freiheiten gewährte, um einen Wandel auszulösen. Zudem ist die arabische Welt heterogener, als es die sich ähnelnden bürokratischen Regime Osteuropas waren. Aus dem Sturz des Kommunismus in Ungarn können wir daher nicht ablesen, wie im Jemen der Übergang erfolgen könnte.

In der arabischen Welt ist der Geist aus der Flasche. Ein Umbau der Gesellschaften und der politischen Ordnungen hat eingesetzt. Die Folgen werden uns über Jahrzehnte beschäftigen. Auch das ist eine Parallele zum Jahr 1848, als junge bürgerliche Intellektuelle gegen eine feudale Ordnung aufgestanden waren und Demokratie sowie nationale Einheit gefordert hatten. Auch in Arabien begehren heute junge Demokraten gegen reaktionäre Regime auf, auch sie sind von einem liberalen Patriotismus inspiriert und von dem Wunsch nach Demokratie. Im Europa des 19. Jahrhunderts hatte es Generationen gedauert, bis sich die Forderungen der Revolution durchsetzten. Im 21. Jahrhundert geschehen die Dinge schneller. Die Möglichkeiten der Mobilisierung sind mit den modernen Technologien größer geworden. Die Qualität der Politik verändert sich, sobald nicht mehr allein die Eliten die Politik bestimmen. In der Vergangenheit haben in Ländern wie Ägypten und Tunesien verwestlichte Machthaber ihre Gesellschaften auf den Weg der Moderne gebracht. Nur im Kampf gegen den Kolonialismus haben sie kurz die Massen mobilisiert. Nun melden sich diese arabischen Massen selbst zu Wort. Sie richten ihre Forderungen an die Herrschenden, sie wollen ein neues Verhältnis des Staats zur Gesellschaft. Der Staat soll nicht länger in der Hand einer Elite sein, die sich die Gesellschaft vom Leib und gefügig hält. Die Menschen, die in die Politik drängen, bringen ihre Identitäten mit, und ihre kulturelle Identität wird vom Islam geprägt. Die neuen Ordnungen, die in der arabischen Welt entstehen, sind daher keine Blaupause des liberalen westlichen Gesellschaftsmodells. In den Gesellschaften wird die Präsenz des Islams zunehmen, ohne dass dies die Errungenschaften der Moderne, wie die Menschenrechte und die gestärkte Stellung der Frau, gefährden müsste. Die Eliten können aber nicht länger die auf den Islam gründenden Werte ignorieren. Und je mehr die Muslime durch eine gewaltfreie Politik erreichen können, desto weniger finden extremistische Islamisten Gehör, die mit Gewalt einen islamischen Staat errichten wollen.

Als sich die patriotische Jugend Europas 1848 gegen das feudale »ancien régime« erhob, war es gerade ein halbes Jahrhundert her, dass Napoleon mit seiner Expedition nach Ägypten die arabische Welt aus der Lethargie gerissen hatte. Seit einem halben Jahrtausend, also seit dem Sieg über die Kreuzritter und der Vertreibung der Mongolen, war in der arabischen Welt die Zeit nahezu stillgestanden. Nun drang Europäisches auf allen Ebenen ein. In den Wirren nach Napoleons kurzem Feldzug setzte sich Muhammad Ali, ein albanischer Offizier in den Diensten des Osmanischen Reichs, als Herrscher über Ägypten durch. Er modernisierte nach dem Vorbild Europas seine Armee, und das löste eine Welle von Veränderungen aus, die die gesamte Gesellschaft erfasste. Denn eine moderne Armee braucht moderne Fabriken, die moderne Waffen und Uniformen herstellen, sie braucht eine moderne Bürokratie, die Steuern erhebt und Soldaten rekrutiert. Das Recht änderte sich, und moderne Schulen vermittelten modernes Wissen, kein Teil der Gesellschaft blieb unberührt.

Europa griff tief in Arabien ein. Alles kam nun aus Europa: Verwaltungswesen, Technologien, Kapitalismus und Nationalismus, Sozialismus und Kommunismus, Säkularismus und Liberalismus. Europa zog die Grenzen neuer Staaten, setzte Könige ein und schrieb Verfassungen. Nie handelten die Araber, immer die Fremden. Alle wichtigen Entwicklungen waren durch Außeneinfluss ausgelöst: 1918 der Zerfall des Osmanischen Reichs und der Beginn der arabischen Nationalstaaten, 1924 die Auflösung des Kalifats durch Atatürk, 1948 die Gründung des Staates Israel auf arabischem Boden, 1979 die Revolution in Iran, von der sich von nun an die sunnitischen Araber bedroht fühlten. Der Irakkrieg 2003. Mit den Aktivisten des Jahres 2011 waren die Araber erstmals wieder selbst die Handelnden.

Den Anfang der Fehlentwicklungen im alten Arabien markiert ein Geburtsfehler. Modernisierer wie Schah Mohammad Reza Pahlawi in Iran und Gamal Abd al-Nasser in Ägypten hatten, wie vor ihnen Atatürk, geglaubt, dass der Staat jene Moderne verkörpere, die sie anstrebten. Die Gesellschaften waren fragmentiert, der Staat sollte stark sein. Mit seiner Hilfe wollten die Modernisierer eine schlagkräftige Armee heranbilden, um die militärische Unterlegenheit gegenüber dem Westen zu kompensieren, und Staatsbetriebe gründen, um die wirtschaftliche Rückständigkeit zu korrigieren. Von oben ordneten sie eine Modernisierung an, sie wuchs also nicht langsam von unten. Das Ergebnis waren autoritäre Staaten, in der kleine Eliten der Bevölkerung ihren Willen aufdrückten. Im Personenkult der Herrscher wurde ihr autoritärer Charakter sichtbar. Sie ließen sich gottgleich verehren, jeglicher Kritik entzogen, mit Porträts in staatsmännischer Pose in allen Amtsstuben und öffentlichen Räumen.

Seit Napoleons Expedition und vor allem im 20. Jahrhundert waren viele Institutionen übernommen worden. Sie blieben in der arabischen Welt aber häufig bloß eine Fassade, hinter der die Machthaber ihre autoritären Regime versteckten. Mit den Techniken der Moderne übten sie mehr Macht aus, als die vormodernen Staaten je besessen hatten. Sie hatten nun das ganze Land unter Kontrolle, erstickten rasch jegliche oppositionelle Regung. Kontrollierte Wahlen mit kontrollierten Parteien wurden ein Ventil, um Druck abzulassen; die Parlamente blieben aber ohne Kompetenz. Auch die Justiz, meist Teil des Herrschaftsapparats, gehörte zu dieser Dekoration. Keine Teilung der Gewalten schränkte die Macht ein, vielmehr sicherten sie allmächtige Sicherheitsapparate ab. Mit einer Bandbreite von der Polizei über die Staatssicherheit und einer Vielzahl von Geheimdiensten, die sich gegenseitig in Schach zu halten haben, sind sie für die Machthaber überlebenswichtig geworden. Die Möglichkeiten einer Partizipation der Gesellschaft sind nur Schein und Illusion geblieben.

Festgefügte Pyramiden der Macht entstanden mit einem Präsidenten an der Spitze. Dabei sorgen die Armee und der Sicherheitsapparat dafür, dass alles beim Alten bleibt. Um nach unten Loyalitäten zu schaffen und die Herrschaft zu sichern, binden die Machthaber über Patronage und Klientelverhältnisse Bürger an sich – etwa durch die Vergabe von Posten in der Bürokratie und in Staatsbetrieben, durch kooptierte Religionsgelehrte und durch Unternehmer, die für ihre Loyalität durch die Zuwendung von staatlichen

Ressourcen belohnt werden. Solche Systeme sind immobil, schließen Kreativität und Dynamik aus, aber sie sichern die Macht, und sie garantierten auch in Republiken lange Herrschaftszeiten: In Libyen putschte sich Muammar al-Gaddafi 1969 an die Macht, in Syrien Hafiz al-Assad 1970. Im Jemen stieg Ali Abdullah Saleh 1978 an die Staatsspitze auf, in Ägypten Husni Mubarak 1981, in Tunesien Zine el-Abidine Ben Ali 1987. Jeder von ihnen hatte zuvor Karriere in der Armee oder in Geheimdiensten gemacht.

Diese modernen Pyramiden der Macht sind meist erst nach dem Zweiten Weltkrieg entstanden. In der arabischen Welt war die Armee für viele aus den unteren Schichten der beste Weg, sozial aufzusteigen. Ägypten öffnete 1936 die Kriegsakademie für alle, und die »Freien Offiziere«, die 1952 die Monarchie stürzten und eine Diktatur errichteten, waren die Kadetten der ersten Jahrgänge. Sie beendeten eine liberale Epoche, die 1922 mit der beschränkten Unabhängigkeit von Großbritannien begonnen hatte. In diesen drei Jahrzehnten war die soziale Ungerechtigkeit zwar weiter groß geblieben, denn die Besitzenden zeigten kaum Verantwortung für die Armen, aber die Zeitspanne war aufgrund der relativen Freiheit die produktivste kulturelle Phase in der jüngeren arabischen Geschichte. Mit der Machtübernahme durch Nasser setzte eine kulturelle, wirtschaftliche und politische Stagnation ein, die bis in die Gegenwart anhielt. Sein neuer Staat war allmächtig, die bürgerliche Mittelschicht wurde bewusst geschwächt, Wohlstand wurde nicht mehr erzeugt.

Mit eine Ursache für den autoritären Charakter der Staaten Arabiens war die Gründung des Staates Israel. Um den Kampf mit Israel aufzunehmen, fegten in Ägypten, Syrien und im Irak Militärs die zivilen Regierungen beiseite. Der Konflikt mit Israel wurde zum Vorwand, um im Namen der nationalen Geschlossenheit jegliche Opposition im Keim zu ersticken und den Pluralismus zu beseitigen. Eine zweite Ursache für den zunehmend autoritären Charakter der Staaten waren die neuen Ideologien des arabischen Nationalismus und des arabischen Sozialismus. Nach dem Ersten Weltkrieg hatte sich der arabische Nationalismus gegen die europäischen Kolonialmächte gerichtet, die die arabischen Provinzen des untergegangenen Osmanischen Reichs unter sich aufgeteilt hatten. Dann setzte sich die 1940 gegründete arabisch-sozialistische Baath-Partei in einem »grand design« die Einigung der arabischen Welt zum Ziel.

1958 putschte sie sich mit Hilfe der Armee im Irak an die Macht, 1963 in Syrien. Die Ideologen der Partei glaubten, dass die Araber ihre volle Kreativität erst dann wieder entfalten würden, wenn ein gemeinsamer Staat sie vereine. Ihre Ideologie war säkular und autoritär. Im Zentrum ihres Denkens stand die politische Einheit, die der Staat verkörpern sollte. Dazu setzten die Machthaber auf die Sicherheitsapparate. Die Gesellschaft bekam keinen Freiraum, sie hatte sich den Zielen des Staats unterzuordnen.

Auf den Sozialismus setzten die Staaten des alten Arabiens, weil die Vereinigten Staaten für Israel Partei ergriffen hatten und als Partner nur die Sowjetunion und deren Vasallen blieben. Mit der Übernahme der sozialistischen Zentralverwaltungswirtschaft verarmten ihre Wirtschaften und fielen im internationalen Vergleich, etwa gegenüber Aufsteigern aus Asien, weit zurück. Die autoritären Regime verloren aber auch ihre Kriege, besonders demütigend 1967 gegen Israel in nur sechs Tagen. 1948 hatte die Niederlage der arabischen Armeen gegen Israel die damaligen bürgerlichen Ordnungen diskreditiert, die Niederlage von 1967 diskreditierte den arabischen Sozialisten Nasser. Immer mehr Araber wandten sich dem politischen Islam zu, der ihnen eine Sicherheit in der eigenen Kultur und Religion versprach. Autoritär war auch deren Ideologie. Denn sie stellte die Einheit der Gemeinschaft der Gläubigen, die Umma, in den Vordergrund. Sie würde, so die Fiktion, eine gerechte Ordnung herstellen, und diesem Ziel habe sich der Einzelne unterzuordnen.

Alle drei großen Ideologien sind gescheitert, entzaubert. Keines der »grand designs« wurde Wirklichkeit. Die Staaten haben versagt, die Eliten nur sich selbst bereichert. Der Anbruch einer neuen Zeit war eine Frage der Zeit. Er deutete sich an, als sich aus den großen Ideologien machbare kleinere Ziele herauskristallisierten, die heute im Denken der Araber Allgemeingut sind: die kulturelle Einheit der Araber, die soziale Gerechtigkeit, der Islam als ein konstituierendes Element der arabischen Kultur.

Das alte Arabien war gescheitert. In seinen Machtsystemen war Erfolg an politische Protektion geknüpft, sein »Kumpel-Kapitalismus« (crony capitalism) stand einer guten Regierungsführung im Weg. Der Staat war korrupt, die Polizei brutal, das Parlament ein Instrument der Machtsicherung und nicht des Dialogs. Eine Partizipation der Bevölkerung fand nicht statt, Mobilität war nicht gewährleistet. Die ganze Region stagnierte, wurde irrelevant und von Aufsteigern wie Dubai in den Schatten gestellt. Keiner der klassischen Staaten im alten Arabien hatte mehr die Kraft zur Erneuerung. Jugendliche Kreativität bricht nun diese Verkrustung auf. Frühere Generationen hatten sich mit Rhetorik und der Propaganda abspeisen lassen, man stehe im nationalen Widerstand und müsse Opfer für die panarabische Sache bringen. Wer aufbegehrte, wurde aus dem Verkehr gezogen, Parteien wurden verboten. Diese Repression funktioniert nicht länger. Die Machthaber können nicht eine ganze Generation verhaften und dauerhaft das Internet blockieren. Die Jugend hat zwar keine fairen Chancen und kein Leben in Würde, sie ist aber mit dem Internet aufgewachsen, international vernetzt und hat Vergleichsmöglichkeiten.

Das Meinungsforschungsinstitut Asdaa Burson Marsteller hat im März 2011 zum dritten Mal eine Jugendstudie in der arabischen Welt durchgeführt. Es befragte dazu Jugendliche in zehn Ländern. 2009 hatten nur fünfzig Prozent angegeben, ihre erste Priorität sei, in einer Demokratie zu leben. Im Jahr 2011 waren es 65 Prozent, außerhalb der ölreichen Länder des Golfkooperationsrats (GCC) sogar achtzig Prozent. In den zwei Jahren stieg die Zahl jener, die das Internet jeden Tag nutzen, von 56 auf achtzig Prozent und die Zahl jener, die das Internet für »social networking« einsetzen, von 32 auf sechzig Prozent. Bei den Jugendlichen außerhalb der GCC-Staaten ist die sich weitende Schere zwischen Arm und Reich die größte Sorge; das gaben 53 Prozent an. In den reichen GCC-Staaten waren es nur 39 Prozent.

Innere Missstände und Fehlentwicklungen in den Staaten haben die Proteste des Jahres 2011 ausgelöst. Alte und neue Medien haben sie lediglich unterstützt. Immer hatten in der Geschichte Medien zum Erfolg von Revolutionen beigetragen, Flugblätter und die Druckerpresse haben mobilisiert, das Radio und das Fernsehen, auch Kassetten. In der Gegenwart schaffen neue Medien wie Twitter und Facebook eine »soft power«, gegen die auch die aufgerüsteten Sicherheitsapparate machtlos sind. Diese neuen Medien haben die Revolutionen nicht gemacht, sie beschleunigen aber Verbindungen in einem bisher ungeahnten Tempo und ermöglichen den raschen Zugriff vieler auf Informationen. Auch Medien wie das Fernsehen und insbesondere der Nachrichtensender al-Jazeera spielen eine Rolle. Sie verstärken die Botschaften von Facebook und Twitter und geben jenen eine Plattform, deren Stimmen in den Sicherheitsstaaten des alten Arabiens nicht zu hören waren. Eine Generation von Amateurjournalisten wird sichtbar, wie jener libysche Aktivist, der die Niederschlagung der ersten Kundgebung gegen Gaddafi in Benghasi am 15. Februar mit seinem Mobiltelefon filmte und die kurze Sequenz wenige Minuten später per Internet an al-Jazeera sandte. Was früher niemand erfahren hätte, war nun in der ganzen Welt bekannt. Die amerikanische Außenministerin Hillary Clinton sagte daher vor einem Ausschuss des Senats, wolle sie echte Nachrichten sehen, schalte sie auf al-Jazeera.

Für viele waren die Proteste, die mit unterschiedlicher Intensität die meisten arabischen Länder erfasst haben, überraschend gekommen. Auch jenseits der sichtbaren strukturellen Fehlentwicklungen hatte es jedoch Hinweise gegeben. Die arabischen Redakteure des Nachrichtensenders CNN in Dubai waren im Oktober 2010 im Internet auf lebhafte Diskussionen von Tunesiern gestoßen, die Massenkundgebungen vorbereiteten. Zu jener Zeit hatten auch in Ägypten jugendliche Aktivisten im Schutz der elektronischen Welt Proteste geplant. Dabei tauschten sich die Aktivisten beider Länder über die sozialen Medien aus.

Muhammad Bouazizi konnte nicht geahnt haben, dass er mit seiner Selbstverbrennung am 17. Dezember 2010 einen Sturm entfachen würde, der die arabische Welt verändern sollte. Mit ihm können sich viele junge Araber identifizieren, die sich ebenfalls ihrer Chancen und ihrer Zukunft beraubt sehen. Seine Geschichte könnte die von Millionen anderer Araber sein. Er starb 18 Tage, nachdem er sich in der Kleinstadt Sidi Bouzid im Süden Tunesiens mit Benzin übergossen und angezündet hatte. Keine Ideologie hatte ihn getrieben, sondern Verzweiflung. In seinem kurzen Leben lassen sich die drei Faktoren erkennen, die die junge Generation auf die Straße getrieben haben. Sie lassen sich auf die Formel »PPP« verkürzen: poverty, participation, pride, zu Deutsch Armut, Teilhabe und Stolz bzw. Würde. Je wichtiger diese Faktoren in einem Land waren, desto größer waren die Proteste.

Muhammad Bouazizi war 26 Jahre alt und Straßenhändler. Er verdiente seinen Lebensunterhalt und den seiner Familie, indem er jeden Tag mit seinem fahrenden Marktstand Gemüse verkaufte. Ändern konnte er sein Leben nicht, denn der Polizeistaat Tunesien sah eine Teilhabe der Menschen nicht vor. Vielmehr konfiszierten die Repräsentanten dieses Staates wiederholt den Wagen und die Waage von Muhammad, so dass er für sich keine Perspektive und kein Leben in Würde mehr sah. Dabei hatte er nach dem frühen Tod seines Vaters seine Mutter und fünf Geschwister zu ernähren. Er ermöglichte ihnen durch seine Arbeit den Besuch einer Schule, machte selbst das Abitur. Die Kleptokratie Tunesien war aber nicht am Wohlergehen der einfachen Bürger interessiert, sondern am Reichtum der Familie des Präsidenten.

Am 6. Juni 2010, also ein halbes Jahr vor der Selbstverbrennung von Muhammad Bouazizi, hatten im ägyptischen Alexandria Polizisten den 28 Jahre alten Khaled Said am helllichten Tag und in aller Öffentlichkeit zu Tode geprügelt. Sie zerrten den bekannten Blogger aus dem Internetcafé Cleopatra und rammten seinen Kopf gegen Mauern und Treppenstufen, bis er tot am Boden lag. Khalid Said war einer der 15 Millionen Ägypter, die das Internet benutzten. Was als Abschreckung gedacht war, entfachte den Zorn der Jugend. Zunächst protestierten jeden Tag mehrere Hundert Jugendliche gegen die Gewalt der Polizei. Dann formierte sich am 25. Juni in den Straßen von Alexandria mit 7000 Demonstranten die bislang größte nicht genehmigte Kundgebung Ägyptens. An ihre Spitze stellte sich Muhammad El Baradei, der Friedensnobelpreisträger und frühere Generaldirektor der Internationalen Atomenergieagentur (IAEA). Die Demonstranten skandierten »Nieder mit Mubarak«. Die Kundgebung war ein Wendepunkt in der Geschichte des modernen Ägyptens.

Im November 2010 kehrte Wael Ghonim aus Dubai in seine Heimatstadt Kairo zurück. In Dubai war der 1980 geborene Ägypter zum Marketingchef von Google im Nahen Osten aufgestiegen, in der Fremde war er zum Internetprofi geworden und hatte gelernt, die neuen Medien zur Mobilisierung einzusetzen. Zurück in Kairo gründete er die Facebookgruppe »Wir sind alle Khaled Said«, die rasch 300 000 Anhänger hatte. Sie wurde der Schlüssel der Mobilisierung, die zum Sturz von Husni Mubarak führte. Über Jahrzehnte hatte die ägyptische Polizei rasch jegliche Demonstration im Keim erstickt. Im Januar 2011 entglitt ihr die Kontrolle über die Straßen und öffentlichen Plätze jedoch, denn das Regime hatte nicht mitbekommen, dass in den Weiten des Netzes Aktivisten eine Revolution geplant hatten.

Deren harter Kern hatte zuvor in der Protestbewegung »Kifaya!«
(Genug!) Erfahrungen gesammelt. Der pensionierte Lehrer und Aktivist George Ishaq hatte sie im Jahr 2004 gegründet, um ein Ende
der Herrschaft der Familie Mubarak zu fordern. Ihre Kundgebungen fanden aber nur in der Innenstadt von Kairo statt. Selten kamen
mehr als hundert Demonstranten zusammen, meist sahen sie sich
einer schwer bewaffneten Phalanx von vielen hundert Bereitschaftspolizisten gegenüber. Ahmad Maher war auch bei »Kifaya«.
Im April 2008 dokumentierte er über Facebook die blutige Niederschlagung der Arbeiterproteste in der Industriestadt Mahalla al-Kubra. Daraus entstand die »Bewegung des 6. April«. Sie wurde ein
weiterer Katalysator der Revolution des Jahres 2011.

Die »Bewegung des 6. April« nahm Kontakt zur serbischen Jugendbewegung Otpor auf, die in Serbien am Sturz des Diktators
Slobodan Milo evic beteiligt war und sich vom amerikanischen Politologen Gene Sharp hat inspirieren lassen. Der hatte Methoden
des gewaltfreien Widerstands entwickelt, um Polizeistaaten zu untergraben. Mahers Bewegung studierte das Handbuch und die
Handlungsanweisungen von Sharp, von Otpor übernahm sie das
Logo. Über Computer tauschten sie sich mit tunesischen Aktivisten
aus; im Untergrund stieg die Zahl der Aktivisten. Ihnen schloss sich
Wael Ghonim an. Ende 2010 fanden sich zehn Jugendgruppen zur
»Koalition der Jugend für die ägyptische Revolution« zusammen.
Sie testeten ihr theoretisches Wissen und Strategien der Mobilisierung zunächst in Vororten von Kairo. Die Polizei schöpfte keinen
Verdacht.

Um an den Tod von Khaled Said zu erinnern, riefen sie zum 25.
Januar, der in Ägypten als »Tag der Polizei« begangen wird, zu einem Protestmarsch auf. Unerhofften Auftrieb erhielten sie durch
den Sturz des tunesischen Diktators Ben Ali am 14. Januar. Sie hatten aus den Fehlern von »Kifaya« gelernt und begannen ihren Protestzug im Arbeiterviertel Nahya, dessen Gassen für die gepanzerten Fahrzeuge der Sicherheitskräfte zu eng sind. Auf dem Weg in
das Mittelklasseviertel Mohandessin schwoll der Zug an. Als sie auf
dem Tahrir-Platz ankamen, waren es 20 000 Demonstranten und
damit mehr als je zuvor auf einer nicht genehmigten Kundgebung.
Von da an waren die Initiatoren überzeugt, dass sie Mubarak stürzen könnten. Schlachten mit den Sicherheitskräften begannen.
Dass die unbewaffneten Demonstranten die Oberhand behielten,

verdanken sie den Erfahrungen der Aktivisten Tunesiens. Von ihnen lernten sie, wie sie sich vor Tränengas schützen und wie sie sich im Straßenkampf zu verhalten haben.

Zunächst stürzten die Potentaten im Monatsrhythmus: im Januar Ben Ali, im Februar Mubarak. Die Leichtigkeit, mit der sie beseitigt wurden, erschwerte den raschen Sturz weiterer Machthaber. Ein tunesisches Gericht verurteilte Ben Ali in Abwesenheit, und ägyptische Gerichte eröffneten gegen Mubarak Verfahren. Nun wollten andere Diktatoren nicht mehr aufgeben, auch wenn sie wie in Libyen, Jemen und Syrien mit Massenerhebungen konfrontiert waren. Bei einem Rücktritt würde ja nur das Schicksal von Ben Ali und Mubarak auf sie warten. Kämpfen sie um ihre Macht, sind sie zwar ebenfalls nicht sicher, aber sie kämpfen wenigstens. Die Proteste, Kundgebungen und Revolutionen zielen aber nicht allein auf den Sturz der Machthaber, die meist Jahrzehnte an der Spitze ihrer Länder gestanden haben. Sie wollen auch deren Regime beseitigen. Das Stereotyp der arabischen Diktaturen und autoritären Regime ist damit erschüttert.

Drei Gruppen von Staaten werden sich in den kommenden Jahren herausbilden. Tunesien und Ägypten haben eine realistische Chance, zwar nicht unbedingt volle Demokratien zu werden, aber immerhin Länder mit guter Regierungsführung, Rechenschaftspflicht und Transparenz. Ihre Reformen werden in andere Länder ausstrahlen. In einer zweiten Gruppe werden die Machthaber von oben Reformen einleiten. Ihre Regierungen werden so die Unterstützung der Massen und der Mittelklasse gewinnen wollen. Damit könnten sie ihre Regime auf einem höheren, reformierten Niveau konsolidieren. Zu dieser Gruppe gehören Marokko und Jordanien, auch einige Golfstaaten. Die dritte Gruppe besteht aus Ländern, in denen die Machthaber zu einem großen Teil delegitimiert sind. Die Proteste werden andauern, mit großer Wahrscheinlichkeit werden die Konflikte lange nicht abebben und möglicherweise in Bürgerkriege münden. Zu diesen Ländern gehören Libyen und der Jemen, offenbar auch Syrien.

Jugendliche Aktivisten haben die Proteste zwar organisiert und die Umwälzungen eingeleitet, wachsen aber nur langsam in eine politische Verantwortung hinein. Erst mit der Zeit wird die revolutionäre Jugend die Fähigkeiten haben und die Taktiken beherrschen, um bei Wahlen zu bestehen. Je mehr sich die Gesellschaften stabilisieren, desto mehr geht die Macht der idealistischen, aber unerfahrenen Jugend zurück. Für das alltägliche Geschäft der Politik eignen sich die traditionellen Eliten mit ihrer Erfahrung besser. Wie nach 1848 hat aber ein langfristiger Prozess eingesetzt. Die junge Generation hat mit ihrer Mobilisierungskraft die Agenda der arabischen Welt verändert. Einer Ideologie folgen sie nirgends. Überall ist die Nationalflagge eines Landes das einigende Band, in Kairo auf dem Tahrir-Platz, auf dem Perlenplatz in Bahrain, bei den libyschen Rebellen, die auf die libysche Trikolore aus dem Jahr der Unabhängigkeit von 1951 zurückgreifen. Diese Unabhängigkeit wollen sie wiederherstellen.

Vieles von dem, was sie fordern, ist in der amerikanischen Unabhängigkeitserklärung vom 4. Juli 1776 enthalten. Dort heißt es, dass alle Menschen gleich geboren und mit unveräußerlichen Rechten ausgestattet sind, dass zur Sicherung dieser Rechte Regierungen eingesetzt sein müssen, deren Regiertungsgewalt sich aus der Zustimmung der Regierten ableitet, und dass das Volk das Recht hat, eine neue Regierung einzusetzen, sollten sich Regierende seinen unveräußerlichen Rechten nicht verpflichtet zeigen.

Trotz der ähnlichen Motive der Proteste hat ein Dominoeffekt nicht eingesetzt, denn die arabische Welt ist kein einheitlicher Raum, sondern heterogener als Europa. Die Bandbreite reicht vom reichen Qatar bis zum Armenhaus Jemen, vom konservativen Königreich Saudi-Arabien zur sozialistischen Massenrepublik Libyen, von Ländern mit einer mediterranen Kultur wie Tunesien zu archaischen Stammesstrukturen wie im Jemen. Saudische Prinzen sind Araber, palästinensische Flüchtlinge auch. In gewachsenen Nationalstaaten mit eigenen nationalen Identitäten wie in Tunesien und Ägypten hatten die Revolutionen rasch Erfolg, in jungen Nationalstaaten mit kaum entwickelten nationalen Identitäten wie Libyen und auch Syrien mündeten sie in anhaltende blutige Konflikte. Am meisten ungewiss ist der Ausgang der Proteste im Jemen, in Libyen und in Syrien. In keinem von ihnen kristallisiert sich eine politische Konstellation heraus, die darauf hinweist, wer künftig das Sagen haben könnte. Im Jemen und in Libyen spielen wegen der nur unzureichend funktionierenden oder fehlenden staatlichen Institutionen die Stämme eine bedeutendere Rolle als in anderen Ländern. Denn sie sind es, die dem Einzelnen eine physische und materielle Sicherheit geben.

Im Jemen haben sich die wichtigsten Stämme und Prediger auf die Seite der Opposition geschlagen, ebenfalls wichtige Einheiten der Armee. Selbst das Attentat auf Präsident Saleh und andere Spitzenvertreter des Staats am 3. Juni 2011 hat jedoch nicht zum Kollaps des Regimes geführt. Der Jemen wird auch nach Saleh schwer regierbar sein, denn die Opposition ist zersplittert. Unter Saleh war sie ebenfalls Teil der Korruption, und einen Plan für die wichtigsten Herausforderungen des Landes – etwa die Armut, al-Qaida und die Sezession im Süden – hat sie nicht. Die jungen Aktivisten, der dritte Akteur, verzichten bewusst auf Gewalt, und ihnen fehlt politische Erfahrung. Beides reduziert ihren Einfluss auf den Gang der Ereignisse. Die Wahrscheinlichkeit ist daher hoch, dass sich bürgerkriegsähnliche Zustände etablieren. Die Nachbarstaaten fürchten, dass eine Destabilisierung des Jemen als Folge des Machtvakuums auf sie überschwappen könnte.

In Libyen hatte Oberst Gaddafi auf den Aufbau stabiler staatlicher Institutionen verzichtet. Immer hatte er gefürchtet, in diesen Institutionen könnte sich Opposition gegen sein Regime organisieren. Heute ist das Fehlen von Strukturen eines modernen Staats eine Hypothek für die Zeit nach Gaddafi. In Tunesien und Ägypten hatten gerade funktionierende staatliche Institutionen für Stabilität in der revolutionären Übergangsphase gesorgt. Hingegen spielen in Libyen die Stämme eine geringere Rolle als im Jemen. Die meisten Einwohner des dünn besiedelten Landes leben in den Städten entlang der Mittelmeerküste, und in Städten entstehen zusätzlich zur Stammesloyalität weitere Identitäten.

Der Jemen und Libyen sind Randstaaten der arabischen Welt, Syrien hingegen ist ein Kernstaat. Auch aus einem zweiten Grund ist Syrien ein Schlüsselland: Das Regime ist direkt oder indirekt an allen Konflikten des Nahen Ostens beteiligt. Ein Regimewechsel in Damaskus würde daher zu einer Neuordnung der Region führen. Davor schrecken viele externe Akteure zurück, was dem Regime von Präsident Baschar al-Assad nutzt. Assad zeigt sich im Konflikt aber als führungsschwach, so dass die Unterstützung der schiitischen Alawiten, zu denen Assad gehört und die als Minderheit in Syrien herrschen, zu bröckeln scheint. Eine Alternative zu ihm ist bei den Alawiten nicht in Sicht, sein Spielraum ist jedoch eng. Würde er Reformen einleiten, also politische Parteien und freie Wahlen zulassen oder aber eine Rechenschaftspflicht für die Regierenden einführen, wäre das der Kollaps des Regimes. Denn es basiert auf dem Politikmonopol der Baath-Partei und der Aufteilung der Pfründe unter den Stützen des Regimes. Wahrscheinlich ist daher auch für Syrien, dass die Konflikte lange anhalten. Zum einen hat die »Straße« trotz landesweiter Proteste nicht genügend Potential, um das Regime zu stürzen. Zum anderen werden die Alawiten um das Überleben des Regimes und damit auch um ihr physisches Überleben kämpfen. Relativ unbeschädigt gehen die Monarchien Marokko und Jordanien aus den Protesten hervor. Ihre Könige haben Reformen eingeleitet, zudem symbolisieren sie die Einheit ihrer Länder. Dem marokkanischen König hilft sein religiöser Status. Die Monarchie ist gleichzeitig in der islamischen Tradition verankert wie in der Moderne. Nie war Marokko eine politische Wüste wie andere Länder, immer hatte es politische Parteien gegeben. In Jordanien wird die Monarchie überleben, weil die autochthonen Jordanier fürchten, das Land bei einem Sturz der Monarchie an die in Jordanien lebenden Palästinenser zu verlieren. In der arabischen Welt gibt es für Monarchien also weiter Platz, und die finden wir vor allem auf der Arabischen Halbinsel und am Golf.

Weitgehend immun gegen die Proteste waren die Reichtumsinseln im neuen Arabien. Bei den »PPP«, dem Gradmesser der Unzufriedenheit, schnitten sie bis auf Bahrain gut ab. Zwar fanden auch in Oman und in Saudi-Arabien Proteste statt, sie erreichten aber nicht die Größenordnung der Kundgebungen im alten Arabien. Das Auge im Orkan der Umwälzungen blieben Qatar und die Vereinigten Arabischen Emirate. Die Qataris sind zufrieden mit dem höchsten Einkommen je Einwohner auf der Welt, zu Protesten zeigen sie keine Neigung, auch nicht zu politischer Kritik. Fast ebenso reich wie die qatarischen Nachbarn sind die Emiratis. Ihre Debatten erhielten aber eine neue Qualität. In einer elektronischen Petition forderten mehr als hundert Intellektuelle die freie Wahl aller Mitglieder des »Föderalen Nationalrats« und dessen Umwandlung in ein wirkliches Parlament. In den Tagen nach dem 8. April 2011 wurden erstmals fünf emiratische Bürger aus politischen Gründen festgenommen. Nie zuvor hatte es in den Vereinigten Arabischen Emiraten politische Gefangene gegeben. Die allermeisten Emiratis sind mit ihrem Leben und der politischen Ordnung aber unverändert zufrieden. Über die informellen Zusammenkünfte in deren Privaträumen, den Majlis, haben sie direkten Zugang zu den Mitgliedern der Herrscherfamilien, und der »Föderale Nationalrat« debattiert Anliegen der Bevölkerung kontrovers. Zudem hat eine kluge Politik dafür gesorgt, dass die Petrodollars allen Einheimischen zugutekommen. Schließlich hat die Jugend in den Emiraten und in Qatar Zukunftsperspektiven, um die sie die junge Generation anderer Länder nur beneiden kann.

Lediglich in Bahrain haben Demonstranten einen Regimewechsel gefordert; eine Republik sollte die Monarchie ablösen. In den anderen fünf Staaten des Golfkooperationsrats beschränkten sich die Forderungen auf Reformen innerhalb der bestehenden Ordnungen, denn die herrschenden Familien haben sich in den vergangenen Jahrzehnten eine stabile Legitimation erworben, von der sie zehren. Klug, unideologisch und mit Erfolg haben sie ihre Länder durch schwierige Zeiten gesteuert. Sie nutzten die Entdeckung des Erdöls zu einem Quantensprung ihrer Wirtschaften und Gesellschaften, sie umschifften die Klippen der Entkolonialisierung, und sie verhinderten, dass sie in den Sog von Krisen gezogen wurden – wie bei der Revolution 1979 in Iran, dem irakisch-iranischen Krieg von 1980 bis 1988, der Besetzung Kuwaits 1990 durch den Irak und der Invasion in den Irak 2003.

Die Komplexität, die die Moderne und die Globalisierung mit sich bringen, erzeugt aber einen Druck, auch in den wohlhabenden Golfstaaten politische Reformen einzuleiten. Noch sind die meisten Bürger nur an Wohlstand interessiert. Ein politisches Interesse entsteht aber, und es lässt sich nicht länger mit Hilfe der Ausschüttung üppiger Wohltaten zum Schweigen bringen, wie es der saudische Monarch im Frühjahr 2011 noch einmal versucht hat. Die nächste Bewährungsprobe der herrschenden Familien am Golf wird es sein, der Unzufriedenheit in der Bevölkerung zuvorzukommen und rechtzeitig eine Partizipation in institutionalisierten Gremien zu ermöglichen. Noch kommen die Gefahren für diese Länder nicht von innen, sondern von außen – durch Irans Hegemonieanspruch und durch den drohenden Kollaps im Jemen, der Millionen von Armutsflüchtlingen nach Saudi-Arabien treiben könnte. An der Stabilität der Emirate und Qatars sind jedoch alle wichtigen Länder in Asien und im Westen interessiert. Das ist eine bedeutende Sicherheitsgarantie.

Die Proteste und Kundgebungen des Jahres 2011 haben die Erneuerung der arabischen Welt angestoßen. Ein erster Impuls dazu war jedoch bereits ein Vierteljahrhundert früher von den kleinen und ölreichen Staaten am Golf ausgegangen. Die Staaten des alten Arabiens befanden sich im Griff der Sicherheitsapparate, ihre Geschichte war Last, ihre Ideologien waren eine Fessel, und so konnte die Erneuerung nicht im damaligen Zentrum der arabischen Welt einsetzen. Sie kam aus den Ländern an der Peripherie, die weder auf die Geschichte noch auf Ideologien Rücksicht zu nehmen hatten. Einst war das Wasser die Grundlage der Hochkulturen in Ägypten und im Irak gewesen. Am Beginn des Aufstiegs der Golfstaaten standen das Erdöl und seine Bedeutung als Energieträger für die Weltwirtschaft. Je höher der Ölpreis stieg, desto mehr wuchs ihre wirtschaftliche und auch politische Macht. Die jungen Stadtstaaten nutzten zudem ihre Lage in der geographischen Mitte der Welt, um zu Knotenpunkten der globalisierten Wirtschaft zu werden.

Über Jahrzehnte hatten die Staaten des alten Arabiens herablassend auf die Aufsteiger vom Golf geblickt. Diese Wahrnehmung änderte sich Ende des 20. Jahrhunderts, als »Dubai« vielen Arabern zu einem Codewort für Freiheit und für die Erfüllung von Träumen geworden war. Die moderne Infrastruktur am Golf kontrastierte mit dem Verfall der Metropolen im alten Arabien, die effiziente Verwaltung mit den korrupten Bürokratien. Pionier war Dubai, nun übernehmen Abu Dhabi und Doha die Führung. Ein Entwicklungsmodell war entstanden, das weit in das alte Arabien hineinwirkt. Im Mittelpunkt steht nicht mehr der Staat, sondern der Einzelne. Die Globalisierung wird nicht als Gefahr begriffen, sondern als Chance, und der Islam ist nicht länger dogmatisch, sondern mit der Individualisierung pragmatisch. Das alte Arabien holt zwar auf, und es erneuert sich endlich. Der Vorsprung des neuen Arabiens aber bleibt. Dort wachsen neue Städte, dort entsteht eine neue Kultur. Dieses Buch zeichnet diese Entwicklung nach und wagt Zukunftsprognosen.

Rainer Hermann
Abu Dhabi, im Juli 2011

Die Vereinigten Arabischen Emirate

Der große Entwicklungssprung

Der Vater der Nation: Scheich Zayed bin Sultan

Der 2. November 2004 bedeutete eine Zäsur. An diesem Tag starb im Alter von 86 Jahren Scheich Zayed bin Sultan Al Nahyan, seit 1966 Herrscher des Emirats Abu Dhabi und seit der Gründung 1971 Präsident der Vereinigten Arabischen Emirate. Er hinterließ eines der reichsten Länder der Erde überhaupt und eines der stabilsten der arabischen Welt. Noch in Scheich Zayeds erster Lebenshälfte waren die Bewohner von Abu Dhabi so bettelarm, dass viele auswandern mussten. Es gab keine geteerten Straßen und außer dem Fort der Herrscher keine gemauerten Gebäude. Das Trinkwasser wurde importiert, einige wenige Behausungen hatten Strom aus dem Generator. Es gab keine politischen Strukturen, alles wurde über die informellen Beziehungen zwischen den Stämmen und den Scheichs geregelt. Nach außen war für den mittellosen Küstenstrich seit 1820 Großbritannien verantwortlich. Vorher war die für den Indien- und Ostasienhandel sehr wichtige Schiffsroute durch die Straße von Hormuz ständig durch Piraterie bedroht gewesen. Die Engländer hatten Beziehungen zu den wichtigen Scheichtümern aufgebaut und eine Art Friedensvertrag geschlossen. Aufgrund dieser Anbindung an die britische Krone hieß die Region »Vertragsküste«. Als Scheich Zayed starb, prägte diese Region nicht mehr bittere Armut, sondern märchenhafter Reichtum. Erdöl war entdeckt worden und hatte die Vertragsküste wie mit einem Zauberstab verändert. Allein das Emirat Abu Dhabi verfügt über acht Prozent aller weltweiten Ölvorkommen. Die Einwohner mussten erst lernen, damit umzugehen.

Scheich Zayeds diplomatischem Geschick war es zu verdanken gewesen, dass sieben auf Unabhängigkeit bedachte Stammesscheichs, die sich in der Vergangenheit bekriegt und befehdet hatten, 1971 einwilligten, einen gemeinsamen Staat zu gründen. Diese Föderation besteht aus den Emiraten Abu Dhabi, Ajman, Dubai, Fujairah, Ras al-Khaimah, Sharjah und Umm al-Qaiwain. Die Hauptstadt ist Abu Dhabi, die größte Stadt ist Dubai. Mit seinem beduinischen Instinkt, den ihm keiner der vielen ausländischen Berater hatte austreiben können, hatte Scheich Zayed einen Ausgleich und Konsens zwischen den Menschen hergestellt. Er hatte dafür gesorgt, dass der neue Reichtum in diesem neuen Staat alle erreichte, und setzte ihn zum Aufbau eines prosperierenden Gemeinwesens mit Modellcharakter ein. Er hinterließ ein Erbe, wie es keinem anderen arabischen Staatsmann seiner Generation gelang: Er hatte die einzige funktionierende Föderation in der modernen arabischen Welt gegründet. Die Vereinigten Arabischen Emirate sind eine Erfolgsgeschichte, wie die arabische Welt nur wenige kennt.

Nach dem Tod Scheich Zayeds übernahmen seine 19 Söhne die Verantwortung für das Emirat Abu Dhabi und, zusammen mit den sechs anderen Emiraten, für den Staat. Entscheidend sind dabei nicht ihre Funktionen im Staat, die sich ändern können. Entscheidend ist ihre Stellung in der Familie, die bleibt. Jeder trägt den Ehrentitel »Scheich«, wie jedes Mitglied der herrschenden Familie Al Nahyan. Zayeds ältester Sohn Khalifa wurde Nachfolger an der Spitze des Emirats und der Föderation. Vieles veränderte sich, und die Veränderungen geschahen schnell. Scheich Zayed hatte einen großen Teil seiner Jugend unter Beduinen verbracht und keine formale Bildung erhalten. Er selbst lebte eher gemächlich im Einklang mit der Natur, er jagte mit Falken und ritt auf Pferden in die Wüste hinaus. Mit den ersten Petrodollars baute er Schulen und Krankenhäuser, ließ Palmen pflanzen und begrünte die Siedlungen der wenigen Einwohner. Seine Söhne legten ein anderes Tempo vor. Wenige Jahre nach Scheich Zayeds Tod brachten sie sogar die Boliden der Formel 1 nach Abu Dhabi. Sie sind keine Beduinen mehr, sondern Manager eines Staats, der mit seinem Erdöl und mit den weltweit größten Staatsfonds zu einem Machtzentrum der Weltwirtschaft geworden ist.

Die Bestattung Scheich Zayeds am 3. November 2004 legte Zeugnis für den kometenhaften Aufstieg des jungen Staates ab. Die wichtigen Herrscher Arabiens waren im Hof der großen Moschee zusammengekommen, die Scheich Zayed an der Einfahrt vom Festland auf die Insel von Abu Dhabi hatte bauen lassen und die seinen Namen trägt. Am offenen Grab standen der jordanische König Abdullah und der syrische Präsident Baschar al-Assad, der Algerier Abdalaziz Bouteflika, der Pakistaner Pervez Musharraf und der Afghane Hamid Karzai. Aus der Nachbarschaft waren Sultan Qabus aus Oman, König Hamad bin Issa aus Bahrain und Präsident Ali

Abdullah Saleh aus dem Jemen gekommen. Der sudanesische Präsident Omar Bashir war zu sehen, auch Iyad Allawi, der irakische Interimsministerpräsident. Etwas entfernt vom Grab hielten sich der damalige christliche Präsident des Libanon, Emile Lahoud, und der schiitische Vizepräsident Irans, Mohammed Reza Aref, auf. Ganz vorne beteten der damalige saudische Kronprinz und heutige König, Abdullah bin Abdalaziz Al Saud, der Kronprinz aus Qatar und die Oberhäupter der anderen Emirate der Föderation. Die arabische Welt nahm Abschied von einem ihrer erfolgreichsten Staatsmänner. Sein Sohn Muhammad bin Zayed Al Nahyan, der neue Kronprinz und der Architekt der beschleunigten Modernisierung von Abu Dhabi, nahm seine Kopfbedeckung ab, stieg in das Grab hinab und bettete den in ein weißes Tuch eingehüllten Leichnam seines Vaters nach den Vorschriften des Islam für die Ewigkeit. Zur selben Zeit wurde in den Vereinigten Staaten der Sieg von George W. Bush in der Präsidentschaftswahl gegen Senator John Kerry bekanntgegeben. In den Vereinigten Arabischen Emiraten aber ging an dem Tag eine Ära zu Ende.

Scheich Zayed war noch in eine andere Zeit hineingeboren worden, 1918, als vierter und jüngster Sohn von Scheich Sultan bin Zayed Al Nahyan, der von 1922 bis 1926 über Abu Dhabi geherrscht hatte. Zayed war dreißig Jahre alt, als der legendäre britische Reisende Wilfred Thesiger am 14. März 1948 nach seiner zweiten Durchquerung des Rub al-Khali, des »Leeren Viertels«, der größten Sandwüste der Welt im Süden der Arabischen Halbinsel, zum ersten Mal Abu Dhabi erreichte. Mit seinen beduinischen Begleitern durchwatete Thesiger die Bucht, die die Insel Abu Dhabi vom Festland trennt. Zwanzig Kilometer weiter erreichten sie an der Nordküste der Insel die Siedlung Abu Dhabi. »Eine kleine, baufällige Stadt, die sich an der Küste hinzieht«, notierte Thesiger ohne Enthusiasmus. »Es gab ein paar Palmen, in deren Nähe sich ein Brunnen befand, an dem wir unsere Kamele tränkten.« Kaum 2000 Einwohner hatte Abu Dhabi damals. Hütten aus Palmwedeln, die Barastihütten, standen um ein Fort, den Sitz des Emirs und das einzige gemauerte Gebäude der Stadt, verstreut. »Dann gingen wir zur Burg, setzten uns an der Mauer nieder und warteten darauf, dass die Scheichs von ihrem Nachmittagsschläfchen erwachten.«

Neben einer kleinen Messingkanone, die der Sand halb begraben hatte, luden die Reisenden ihre Kamele ab und legten sich im

Schatten der Mauer schlafen, bis ein Wächter sie zu Scheich Shakhbut brachte, einem Bruder von Zayed, Emir von Abu Dhabi seit 1926. Er bewirtete sie mit großer Gastfreundschaft, und jeden Morgen unterhielten sie sich, auch über den ersten Palästinakrieg gegen den neuen Staat Israel 1948. Shakhbut war über den Krieg zwischen Juden und Arabern im Bilde. Einer der Begleiter Thesigers aber wollte wissen:»Wer sind die Juden? Sind das auch Araber?« Abu Dhabi lag weitab vom Weltgeschehen. Die Räume in dem Fort waren kahl und schlicht, ohne Zierrat. Im Hafen konnte Thesiger beobachten, wie die kleinen hölzernen Segelschiffe, die Dhows, mit Haifischtran für die Perlensaison vorbereitet wurden. Drei Wochen später brach er wieder ins Landesinnere auf.

Unter einem Dornbaum vor einer kleinen Festung der Oase al-Ain begegnete Thesiger Scheich Zayed. Er hielt gerade wie jeden Morgen Audienz. Voller Bewunderung hatten die Beduinen, die mit Thesiger reisten, ihm gesagt:»Zayed ist ein Bedu. Er versteht etwas von Kamelen, er kann reiten wie einer von uns, er kann schießen und weiß, wie man kämpft.« Beduinen aus der Umgebung, auch aus Saudi-Arabien und dem Oman, holten seinen Rat. Meist ging es um den Raub von Kamelen, und meist sprach Zayed ein Urteil, mit dem sich beide Seiten einverstanden erklärten. Mit seinem Charisma, einer legendären Großzügigkeit und der Fähigkeit, Konflikte zu lösen, nahm er die Menschen für sich ein.»Sie schätzten sein zwangloses Benehmen, achteten seine Charakterstärke, seine Schlauheit und seine Kraft«, schrieb Thesiger. Einen Monat blieb Thesiger Zayeds Gast. Sie ritten auf Kamelen in die Wüste hinaus und gingen gemeinsam auf Falkenjagd. Ein Essen mit Fleisch und Reis, Datteln, Quark und saurer Milch in Schalen beschrieb Thesiger als »üppiges Mahl«. Für die Reise zurück an die Küste bot ihm Zayed sein Automobil an. Thesiger zog es vor, ein Kamel zu reiten. Zayed gab ihm ein Kamel, das »Gazelle« hieß. Es soll damals das schönste Kamel Arabiens gewesen sein.

Thesiger benötigte 1948 neun Tage für seine Reise nach Sharjah, das nördlich von Abu Dhabi und Dubai an der Küste liegt. Nur wenige Jahrzehnte später hat sich die Reisezeit mit einem Automobil auf einer gut ausgebauten Schnellstraße auf wenige Stunden reduziert. Die Moderne war an der Vertragsküste angekommen und veränderte sie in rasender Geschwindigkeit. Einer, der den Wandel beobachtete und ein Teil von ihm wurde, ist Zaki Nusseibeh. 1946 war er in Jerusalem geboren worden. Er studierte in Cambridge. 1967 hatte er sein Studium beendet. Der Sechstagekrieg war gerade vorbei. Sein Vater riet ihm, nach Abu Dhabi zu gehen. Der Vater kannte Scheich Zayed und sagte seinem Sohn verbittert, für Palästinenser gebe es in Jerusalem keine Zukunft. Abu Dhabi aber hatte 1962 mit dem Export von Erdöl begonnen.

In Abu Dhabi arbeitete Nusseibeh, der sieben Sprachen spricht, zuerst als Journalist und von 1969 an als persönlicher Übersetzer und Vertrauter von Scheich Zayed. Das ist er bis zu dessen Tod 2004 geblieben. Seither berät er das neue Staatsoberhaupt, Scheich Khalifa bin Zayed Al Nahyan, vor allem in kulturellen Fragen und übersetzt auch für ihn. Nusseibeh ist die treibende Kraft bei dem Plan, Abu Dhabi zu einem kulturellen Zentrum in der arabischen Welt zu machen. Er rief eine Konzertreihe für klassische Musik ins Leben und ist stellvertretender Vorsitzender der einflussreichen »Behörde von Abu Dhabi für Kultur und kulturelles Erbe« (Adach).

Was er in Abu Dhabi und in den Vereinigten Arabischen Emiraten erlebt habe, sei in der arabischen Welt einzigartig, bilanziert Nusseibeh, dessen Bruder Sari Nusseibeh Präsident der arabischen Universität al-Quds im Osten Jerusalems ist. Zwei Quantensprünge habe er in Abu Dhabi erlebt. Der erste war die Schaffung eines modernen Staats aus dem Nichts. Als Großbritannien 1968 seinen Rückzug aus der Region »östlich von Suez« ankündigte, gab es in Abu Dhabi und den anderen Emiraten keine moderne Regierung und keine Infrastruktur, keine Armee und keine Polizei. Die meisten Beobachter hatten der 1971 gegründeten Föderation der Vereinigten Arabischen Emirate prophezeit, sie würde keine lange Lebenszeit haben. Heute gehören die Emirate mit einer großzügig ausgebauten Infrastruktur und effizienten Dienstleistungen zu den modernen Staaten der Welt.

Seit dem Beginn des neuen Jahrtausends verfolgt Nusseibeh den zweiten Quantensprung. Die Vereinigten Arabischen Emirate seien dabei, als globale Plattform Verantwortung in der Welt zu übernehmen, mäßigend zu wirken und, wo erforderlich, zu helfen. Damit die junge Generation in der Welt bestehen könne, müsse sie gut gebildet sein, sagt Nusseibeh. Die Einsicht war gereift, dass man gute Lehrer holen und Universitäten ansiedeln müsse, dass man die Kulturen der Welt ins Land holen und die Tradition und die Moderne pflegen müsse. Denn nur so könne man neue Generationen heranbilden, die stolz auf ihre Vergangenheit sind und offen für die Welt. Nusseibeh wundert sich, wie verhältnismäßig komplikationslos die Menschen diesen rasanten Wandel innerhalb von zwei Generationen mitgemacht haben. Aus einer weltabgeschiedenen Gegend ist eine global agierende Region geworden, auf die die Welt blickt. Zum Ziel haben sich die ehrgeizigen Emiratis gesetzt, in die Champions League der Metropolen aufzusteigen. Menschen aus 130 Nationen wohnen heute in der Hauptstadt der Vereinigten Arabischen Emirate. Achtzig Prozent der Einwohner sind Ausländer, im benachbarten Emirat Dubai sind es sogar neunzig Prozent. Thesiger hatte noch eine homogene Stammesgesellschaft erlebt. Heute teilen die Einheimischen das Land mit Fremden, die als Arbeitskräfte und Verbraucher willkommen sind, die langfristig aber kein Teil des Landes sein sollen, damit die Identität der Emiratis erhalten bleibt und sie ihr Land nicht aus den Händen geben.

Die Geschichte: Stämme, Scheiche, Schiffe

Die Menschen lebten in einer Umwelt, die härter kaum sein konnte. Die Temperaturen waren extrem, es gab kaum Trinkwasser, das Leben war hart und fern von jeglichem Luxus. Man kämpfte ständig ums Überleben. In den Oasen ernährte man sich von Datteln und betrieb Tierhaltung, an der Küste vom Fischfang und der Perlentaucherei. Andere Erwerbsquellen gab es nicht. In der Gesellschaft waren alle nahezu gleich, und alle waren arm. Wachsen konnte diese Bevölkerung nicht. Einen Halt gaben die traditionellen Stammesstrukturen und die genauen Regeln des Islam.

In der Zeit vor dem Erdöl war in den Oasen in kleinem Maßstab die Zucht von Kamelen und Ziegen möglich gewesen, auch von Schafen und Rindern. Mit dem Grundwasser unter den Oasen gediehen Palmenhaine, und etwas Landwirtschaft war möglich. Das kultivierbare Land war knapp. Dürren bedrohten die sesshaften Bewohner der Oasen, ebenso Überfälle der nomadisierenden Beduinen. Immer wieder vertrieben sie die Oasenbewohner, machten sie zu Nomaden und setzten sich selbst in den Oasen fest. Ständig tauschten sich Nomaden und Sesshafte aus. Die Stammesverbände boten dem Einzelnen in dieser feindlichen Umwelt Zusammenhalt und Schutz. Sie sicherten das physische Überleben. Sie hatten einen weiteren Vorteil: Die engen verwandtschaftlichen Beziehungen ermöglichten es, die Erwerbsquellen auszuweiten und dadurch die Bedrohung durch Dürren oder eine schlechte Perlensaison zu reduzieren. Ein Teil des Stamms kümmerte sich das ganze Jahr über in den Oasen um die Kamele und Datteln, ein anderer konnte während des heißen Sommers an die Küste ziehen, um zu fischen und nach Perlen zu tauchen. Damit wurden die Stämme zu diversifizierten Unternehmen. Eine arbeitsteilige Spezialisierung gab es allerdings kaum. Je nach Alter musste jedes Stammesmitglied jede Arbeit übernehmen. Denn viele Arbeiten fielen nur saisonal und über wenige Monate an.

Heute sind die Hütten aus Palmzweigen und Lehmziegeln spektakulären Hochhäusern aus Glas und Beton gewichen. Wo Esel auf sandigen Pfaden Lasten getragen haben, ziehen heute endlose Ströme klimatisierter Automobile. Die Menschen arbeiten nicht mehr als Fischer und Perlentaucher, sondern als Projektmanager und Finanzanalysten. Sie ernähren sich nicht von Fisch, Reis und Datteln, sondern von Gerichten aus aller Welt und internationalem Fast Food. Das Leben wurde bequem und luxuriös. Eines hat sich aber nicht verändert: Überdauert haben die Loyalitäten und Werte der Stammesgesellschaft sowie die Bindung an den Islam. Das Festhalten an der Stammesgesellschaft und am Islam sichert die eigene Identität, um sich in dieser so anderen, so neuen Welt zurechtzufinden.

Die Geschichte des Stammes der Bani Yas auf dem Territorium des heutigen Emirats Abu Dhabi illustriert die Zusammenhänge. Zu Beginn des 20. Jahrhunderts waren die Bani Yas mit 10 000 bis 12 000 Mitgliedern der größte der vierzig Stämme in den »Vertragsstaaten«. Entstanden ist der Stamm, als mehrere Beduinengruppen, die aus der Region des Najd im heutigen Zentralarabien kamen, auf der Suche nach neuem Weideland in die Wüste Dhafrah auf dem Gebiet des heutigen Emirats Abu Dhabi vorstießen. Dort fanden sie Oasen und Wasser.

Frauke Heard-Bey geht in ihrem Standardwerk zur Geschichte der Vereinigten Arabischen Emirate davon aus, dass sich Stämme durch eine gemeinsame Geschichte gebildet haben und nicht durch Blutsverwandtschaft. In Liwa, einem Teil der Dhafrah-Wüste, wo das »Leere Viertel« in gewöhnliche Wüste übergeht, fanden diese

Nomaden Sanddünen, die Tau und gelegentlichen Regen als süßes Wasser speicherten. Damit konnten sie Dattelgärten anlegen, und sie wurden teilweise sesshaft. Die einzelnen Gruppen wuchsen zu einem Stamm zusammen, der sich nach außen verteidigte und bis zum 17. Jahrhundert weite Teile des heutigen Emirats Abu Dhabi beherrschte. Die Wasserstellen von Dhafrah waren dennoch nicht im alleinigen Besitz der Bani Yas. Alle Beduinen, die durchzogen, durften sie nutzen.

Zu diesem Zeitpunkt waren die Bani Yas noch immer überwiegend Beduinen, die in den Wüsten nomadisierten. 1761 fanden einige von ihnen auf einer Insel, die sie Abu Dhabi nannten – wörtlich »Vater der Gazelle« –, Süßwasser. 1793 machten die Bani Yas die Insel, auf der bereits kleinere Stämme gelebt hatten, zu ihrem Hauptort. Sie bauten Hütten aus Palmwedeln und begannen, den natürlichen Hafen zu nutzen. Für die Herrscher von Abu Dhabi war das 1793 erbaute Fort »Qasr al-Husn« fast zwei Jahrhunderte Residenz und Regierungsgebäude. Ein Teil des Stamms lebte weiter in den Dattelgärten von Liwa und weidete in Dhafrah Kamele, ein anderer begann auf der Insel Abu Dhabi zu fischen und später nach Perlen zu tauchen. 1833 spaltete sich ein Zweig des Stamms, die Al Bu Falasah, ab und ließ sich im nördlich gelegenen Fischerdorf Dubai nieder.

Bereits vom 17. Jahrhundert an war neben der Oase Liwa und der Insel Abu Dhabi ein dritter Schwerpunkt der Bani Yas hinzugekommen: Ihr Einfluss in der Oase Buraimi an der Grenze zum Oman wuchs. In der Nähe von Buraimi lag die kleinere Oase al-Ain. Deren Stämme wandten sich immer häufiger an die Bani Yas, damit sie Streitigkeiten schlichteten. Zudem halfen die Bani Yas den Bewohnern von Buraimi, die Oase gegen die einfallenden Truppen der wahhabitischen Glaubenskämpfer aus dem Inneren Arabiens zu verteidigen. Im 19. Jahrhundert waren die Bani Yas durch die Perlentaucherei der größten Armut entkommen. Nun wurden sie auch im Landesinneren zu Herrschern über die Oase Buraimi. Immer mehr Stammesmitglieder siedelten aus dem historischen Stammland von Liwa nach Buraimi über. Von hier aus gewannen die Bani Yas Einfluss auf die Beduinen im Hinterland der Vertragsküste.

In dieser vorstaatlichen Zeit war nicht die Kontrolle über ein Territorium wichtig, sondern die Einbindung von Stämmen als Verbündete. Die Stämme blieben stets unabhängig und wurden nie untertan. Sie folgten dem, der sich durchzusetzen wusste, auch physisch, dessen Sinn für Gerechtigkeit sie anerkannten, der ein Recht sprach, das alle als gerecht empfanden und akzeptierten, der großzügig war und der einen Einfluss auf andere Stämme ausübte. Auch innerhalb eines Stamms folgten die Mitglieder solchen Personen mit einer natürlichen Autorität. Dabei setzten sie auch einmal einen schwachen Führer ab und einen starken ein. Das »Management der Stammesbeziehungen« (Heard-Bey) war entscheidend, Loyalitäten aufzubauen und zu sichern war wichtig. Abgesehen von seiner Leibwache konnte kein Herrscher auf eine bewaffnete Truppe zurückgreifen. Als Scheich Zayed 1948 in seiner Geburtsstadt Buraimi zum Vertreter des Emirs von Abu Dhabi, seines Bruders Scheich Shakhbut, ernannt wurde, konsolidierte er den Einfluss der Bani Yas. Er erwarb sich das Ansehen der Stämme und schuf die Grundlage für die Gründung der Vereinigten Arabischen Emirate, die er 1971 vollzog.

Entlang der Vertragsküste bildete sich neben den Bani Yas um den Stamm der Qassimi ein zweites Machtzentrum. Ihre Hauptstadt hatte im 18. Jahrhundert um den Hafen der heutigen Stadt Ras al-Khaimah gelegen. Von dort aus betrieben sie einen lukrativen Handel auf beiden Seiten des Golfs. Präsent waren sie auch auf der Insel Qeshm und in der Hafenstadt Lengeh, beide im heutigen Iran. Die arabische Dynastie der Qassimi stammte selbst aus Lengeh. Auf der anderen Seite beugten sich im gebirgigen Hinterland Omans die Stämme dem Herrschaftsanspruch der Qassimi, weil sie am prosperierenden Handel teilhaben wollten. Im Kampf um die Oase Buraimi verbündeten sich diese Qassimi mit den wahhabitischen Glaubenskämpfern, und lange blieben sie deren Verbündete. Die Qassimi waren dadurch weniger eine Herausforderung für die Bani Yas, selbst wenn die beiden Stämme im Wettbewerb um die Loyalität der Stämme im Hinterland standen, als vielmehr für den Sultan von Maskat in Oman. Denn sie stellten dessen Vormachtstellung im Seehandel in Frage.

Die Portugiesen waren im 16. Jahrhundert in die Region eingedrungen. Mit ihrer Vertreibung setzte sich vom 17. Jahrhundert an der wiedervereinigte Oman am Übergang vom Indischen Ozean in den Golf als Vormacht durch. Um diese Stellung abzusichern, näherte sich der Sultan von Oman den Briten an, die seit dem frühen 17. Jahrhundert am Golf Handel trieben. Die neue Allianz stellte sich dem Bündnis der militanten Wahhabiten mit den Qassimi in den Weg. Die Wahhabiten ermunterten die Qassimi, die Schiffe der nichtmuslimischen Briten zu überfallen und zu plündern. Das fiel bei den Qassimi auch deshalb auf fruchtbaren Boden, weil die Erinnerung an die grausamen portugiesischen Kolonialherren noch frisch war. Anders als arabische Krieger hatten die Portugiesen die Zivilbevölkerung nicht geschont. Als späte Rache kaperten die Qassimi, die nicht zwischen verschiedenen Europäern unterschieden, nun britische Schiffe. Einen Teil ihres Wohlstands gründeten die Qassimi auf diese Piraterie. Doch ihre Macht erreichte nie die des Sultans von Oman, dessen Schiffe bis Südostindien und Sansibar segelten. Vom 18. Jahrhundert an ging ihr Einfluss sogar wieder zurück.

Bereits 1798 hatte die East Indian Company im Namen der britischen Krone mit dem Sultan von Maskat ein erstes formales Abkommen über politische und wirtschaftliche Zusammenarbeit unterzeichnet. In Schach halten wollte Großbritannien in der Region die feindlichen Qassimi, aber auch das napoleonische Frankreich, das gefährlich zu werden drohte. Nun liefen britische Schiffe auf dem Weg von oder nach Indien den Hafen von Maskat an, um Proviant und Wasser an Bord zu nehmen. Für Oman war es ebenfalls von Vorteil, dass Großbritannien gegen die Piraterie und Schiffe der Qassimi vorging. Man konnte nun den Handel im Golf wieder ausweiten. 1819 zerstörten schließlich britische Schiffe die Flotte der Qassimi und bombardierten das Fort der Qassimi in Ras al-Khaimah.

1819 und 1820 schlossen die Briten mit allen Scheichtümern bis hinauf nach Bahrain Verträge. Die Verträge ächteten die Gewaltausübung auf offener See als Piraterie. Jeder Schiffskapitän musste sich verpflichten, nur Häfen anzulaufen, deren Regenten einen »Vertrag« mit den Briten unterzeichnet hatten. Aus der »Piratenküste« wurde die »Vertragsküste«, und so blieb es bis zur Unabhängigkeit der Scheichtümer 1971. Die Briten erkannten neben Abu Dhabi und Dubai erstmals auch kleine, nahezu bedeutungslose Scheichtümer als Partner an, wie Ajman, Umm al-Qaiwain und Fujairah. Es entstand eine Art britisches Protektorat. Die Qassimi herrschten weiter in Ras al-Khaimah und Sharjah, stellten aber die Piraterie ein. Der Vertrag befriedete den Seehandel auf dem Golf. Außerdem führte er zu einem faktischen Waffenstillstand zwischen den Scheichtümern der ehemaligen Piratenküste. Der Handel nahm einen Aufschwung, die Perlenfischerei wurde zu einer wichtigen Einnahmequelle. Am 4. und 9. Mai 1853 unterzeichneten die Scheiche der Vertragsküste mit Großbritannien einen »Unbefristeten Friedensvertrag«. Er war bis zur Unabhängigkeit 1971 in Kraft. Die britische Krone entsandte Vertreter in die Scheichtümer, an ihrer Spitze die »Political Agents«. Sie waren mehr als neutrale Diplomaten. Sie nahmen auch auf innenpolitische Entwicklungen Einfluss. 1892 rang Großbritannien den Scheichtümern die Zusicherung ab, mit keiner anderen Macht als der britischen eine Vereinbarung einzugehen. 1922 verpflichteten sie sich, keine Ölkonzessionen an Firmen zu vergeben, die nicht von der britischen Krone unterstützt würden. Als erster Herrscher unterzeichnete 1935 Said bin Maktoum Al Maktoum mit der britischen »Iraq Petroleum Company« einen Vertrag zur Suche nach Erdöl. 1939 folgte Abu Dhabi. Erdöl wurde aber erst nach dem Zweiten Weltkrieg gefunden.

Das erste zivile britische Flugzeug landete 1932 in Sharjah. Anlass war, dass der persische Schah eine Landeerlaubnis für die Briten nicht verlängert hatte. Zwei Jahre später landete in Dubai das erste britische Militärflugzeug. 1948 legte der britische Political Agent mit einem Kompromiss einen Krieg zwischen Abu Dhabi und Dubai bei, der sich an ungelösten territorialen Ansprüchen entzündet hatte. Von 1950 an war der Agent Richter am Gericht für die Vertragsstaaten, im »Rat der Vertragsstaaten« führte er den Vorsitz. Aufgrund seiner Rolle als neutraler Schiedsrichter genoss der Political Agent hohes Ansehen. Britisches Rechtsdenken fasste am Golf Fuß, und über den 1952 gegründeten »Rat der Vertragsstaaten« leitete die britische Protektionsmacht den Ausbau der Infrastruktur ein, baute Straßen und Verwaltungsgebäude, Schulen und Krankenhäuser, Kraftwerke und Wassersysteme. Die britische Regierung installierte bei den Herrschern und in den Institutionen, die sie schufen, Berater, die vielfach über die Unabhängigkeit hinaus geblieben sind. Offiziell war die Vertragsküste unabhängig, faktisch war sie eng mit Großbritannien verbunden.

Die Gegenwart: Eine Föderation von sieben Emiraten

Über Jahrhunderte hatte sich im Leben der Menschen kaum etwas verändert. Dann bereitete in den sechziger Jahren das Erdöl diesem Stillstand jäh ein Ende. Rasch wandelten sich Gesellschaft und Wirtschaft, zudem mussten die Scheichtümer der Vertragsküste eigene staatliche Strukturen aufbauen. Auf allen Gebieten setzte eine Entwicklung ein, es herrschte Aufbruchstimmung. Nichts blieb, wie es war. 1962 verließ der erste Öltanker Abu Dhabi. Die Erdölindustrie schuf Arbeitsplätze, und erste Erdöleinnahmen wurden investiert. Schulen wurden gebaut, Arbeitsplätze in der Verwaltung und der Armee geschaffen. Die Scheichtümer waren aber noch kaum entwickelt. 1965 hatte es noch keine Überlandstraße gegeben, 1966 wurde zwischen Dubai und Sharjah die erste geteerte Straße außerhalb der Städte eröffnet. Nicht länger sprachen der Emir und seine Vertreter, wie es Scheich Zayed noch in Buraimi getan hatte, vor ihren Amtssitzen Recht. Sie stellten Richter ein. Schreiber kamen hinzu, Telefone wurden installiert. Im »Ruler's Court« entstanden eine Exekutive, eine Stadtverwaltung, eine Polizei. Strukturen eines Staats zeichneten sich ab.

Noch bis 1975 stand an der Spitze der Polizei von Dubai ein britischer Major. Aufgebaut wurde der neue Staat auf einem Fundament, an dem seit Ende der 1950er Jahre zunehmend Araber aus entwickelteren Staaten mitwirkten. 1953 hatten die Briten in Sharjah die erste moderne Schule eingerichtet, von 1954 an baute Kuwait in den Vertragsstaaten Schulen und entsandte Lehrer. Auch Bahrain und der Irak schickten Lehrer. In Sharjah eröffneten die Briten 1958 die erste Handelsschule in den Scheichtümern, noch im selben Jahr kamen mit der ägyptischen Bildungsmission in Sharjah erstmals ägyptische Lehrer an die Vertragsküste. Vor allem Dubai forderte aus Ägypten immer mehr Lehrer an. Auf lange Zeit sollte Ägypten an der Vertragsküste die meisten Lehrer stellen. Die Fachausbildung, die die Briten aufbauten, wurde rasch mit weiterführenden Schulen in Beirut und Bahrain, in Kuwait und Khartum verbunden.

Bis zum Zweiten Weltkrieg war der am nächsten gelegene Standort für moderne ärztliche Leistungen Indien. 1950 bauten die Briten in Dubai das erste Krankenhaus der Vertragsstaaten. Eine in Kuwait aufgelegte Anleihe ermöglichte Dubai 1954, seinen natürlichen Hafen, den Creek, auszubaggern und für mehr Schiffe zugänglich zu machen. In den Jahren danach finanzierte das bereits wohlhabendere Qatar in Dubai den Bau der Wasserversorgung und die erste Brücke über den Creek. Das Gewohnheitsrecht der Beduinen und die islamische Scharia sowie das britische Recht wurden durch weitere Quellen ergänzt: Rechtsberater aus Ägypten und dem Sudan brachten die Rechtstraditionen ihrer Länder mit, die Mischformen aus islamischem und europäischem Recht entwickelt hatten. 1968 beauftragten die Herrscher der Scheichtümer den ägyptischen Verfassungsjuristen Abdurrazaq Sanhuri, der die Verfassung Kuwaits entworfen hatte, den Entwurf für eine Verfassung ihres neuen Staats zu erarbeiten. Unterstützt hat ihn sein sudanesischer Assistent Hasan Turabi. Zu dem Zeitpunkt lebten neben den einheimischen Händlern und den Beduinen aus der Wüste bereits Menschen aus vielen Kulturen in den Vertragsstaaten: Technokraten aus Großbritannien, Unternehmer aus Indien, Arbeiter aus Pakistan, Lehrer aus Ägypten, Verwaltungsbeamte aus dem Sudan.

1968 erfolgte die Ankündigung der britischen Labour-Regierung unter Harold Wilson, sich bis Ende 1971 aus allen immer noch abhängigen Territorien »östlich von Suez« zurückzuziehen und alle Militärbasen aufzulösen, um den Verteidigungshaushalt zu kürzen. Das hatte in den »Vertragsstaaten« wie aus heiterem Himmel eingeschlagen. Über Nacht schuf diese Entscheidung am Golf eine völlig neue Lage. Die Gesellschaften hatten sich mit der britischen Rolle gut arrangiert, und die Briten hatten die Unabhängigkeit der kleinen Scheichtümer gegenüber den übermächtigen Nachbarn Saudi-Arabien und Iran gesichert. Großbritannien genoss das Vertrauen und die Sympathie der Vertragsstaaten. Nun plötzlich sollten sie für sich selbst sorgen. In nur drei Jahren mussten sie einen funktionsfähigen Staat aufbauen, der sich verteidigen konnte, eine eigene Außenpolitik entwickelte und die weitere Entwicklung selbst in die Hand nahm. Dazu mussten die Scheichtümer auch miteinander auskommen.

In einem ersten Schritt trafen sich die beiden Herrscher von Abu Dhabi und Dubai, Scheich Zayed bin Sultan Al Nahyan und Scheich Maktoum bin Said Al Maktoum am 18. Februar 1968 an der Grenze ihrer Emirate. Dubai hatte zunächst gehofft, allein als unabhängiger Stadtstaat überleben zu können. Beide vereinbarten nun aber, ihre Emirate zusammenzuführen und die benachbarten Scheichtümer zu einem größeren Zusammenschluss einzuladen. Ihnen sicherte Scheich Zayed zu, dass Abu Dhabi sie aus seinen künftigen Öleinnahmen großzügig unterstützen werde. Eine Woche später kamen in Dubai die Herrscher aller sieben Vertragsstaaten sowie von Bahrain und Qatar zusammen. Von allen war Bahrain am weitesten entwickelt. In Abu Dhabi war Bahrains Dinar noch bis 1973 das übliche Zahlungsmittel. Der Emir von Qatar war ein Schwiegersohn des Emirs von Dubai. Einer der Berater von Scheich Zayed war der frühere irakische Außenminister Adnan Pachachi, der nach der Machtübernahme der Baath-Partei 1968 nach Abu Dhabi ins Exil geflüchtet war und seither dort lebt. Die neun verabschiedeten eine Absichtserklärung, einen gemeinsamen Staat zu gründen. Die Herrscher und ihre Berater trafen sich mehrfach und einigten sich auf immer mehr Punkte.

Zur großen Föderation der neun kam es aber dann doch nicht. Bahrain und Qatar hatten begonnen, parallel zu den Verhandlungen eigene Institutionen zu schaffen. Bahrain ernannte im Januar 1970 einen Ministerrat, und Qatar verkündete am 2. März 1970 eine provisorische Verfassung. Bahrain fühlte sich von den territorialen Ansprüchen Irans bedroht. Die iranische Regierung hatte am 1. April 1968 angekündigt, dass sie sich »alle Rechte am Persischen Golf« vorbehalte. Iran griff Großbritannien an, weil es Land abgetreten habe, nämlich Bahrain, das »Iran nachweisbar mit Gewalt geraubt worden« sei. Da Iran nicht an einer Machtprobe mit der arabischen Welt gelegen war, schwächte es den Anspruch auf Bahrain wieder ab. Die Beziehungen verbesserten sich. Die öffentliche Meinung in Bahrain forderte jedoch als Signal der Selbstbehauptung eine vollständige Unabhängigkeit. Zudem wollten viele Mitglieder der gebildeten Gesellschaft Bahrains nicht Teil eines wenig entwickelten Staats sein. Und so verkündete Bahrain am 14. August 1971 seine Unabhängigkeit. Qatar folgte am 1. September.

Sechs der sieben anderen Scheichtümer, die mit dieser Entwicklung gerechnet hatten, hatten bereits am 18. Juli 1971 erklärt, dass sie einen Staat mit dem Namen »Vereinigte Arabische Emirate« gründen wollten. Am selben Tag stellten sie die »Provisorische Verfassung« vor, die erst 1996 in eine dauerhafte umgewandelt werden sollte. Anteil an der Ausarbeitung hatten auch Experten aus Bahrain und Qatar. Die Verfassung hätte in einen starken Zentralstaat münden sollen, was aber nicht geschah. Noch heute sind in den Vereinigten Arabischen Emiraten informelle Beziehungen wichtiger als konstitutionelle Regelungen. Scheich Zayed wollte die Herrscher der einzelnen Emirate nicht zu Gouverneuren eines Zentralstaats degradieren, sondern beließ ihnen eine Eigenständigkeit und finanzierte sie. Damit schuf er die Voraussetzung für einen Zusammenhalt, der Bestand hat.

Iran hatte zwar seinen Anspruch auf Bahrain aufgegeben, hielt ihn jedoch für drei Inseln im Golf aufrecht – für Abu Moussa, Große Tunb und Kleine Tunb, die zu den Emiraten Sharjah und Ras al-Khaimah gehörten. Iranische Soldaten besetzten die Inseln am 29. und 30. November 1971, also zwischen dem offiziellen Abzug der Briten und der Ausrufung der Vereinigten Arabischen Emirate am 2. Dezember 1971. Alle Einwohner der beiden Tunbs verließen die Inseln, die arabischen Einwohner von Abu Mussa durften im südlichen Teil der Insel bleiben. Die Herrscher der sechs Emirate – Abu Dhabi, Dubai, Sharjah, Ajman, Umm al-Qaiwain und Fujairah – wählten Scheich Zayed, den Emir von Abu Dhabi, zum Präsidenten des neuen Staats. Oberstes Organ der Legislative wurde der Rat der Herrscher der Emirate. Am 10. Februar 1972 schloss sich als siebtes Mitglied das Emirat Ras al-Khaimah an, das Hoffnungen auf eigene bedeutende Ölfunde und eine Eigenstaatlichkeit aufgegeben hatte.

Als Staatsform war diese Föderation ein Novum in der arabischen Welt. Kaum jemand von außerhalb glaubte, dass sie in dieser instabilen Region überleben könne, erinnert sich Zaki Nusseibeh. Damals hatten in einem Teil des Jemen Marxisten die Macht übernommen, im Irak begann die Diktatur der Baath-Partei. Bürgerkriege lähmten Jordanien und den Libanon. Neben Iran hatte auch Saudi-Arabien Anspruch auf Territorium der neuen Föderation erhoben. 1975 setzte es die Abtretung des Küstenstreifens, der die Emirate mit Qatar verband, und eines Teiles des »Leeren Viertels« nahe der Oase Liwa durch. Der Schah von Persien hatte Scheich Zayed militärischen Beistand angeboten. Der lehnte ab.

Scheich Zayed war ideologisches Denken fremd. Pragmatisch führte er die Emirate zusammen, und pragmatisch hielt er sie zusammen. Er war bereit, mit dem Ölreichtum Abu Dhabis der Wohltäter der Föderation zu sein. Abu Dhabi hatte 1971 aus dem Verkauf von Erdöl bereits 450 Millionen Dollar eingenommen, Dubai vierzig Millionen Dollar. In den anderen Emiraten gibt es kaum Erdöl. 1996, ein Vierteljahrhundert später, waren die Einnahmen der Vereinigten Arabischen Emirate aus dem Ölexport auf 14 Milliarden Dollar angewachsen. Die Regierung ließ die einheimische Bevölkerung dreifach am neuen Reichtum teilhaben: Sie baute einen üppigen Wohlfahrtsstaat auf, vergab gut dotierte öffentliche Aufträge an einheimische Firmen, und sie sicherte der Bevölkerung mit der Vorschrift, dass jeder Ausländer einen einheimischen Sponsor haben muss, eine wichtige Einnahmequelle. Der Emirati bürgt für den Ausländer und wird dafür am Umsatz des Unternehmens beteiligt.

Die Rivalität zwischen Abu Dhabi und Dubai war bereits in den 1970er Jahren offen zu Tage getreten. Abu Dhabi wollte die föderalen Institutionen des neuen Staats stärken, vor allem die Ministerien. Prominente Intellektuelle unterstützten diese Initiative und verfassten ein Memorandum, das die Vereinheitlichung von Dienstleistungen und der Sicherheitskräfte forderte, um den Zentralstaat zu stärken und Kosten zu sparen, außerdem mehr Mitsprache. Eine echte Demokratisierung stand allerdings nicht auf der Agenda. Die Emiratis genossen seit der Gründung der Föderation eine größere Freiheit als die Einwohner der meisten anderen arabischen Staaten. Eine Demokratisierung sei »Teil der Wünsche nach Verbesserung der Struktur und Funktion des Bundesstaats« gewesen, aber nie ein Hauptanliegen, kommentiert die Historikerin Heard-Bey. Als wichtigstes Anliegen des Memorandums bezeichnet sie die Notwendigkeit, die »Föderation regierbarer und ihre Institutionen professioneller zu gestalten«. Zur Unterstützung des Memorandums fanden einige der wenigen Demonstrationen in der Geschichte der Vereinigten Arabischen Emirate statt.

Dubai lehnte das Memorandum ab und pochte auf den Vorrang seiner »Abteilungen«, wie die Ministerien der Emirate bis heute heißen. Sie waren damals weiter entwickelt als die jungen Bundesministerien. Dubai verwarf das Argument, dass eine Vereinheitlichung innerhalb der Föderation zu gerechteren Verhältnissen führen werde, und lehnte das Memorandum ab. Abu Dhabi legte die Initiative dennoch dem Rat der sieben Herrscher vor. Als sich die Krise zuspitzte, riefen sie den Außenminister Kuwaits zur Vermittlung. Die Gegner einer weiteren Zentralisierung behielten die Oberhand. Die »provisorische Verfassung« blieb unverändert in Kraft. Nach der »Verfassungskrise von 1979«, die an der losen Föderation nichts änderte, preschte die prosperierende Hafenstadt Dubai noch schneller vor und ergriff die Initiative zu einer Modernisierung, der das ungleich reichere Abu Dhabi nur mit langer Verzögerung folgte. Bei der ersten Volkszählung von 1968 hatten auf dem Gebiet der Vertragsstaaten noch 180 000 Einwohner gelebt, davon 59 000 in Dubai und 46 000 in Abu Dhabi. Im ersten Vierteljahrhundert des neuen Staats, also von 1971 bis 1996, hat sich die Bevölkerung der Vereinigten Arabischen Emirate mit 2,4 Millionen mehr als verzehnfacht. Im Jahr 2009 waren es bereits mehr als 5,1 Millionen Einwohner. Mit einem Einkommen pro Kopf von 53 133 Dollar sind die Vereinigten Arabischen Emirate nach Qatar das Land mit der reichsten Bevölkerung. Drei Faktoren haben diesen raschen Wohlstand ermöglicht: die großen Vorkommen an Erdöl und Erdgas, eine vernünftige Politik sowie ein Zustrom von Ausländern aus mehr als 150 Nationen, die als hochqualifizierte Experten, als Manager oder auch als einfache Bauarbeiter ins Land gekommen waren.

Die Ausländer stellen mit einem Anteil von mehr als achtzig Prozent die große Mehrheit der Bevölkerung. In Dubai sind neun von zehn Einwohnern keine Emiratis, in Abu Dhabi acht von zehn. Die größten Gruppen stellen Inder und Pakistanis. Keine ausländische Bevölkerungsgruppe ist groß genug, andere zu dominieren und die einheimische Gesellschaft zu bedrohen. Die einheimische Bevölkerung bleibt im Großen und Ganzen hinter den hohen Mauern ihrer Villen unter sich. Die Zuwanderung und die wirtschaftlichen Veränderungen haben die lange Ära der homogenen Gesellschaft beendet. Eine neue Gesellschaft, eine neue Kultur entsteht.

■ Die Zukunft: Der Masterplan 2030

Die Zukunft hat begonnen, und zwei Masterpläne »2030« geben ihr eine Gestalt. Ein Plan skizziert die Stadt, der andere die Wirtschaft der Zukunft. Eine »fortschrittliche arabische Stadt« will Abu Dhabi im Jahr 2030 sein, mit einer eigenen urbanen Identität, vom Meer und der Wüste geprägt, mit den Traditionen der Vergangenheit und der Technologie des 21. Jahrhunderts. »Nachhaltig« werde die neue Stadt sein und »angenehm« das Leben in ihr, versprechen die Stadtplaner und Architekten, die den Masterplan erarbeitet haben. Bis ins Detail haben sie neue Stadtteile entworfen und intelligente Verkehrssysteme festgelegt, haben Vorschriften zur Landnutzung entwickelt und öffentliche Räume definiert, die die Stadt lebendig machen sollen. Punkt für Punkt wird der Plan abgearbeitet. Die Zukunft entsteht.

In der neuen Welt Amerikas war New York zum universalen Symbol moderner Urbanität aufgestiegen, im aufstrebenden Asien war es Singapur. Im neuen Arabien will Abu Dhabi urbanes Vorbild sein. Im Archipel mit seinen 200 Inseln unterschiedlicher Größe war lange nur eine Insel besiedelt. Um einige andere hatten sich dichte Mangrovenwälder gelegt. Die meisten sind flach, öde und seit Menschengedenken unbewohnt.

Wie die Insel Sowwah. Auf ihr entsteht unmittelbar vor dem bisherigen Hafen das neue Finanzzentrum. 100 000 Menschen sollen auf der kleinen Insel wohnen, so dicht wie Manhattan wird sie besiedelt und bebaut sein, mit einer ebenso glitzernden Skyline. Börsen und Banken wird es geben, leuchtende Bürohochhäuser und Schatten spendende Bäume. 2012 wird die Cleveland Clinic auf Sowwah Island ihre ersten Patienten aufnehmen. Von der Hauptinsel und anderen Inseln werden 13 Brücken auf sie führen. Auf ihr und der benachbarten Insel Reem wird die Skyline des neuen Geschäftszentrums von einem arabischen Lower Manhattan künden. Auf Reem Island ist der Campus der Sorbonne bereits in Betrieb, gebaut werden auf der Insel vor allem Wohnungen und Einfamilienhäuser.

Auf der benachbarten Insel Saadiyat, der »Insel der Glückseligkeit«, sind vor einem halben Jahrhundert noch Mangroven als Futter für die Kamele geschnitten worden. Heute entsteht dort eine Mischung aus Broadway und dem mittleren Teil der 5th Avenue, mit spektakulären Museen wie dem Louvre und dem Guggenheim, mit einem Nationalmuseum, einer Oper und mit Galerien, dem Campus der New York University, mit drei mondänen Jachthäfen und den schönsten Stränden unter Palmen.

Von Saadiyat führt der Kranz der Inseln weiter zur Erlebniswelt von Yas Island, mit dem Parcours der Rennstrecke für die Formel 1, dem Themenpark für Ferrari, weiteren Attraktionen zum Vergnügen, mit Golfplätzen und Jachthäfen, einem Wasserpark und einem »Warner Bros. Themenpark«. Damit endet der Ehrgeiz von Abu Dhabi nicht. Jenseits von Yas Island entsteht auf dem Festland an elf Kilometern Sandstrand der auf das Wasser ausgerichtete moderne Stadtteil Raha Beach für 120 000 Einwohner, in dem neue urbane Konzepte erprobt werden. Dahinter baut die staatliche Investitionsfirma Mubadala mit Masdar City ein Modell für die umweltfreundliche Stadt der Zukunft.

Der Halbkreis schließt sich mit dem Capital District, dem künftigen Zentrum für Regierung, Diplomatie und Universitäten, einer Art Brasilia oder Washington DC auf Arabisch. Capital City soll auf 4500 Hektar die Visitenkarte der Hauptstadt werden. Die Planer haben sich weitere Akzente einfallen lassen: Die vor Abu Dhabi gelegene Insel Lulu als Naherholungsgebiet, ein Sportbezirk nahe der Großen Moschee und natürlich die Große Moschee selbst. Überall entstehen auch Hotels. Denn das Abu Dhabi von 2030 rechnet mit jährlich 7,9 Millionen Touristen. Das wären 75 Prozent der Urlauber, die heute Ägypten besuchen.

Stadtplaner aus der ganzen Welt waren nach Abu Dhabi eingeladen, um die Zukunft zu entwerfen. Vor allem aus Vancouver, der kanadischen Stadt, die zu den Pionieren bei der Schaffung öffentlicher Räume in modernen Städten zählt. Sie haben viel gezeichnet, gerechnet und schöne Modelle für eine Stadt mit drei Millionen Einwohnern gebastelt. Noch steckt darin viel Vision, und einiges wird Phantasie bleiben. Vieles aber wird umgesetzt. Denn die Herrscherhäuser am Golf denken in Generationen, und die klug angelegten Petrodollars helfen ihnen, gut über Krisen zu kommen.

Das neue Abu Dhabi soll glitzern, aus dem Weltall soll man es sehen. Allein die Kosten für die geplanten Immobilienprojekte, ohne die Maßnahmen für die Infrastruktur, sollen sich auf 500 Milliarden Dollar summieren. Aufgebracht werden sie von der Regierung und von privaten Investoren. Mit den Projekten der Infrastruktur und der Ansiedlung von Industrie verdoppelt sich die Summe.

Dieses neue Abu Dhabi wird anders sein als das alte, das der Ägypter Abdurrahman Makhlouf entworfen hatte, der erste Stadtplaner von Abu Dhabi. Doch sein Sinn für Symmetrie wird die Insel noch viele Generationen prägen. In Kairo hatte er Architektur studiert, in Deutschland sah er das Land, das völlig seinem Sinn für Ordnung und Symmetrie entsprach. So lernte er in München die Bedeutung der Stadtplanung für ein Land kennen, das sich wieder aufbaut. Dort erwarb er 1959 auch seinen Doktortitel. Als Stadtplaner arbeitete er in Mekka und Medina, in Jeddah und Taif, bis ihn Scheich Zayed 1968 nach Abu Dhabi holte. Sie trafen sich am Meer, wo heute das Intercontinental Hotel steht. Scheich Zayed erklärte seinem Gast, dass es keinen Stadtplan von Abu Dhabi gebe. Der war auch nicht nötig. Denn Abu Dhabi hatte zu dem Zeitpunkt erst zwei geteerte Straßen und ein Dutzend gemauerter Häuser.

Makhlouf, meist im Anzug mit weißem Hemd und dunkler Krawatte gekleidet, entwarf eine Stadt für 250 000 Einwohner – und wurde dafür belächelt. Woher sollten denn so viele Menschen kommen, fragte man ihn. Er ließ sich nicht beirren und zeichnete ein Schachbrett in den Sand. Das lässt sich leicht verwirklichen. Denn die Hauptinsel von Abu Dhabi ist ja flach, und bei neuem Bedarf konnten immer neue »Zellen« an die bestehende Stadt hinzugefügt werden. In der Anfangsphase setzte Makhlouf durch, dass kein Gebäude höher als neun Stockwerke sein durfte. 1978 gewannen aber die Immobilienhaie die Schlacht. Endlich konnten sie Hochhäuser bauen. Zwischen ihnen waren die kleinen Nachbarschaftsmoscheen eingezwängt. Wo sich Makhloufs große Straßen kreuzten, entstand innerhalb von Kreisverkehren Raum für Kunst. Kaffeekannen und wasserspeiende Löwen verzierten lange die Kreisel, auch eine Abstraktion der libanesischen Zeder und große Kanonen. Bis der Verkehr zunahm und moderne Verkehrsplaner den Kreisverkehr durch Verkehrsampeln ersetzten. Einige der Objekte sollen in die Zukunft gerettet werden, so die vom früheren libanesischen Staatspräsidenten Elias Hrawi gestiftete Zeder. Die meisten sind aber bereits verschwunden. Makhlouf hatte das kommende Zeitalter des Automobils vorausgesehen. Sein Abu Dhabi ist mit großen Alleen auf die Bedürfnisse des Individualverkehrs ausgerichtet. Im Abu Dhabi der Zukunft sollen sich aber auch die Fußgänger wieder wohlfühlen. Noch mehr als bisher soll Abu Dhabi eine grüne Stadt sein, mit Palmen und Parks, Blumenrabatten und Springbrunnen.

Larry Beasley ist der Vater des »Vancouver Model« in der modernen Stadtplanung und auch des »Plans 2030«. Damit hat er eine lebhafte Debatte ausgelöst. Seine Kritiker werfen ihm vor, durch die Schaffung vielfältiger neuer urbaner Zentren der Trennung des sozialen Raums in unzusammenhängende Parzellen Vorschub zu leisten. Sie befürchten, dass Saadiyat eine vom Rest der Stadt isolierte Touristenattraktion werden könnte. Die Befürworter hingegen rechnen damit, dass Beasleys Plan eine vielfältige urbane Landschaft hervorbringt. Jeder Stadtteil werde multifunktional sein, eine Stadt in der Stadt.

Ohne architektonische Wahrzeichen kommt eine moderne Stadt, die international wahrgenommen werden will, nicht aus. Es reicht nicht, die

Stadt für ihre Bewohner gut geplant zu haben. Erkannt werden Städte an herausragenden Gebäuden. Seinen Wahrzeichen fügte Abu Dhabi als Letztes ein kühn geschwungenes Gebäude hinzu, das an der Einfahrt auf die Insel steht und nach den Gesetzen der Schwerkraft eigentlich umfallen müsste. 160 Meter hoch ist dieses »Tor in die Hauptstadt« (»Capital Gate«). Es neigt sich 18 Grad und damit fünfmal so stark wie das Vorbild in Pisa. Dessen schiefer Turm wirkt neben dem »Capital Gate Tower« wie ein kerzengerade aufgeschichteter Zuckerguss. In der kühnen Konstruktion des britischen Architekturbüros RMJM ist auf 35 Stockwerken kein Raum wie der andere, das Bauwerk ist bereits in die Lehrbücher für Architekturstudenten eingegangen.

Dem Zufall überlassen die Planer Abu Dhabis nichts. Ihre Rechtfertigung findet die Planung im rasanten Wachstum von Abu Dhabi und der Vereinigten Arabischen Emirate. Planung allein schafft jedoch keine lebendige Stadt. Das organische Wachstum einer Stadt dauert Jahrhunderte, steuern lässt es sich nicht. Die Planer schaffen nur den Rahmen. Istanbul und auch New York werden Abu Dhabi immer das Alter voraushaben. Die Qualität des Lebens einer Stadt definieren ihre Bewohner. Da steht Abu Dhabi erst am Anfang.

Das kulturelle Erbe

Die Archäologie: Kupfer, Knochen, Keramiken

Über die Geschichte der Vertragsküste gibt es mündliche Überlieferungen und seit dem 18. Jahrhundert auch britische Dokumente. Eine ungleich ältere Geschichte haben im letzten halben Jahrhundert Archäologen ausgegraben. Die Steine, die sie zusammenfügen, die Knochen und Keramiken, die sie deuten, belegen, dass bereits viele Jahrhunderte und Jahrtausende vor der Inbesitznahme durch Beduinenstämme entlang der arabischen Golfküste Menschen gelebt haben. Eine Wertschätzung für die alte Geschichte setzt erst in jüngster Zeit ein. Die meisten der kleinen Museen, die in den Herrscherforts der Emirate eingerichtet sind, haben jedoch bereits archäologische Abteilungen. In und um die Oase al-Ain bestehen weitere archäologische Stätten und Museen. Ein großes archäologisches Museum fehlt den Vereinigten Arabischen Emiraten aber bisher. Es hätte viel zu präsentieren. Das neue Nationalmuseum wird voraussichtlich ab dem Jahr 2014 dies leisten.

Die Geschichte der Archäologie fing 1959 an. Elf Jahre, nachdem Wilfred Thesiger die Furt durchquerte, die Abu Dhabi vom Festland trennt, begannen einen Kilometer östlich der Furt auf der flachen Insel Umm al-Nar dänische Archäologen zu graben. Zuvor waren sie in Bahrain tätig gewesen. Wenn Abu Dhabi bereits ein Ort der Kontraste ist, so trifft das auf Umm al-Nar erst recht zu. Auf der einen Seite der öden Insel wurden später als Boten der Moderne ein Kraftwerk und eine Raffinerie gebaut, auf der anderen gruben Forscher um Peter Glob und Geoffrey Bibby einen Friedhof aus der Bronzezeit aus. Sie rekonstruierten fünfzig Gräber, die bis zu 2,5 Meter hoch waren. Sie waren 2000 bis 2500 v. Chr. angelegt worden. Im größten Grab waren 36 Menschen bestattet worden. Die Steine waren glatt geschnitten, fügten sich nahtlos ineinander und waren mit Darstellungen von Tieren aus der Region verziert, mit Kamelen, Ochsen und Oryx-Gazellen.

Die Archäologen stellten eine Verbindung der Menschen von Umm al-Nar mit Siedlungen in Bahrain und dem heutigen Oman fest. Heute verdanken die Vereinigten Arabischen Emirate ihren

Wohlstand dem Erdöl, die Zivilisation von Umm al-Nar hatte ihren Wohlstand dem Kupfer zu verdanken. In den Bergen Omans hatte um 3100 v. Chr. der Abbau von Kupfer begonnen. Von dort wurde das Metall über die prosperierende Siedlung al-Hilli, nahe der heutigen Oase al-Ain, an den Hafen von Umm al-Nar gebracht. Die Händler von Umm al-Nar exportierten das begehrte Metall nach Norden, nach Bahrain und Mesopotamien, ebenso Tran von Haien und Schildkröten. Im Austausch bezogen sie Tonwaren und Textilien, Gerste und Weizen. Neben dem Handel lebten sie vom Fischfang. Darauf lassen Angelhaken schließen, die gefunden wurden. Auch die Bewohner von Hilli bauten Weizen und Gerste an. Das wies der französische Archäologe Serge Cleuziou nach.

Nahe al-Ain findet sich an den Hängen des Berges Jebel Hafeet die neben Hilli zweite bedeutende Stätte aus der Bronzezeit. Gräber aus der Zeit von 3200 bis 2700 v. Chr., groß wie Iglus, aber aus braunem Stein, lassen Rückschlüsse auf die polytheistische Religion der Bewohner zu, vor allem auf einen Sonnenkult. Die Eingänge der Gräber sind nach Südosten ausgerichtet, um die Strahlen der aufgehenden Sonne einzufangen. Die größten der 500 Gräber sind vier Meter hoch; einige wurden in der Eisenzeit von 1200 bis 300 v. Chr. noch einmal benutzt. Neben menschlichen Knochen fand man in ihnen Tonwaren aus dem mesopotamischen Babylon. Mit großer Wahrscheinlichkeit hat Mesopotamien in der Bronzezeit die Götterwelt von Hafeet, al-Hilli und Umm al-Nar beeinflusst. Andere Teile der Region hatten ebenfalls mit Mesopotamien in Verbindung gestanden. Nahe der Stadt Madinat al-Zayed, mitten in der Wüste, fand der australische Geologe Kim Burke Anfang 2009 ein zylinderförmiges Siegel aus Stein, das auf 3000 v. Chr. datiert wird und aus der mesopotamischen Stadt Uruk stammt.

Leben gab es aber in dieser heute so lebensfeindlichen Umwelt schon viel früher. Andrew Hill, Professor für Archäologie an der Yale University in Connecticut, streift seit 1989 durch die westliche Region des Emirats Abu Dhabi. In Baynunah, einem menschenleeren Teil der Wüste, entdeckte er mit seinem geübten Auge mehrere Dutzend Orte mit Fossilen aus dem Erdzeitalter des Miozän, das vor 23 Millionen Jahren begann und vor fünf Millionen Jahren endete. Die Alpen und der Himalaya sind in jener Zeit entstanden. Hill grub Fossile von Tieren und von Pflanzen aus, sammelte Nachweise für Schildkröten und Welse, für Elefanten, Flusspferde und

Krokodile, selbst für Wildkatzen. Auch Zähne und Fußabdrücke von Elefanten wurden gefunden. Sie sind jeweils sechs bis acht Millionen Jahre alt.

Im Januar 2010 stieß der französische Paläontologe Faysal Bibi auf den Schädel eines Krokodils, dessen Alter er auf acht Millionen Jahre schätzt. Es ist verwandt mit dem Krokodil, das heute den Nil bevölkert. Hill und Bibi leiten aus ihren Funden ab, dass sich im Miozän das Ökosystem grundlegend von der heutigen Wüste unterschieden haben muss. Die Pflanzen und Tiere, deren Fossile sie fanden, gibt es heute noch in Ostafrika. Es müsse damals Flüsse gegeben haben mit savannenähnlicher Vegetation, vermutet Hill. Man nimmt an, dass Tiere durch die Wälder und Savannen der Arabischen Halbinsel von einem Kontinent zum anderen gewandert sind, zwischen Ost und West, zwischen Asien, Afrika und Europa. Arabien war eine Durchgangsstation dieser Wanderung.

Einen Schritt weiter geht der Tübinger Archäozoologe Hans-Peter Uerpmann. Der entscheidende Fund zur Frühsteinzeit war ihm auf einem Hügel im Emirat Sharjah gelungen, dem Jebel Faiyah. Für ein ungeübtes Auge sieht er aus wie jeder andere Hügel in der Wüste. In dem Hügel grub sich Uerpmann in eine Höhle vor, die vier oder fünf Familien Schutz und Wasser geboten hatte. Darin fand er Werkzeuge aus der Steinzeit und datierte sie auf ein Alter von 100 000 Jahren. Weitere Funde datiert er auf mindestens 120 000 Jahre. Für Uerpmann stützen sie die These, dass die ersten Menschen aus Afrika über die Golfregion ihren Weg nach Asien angetreten haben. So sind Steinzeitmenschen in Indonesien vor 120 000 Jahren nachweisbar. Einige wanderten weiter nach Australien, wo sie vor etwa 50 000 Jahren eintrafen, als es dorthin noch Landbrücken gegeben hatte. In Schüben hatte sich der frühe Mensch in Afrika auf die Suche nach besseren Lebensbedingungen in neue Gebiete begeben. Das Rote Meer war damals weniger breit und tief, und der Golf war lediglich ein breiter Fluss. Die Golfregion, offenbar bereits heiß und wasserarm, war für sie Durchgangsland. Sie blieben nicht lange, sondern hielten sich vorübergehend in Höhlen auf wie jener auf dem Jebel Faiyah.

Doch nicht alle wanderten weiter. Einige wurden im Neolithikum dort sesshaft. Auf der Insel Marawah im Westen von Abu Dhabi entdeckte Mark Beech, Archäologe an der University of New York, Gräber, die auf eine dauerhafte Ansiedlung von Menschen schließen lassen. In einem Grab der Größe von acht Quadratmetern stieß er auf Skelette von fünf Menschen, die vor 7500 Jahren auf der Insel gelebt haben müssen. Die nach außen sichtbare Form und die Gestaltung des Grabs ließen darauf schließen, dass das Grab Ausdruck der Identität und des Einflusses eines Stammes gewesen sein müsse, sagt Beech. Einen Friedhof mit 700 Skeletten aus derselben Zeit grub Uerpmann auf dem Jebel Buhais im Emirat Sharjah aus. Die Funde am Jebel Buhais zeigen, dass sich die Menschen von wilden Kamelen und Gazellen ernährt haben, auch von Fischen. Auf der Insel Dalma zeugen Funde davon, dass sich damals die Menschen von Datteln ernährten. Auf Marawah wurden zudem Perlmuttknöpfe gefunden. Ihre Bewohner hatten also die Auster gekannt.

Am Jebel Buhais gruben die Archäologen auch Knochen des Dugong aus, der Seekuh, die bis zu drei Meter lang und 400 Kilogramm schwer sein kann. Den wichtigsten Fund hierzu machten französische Archäologen um Sophie Méry auf der Insel Akab, die in einer Lagune des Emirats Umm al-Qaiwain liegt. Auf einem Erdhügel und in ovalem Grund von zehn Quadratmetern fanden die Archäologen mehr als 3500 Knochenfragmente von vierzig Seekühen. Die Knochen waren so angeordnet, dass es kein Zufall sein konnte. Die Anlage diente den Bewohnern der Insel vor 6000 Jahren für religiöse Rituale.

In Masafi, einer Siedlung in der Bergwelt des Emirats Fujairah, entdeckte die französische Archäologin Anne Benoist einen Tempel, in dem vor 3000 Jahren die Menschen Schlangen verehrt haben. Sie grub mehr als hundert Keramikteile aus, die mit Schlangen verziert sind, und 34 aus Bronze gefertigte Schlangen, die von 1100 bis 600 v. Chr. datieren. Um den Tempel hatte sich eine Gesellschaft mit Priestern, Bürokraten und Händlern entwickelt. Sie tauschten Waren mit dem Jemen, mit Bahrain und Iran.

Fast zur gleichen Zeit haben in Muwailah, einem Ort nahe der heutigen Stadt Sharjah, in einer Siedlung möglicherweise bis zu tausend Einwohner gelebt, die offenbar das Kamel gezähmt hatten. Sie setzten Kamele zur Beförderung von Waren ein und erweiterten mit deren Milch und Fleisch ihren Speisezettel. Die eisenzeitlichen Bewohner dieser Siedlung waren auch mit der Schrift vertraut. So fand der amerikanische Archäologe Peter Magee auf Tonwaren sabäische Inschriften aus dem Jemen, der Weihrauch exportierte. Andere in Muwailah gefundene Keramiken stammen aus dem Irak und aus Iran. Der Fernhandel war damals also bereits Teil des Lebens in der Region geworden, eine gesellschaftliche Entwicklung hatte eingesetzt.

Die frühe Besiedlung der späteren Vertragsküste hatte auf dem Festland und auf vorgelagerten Inseln stattgefunden. Die Insel Sir Bani Yas hält noch eine Besonderheit bereit: die Ruinen einer Kirche und eines Klosters, die nestorianische Christen möglicherweise im vierten Jahrhundert gebaut haben. 1991 wurden sie entdeckt. Fundamente einer ähnlichen Kirche wurden auf Marawah ausgegraben, zwei weitere Kirchen entlang der arabischen Golfküste auf Inseln vor Kuwait. Die nestorianischen Christen waren von Edessa, dem heutigen Urfa, und von Ktesiphon aus zur Missionierung Asiens aufgebrochen und gelangten bis China und Japan. Der Mongole Timur Lenk hatte dann diese Kirche des Ostens im 13. Jahrhundert nahezu vollständig vernichtet. Die Golfregion war da schon lange islamisiert. Die Kirchen von Sir Bani Yas und Marawah schließen die Lücke zwischen der polytheistischen Eisenzeit von Hilli und der Islamisierung, die im siebten Jahrhundert einsetzte. Über die Beziehungen der Mönche zu den Nomaden auf dem Festland und über ihre Rolle im Handel entlang der Golfküste ist noch wenig bekannt. Auch auf diese Fragen wird es Antworten geben. Denn an der Golfküste ist die Archäologie, zumindest unter den Gebildeten, heute populär.

Der Lebensraum: Windtürme, Wasser, Wüste

Für viele Emiratis jedoch gilt als alt und ehrwürdig nur, was sie von ihren Vätern und Großvätern kennen. Ihr kulturelles Erbe ist die Lebensform der unmittelbaren Vorfahren – in den Siedlungen mit der traditionellen Architektur, auf dem Wasser, in der Wüste. Das kennen sie noch, auch wenn die Mehrheit der Emiratis heute in modernen Häusern aufgewachsen ist, mit fließendem Wasser und mit Klimaanlagen. In nahezu jedem Emirat gibt es daher ein »Heritage Village«, nicht nur für die Touristen, sondern vor allem für die einheimische Jugend. Sie soll in diesen Freilichtmuseen sehen können, wie idyllisch und gleichzeitig beschwerlich das Leben vor wenigen Generationen noch war.

In Dubai im Viertel Bastakiya ist die traditionelle Architektur auch jenseits der folkloristischen »Heritage Villages« erhalten geblieben. Sie ist Vorbild geworden für moderne Adaptionen, etwa in der »Madinat Jumeirah«, dem weitläufigen historisierenden Komplex mit Geschäften, Restaurants und Hotels, eingebettet zwischen kleinen Wasserstraßen, die den Blick auf den Burj al-Arab, den »Turm der Araber«, das berühmte Luxushotel in Form eines geblähten Segels, freigeben. Anders als die »Madinat Jumeirah« ist die Bastakiya, direkt am Creek gelegen und neben dem historischen Fort al-Fahidi, als Viertel für Künstler und Galerien zu neuem Leben erwacht. Hier wird die Erinnerung daran wachgehalten, wie es auch ohne Glas, Beton und Klimaanlagen möglich gewesen war, das Leben im Wüstenklima erträglich zu gestalten: Die Gassen waren so eng, dass die glühende Hitze nicht eindrang, und die sogenannten Windtürme dienten zur Abkühlung der Häuser.

Das Fort und die Bastakiya erzählen die Geschichte des Bauhandwerks von Dubai. Das Fort, heute Stadtmuseum, stammt aus dem Jahr 1799. Seine Wände wurden damals mit Korallenstein gebaut, der gegen Wärme isoliert, auch mit Gips und Mörtel; Palmenstämme halten die Decke. Kleine Öffnungen in den Mauern waren für die Bogenschützen, durch die großen schossen Kanonen. Erst im frühen 20. Jahrhundert gelangte hartes, belastbares Mangrovenholz aus Sansibar nach Dubai. Zu der Zeit siedelten von der gegenüberliegenden Seite des Golfs ganze Familien nach Dubai über. Einige waren Araber, andere Perser. Aus ihrer Heimat, die sie verließen, brachten sie die Windtürme mit. Von da an wurden in Dubai zweistöckige Häuser gebaut.

In den letzten Jahren haben die traditionellen Windtürme an neuen Gebäuden eine Renaissance erlebt. Im Zeitalter der Klimaanlagen sind sie zwar nicht mehr nötig, sie erzeugen am Bau aber eine neue Ästhetik. Der Barjil, wie der Windturm heißt, erhebt sich über das Hausdach und enthält im Inneren vier vertikale Lüftungsschächte, die am Tag bei jedem noch so kleinen Windhauch von oben kühlere Luft bis in die unteren Räume eines Gebäudes lenken. Nachts dringt ebenfalls kühlere Luft ins Haus, warme Luft entweicht auf der anderen Seite des Schachts nach oben, und am folgenden Tag sinkt die Lufttemperatur an den nachts abgekühlten Innenwänden der Türme. Die Windtürme reicher Häuser sind kunstvoll verziert, doch selbst an Hütten aus Palmwedeln können einfache Windtürme angebracht sein. Die Rückkehr des Windturms ist ein Bekenntnis zur traditionellen Architektur. Restauriert werden zudem die Forts und Festungen der Emirate, die mit lokalen Baumaterialien errichtet worden sind – in Dubai al-Fahidi, in Abu Dhabi Qasr al-Husn, in al-Ain al-Jahili. Es entsteht wieder ein Bewusstsein für traditionelle Lebensformen, selbst wenn niemand sein bequemes modernes Haus aufgeben will. Hasan Naboodah, Professor für Geschichte und Archäologie der Emirate an der Universität al-Ain, ist einer der bekanntesten Kritiker der raschen Urbanisierung. Früher sei jeder arm gewesen, die Gemeinschaft habe aber wie eine große Familie zusammengehalten. Heute lebe jeder abgeschottet von anderen und anonym in großen Villen, klagt er. Man kenne seine Nachbarn nicht mehr und verbringe seine Zeit vor dem Computer. Bräuche und Traditionen gingen verloren. Wer zu lange in einer verwestlichten Welt gelebt habe, spreche verächtlich von den »alten Zeiten« und wisse nicht, dass gerade sie Teil seiner Identität seien, sagt Naboodah. Doch das Meer und die Wüste haben die Golfstaaten und ihre Menschen geprägt. Und nach wie vor fahren viele Emiratis vor allem an Wochenenden auf das Meer hinaus oder in ein einfaches Haus draußen vor der Stadt in einer Oase.

Die seefahrenden Küstenbewohner orientierten sich nicht in Richtung Rotes Meer und Mittelmeer, denn dorthin gab es gut ausgebaute Karawanenrouten, sondern von Anfang an nach Osten und nach Asien. Bagdad, von 750 bis 1258 Hauptstadt des Abbasidenreichs, ist durch die Wasserstraße des Tigris mit der Hafenstadt Basra verbunden. Von dort segelt man über den Golf hinaus durch die Meerenge von Hormuz auf den Indischen Ozean und die Weltmeere. Im 10. Jahrhundert sollen erstmals Schiffe aus dem Golf die chinesische Hafenstadt Kanton erreicht haben. Aus dem Fernen Osten brachte man Seide und Gewürze mit, Hölzer und andere Luxusgüter.

Ende der 1990er Jahre fanden Taucher vor der indonesischen Küste ein Schiff mit arabischen Inschriften. Es war auf dem Rückweg nach Arabien mit 60 000 Teilen chinesischen Porzellans untergegangen. Sein Alter wird auf mehr als tausend Jahre geschätzt. Zu jener Zeit könnten sich die Geschichten um Sindbad, den Seefahrer, abgespielt haben. Schiffbauer in Oman bauten das Schiff mit Hilfe europäischer Archäologen nach und gaben ihm den Namen »Juwel von Maskat«. Sie benutzten dieselben Materialien wie damals, harte Hölzer aus dem indischen Puna etwa. Dann legte das Segelschiff, 18 Meter lang und fünfzig Tonnen schwer, die 3000 Seemeilen von Maskat über Cochin in Indien, Galle auf Sri Lanka, Penang in Malaysia bis Singapur wie damals in fünf Monaten zurück, ohne Radio und mit dem gleichen Proviant wie damals: Datteln, getrocknetem Fisch, Reis, Kaffee.

Fische und Meerestiere gab es und gibt es in den flachen Gewässern des 540 Kilometer langen Golfs reichlich: den Zackenbarsch, den Barracuda, den Königsdorsch und den rochenartigen Sägefisch, alle Arten von Haien und Austern, Seeschildkröten, begehrt wegen ihres Fleisches und ihrer Eier, die Seekuh Dudong und viele andere bunte Fische. Die Fischer kannten mehr als 200 Fischarten. In flachen Booten mit einer Besatzung bis zu zwei Dutzend Männern fuhren sie hinaus, warfen die Netze ins Wasser. Berühmt sind die alten Fotos, auf denen man sieht, wie sie in fröhlicher Feststimmung die vollen Netze auf dem Strand entleeren. Sie sangen und tanzten dabei.

Singend bereiteten zu Beginn des Sommers auch die Perlentaucher das Auslaufen ihrer Boote vor. Vier Monate dauerte die Saison, die Mitte Mai begann. Im Winter waren die Winde zu heftig. Für Austern, in deren Innerem Perlen wachsen, sind die Bedingungen im Golf ideal. Die meisten Perlenbänke hatte es zwischen Qatar und Abu Dhabi gegeben. Über ihnen standen Wochen und Monate die Boote der Perlentaucher. Sie schlossen mit einer Knochenklammer die Nase, beschwerten den Fuß mit einem Stein und ließen sich entlang eines Seils in die Tiefe sinken. Die Fingerspitzen schützten sie mit Leder. Manchmal fanden sie in der Tiefe keine Muscheln, manchmal drei, manchmal mehr als ein Dutzend. Sie legten sie in einen Korb. Bis zu neunzig Sekunden blieben die Taucher unten, bis zu hundert Mal am Tag konnte ein guter Taucher hinuntersteigen. Dann war der nächste an der Reihe. Durchschnittlich tauchte man bis zu 15 Metern tief, die besten Muschelbänke gab es in einer Tiefe von dreißig Metern. Manchmal unterschätzte ein Taucher den Aufenthalt in der Tiefe und bekam Halluzinationen.

Auf dem Boot aß man Datteln und trank so wenig Wasser wie möglich, um nicht häufig in einem Hafen Nachschub holen zu müssen. Abends öffnete der Besitzer des Boots, der Nakhuda, die Austern und legte die Perlen in ein Tuch. Ende September kehrten die Boote, begleitet von lauten rhythmischen Gesängen ihrer Besatzung, in die Heimathäfen zurück. Der Nakhuda verkaufte die Perlen und behielt eine Hälfte als Gewinn. Von der anderen Hälfte zog er die Lebensmittel ab, die er für die Mannschaft gekauft hatte, ein Fünftel als Abschreibung für das Boot sowie die Vorschüsse, die er den Familien der Männer zu Beginn der Saison ausgezahlt hatte. Den Rest verteilte er nach einem festen Schlüssel auf die Mannschaft: Der Kapitän erhielt zwei Einheiten, jeder Taucher 1,5 Einheiten, der Koch und die Schlepper jeweils eine Einheit, die jungen Laufburschen jeweils eine Vierteleinheit.

Die Perlenfischerei löste in den kleinen Orten am Golf einen ungeahnten Aufschwung aus. Ehemalige Beduinen blieben nun im Winter in Abu Dhabi und lebten von dem Geld, das sie im Sommer als Perlenfischer verdienten. Im 19. Jahrhundert ließen sich indische Händler dauerhaft in Siedlungen wie Abu Dhabi und Dubai nieder. Sie waren Hindus oder Khojas, wie sich die ismailitisch-schiitischen Inder nannten. Sie kauften die Perlen, verkauften sie in Bombay, und von dort gelangten sie nach London. Der Aufschwung zog auch – meist sunnitische – Araber aus Persien an, die im lokalen Einzelhandel tätig wurden, als Handwerker arbeiteten und zunehmend religiöse Aufgaben übernahmen. Denn die einheimischen Familien konzentrierten sich auf die Perlentaucherei und den Fernhandel. Die erfolgreichsten Seefahrer waren in Oman zu Hause, doch auch aus den arabischen Scheichtümern im Golf fuhren die Segelschiffe aus Holz, die Dhows, neun Monate im Jahr im Indischen Ozean und nach Afrika. Im 19. Jahrhundert waren an der Vertragsküste neunzig Schiffe bekannt, die diesen Fernhandel betrieben. Zwanzig waren in Dubai registriert, 15 in Ras al-Khaimah, zehn in Abu Dhabi. Die Golfaraber, die eigentlich aus der Wüste kamen, waren nun erfolgreiche Händler und Seefahrer geworden. Der Handel wurde Teil ihres Alltags.

Im 19. Jahrhundert steuerte die Perlenfischerei neunzig Prozent zur Wirtschaftsleistung der Scheichtümer bei. Um 1900 wurden mehr als 1200 Boote eingesetzt, auf denen im Durchschnitt 18 Mann tätig waren, um nach Perlen zu tauchen. 410 von ihnen liefen aus Abu Dhabi aus, 360 aus Sharjah und 335 aus Dubai. Doch dann versetzte eine Erfindung aus Japan diesem prosperierenden Wirtschaftszweig den Todesstoß. Kochichi Mikimoto entwickelte im Jahr 1905 eine Methode, Perlen künstlich zu züchten. Von den 1920er Jahren an überschwemmten sie den Weltmarkt, gleichzeitig

setzte die Weltwirtschaftskrise ein. Die Scheichtümer der Vertragsküste fielen in bittere Armut zurück, und sie dauerte fast ein halbes
Jahrhundert. Heute verkehren die Dhows meist nur noch im Golf. Einige laufen von Dubai aus iranische Häfen wie Bandar Abbas und Bushir
an, andere das irakische Basra und sogar Somalia, trotz der Gefahren durch die Piraten. Sie sind inzwischen die einzigen zuverlässigen Versorger des zerstörten Landes. Gelegentlich kapern Piraten
eine Dhow, weil sie sich, nahezu wie in den Zeiten der »Piratenküste«, als »Mutterschiff« für Überfälle auf große Schiffe eignet. Die
vielleicht letzte dieser Dhows ist im Winter 2009/10 in Ras al-Khaimah gebaut worden, von dem Schiffbauer Muhammad Bu Haji, der
fünfzig Jahre nichts anderes getan hat, als wie seine Vorfahren
Schiffe zu bauen. Dreißig Meter ist sie lang und kann 800 Tonnen
befördern. Aber er könne nicht länger gegen die modernen Werften
konkurrieren, die Kunststoffe statt Holz verwenden, klagt der alte
Mann.

Das Wasser spielt immer noch eine wichtige Rolle im Leben der
Emiratis. Nur ist aus der harten Arbeit auf dem Wasser ein Freizeit-
vergnügen geworden. Wo immer an der Küste ein großes Projekt gebaut wird, entsteht stets auch ein Jachthafen. Immer mit Luxus und
fünf Sternen, nichts für einfache Segler, und jeweils für mehrere
Hundert Segelschiffe. Auch in der Nähe des heutigen Intercontinental Hotels von Abu Dhabi, wo seit Menschengedenken einfache
Dhows gebaut worden waren und Fischer ihre Netze entleerten,
entsteht nun einer dieser luxuriösen Jachthäfen.

Außer Perlen und Fischen hat das Meer um Abu Dhabi noch einen anderen Schatz zu bieten: die dichteste Konzentration von
Mangrovenwäldern im Golf. In den Vereinigten Arabischen Emiraten sind sie das produktivste und vielfältigste Ökosystem. Mangroven überleben mit wenig Sauerstoff und selbst in Wasser mit hoher
Salzkonzentration, sie überstehen Sandstürme und gedeihen auch
auf Marschland und schlammigem Grund. Um Abu Dhabi bedecken sie mehr als sechzig Quadratkilometer. Ihre Wälder und natürlichen Kanäle bieten Tieren, die niemand hier vermuten würde,
einen Lebensraum: zahlreichen Vogelarten, großen Tieren wie roten Füchsen und Delphinen, kleinen wie Krebsen und Krabben, der
Meerbrasse, dem Schnapperfisch, der vielfarbigen Süßlippe. Die
Mangrovenwälder schützen auch vor Überflutungen. Das einzigar-

tige Ökosystem ist aber in Gefahr. Einige Wälder sterben bereits ab. Denn für große Bauvorhaben auf den Inseln Saadiyat und Yas wurden Wasserwege ausgebaggert, die Strömungen ändern sich, einige Mangrovenwälder erhalten kein frisches Wasser mehr. Algen vermehren sich in rasendem Tempo, das Wasser beginnt zu stinken. Der Auftraggeber für die Entwicklung von Saadiyat, die »Tourism Development & Investment Company« (TDIC), und die Umweltbehörde von Abu Dhabi erkannten die Fehlentwicklung und begannen mit der Anpflanzung von 500 000 jungen Bäumen. Aber noch haben sie das Überleben dieses faszinierenden Ökosystems nicht gesichert.

Mehr als die Perle haben sich als Symbole für die Tradition und das kulturelle Erbe das Kamel und der Falke durchgesetzt. Archäologische Funde kann man im Museum ausstellen, anderes ist schwieriger zu dokumentieren. Denn mit ihrer mündlich tradierten Lyrik, mit ihren Tänzen, der Falkenjagd, den Kamelrennen ist die Kultur der Beduinen keine materielle Kultur. Doch genau diese Elemente machen sie aus, und sie sind ein wesentlicher Teil der Identität der Emiratis. Die Volkspoesie der Nabati besteht aus meist einfachen Gedichten, die spontan vorgetragen werden. Darin geht es um historische Ereignisse, aber auch um Satire oder Reflexion über den Zustand der Gesellschaft. Tänzer leiten ihre Bewegungen auch mit Rezitationen ein. Bei traditionellen Tänzen wie dem Ayyala stehen sie sich in zwei Reihen gegenüber, die sich herausfordern. Der Tanz symbolisiert den Sieg bei Kämpfen, den Mut der Beduinen und ihr hartes Leben. Beim Razeef rufen sich die Tänzer Verse zu, und aus den Rhythmen entwickelt sich ein Schwerttanz. Bei Naashat schließlich werfen junge Frauen ihr langes schwarzes Haar von einer Seite zur anderen. Die Tradition der Falknerei wiederum ist ebenfalls sehr alt, aber bei keinem anderen Ereignis fühlen sich junge und alte Emiratis mehr mit ihrer Kultur verbunden als beim Kamelrennen. Früher waren es Kinderjockeys, die auf den Kamelen saßen und oft unter sklavenähnlichen Verhältnissen gehalten wurden. Das wurde 2005 verboten. Heute gibt es speziell dafür entwickelte Roboter, die die Kamele reiten. Aber immer häufiger sind es auch wieder junge Emiratis.

Ohne Kamele hätten die Beduinen in der Wüste nicht überleben können, auch nicht ohne Datteln. Wettbewerbe um Kamele und Datteln sind daher zentrale Bestandteile der Festivals, die vor allem das Emirat Abu Dhabi jedes Jahr mit großer Resonanz dort veranstaltet, wo seine heutigen Einwohner in die Geschichte eingetreten sind: In der Wüste Dhafrah und der Oase Liwa. Bei den Festivals, für die die 2005 gegründete »Behörde von Abu Dhabi für Kultur und kulturelles Erbe« (Adach) verantwortlich ist, treten Kamele in Rennen und Schönheitswettbewerben gegeneinander an. Bei den Datteln geht es vor allem um die Qualität. Allein im Emirat Abu Dhabi sollen vierzig Millionen Dattelpalmen stehen. Seit 6000 Jahren ernähren sich die Bewohner der Arabischen Halbinsel von Datteln, seit jeher werden Palmwedel an heißen Tagen als Fächer eingesetzt, und mit Datteln brechen Muslime im Ramadan das tägliche Fasten. Die Dattel führt dem menschlichen Körper vieles von dem zu, was er braucht: Glykose in einer Form, die der Körper rasch absorbiert; viel Kalzium und Magnesium; Kalium in einer Menge, die das Herz vor Krankheiten schützt; für den Darm Ballaststoffe. Datteln vermindern die negativen Effekte des Kaffees, indem den Muskeln kaum Energie entzogen wird. Kamelmilch und Datteln zusammen sorgen für Energie und Zucker, Mineralien und Vitamine, zudem Ballaststoffe. Sie waren die ideale Nahrung der Wüstenbewohner.

Die Rückbesinnung auf solche Traditionen aus der Zeit vor dem Erdöl führt auch zur Rückbesinnung auf ein Bewässerungssystem, das fast vergessen wurde: die unterirdischen Kanäle, die die Araber »Falaj« nennen. Das System kannten vor 3000 Jahren schon die Bewohner der Siedlung Hilli, möglicherweise kam es aus Iran. Vielleicht war die Methode auch vor Ort entwickelt worden. Dabei wurde von einer höher gelegenen Stelle aus Wasser in unterirdische Kanäle geführt, die abwärtsgeneigt verliefen. Das Wasser stammte aus den nahe gelegenen Hajar-Bergen in Oman. Da die Kanäle unter der Erdoberfläche verliefen, verdunstete kaum etwas. Damit ein solches System funktionierte, musste die Gemeinschaft eng zusammenarbeiten. Als Geld keine Rolle mehr spielte, ging man zu der bequemeren Methode über, das kostbare Grundwasser einfach an die Oberfläche zu pumpen, was auch zu einer Verschwendung von Wasser führte. Seit dem Beginn des neuen Jahrtausends werden in der Oase al-Ain die Falaj-Kanäle wieder instand gesetzt, und ein Teil der Oase wird erneut über diese Kanäle bewässert. Die Tradition wird wieder Teil der Moderne.

Die Tiere: Kamele, Falken, Fische

Kein Tier ist den Golfarabern so nah wie das Kamel, keines war für sein Überleben so wichtig. Auf langen Karawanenwegen trug es Lasten, bis zu zwanzig Tage konnte es ohne Wasser auskommen. Ein Kamel ist ausdauernd, loyal und vergisst nicht, wer ihm Gutes getan hat und wer Schlechtes. Die Beduinen konnten ohne Kamele nicht überleben, ihr Wohlergehen hatte Priorität. An der Wasserstelle tranken zuerst die Kamele und dann erst die Menschen. Ist ein Kamel durstig, kann es leicht 65 Liter aufnehmen. Kamele waren für die Golfaraber stets etwas Besonderes. Kamelmilch war ein wichtiger Teil der täglichen Nahrung, und zu hohen Feiertagen wurde ein Kamel geschlachtet. Kamelwolle wurde zum Knüpfen von Teppichen und Zeltplanen verwendet, das Leder für Schuhe und Wasserbehälter. Kamele waren ein zentraler Bestandteil der Mitgift, und die islamische Almosensteuer wurde in der Wüste nicht in Geld bezahlt, sondern in Kamelen. Brauchte ein Beduine Geld, verkaufte er rasch ein Kamel. Denn dafür gab es immer einen Markt.

Wer seine Tiere liebt, spricht sie in vielen Wörtern an. Die Deutschen unterscheiden bei Kamelen nicht weiter, bestenfalls zwischen dem einhöckrigen Dromedar und dem zweihöckrigen Trampeltier. Der Golfaraber kennt mehr als 160 Begriffe, je nach Alter, Geschlecht und Eigenschaften. Es ist ein ausgeklügeltes System. So hat zum Beispiel ein sechs Jahre altes weibliches Kamel einen speziellen Namen, der aber anders lautet als bei einem männlichen Kamel gleichen Alters.

Weil das Kamel so sehr geliebt wird, war es auch die erste Tierart, die in den Vereinigten Arabischen Emiraten geklont wurde. »Injaz« (Erfolg) hieß das erste geklonte Kamel, das am 8. April 2009 in Dubai nach einer Tragzeit von 378 Tagen das Licht der Welt erblickte. Einige Jahre hatten in Dubai die Wissenschaftler um den Veterinärmediziner Nisar Wani am Reproduktionszentrum für Kamele an der Methode gearbeitet. 2005 hatten sie aus dem Gewebe einer geschlachteten Kamelstute Eierstockzellen entnommen. In einem Inkubator vervielfachten sie sich. Sie wurden mit Eizellen fusioniert, die der Leihmutter von »Injaz« entnommen worden waren. Von den sieben der damals eingesetzten Embryos überlebte lediglich »Injaz«.

Die Europäische Union tut sich zwar schwer damit, den Import von Kamelmilch zuzulassen, aber Kamelmilch ist ausgesprochen gesund. Den Beduinen hatte sie zu einer ausgewogenen Diät verholfen. Kamelmilch können auch Menschen trinken, die wegen einer Laktose-Intoleranz keine Kuhmilch vertragen. Kamelmilch hat einen Gehalt an Vitamin C, der drei Mal so hoch ist wie bei Kuhmilch, der Cholesterolgehalt liegt aber bei lediglich vierzig Prozent, der Fettgehalt bei der Hälfte der Kuhmilch. Kamelmilch soll sich bei Diabetes positiv auswirken und enthält viel Vitamin B. Trotz ihrer einseitigen Ernährung hatten die Beduinen gesund gelebt. Ein Unternehmen in Dubai,»Al Nassma Chocolate LLC«, verarbeitet Kamelmilch weiter und stellt, unter der Leitung seines Generaldirektors, des Kölners Martin van Almsick, aus der Milch von 3000 Kamelen feinste Schokolade her.

Als Reit- und Lasttier war das Kamel dem Pferd überlegen, da die Hufe des Pferds im Sand einsinken und ein Pferd im Hinblick auf Nahrung und Wasser viel anspruchsvoller ist als ein Kamel. Auf der Skala der Beliebtheit folgt das Pferd jedoch unmittelbar auf die Kamele, insbesondere bei der aristokratischen Elite. In Abu Dhabi hat sich Scheich Zayed für die Züchtung arabischer Pferde eingesetzt. Seine Söhne setzen das Werk fort, und so hat sein Sohn Mansour bin Zayed in der Normandie einen Stall für reinrassige Araber eingerichtet. Der berühmteste Pferdestall gehört Scheich Muhammad bin Rashid Al Maktoum, dem Emir von Dubai. 1992 hatte er seine »Godolphin Stables« mit einer Handvoll Pferde gegründet. Heute gehört das Unternehmen mit über 170 erstklassigen Pferden in Ställen in Nordamerika und Europa zur ersten Liga. Auf allen Kontinenten nehmen die Pferde aus diesem Stall an den prestigeträchtigsten Pferderennen teil und bringen zahlreiche Trophäen nach Dubai, aus Ascot wie aus Kalifornien. Geritten werden sie unter anderem von Ahmad Ajtebi, dem bekanntesten emiratischen Jockey. In seiner Kindheit hatte er als Jockey von Kamelen begonnen. Mit 22 Jahren saß er erstmals auf einem Pferd. Bei seinen ständigen Reisen um die Welt trägt der moderne Nomade stets Datteln aus der Heimat bei sich.»Sie geben mir Energie«, sagt der kleine Mann.

Einen wirtschaftlichen Nutzen für das tägliche Leben haben Kamele und Pferde nicht mehr. Das gilt ebenso für Falken. Auch sie werden heute nur noch zur Gestaltung der Freizeit und zum Sport eingesetzt. Das war nicht immer so. Früher erbeuteten die Falken das Fleisch, das die Beduinen essen wollten. Kamele brauchte man ja als Last- und Reittiere und wegen der Milch. Die Falken jagten in der Wüste drei Tiere: Trappen, Brachvögel und Hasen. Abgerichtet haben die Falkner dazu vor allem Würgfalken und Wanderfalken. Am populärsten ist unverändert der Würgfalke (»saqr«), der für die Wüste besonders geeignet ist. Der weibliche Vogel heißt »hurr«, also »frei«, und ist viel stärker als der männliche »garmoush«. Der Würgfalke kann tief fliegen und eignet sich vor allem zur Jagd der Trappe, deren Fleisch beliebt ist. Vergnügen bereiten den Jägern seine taktischen Jagdeigenschaften, seine Täuschungsmanöver und plötzlichen Abkürzungen. Der Wanderfalke, dessen ebenfalls kräftiges Weibchen »shahin« heißt, ist zwar ungleich schneller als der Würgfalke und vielleicht der schnellste Vogel überhaupt. Auch ist er ein Meister für die Jagd von Vögeln in der Luft. Anders als der Würgfalke tut er sich jedoch bei allen Jagdobjekten schwer, die nicht fliegen.

Vollständig gezähmt hatten die Beduinen die Falken nie. Im Herbst fingen sie wilde Falken und entließen sie am Ende der Jagdsaison im Frühjahr wieder in die Freiheit. Heute gibt es in den Vereinigten Arabischen Emiraten keine wilden Falken mehr. Der Falke ist aber weiter wichtig: Er ist das Wappentier des Staats, und alle Besitzer von Falken brauchen auch einen Pass für ihr Tier, wenn sie verreisen. Die Fluggesellschaft Etihad erlaubt sogar jedem Passagier der Economyclass, einen Falken mit sich zu führen. Passagiere der ersten Klasse und der Businessclass dürfen sogar zwei Falken bei sich haben. Bei den Vereinten Nationen haben die Vereinigten Arabischen Emirate einen Antrag eingebracht, Falknerei als immaterielles kulturelles Erbe anzuerkennen. Seit 1999 operiert und pflegt das weltweit bekannteste Falkenkrankenhaus in Abu Dhabi verletzte und kranke Falken. Jeden Tag nimmt das von der deutschen Tiermedizinerin Margit Müller geleitete Krankenhaus zehn Falken auf. Mehr als hundert Falken können stationär behandelt werden. Etwa die Hälfte aller Falken weltweit werden in der arabischen Welt gehalten. Eine Stiftung, die Scheich Zayed ins Leben gerufen hat, entlässt jedes Jahr bis zu hundert Falken in die Freiheit, vor allem in Pakistan. Um die Population von Trappen zu erhalten, werden jedes Jahr Hunderte ausgesetzt.

Kamele, Pferde und Falken sind nur die wichtigsten Tiere einer Region, in der viele Abendländer kaum mit Fauna rechnen. Dabei lässt das Ökosystem der Wüste und der Oasen Unerwartetes zu. In den Dünen am Rand des »Leeren Viertels« lebt eine kleine, wendige Sandkatze, die mit ihren weichen Pfoten leicht über den heißen Sand huscht. Auf der Halbinsel von Musandam leben noch arabische Leoparden. In der Wildnis der Vereinigten Arabischen Emirate, wo sie früher den Berg des Jebel Hafeet bevölkert hatten, wurden sie jedoch seit einem Jahrzehnt nicht mehr gesichtet. Auch der arabische Löwe, der Gepard und manche Gazellenarten scheinen ausgestorben. In Sharjah züchtet nun ein »Zuchtzentrum für bedrohte Tierarten«, das der Öffentlichkeit nicht zugänglich ist, diese Arten und hat bereits wieder einen Bestand von mehr als zwei Dutzend arabischen Leoparden. Auch die langmähnige arabische Ziege Tahr, die in den Bergen gelebt hatte, wird dort in der Hoffnung gezüchtet, sie bald wieder aussetzen zu können. Um für Gazellen neue Lebensräume zu schaffen, werden im Wüstenwildpark Maha im Emirat Dubai viele Tausend neue Bäume angepflanzt.

Zuchtprogramme haben ebenfalls eingesetzt, um den Bestand des beliebten Speisefisches Hammour, eine Art Zackenbarsch, nicht zu gefährden. 2009 wurden in den Gewässern in den Mangrovenwäldern mehr als 35 000 junge Fische ausgesetzt, 2010 weitere 25 000. Vergrößert werden soll der Bestand auch mit Hilfe von Schutzgebieten und dem Verbot des Fangs von Hammour, die kleiner als 45 Zentimeter sind. Schutzgebiete um die Inseln Marawah und al-Yasat sollen den Bestand der Seekuh Dugong garantieren, der auf 2500 geschätzt wird. Nur Australien hat eine größere Population an Dugong.

Von den mehr als 200 Inseln stehen einige unter Naturschutz. Auf der Insel Umm Qasr, zwanzig Minuten zu Boot von Sir Bani Yas entfernt, nisten mehr als 17 000 Sokotra-Kormorane. Sie ist eine der fünf wichtigsten Kolonien dieses seltenen Vogels. Die Insel ist auch die Heimat von mehreren Dutzend Fischadlerpaaren. Die für die Bewahrung der Vielfalt der Fauna wichtigsten Inseln sind Marawah, Bu Tinah und Sir Bani Yas. Auf ihnen sollen vom Aussterben bedrohte Tierarten in Naturparks geschützt werden, zu denen Menschen nur begrenzten Zugang haben. Auch Korallenbänke und Mangroven sollen dort, von Menschenhand nicht berührt, wieder wachsen. Die größte dieser Inseln ist Sir Bani Yas. Sie beherbergt heute mehr Tierarten als jeder andere Ort der Vereinigten Arabischen Emirate. Auf der 87 Quadratkilometer großen Insel tummeln sich wieder mehr als 450 Oryx-Gazellen, die 1972 als ausgestorben deklariert worden waren. Angesiedelt wurden Flamingos und Gi-

raffen, Raubtiere wie Geparden und Hyänen, Hirschziegenantilo-
pen und Elanantilopen sind zu finden. Den Anstoß zu dem Natur-
park hatte Scheich Zayed gegeben. Er hatte die Insel 1971 zu seinem privaten Tierpark ernannt und ein Reservat eingerichtet, denn
er wolle, sagte er, die Tierarten erhalten, die bereits die Generationen seiner Väter vor unserer Zeit gekannt hatten.

■ Die Freiheit der Wüste: Wilfred Thesiger im »Leeren Viertel«

Die Fremden aus dem Westen nannten die endlose Sandwüste einfach nur das »Leere Viertel«. Leer und tot. Die Beduinen aber, die Jahrtausende am Rande dieser Wüste aller Wüsten gelebt haben, nennen sie liebevoll »die Sande«. Nur wenige haben sie zu Fuß durchquert. Wilfred Thesiger (1910 bis 2003), der letzte große Entdeckungsreisende, war einer von ihnen. Die Schilderungen seiner zwei Durchquerungen »der Sande« zählen zu den eindrucksvollsten Texten der Reiseliteratur. Thesiger setzt in ihnen der Wüste und den Tugenden, die sie bei den Beduinen hervorgebracht hat und die mit dem Eindringen der Moderne verloren gegangen sind, ein Denkmal.

Seine arabischen Gefährten nannten ihn zwar »Mubarak bin London«, den »gesegneten Sohn Londons«, aber ein Freund der Moderne war Thesiger nie. Unter den Beduinen der Wüste hatte er sich wohler gefühlt als in London. Er hasste die Amerikaner, die mit ihrer Ölindustrie vordrangen und von Erforschern zu Eroberern wurden, und sah es kommen, wie Arabien sich verändern würde. Er wollte die Schönheit der Wüste festhalten. Es verlange ihn, in die Wüsten vorzudringen, schrieb er seiner Mutter, obgleich die meisten Menschen sie als »heulende Wildnis« abtäten. Er liebte sie, »weil sie sauber ist«. Sauber, ohne Motorenöl und Plastiktüten.

Thesiger wurde 1910 in Addis Abeba als ältester Sohn des britischen Gesandten am Hofe des äthiopischen Kaisers geboren. Sechs Jahre war er alt, als sich in den Straßen von Addis Abeba vor seinen Augen Bürgerkriegsszenen abspielten. Er beobachtete Priester der äthiopischen Kirche, wie sie vor der Bundeslade tanzten. Er sah, wie der spätere Kaiser Haile Selassie, Nachkomme der Königin von Saba, mit seinen Truppen auszog, um einen Aufstand niederzuschlagen. Und wie die Helden im Triumph zurückkehrten, zum Klang von Trompeten und zum Donnern von Trommeln, mit wehenden Fahnen, einem gefangenen Häuptling im Löwenfell und den blutigen Kleidern der getöteten Besiegten.

Dann kam der seelische Bruch. Thesiger war neun, als er nach England auf die Schule geschickt wurde. Seinen Mitschülern in Eton erzählte er, wie er auf Kamelen geritten und Tiger gejagt, Antilopen geschossen und Leoparden beobachtet hatte. Sie nannten ihn einen Lügner, und er zog sich in eine innere Einsamkeit zurück, die ihm sein Leben lang blieb. Mit 19 kam er wieder nach Addis Abeba. Haile Selassie hatte ihn zu seiner Krönungsfeier eingeladen. Von da brach er zu seiner ersten Löwenjagd auf und drang erstmals im Nordosten Äthiopiens in das Land der Danakhil vor, die wegen ihrer Grausamkeit gefürchtet waren. 1933 schloss er sein Studium der Geschichte am Magdalen College in Oxford ab, wo er zum Kapitän der Boxmannschaft aufgestiegen war, und kehrte nach Afrika zurück, drang tiefer in das Land der Danakhil ein. Bei einer Expedition, die ihn an die Mündung des Flusses Awash führte, durchquerte er danach als erster Abendländer das Sultanat Aussa des Nomadenvolks der Afar. Es seien seine gefährlichsten Reisen gewesen, sagte er später.

Zum Zweck des Broterwerbs trat er 1935 in die britische Verwaltung im Sudan ein, als »Assistant District Commissioner«. Dort erlegte er in den vier Jahren bis 1939 siebzig Löwen und überwand auf dem Rücken von Kamelen große Entfernungen, auch durch die Sahara nach Tibesti: »Stunde um Stunde, Tag um Tag zogen wir dahin, und nichts änderte sich. Die Wüste und der leere Himmel trafen sich in der gleichen Entfernung. Zeit und Raum waren eins. Um uns war ein Schweigen, in dem nur die Winde spielten, und eine Reinheit, die der Welt der Menschen unendlich weit entrückt war.« Je mehr die Moderne in diese Reinheit eindrang, desto mehr wurde ihm klar: »Ich sehnte mich nach der Vergangenheit, verabscheute die Gegenwart und fürchtete die Zukunft.«

Thesiger wusste, dass er niemals in der westlichen Zivilisation werde leben können. »Jetzt war ich wieder in der echten Wüste, wo es keine Unterschiede der Rasse, der Farbe, der Klasse und des Besitzes gibt, in der jeder Schein und jede Maske verschwinden und die Grundwahrheiten zu Tage treten. Hier leben die Menschen in enger Gemeinschaft. Allein zu sein bedeutet hier beklemmende Angst. Im gnadenlosen Licht des Tages waren wir so klein und so gering wie Käfer. In der Wüste hatte ich eine Freiheit gefunden, die in der Zivilisation nicht zu erlangen ist, ein Leben, das kein Besitz behindert, da alles, was nicht lebensnotwendig ist, eine Last bedeutet. Ich hatte dort eine Kameradschaft gefunden, die aus den Umständen geboren war, und den Glauben, dass allein hier Ruhe zu finden sei.« In einem Glauben an seine rassische Überlegenheit sei er zu den Stämmen gekommen. »Aber in den Zelten der Bedu fühlte ich mich als ungehobelter, dumpfer Barbar, als ein Eindringling aus einer schäbigen und materialistischen Welt.«

Im Zweiten Weltkrieg diente er in der britischen Armee in Syrien und dann wieder in Äthiopien, wo er an der Rückkehr von Haile Selassie auf den Thron beteiligt war. Endlich erhielt er den Auftrag, in Arabien nach Brutgebieten der Heuschrecken zu suchen, die Afrika immer wieder heimsuchten. Nun konnte er seinen lang gehegten Traum verwirklichen, fand seine Erfüllung in der Wüste, in den »Arabischen Sanden«, dem »Leeren Viertel«. In seiner Autobiografie ›The Life of My Choice‹, die 1987 erschien, schrieb er: »Ich habe mich im Einklang mit der Vergangenheit gefühlt, bin gereist, wie ungezählte Generationen durch die Wüsten gereist sind, für ihr Überleben abhängig von der Ausdauer ihrer Kamele und ihren eigenen ererbten Fähigkeiten.«

Von 1945 bis 1949 lebte und reiste Thesiger auf dem Gebiet der heutigen Vereinigten Arabischen Emirate, Omans und des Jemen. Zwei Mal durchquerte er mit Beduinen zu Fuß und auf dem Rücken von Kamelen das »Leere Viertel« und legte dabei mehr als 10 000 Kilometer zurück. Erbarmungslos sei die Wüste, und dieses Leben könne niemand leben und unverändert daraus hervorgehen, schrieb er im Vorwort zu seinem Buch ›Arabian Sands‹, das 1959 erschien. Illustriert war es mit Fotos, die er mit seiner Leica IIIB aufgenommen hat. Diese Fotos in Schwarz und Weiß sind visuelle Erzählungen von großer Schönheit und gehören zu den fesselndsten Bildern, die je von Wüsten gemacht worden sind.

Thesiger stellte fest, dass dieses grausame Land einen Zauber ausüben konnte, dem ein gemäßigtes Klima nichts Vergleichbares entgegenzusetzen habe. Gerade die Härte des Wüstenlebens zog ihn an. Fasziniert beobachtete er, wie die Extreme der Natur auch die Menschen extrem werden ließen. Entweder waren sie unbeschreiblich großzügig oder unsäglich gemein. Sie konnten in einer Sekunde habgierig sein und in der nächsten das einzige Lendentuch verschenken. Die Jahre im »Leeren Viertel« seien die glücklichsten seines Lebens geworden, bekannte er in seiner Autobiografie.

Er suchte Beduinen, die bereit waren, mit ihm zu reisen. Seine wichtigsten Begleiter wurden Salim bin Kabina und Salim bin Ghabaisha. Beide waren vom Stamm der Rasheed, der für seine Ausdauer in der Wüste bekannt war, beide waren verwegen und 16, als sie sich Thesiger anschlossen. Auf vielen Fotos verewigte er sie. Bin Kabina sagte einmal zu ihm: »An Entbehrungen bin ich gewöhnt. Ich bin ein Bedu.« Thesiger wurde wie sie, äußerlich und innerlich ein Beduine. Er verhielt sich wie sie und erwarb ihre Anerkennung. Er trug das lange Gewand der Beduinen, schnallte sich einen Ledergürtel um, an dem er den Krummdolch trug, zusätzlich einen Patronengurt. Zwischen Hemd und Oberkörper steckte er Notizbuch und Kompass. Thesiger nahm sich vor:»Solange ich das Leben der Araber teilte, wollte ich nicht anders leben als sie, und wenn ich sie wieder verließ, sollte sich nichts in ihrem Leben geändert haben.« In der Welt draußen hatte sich viel verändert, in der Wüste aber war der Rhythmus der Beduinen über Jahrhunderte gleich geblieben. Sie waren die Herren der Wüste, Freiheit ging ihnen über Bequemlichkeit, auf die Härte ihres Lebens waren sie stolz.

Im Norden der Arabischen Halbinsel war die Moderne längst eingebrochen, mit Automobilen und Telefonen. Der Süden war zum damaligen Zeitpunkt noch weitgehend unberührt von diesen wirtschaftlichen Änderungen. So führte sie die erste Durchquerung von Salalah über Mughshin durch Dhafra, dann nach Osten über den Jebel Akhdhar zurück in die Hafenstadt Salalah. Die zweite Reise starteten Thesiger und seine Begleiter in Manwakh im Hadramaut. In einem weiten Bogen ritten sie nach Saudi-Arabien hinein, über Sulaiyil und Laila, wo sie auf die fanatische wahhabitische Miliz der Ikhwan stießen, dann in die Oase Liwa. Von dort nach Abu Dhabi und über al-Ain weiter nach Dubai und Sharjah.

Langsam ritten sie auf den Kamelen, ein Tag glich dem anderen. »Gerade die Langsamkeit unseres Vordringens milderte dessen Monotonie. Und ich dachte, wie schrecklich langweilig es wohl wäre, wenn man durch dieses Land in einem Automobil rasen würde.« Als einzigen Laut vernahm Thesiger das Mahlen der Kamelhufe im Sand. Es klang, als leckten kleine Wellen über einen Strand. Irgendwo, scheinbar am Rande der Welt, ging der Sand in den Himmel über. Nichts Lebendiges war zu sehen, nicht eine verdorrte Pflanze. Sanddünen türmten sich auf, und im Wind bewegten sie sich, der Wasservorrat war nahezu aufgebraucht. »In dieser leeren Öde fand ich den Frieden, der mit der Einsamkeit kommt, und unter den Beduinen die Kameradschaft in einer feindseligen Welt.«

Am Ende der ersten Durchquerung notierte er: »Nun hatte ich das Leere Viertel durchquert. Für andere war meine Reise ohne besonderen Wert. Ihr einziges Resultat wäre wohl eine ziemlich ungenaue Karte, die kaum jemals ein anderer benützen würde. Es war ein ganz persönliches Erlebnis, und der Lohn war ein Schluck reinen, beinahe geschmacklosen Wassers gewesen. Mir genügte das. Rückblickend wurde mir klar, dass diese Reise keine Höhepunkte gehabt hatte, wie sie der Bergsteiger empfinden muss, wenn er endlich auf dem Gipfel steht. Während der vergangenen Tage war eine Anstrengung und Aufregung der anderen gefolgt.« Dann brach er zum zweiten Mal auf. Bis zu neun Stunden am Tag ritten sie, die Gesichter gegen den glühenden Wind verhüllt. 600 wasserlose Kilometer lagen in der ersten Etappe vor ihnen. Die Dünen waren hoch und schwierig zu überwinden, Sandwände stürzten in breite Täler ab. Goldrot glänzten sie. Thesiger notierte: »Wieder einmal wurde mir bewusst, wie sehr der Bedu zu allen Zeiten bedroht ist. Seine Lebensweise lässt ihn zum Fatalisten werden; so vieles entzieht sich seiner Kontrolle. Er kann nicht für die Zukunft vorsorgen, weil doch alles von einem zufälligen Regenschauer abhängt oder weil Räuber, Krankheit oder irgendein unvorhergesehenes Ereignis ihn jederzeit bettelarm machen oder seinem Leben ein Ende setzen kann. Trifft sie ein Schicksalsschlag, dann nehmen sie ihn ohne Bitterkeit und mit großer Würde und als gottgewollt hin.« Sie ritten weiter. Und »es herrschte jene Stille, die wir aus unserer Welt vertrieben haben«.

Am 10. Mai 1949 erreichten sie Sharjah, das übersät war vom Unrat der neuen Zivilisation, von leeren Konservendosen, zerbrochenen Flaschen und rostigen Drahtrollen.»Mir kam das Skelett eines Automobils ungleich grauenhafter vor als das eines Kamels.« Die Sande, aus denen er kam, waren eine Zufluchtsstätte geworden, wohin die Moderne nicht so leicht vordringen konnte. Nur in der Wüste könne ein Mann seine Freiheit finden, vertraute ihm sein Freund bin Kabina an. Vor seinem Abflug blickte Thesiger noch einmal zurück:»In der Wüste hatte ich gefunden, wonach ich mich gesehnt hatte, und ich wusste, dass ich dies alles nie mehr wiederfinden werde. Ich war mir darüber klar, dass die Bedu, mit denen ich gelebt hatte und gereist war und in deren Gesellschaft ich mich wohlgefühlt hatte, dem Untergang geweiht waren. Ich werde nie vergessen, wie oft ich mir diesen analphabetischen Hirten gegenüber armselig vorgekommen bin, weil sie so viel großzügiger, so viel mutiger, ausdauernder, geduldiger und ritterlicher waren als ich.« Bin Kabina und bin Ghabaisha schnürten ihre wenigen Habseligkeiten in ein Bündel und verabschiedeten sich. Thesiger fürchtete, sie könnten als ungelernte Arbeiter in den neuen Städten enden. »Als sich das Flugzeug über der Stadt in den Himmel schraubte und Kurs aufs Meer nahm, wusste ich, was es heißt, in die Verbannung gehen zu müssen.«

Auch wenn er selbst das Flugzeug benutzte, verachtete er die Erfindungen der Neuzeit, weil sie den Weg allzu leicht machen. Für ihn war der Weg das Ziel. Den Verbrennungsmotor verdammte er als »infernalisch«, den Autos und Flugzeugen warf er vor, der Welt die Vielfältigkeit zu rauben. Wann immer er konnte, bewegte er sich zu Fuß fort. Nur so konnte er seine Umwelt erfassen und aufnehmen. Am glücklichsten sei er gewesen, wenn es keine Kommunikation mit der Außenwelt gegeben habe, wenn er völlig auf seine beduinischen Freunde angewiesen gewesen sei, sagte er.

Er war vierzig, als er die Vertragsküste verließ, Jahrzehnte wollte er sie nicht wiedersehen. Er konnte nicht verstehen, dass die traditionellen Gesellschaften an einer Moderne wie der in London teilhaben wollten. Erst lebte er acht Jahre im abgeschiedenen Marschland im Süden des Irak bei Arabern. Auch ihr Leben dokumentierte er, bevor Saddam Hussein ein Vierteljahrhundert später die paradiesische Landschaft aus Wasserkanälen und Lagunen, Palmen und Siedlungen auf kleinen Inseln, die nur auf Barken erreichbar waren, austrocknete und ihre Bewohner massakrierte. Und damit eine Lebensform auslöschte, die über 5000 Jahre alt war. Von dort aus erkundete Thesiger das wilde Kurdistan, die Bergwelt Afghanistans, die Täler Pakistans. Dorthin kehrte er auch später zurück, und immer wieder nach Äthiopien, dann nach Kenia und Tansania. Im jemenitischen Bürgerkrieg kämpfte er auf der Seite der Royalisten. Indien, Kaschmir und Nepal, überall fand er das Vertrauen der traditionellen Stämme. Kenia hatte er erstmals in den sechziger Jahren durchstreift. 1968 ließ er sich dort in einer Holzhütte nieder.

1977 kam er dann doch auf Einladung von Scheich Zayed ein erstes Mal wieder nach Abu Dhabi. Er sah auch Salim bin Kabina und Salim bin Ghabaisha wieder. Sie waren Großväter geworden, ihre Bärte waren ergraut und mit Henna gefärbt. In einem späteren Vorwort zu ›Arabian Sands‹ bekannte Thesiger, wie sehr ihn die Veränderungen desillusioniert und aufgebracht hätten. Auf alle Zeiten habe der Transport mittels Motoren die traditionelle beduinische Lebensweise zerstört. Abu Dhabi sei heute nichts weiter als eine »eindrucksvolle moderne Stadt«. Immerhin. 1990 war er erneut in Abu Dhabi, diesmal nahm er die Veränderungen als unvermeidbar hin und akzeptierte auch die Gastfreundschaft von Scheich Zayed. Zum Sterben kehrte er dann nach England zurück, lebte ab 1994 zurückgezogen in London und ab 1998 in einem Altenheim in Surrey, wo er am 24. August 2003 starb, gut ein Jahr vor seinem Freund Scheich Zayed.

Die politische Ordnung

Die Mechanismen: Konsens statt Kontroversen

Im alten Arabien nennen sich die Staaten Republiken. Wie in westlichen Demokratien finden in ihnen turnusgemäß Wahlen statt. Aber das hat sie nicht zu Demokratien gemacht. Denn Wahlen hatten den Charakter der autoritären Herrschaftspyramiden nicht geändert. Die Eliten an der Spitze dieser Pyramiden der Macht führten ihre Länder so schlecht, dass der Lebensstandard ihrer Bürger im letzten halben Jahrhundert im internationalen Vergleich zurückgefallen ist. Die arabischen Golfstaaten sind Monarchien ohne Wahlen, und doch sind sie besser geführt. Das Erdöl hat sie reich gemacht. Aber erst eine meist unideologische Politik hat dafür gesorgt, dass an dem Reichtum sehr viele teilhaben. Die wichtigste Wahlfreiheit in den Staaten des alten Arabien bestand vor den Umwälzungen des Jahres 2011 in der Abstimmung mit den Füßen. Aufgrund ihrer Fehlentwicklungen sind diese Staaten Exporteure von Arbeitskraft gewesen. Die Staaten des neuen Arabien am Golf aber importieren aufgrund ihres Erfolgs Beschäftigte.

Seit 1981 gibt es den »Golfkooperationsrat« (Gulf Cooperation Council/GCC). Er wurde von den sechs Golfanrainerstaaten Bahrain, Kuwait, Qatar, Oman, Saudi-Arabien und den Vereinigten Arabischen Emiraten zum Zweck einer Zusammenarbeit in der Außen- und Sicherheitspolitik sowie zur Förderung der wirtschaftlichen und gesellschaftlichen Beziehungen gegründet. Sogar eine gemeinsame Währung war im Gespräch, zu der es aber wegen unterschiedlicher Vorstellungen bisher nicht gekommen ist. Die politische Ordnung dieser sechs Staaten besteht aus einer Mischung von »Autokratie« und Mitbestimmung, die unterschiedlich ausfällt.

In den Stadtstaaten Kuwait und Bahrain, die mit ihrer langen Handelstradition golfarabische Versionen der Hanse sind, finden wirkliche Wahlen zu Parlamenten statt, in denen sehr kontrovers diskutiert wird. Die öffentlichen Debatten in beiden Stadtstaaten sind so lebendig wie in den meisten westlichen Demokratien. Während in Kuwait diese Mechanismen ausreichen, um alle gesellschaftlichen Gruppen in den politischen Prozess zu integrieren, führten in Bahrain die ungelösten Konflikte zwischen der herrschenden sunnitischen Minderheit und der marginalisierten schiitischen Mehrheit zu einer Protestbewegung. Sie wurde im März 2011 mit Gewalt niedergeschlagen. Im konservativen Saudi-Arabien, dessen vom Islam geprägte Stammesgesellschaft über Jahrhunderte nach innen geblickt hat, haben öffentliche Debatten über die Zukunft erst begonnen. Oman, das am Rande der Arabischen Halbinsel liegt, schien bis zu den Protesten im Frühjahr 2011 ohne große Kontroversen in sich zu ruhen. In Qatar sind die Menschen jedoch damit zufrieden, dass der Emir das Land in einem Jahrzehnt aus einem Schattendasein herausgeführt und zur Nation mit dem höchsten Einkommen pro Kopf weltweit gemacht hat.

Die Vereinigten Arabischen Emirate, eines der sechs Mitglieder im GCC, sind ein moderner Staat, und sie sind es auch nicht. Die Föderation hat Institutionen, die sie zu einem modernen Staat machen: eine Verfassung, eine Regierung mit einer differenzierten Verwaltung, eine unabhängige Justiz. In jedem der sieben Emirate stellt jedoch eine herrschende Familie den Emir, das Oberhaupt. Die sieben Emire wählen einen unter sich zum Staatsoberhaupt, der wiederum die Regierung beruft. Neben ihren Funktionen der Exekutive erlässt die Regierung auch Gesetze und ist damit zusätzlich Legislative. Das Parlament, der »Federal National Council« (FNC), hat nur beratende Funktion und kann nicht einmal Gesetze initiieren. Nur die Hälfte der Volksvertreter wird gewählt, wählen durften sie bei der ersten Wahl von 2006 ausgesuchte Wahlmänner und Wahlfrauen. Eine Opposition hatte es in dem Land nicht gegeben, bis im April 2011 erstmals fünf Aktivisten verhaftet worden sind. Sie hatten die am 9. März 2011 veröffentlichte Petition mitunterzeichnet, die eine Wahl aller Vertreter des FNC und mehr Kompetenzen für den FNC forderte. Mehr als 130 Emiratis hatten die Petition unterzeichnet. Im Ausland aber, etwa in London, wo viele Unzufriedene aus autoritären und autokratisch geführten Staaten Exil gefunden haben und von wo sie ungefährdet ihre Heimatländer kritisieren, sind keine Dissidenten aus den Vereinigten Arabischen Emiraten bekannt.

Bis auf die Petition und die erstmaligen Verhaftungen von Aktivisten waren die Proteste und Umwälzungen des Jahres 2011 nahezu vollkommen an den Emiraten vorbeigegangen. Denn in dem jungen Staat sind jene Faktoren nicht gegeben, die in anderen arabischen Staaten die Proteste ausgelöst haben. Jeder Emirati hat so über den Majlis von Mitgliedern der Herrscherfamilien direkten Zugang zu den Herrschern und kann ihnen seine Anliegen direkt vorbringen. Der Zugang ist nicht beschränkt, und landesweit bestehen Dutzende Majalis, so der Plural von Majlis. Hier öffnen in jedem Emirat mehrere Mitglieder einer Herrscherfamilie ein Dialogforum im vorparlamentarischen Raum. Zudem ist der FNC, der mehr Kompetenzen beansprucht, ein Ort für eine zunehmend kritische Debatte geworden. Wichtig ist ferner, dass keiner die »gute Regierungsführung« des effizienten Staatsapparats in Frage stellt, der für Korruption wenig anfällig ist.

Auch wird die Verteilung des Wohlstands, nach der Partizipation der zweite Faktor für die Proteste in anderen Ländern, nicht als ungerecht empfunden. Gewiss sind nicht alle Emiratis reich, aber überwiegend wohlhabend, denn Staatsgründer Scheich Zayed und seine Söhne haben dafür gesorgt, dass die Petrodollars unter die Bevölkerung kommen – etwa durch einen großzügigen Wohlfahrtsstaat und die Verteilung von Land, die Vergabe von Aufträgen und Importlizenzen an einheimische Firmen, durch das Sponsorsystem, Stellen im öffentlichen Dienst und eine große wirtschaftliche Freiheit.

Zu Beginn der Proteste in anderen arabischen Staaten ist der Ministerpräsident der Emirate und der Emir von Dubai, Scheich Muhammad bin Rashid Al Maktoum, in die nördlichen Emirate gereist, die ärmer sind als Abu Dhabi und Dubai, und hat umfangreiche Maßnahmen zum Ausbau der Infrastruktur angeordnet. Ferner fördert der Khalifa Fund gezielt junge Emiratis, die kleine und mittelständische Betriebe aufbauen. Auch die anderen Auslöser der »Arabellionen« lagen in den Vereinigten Arabischen Emiraten nicht vor. Den Jugendlichen stehen alle Möglichkeiten einer guten Ausbildung offen, sie können unbeschränkt reisen und leiden nicht unter Perspektivlosigkeit. Die Medien sind zwar nicht völlig frei, aber freier als in vielen anderen arabischen Staaten.

Anders als Bahrain sind die Emirate eine weitgehend homogene Gesellschaft, auch religiös. Selbst wenn im Innern keine Ansätze für Proteste zu erkennen sind, beobachten die Herrscher die Entwicklungen in der Region genau. Eine größere Gefahr wäre für die Emirate eine Destabilisierung der Region, etwa wenn der Jemen zerfiele, wenn sich der Sicherheitsraum der sechs Staaten des Golfkooperationsrats durch die Entstehung von Republiken veränderte oder wenn durch ein Machtvakuum Iran an Macht gewönne. Als erste Folge der arabischen Umwälzungen haben emiratische Intellektuelle in ausgesprochen höflichem Ton eine Petition verfasst, in der sie eine Ausweitung der Wählerbasis für den FNC fordern. Sie adressierten sie an »Seine Hoheit, Scheich Khalifa bin Zayed Al Nahyan, möge Gott ihn beschützen«, und bezeichneten sich selbst als eine »Gruppe von Kindern der Vereinigten Arabischen Emirate«. Dem Staatspräsidenten stellten sie die Petition am 3. März 2011 zu. In »völliger Konformität zwischen der Führung und dem Volk« erinnerten sie daran, dass die »Teilhabe bei Entscheidungen ein Teil der Traditionen und der Kultur dieser Nation« sei, sowohl vor wie auch nach der Staatsgründung von 1971. Seiner Hoheit Scheich Khalifa und ebenfalls den Mitgliedern des FNC legten sie daher die Bitte dar, zwei Dekrete aus den Jahren 2006 und 2011 zu überdenken und neue Methoden der Wahl der Mitglieder des FNC zu erlassen. So sollten alle Mitglieder des FNC durch emiratische Staatsbürger nach Praktiken, wie sie in demokratischen Staaten angewandt würden, gewählt werden; zudem sollten dem FNC alle Kompetenzen der Legislative und Kontrolle übertragen werden.

Ende März 2011 hatten die Herrscherfamilien erstmals Maßnahmen bekannt gegeben, um Unzufriedenheit erst gar nicht aufkommen zu lassen. Sie erhöhten die Pensionen der Armeeangehörigen um siebzig Prozent und schrieben den Supermärkten vor, vorübergehend die Preise von Grundnahrungsmitteln zu senken. Ferner setzten sie die aufgeschobene zweite Wahl des FNC auf den September 2011 an. Im April 2011 wurden in den Emiraten aber erstmals Bürger aus politischen Gründen verhaftet. Am 8. April 2011 nahmen die Sicherheitskräfte nachmittags um 16:30 Uhr in Dubai den bekannten Blogger und Menschenrechtsaktivisten Ahmad Mansour fest. Er war einer der Mitunterzeichner der Petition. An den beiden folgenden Tagen wurden im Emirat Ajman der Aktivist Fahd Salim al-Shehhi und in Dubai der Wirtschaftsprofessor Nassir bin Ghaith festgenommen. Vorgeworfen wurde ihnen, mit Beleidigungen der Herrscherfamilien die ungeschriebenen Regeln der Gesellschaft verletzt zu haben.

Mehr als zwei Jahrzehnte nach der Verfassungskrise von 1979 hatten die Emirate damit erstmals wieder einen innenpolitischen

Konflikt, selbst wenn er nur einen kleinen Teil der Gesellschaft beschäftigte. Die Verfassungskrise von 1979 mit dem Memorandum und den Demonstrationen sowie die Petition von 2011 sind Ausdrücke der Politisierung in einer Gesellschaft, die nach außen unpolitisch wirkt, weil sie nach innen konsensorientiert ist. Weder die Akteure von 1979 noch die Unterzeichner der Petition von 2011 stellten die politische Ordnung der Föderation in Frage. Von Emiratis ist bisher keine Forderung bekannt, dass die Herrscherfamilien abdanken und sie ihre Verantwortung an gewählte Volksvertreter abgeben sollten. Die Reformer von 1979 hatten lediglich Strukturen für eine effizientere Regierungsführung gefordert. »Gute Regierungsführung« ist wichtig, ebenso das »Mitbestimmen« der Bürger, nicht aber das »Bestimmen« allein.

Das hat viel mit den Erfahrungen der Stammesgesellschaft zu tun. Um in einer feindlichen Umwelt zu überleben, musste der Stamm eng zusammenhalten. In langen Debatten schuf man untereinander einen Konsens. Entscheidend für den Zusammenhalt war die Fähigkeit eines Scheichs, der kraft seiner persönlichen Autorität an der Spitze des Stamms stand, diesen Konsens herbeizuführen und zum Wohl des Stamms umzusetzen. Meist stellte über Generationen eine Familie das Oberhaupt. War der Stamm mit diesem Oberhaupt nicht zufrieden, konnte er ihm aber auch das Vertrauen entziehen. Scheich Zayed, Emir von Abu Dhabi und Gründer der Vereinigten Arabischen Emirate, war ein Beispiel dafür. 1966 entmachtete er seinen Bruder Shakhbut, der als entscheidungsschwach galt, und er hatte dabei die Unterstützung des Stamms der Bani Yas. Die Mitglieder des Stamms schätzten an ihm, dass er leicht in Kontakt mit anderen treten und sie überzeugen konnte, dass er klug vermittelte, Ideen entwickelte und getroffene Entscheidungen geschickt durchsetzte.

Der Stammesführer steuert die Debatten, um sie in einen Konsens münden zu lassen. Ausgetragen werden sie nicht in der Öffentlichkeit und auf dem Marktplatz, sondern in informellen Zirkeln im kleinen Kreis, an dem jeder Einzelne beteiligt ist. Wahlen würden dabei stören. Denn Wahlen leben vom Gegensatz, von der Abgrenzung, von der Konfrontation. Das stellt das Prinzip des Konsenses in Frage. Innerhalb der vormodernen Stammesgesellschaft durfte es ein »wir gegen sie« nicht geben, nur einen Kompromiss, dem jeder zustimmen konnte und auch musste. Mit westlicher Streitkultur ist der Gemeinschaftsgeist dieser traditionellen Stammeskultur nicht vereinbar. Deren Mechanismen waren in der Vergangenheit gut geeignet, um einen Konsens zu ermitteln und herzustellen. Die Themen waren überschaubar, jeder kannte jeden. Das System hatte sich bewährt. Aber die Themen sind komplexer geworden, und die Gesellschaft ist so groß, dass nicht mehr jeder jeden kennt. Neue Instrumente der Abstimmung und Entscheidung werden daher erforderlich. So ist der moderne Kapitalmarkt komplexer und schwieriger zu regeln als Transaktionen auf einem Kamelmarkt. Doch auch heute noch werden die kleinen und großen Fragen nicht in den Medien, sondern privat im Majlis besprochen.

Der Majlis ist der Raum eines Hauses, in dem sich die erwachsenen Männer seit Jahrhunderten informell zum Austausch zusammensetzen. Früher nahmen sie auf dem Boden auf Polstern Platz, die entlang der Wände lagen. Heute sitzen die Männer auf gepolsterten Diwanen, trinken Kaffee, essen Datteln und Süßigkeiten – und reden: über private Angelegenheiten, über solche der Gemeinschaft, über Angelegenheiten des Alltags und der Zukunft. Händler und Vertreter des Staates öffne(te)n die Tore zu ihrem Majlis. Das wurde vor allem vom Herrscher und den Angehörigen seiner Familie erwartet. Der private Raum wird dann zum öffentlichen. Scheich Zayed hat seine Gewohnheit, zwei Mal am Tag im Majlis mit Bürgern zu sprechen, um die Mittagszeit und abends, auch dann nicht aufgegeben, als er von al-Ain in die Hauptstadt umgezogen war, als er Emir von Abu Dhabi wurde und 1971 Staatspräsident. Während des Fastenmonats lassen vor allem reiche Emiratis vor ihren Häusern große Zelte als erweiterten Majlis errichten, zu denen auch Nichtemiratis Zugang haben.

In der Gegenwart ist der Zugang zu solchen Majalis an gewöhnlichen Tagen selbst für einheimische Bürger schwierig geworden. Lediglich an hohen Feiertagen können sie den Herrscher direkt sehen, mit ihm sprechen und ihre Anliegen vortragen. Die Möglichkeiten der informellen politischen Mitbestimmung schwinden dadurch. Eine formale Partizipation des Einzelnen sieht das politische System der Vereinigten Arabischen Emirate indes nur sehr eingeschränkt vor. Noch sind die Emiratis zufrieden, wenn sie über hohe Ämter in der öffentlichen Verwaltung oder als Manager in der Privatwirtschaft Einfluss nehmen. Diese Möglichkeiten kompensieren den Mangel an direkter Partizipation, zumal Emiratis an solchen Schaltstellen über einen größeren Einfluss verfügen als in einem politischen Amt, das durch Wahl legitimiert ist.

Drei Elemente sichern bisher das Funktionieren des politischen Systems. Erstens das aus vormoderner Zeit übernommene Instrument des Majlis, in dem sich die männlichen Mitglieder informell beraten und wo sie einen Konsens herbeiführen. Des Volkes Stimme ist dort ebenso zu hören wie Stellungnahmen von Experten. Zweitens die »gute Regierungsführung«, ein Prinzip, das in vormodernen Gesellschaften so wichtig war wie heute. Stammesführer, die diese Erwartungen nicht erfüllt haben, konnten abgesetzt werden, und sie wurden auch abgesetzt. In der Gegenwart ist »gute Regierungsführung« nur dann erfolgreich, wenn sie moderne Technologien und Verfahren aufnimmt, wenn sie effizient und transparent wird. Drittens die wirtschaftliche Partizipation, die über das Prinzip der Meritokratie gesteuert wird. Die Fähigsten werden an die Schaltstellen der Wirtschaft und der öffentlichen Verwaltung berufen, wo sie gestalten können.

Diese drei Elemente stellen aber noch kein modernes politisches System dar. Sie sind bestenfalls der Ausgangspunkt dafür. In der Wirtschaft war die Marktwirtschaft die Antwort auf die Komplexität der Moderne. Zumindest in den Ländern mit den Traditionen des Abendlandes ist die Demokratie die funktionierende Antwort auf die gestiegene Komplexität in der Gesellschaft und in ihren Prozessen. Die Emirate suchen erst eine Antwort auf diese Komplexität. Eine Regierungsform der Demokratie nach westlichem Zuschnitt sei für die Vereinigten Arabischen Emirate »nicht geeignet«, erklärte der Emir von Dubai und Ministerpräsident der Föderation, Scheich Muhammad bin Rashid Al Maktoum, in einer seiner Frage-und-Antwort-Runden, die er regelmäßig online auf seiner Webseite anbietet. Es sei ja leicht, Wahlurnen aufzustellen, Wahlen abzuhalten und dann stolz der Welt zu verkünden, man sei eine Demokratie. Darin, vorgefertigte Systeme zu importieren, die für Länder Gültigkeit haben, deren demokratische Traditionen teilweise seit Jahrhunderten gewachsen seien, sehe er keinen Sinn. Zur Geschichte und Gesellschaft der Vereinigten Arabischen Emirate passten diese Systeme einfach nicht.

Wahrscheinlich hat Scheich Muhammad recht. Vor allem aus zwei Gründen können die Emiratis der westlichen Demokratie nicht viel abgewinnen. In den Golfstaaten reicht gewöhnlich ein

Hinweis auf die Praxis im demokratischen »Staat Kuwait«, so die offizielle Bezeichnung des Stadtstaats, um die Regierungsform der Demokratie zu diskreditieren. Selbst die Kuwaitis machen die Dauerblockade zwischen dem demokratisch gewählten Parlament und der Regierung dafür verantwortlich, dass Kuwait, das in den 1960er und 1970er Jahren auf der Arabischen Halbinsel Pionier auf vielen Gebieten der Modernisierung war, immer weiter zurückfällt. Denn die konservative ländliche Bevölkerung, die Nachkommen der Beduinen, besitzt im Parlament mit den Islamisten heute die Mehrheit der Stimmen. Sie blockiert die Reformen, die die Regierung, gestellt von der herrschenden Familie der Al Sabah und meist unterstützt durch die urbanen Geschäftsleute, vorschlägt.

Ein zweiter Grund liegt darin, dass die Emiratis im eigenen Land längst eine Minderheit sind. Würden sie Wahlen nach dem Grundsatz »ein Mensch, eine Stimme« zulassen, würden sie ihr Land aus der Hand geben. Auf Dauer wird es allerdings kaum vermeidbar sein, einen geeigneten Mechanismus zu finden, um sich durch eine neue Form der Partizipation langfristig die Loyalität der ausländischen Mehrheit zu sichern. Es wäre zum Beispiel denkbar, den ausländischen »Expats«, den Expatriates, in einer von zwei Kammern, die nach dem Vorbild Großbritanniens oder der Vereinigten Staaten eingerichtet werden könnten, feste Sitze zu garantieren. Die zwei Kammern könnten über einen längeren Prozess aufgewertet werden, bis eine konstitutionelle Monarchie erreicht ist, in der die herrschenden Familien immer noch über viel Einfluss verfügen.

Es gibt Wahlen in den Vereinigten Arabischen Emiraten, aber nur im Rat der sieben Herrscher, wenn sie das Staatsoberhaupt wählen, und dann noch in den Gremien der Industrie- und Handelskammern. Dort wird auch über die Geschicke des jeweiligen Emirats diskutiert. Die Mitglieder der Stadträte werden von den herrschenden Familien ernannt. Überwiegend berufen sie Honoratioren, prominente Unternehmer, bekannte Mitglieder großer Familien und Professoren. Mutmaßlich würden freie Wahlen kein grundlegend anderes Ergebnis bringen. Dennoch scheuen die Emirate davor zurück, die Stadträte und den »Federal National Council« (FNC) für Wahlen zu öffnen.

Bei der Wahl des FNC im Dezember 2006 wurden erstmals vorsichtige Schritte einer Demokratisierung eingeleitet. Man habe erkannt, dass die politische Entwicklung hinter der wirtschaftlichen herhinke, begründete die Regierung den Schritt. Sie wollte eine Politisierung und Polarisierung durch die Wahlen verhindern. Daher ernannten die sieben Herrscher zwanzig Mitglieder des FNC selbst. Die anderen zwanzig Mitglieder ließen sie von 6689 Wahlmännern und Wahlfrauen wählen, die sie persönlich als einen repräsentativen Querschnitt der Bevölkerung nominiert hatten. Das entsprach 1,7 Prozent der damaligen Bürger der Vereinigten Arabischen Emirate. Die Wahlmänner stellten für jedes Emirat eine Kandidatenliste auf, aus denen sie zwischen dem 16. und 20. Dezember zwanzig Mitglieder wählten. Nur eine Kandidatin wurde gewählt. Unter den zwanzig ernannten Volksvertretern befanden sich indessen acht Frauen.

Als Jüngste zog die 1976 geborene Vorsitzende einer Fernsehgruppe in Dubai, Najla al-Awadhi, in den FNC ein. Die meisten Mitglieder hatten studiert, viele im westlichen Ausland – al-Awadhi etwa Geschichte an der University of New Hampshire. Als aktivstes Mitglied erwies sich eine Professorin für Arabisch, Fatima al-Mazroui, die 1970 geboren wurde, während des FNC-Mandats ihr viertes Kind gebar und dennoch auf mehr Wortmeldungen im Plenum und in den Ausschüssen kam als alle Kollegen. Viele Mitglieder im neuen FNC hatten in einem Stadtrat Erfahrungen gesammelt. Die Regierung kündigte 2006 an, die Kompetenzen des FNC zu erweitern, die Zahl der Mitglieder zu erhöhen und mittelfristig mit einem neuen Wahlgesetz mehr aktive Wähler an den Wahlen zu beteiligen.

Der FNC wird in der Öffentlichkeit wahrgenommen, auch wenn er lediglich beratendes Organ der Regierung ist. Seine Debatten haben aufgrund des Bildungsgrads der Mitglieder und ihrer beruflichen Erfahrungen hohes Niveau. Auf die Stimmungen im FNC nimmt die Regierung daher Rücksicht und übergeht sie nicht. Der FNC, der zum ersten Mal in Teilen gewählte Mitglieder hatte und dessen Mandat von Anfang 2007 bis Anfang 2011 dauerte, war aktiver als alle seine Vorgänger. Seine Fachausschüsse bereisten das ganze Land, um einen direkten Kontakt zu den Bürgern herzustellen. Der Sprecher, der Unternehmer Abdulaziz al-Ghurair, plädierte beharrlich für eine Ausweitung der Kompetenzen zu einem »richtigen Parlament«. Erstmals durfte der FNC nicht nur Empfehlungen zu einzelnen Gesetzesvorhaben der Regierung abgeben, sondern auch etwa über Außenpolitik debattieren. Ghurair und die meisten

Mitglieder forderten mehr: Sie wollen die Wahl aller Mitglieder, sie wollen Teil der Legislative sein und von jedem Teil der Regierung Rechenschaft einfordern können, um einer Verschwendung von Geldern vorzubeugen. Das Recht zu Vertrauensabstimmungen über Minister forderten sie (noch) nicht.

Die Debatten im FNC wurden von der gesamten Nation verfolgt. Unter anderem ging es um die Entwicklung einer Strategie zur Definition und Bewahrung einer nationalen Identität. Minister hielten vor dem Plenum Grundsatzreden, allen voran Außenminister Abdullah bin Zayed Al Nahyan. Einzelne Abgeordnete drängten auf die Reform des Wahlgesetzes, um das aktive Wahlrecht auf alle Emiratis auszuweiten. Die Regierung bewegte sich aber nicht. Gesetze zu formulieren und Gesetze zu verabschieden, bleibt vorerst das Privileg der Regierungen, auf föderaler wie auf der Ebene der einzelnen Emirate.

Im Laufe der vergangenen hundert Jahre ist aus verschiedenen Quellen ein Rechtssystem entstanden, das nicht aus einem Guss ist. Die Beduinen hatten aus der Wüste ein Gewohnheitsrecht mitgebracht. Insbesondere im Familienrecht galt stets das islamische Recht der Scharia. Britische Untertanen genossen bis 1971 auf dem Boden der Vertragsstaaten den Anspruch auf britisches Recht, vor allem wie es im britischen Indien angewandt wurde. Arabische Juristen brachten die Traditionen ihrer Heimatstaaten mit. Juristisch hat Dubai Neuland betreten, als es zur Förderung seiner Wirtschaft Freizonen einrichtete, in denen ein Recht galt und gilt, das sich an den »besten Praktiken« weltweit orientiert. Je mehr sich dieses Recht bewährt, desto mehr wird es auch außerhalb der jeweiligen Freizone angewandt oder ist zumindest Messlatte für Reformen.

Mit der Unabhängigkeit von 1971 ist die Zuständigkeit für alle Bürger und Institutionen auf dem Boden der Vereinigten Arabischen Emirate auf die Gerichte des neuen Staats übergegangen. Noch immer stellen Juristen aus der arabischen Welt die Mehrheit der Richter. Denn die meisten emiratischen Juristen ziehen dem Staatsdienst die lukrative Tätigkeit in einer Kanzlei vor. Einer der prominentesten ist Habib al-Mulla. Er wurde 1961 in Dubai geboren und studierte an der Harvard Law School sowie an der University of Cambridge. Von 2002 bis 2006 hatte er dem FNC angehört, von 2003 bis 2007 war er in Dubai Vorsitzender der Kapitalmarktaufsichtsbehörde, dann drängte es ihn wieder in seine Kanzlei zurück. Er kämpft für eine umfassende Novellierung des Wirtschaftsrechts. Das tut er von seiner Kanzlei aus, nicht aus dem FNC – ein weiteres Beispiel dafür, dass es viele vorziehen, die Gesellschaft nicht über ein politisches Amt zu verändern, sondern aus ihrer beruflichen Stellung heraus.

Die Identität: Bewahren im Wandel

Zu den politischen Anliegen, die bei den Emiratis im Vordergrund stehen, gehört nicht die Demokratie nach westlichem Verständnis, wohl aber die Sorge um die eigene Identität. Eine solche zu schaffen und zu bewahren, hat für die emiratische Gesellschaft einen höheren Stellenwert als die Forderung nach einer formalen Partizipation im politischen Prozess. Die Voraussetzungen dazu sind nicht einfach. Der moderne Staat der Vereinigten Arabischen Emirate ist in der arabischen Welt zwar eine ausgesprochene Erfolgsgeschichte, und sein Erfolg strahlt weltweit aus. Eine emiratische Identität hat es aber nie gegeben. Der Staat wurde ja erst 1971 gegründet. Er setzt sich aus sieben Scheichtümern zusammen, die über Jahrhunderte selbständig waren. Drei Viertel der Emiratis sind aber nach 1971 geboren. Ihr kulturelles Erbe ist überwiegend immaterieller Natur und schwer zu vermitteln, und das Leben der einheimischen Bewohner hat sich im vergangenen halben Jahrhundert bis zur Unkenntlichkeit verändert.

Wenn in einem europäischen Staat der Anteil der Ausländer an der Bevölkerung die Schwelle von zehn Prozent übersteigt, gilt bereits die nationale Identität als gefährdet. Die Emiratis sind in ihrem Staat längst die Minderheit. 1995 waren noch 24,4 Prozent der Einwohner der Vereinigten Arabischen Emirate einheimische Staatsbürger, 2010 waren es lediglich 13,3 Prozent von 7,55 Millionen Einwohnern. Welche Rechte dürfen all diese Ausländer haben? Und wie lange dürfen sie bleiben? Worauf soll eine nationale Identität in den Vereinigten Arabischen Emiraten beruhen? Nicht einmal die Sprache kommt dafür in Frage. Arabisch ist zwar Amtssprache, aber als allgemeine Verkehrssprache hat sich Englisch durchgesetzt. Wenn ein Emirati in einem Geschäft einkauft, kann es ihm durchaus passieren, dass er Englisch sprechen muss, weil der Verkäufer kein Arabisch versteht.

Kein Land der Welt wurde stärker in die Globalisierung hinein-
gezogen als die Vereinigten Arabischen Emirate. Trotz der raschen
Veränderungen hat die Gesellschaft ihre Kernwerte aber erhalten.
Aus ihnen heraus soll nun die nationale Identität entstehen. Die
Werte der Stammesgesellschaft leben weiter: mit der hohen Wertschätzung für die engere und die weitere Familie, mit der Suche
nach Konsens statt Konfrontation, mit der Bedeutung des Islams
und der mündlichen Überlieferung von Lyrik, mit der Wüste. Die
Zerreißprobe ist indessen gewaltig. Außenminister Scheich Abdullah bin Zayed Al Nahyan brachte das Dilemma in einer Rede vor
dem FNC auf den Punkt:»Wir können nicht mit der Ausrede, die
nationale Identität erhalten zu wollen, isoliert auf einer Insel leben.
Im Gegenteil müssen wir unsere nationale Identität bewahren,
während wir offen gegenüber der Welt bleiben.« Der Spagat ist
nicht einfach. Der Polizeichef von Dubai, Dhahi Khalfan, hatte die
Befürchtungen vieler seiner Landsleute ausgesprochen, als er formulierte:»Wir errichten Gebäude, verlieren aber die Emirate.« Gerade die Optik der modernen Architektur hatte einen entscheidenden Anteil daran, dass die Welt diese Region als modern wahr-
nimmt und sich diese Region vom negativen Image des alten Arabien gelöst hat.

Die Frage der nationalen Identität begleitet die Vereinigten Arabischen Emirate bei allen Debatten zur Modernisierung. Besonders
intensiv war sie 2008, in dem Jahr, das Staatspräsident Khalifa bin
Zayed Al Nahyan zum»Jahr der nationalen Identität« ausgerufen
hatte. Die Debatten spielten sich vor allem, und das heftig, in arabischen Kreisen und arabischen Zeitungen ab, die Gemeinschaften
der ausländischen Expats und deren Zeitungen erreichten sie
kaum. Als Folge der ehrgeizigen Projekte und des anhaltend hohen
Wirtschaftswachstums wird der Anteil der Ausländer an der Bevölkerung weiter zunehmen. Nur eine selbstbewusste Nation kann das
aushalten, eine Nation, die aufgrund einer starken nationalen Identität mit sich im Reinen ist.

Der Politikwissenschaftler Abdulkhaleq Abdullah aus Dubai hat
sich an der Debatte als einer der profiliertesten Denker beteiligt.
Ganz ohne Widerspruch nimmt er den hohen und weiter wachsenden Anteil der Ausländer nicht hin. Die 800 000 Bürger der Vereinigten Arabischen Emirate seien unter den Millionen von Ausländern verloren, kritisiert er. Trotz vieler materieller Errungenschaf-

ten habe die Nation seit ihrer Gründung 1971 viel eingebüßt. Hoch seien die sozialen Kosten. Die junge Generation wisse immer weniger über die Kultur und Geschichte. Drei Viertel der Emiratis sind aber jünger als dreißig Jahre. Als ein einigendes Band empfiehlt er die Identifizierung mit dem charismatischen Staatsgründer Scheich Zayed bin Sultan Al Nahyan. Unter stürmischem Beifall ruft er bei seinen Reden aus, jeder junge Emirati habe zwei Geburtstage: einen, der im Pass stehe, und als zweiten den 2. Dezember 1971, dem Gründungstag des modernen Staats. Dann setzt er hinzu, jeder habe auch zwei Väter: den leiblichen und Scheich Zayed. Er fordert, man müsse das Gefühl, zu diesem neuen Bundesstaat zu gehören, zur eigenen Identität machen. Jeder solle sich an dessen Geschichte und Institutionen orientieren.

Abdullah vergleicht Identität mit einem Strom, der einer Quelle entspringe und später von Zuflüssen gespeist werde. Einige dieser Zuflüsse sollten seiner Ansicht nach an einem weiteren Wachstum gehindert werden. Gefahren für die nationale Identität der Vereinigten Arabischen Emirate sieht er zum einen bei der zunehmenden Neigung, sich lokal und mit der Ebene der einzelnen Emirate zu identifizieren, zum anderen mit der Globalisierung, die seit Beginn des neuen Jahrtausends an Intensität zugenommen habe. So gaben bei einer Umfrage unter emiratischen Studenten 53 Prozent an, dass sie überwiegend englischsprachige Sendungen sehen. Andererseits feiern von Jahr zu Jahr immer mehr Jugendliche ausgelassen den Nationalfeiertag am 2. Dezember, mit langen Autokorsos, lautem Hupen, wehenden Nationalflaggen und Postern von Scheich Zayed. Die Konzerte und Feiern ziehen sich über Tage hin. Feuerwerke aus diesem Anlass, die der Eröffnung der Olympischen Spiele würdig wären, dauern länger als beim Fußball eine Halbzeit.

Es genügt jedoch nicht, sich einmal im Jahr an einem Tag zu einer emiratischen Identität zu bekennen. Die Debatte darüber, was diese Identität ausmacht, ist längst nicht abgeschlossen. In einer Rede vor dem FNC definierte der Hochschulminister Scheich Nahyan bin Mubarak Al Nahyan die nationale Identität als das »Teilen von Sprache, Religion, Erbe und Kultur«. Wegen »bedeutender Änderungen in der Welt und in der Region« müsse man sich jedoch der Gefahren bewusst sein, diese Identität zu verlieren. Die Globalisierung, so Scheich Nahyan, sei keine Einbahnstraße. So, wie sie Fremdes in die Emirate bringe, gäben die Emirate ihren Anteil an die Welt.

Einen Katalog der Merkmale nationaler Identität gibt es nicht. Anfang 2010 wurde unter 200 Studenten der Zayed University eine Umfrage dazu durchgeführt, was ihre nationale Identität definiere. Der Islam ist auch ungefragt ein konstituierender Teil dieser Identität. Zum Islam bekennen sich aber auch viele Nichtemiratis. Sechzig Prozent der Befragten nannten daher die Kleidung, die weiße Dishdasha für Männer und die schwarze Abayya für Frauen. Achtzig Prozent gaben an, Sprache definiere ihre nationale Identität. Immer weniger junge Emiratis können sich aber in ihrer Muttersprache gut ausdrücken. Arabisch wird für sie eine geschriebene Sprache und keine gesprochene mehr. Denn erzogen werden sie meist von englischsprachigen Dienstmädchen von den Philippinen, sie sehen meist englischsprachige Fernsehprogramme, und viele von ihnen besuchen englischsprachige Privatschulen. Zudem werden in vielen arabischsprachigen staatlichen Schulen Mathematik und die naturwissenschaftlichen Fächer in Englisch unterrichtet. Die Beherrschung des Englischen gilt als Garant auf dem Weg zum Erfolg. Arabisch droht zur Sprache der Moschee zu verkümmern.

Das Hochschulministerium hat daher angekündigt, als Voraussetzung für die Zulassung an einer Universität einen arabischen Sprachtest einzuführen. Die Befürworter einer englischsprachigen Erziehung argumentieren, Arabisch sei für moderne Naturwissenschaften zu kompliziert. Dem halten die Kritiker entgegen, dass Arabisch die Sprache der Naturwissenschaften gewesen sei und weiterentwickelt werde. Der Umgang mit der Sprache zeigt das Dilemma, in dem die Emirate stecken: Arabisch ist die Sprache ihrer Kultur, ohne Englisch kommen sie aber selbst in ihrem eigenen Land nicht weit. Englisch ist in der Regel die Verständigungssprache unter den vielen Ausländern. Das Ergebnis läuft auf eine Zweisprachigkeit hinaus, wie sie in anderen Ländern ebenfalls praktiziert wird.

So unklar die Definition der nationalen Identität ist, so vielfältig sind die Vorschläge für Maßnahmen, sie zu stärken. Die einen wollen Heiraten unter Emiratis fördern, damit sich die Identität nicht auflöst; andere fordern, die Zahl der Dienstmädchen in den Haushalten zu beschränken; wieder andere, die Verwendung des Arabischen an Schulen zu stärken. Najla Awadhi, die junge Medienunternehmerin in Dubai, forderte im FNC, die Berufstätigkeit der emiratischen Frauen und so ihre Sichtbarkeit in der Öffentlichkeit zu stärken. Schließlich hätten die Vereinigten Arabischen Emirate den höchsten Anteil von Frauen an Hochschulabgängern in der arabischen Welt, nutzten diesen Vorteil aber nicht.

Ein unbestrittenes Element der nationalen Identität der Emiratis ist ihre Toleranz gegenüber den Fremden und deren Religionen. Ohne diese Toleranz müsste es zwischen den so verschiedenartigen Kulturen, die hier aufeinanderstoßen, zu Spannungen kommen. Das geschieht aber nicht. Offen zeigen und praktizieren Christen, Hindus und Gläubige anderer Religionen ihren Glauben. Mehrere Zehntausend strömen an den freien Freitagen und Sonntagen in die Gotteshäuser und Tempel, wo sie Gottesdienste in ihren Muttersprachen feiern. Allein in Abu Dhabi bestehen mehr als ein Dutzend klar erkennbarer Kirchen, einige von ihnen in unmittelbarer Nachbarschaft zu Moscheen, wie die Kathedrale der ägyptischen Kopten.

Nicht ungewöhnlich ist es, wenn an hohen Feiertagen Mitglieder der herrschenden Familie die Kirchen besuchen. Als Hochschulminister Scheich Nahyan bin Mubarak Al Nahyan einen Ostergottesdienst in der koptischen Kathedrale besuchte, rief er die Gläubigen auf, die Werte der Toleranz und der Gerechtigkeit nicht nur in den Vereinigten Arabischen Emiraten zu praktizieren, sondern sich für ihre Verbreitung auch weltweit einzusetzen. Beim Festgottesdienst zum britischen Volkstrauertag sagte Scheich Nahyan im Auftrag von Kronprinz Scheich Muhammad bin Zayed Al Nahyan ohne vorherige Ankündigung zu, die Regierung werde den Teil zur Modernisierung der 1970 gebauten St Andrew Cathedral zuschießen, den die Gemeinde aus Spenden nicht aufbringen könne. Um die St Andrew Cathedral ist ein Komplex von vielen Kirchen und Kapellen entstanden, in denen mehr als achtzig Kirchen aus allen Teilen der Welt ihre Gottesdienste feiern. Die Vereinigten Arabischen Emirate sind für die friedliche Koexistenz der Religionen und der Toleranz füreinander ein Modell, das Schule machen sollte.

Der Islam: Praktisch leben statt theologisch durchdringen

Die Golfaraber sind fromme Muslime. Der Islam steht im Mittelpunkt ihres Lebens, und er ist in ihre Identität verwoben. Sie sind aber auch pragmatische Muslime, sie leben den Islam im Alltag und legen es nicht darauf an, ihn intellektuell zu durchdringen. Fremd ist ihnen Extremismus in jeglicher Form. Nie hatten die Religionsgelehrten in ihren Gesellschaften eine herausgehobene Stellung. Theologisch geschulte Religionsgelehrte gab es überhaupt kaum. Sie wären des Müßiggangs verdächtigt worden, denn die Gesellschaften waren arm und verfügten nur über begrenzte wirtschaftliche Möglichkeiten. Den Islam zu praktizieren und zu leben, war aber eine Selbstverständlichkeit. Dazu benötigten die Beduinen, Oasenbewohner und Fischer weder Anleitung noch Ermahnung.

In der Gegenwart ist eine neue Religiosität zu beobachten. Einst sind die Gebetszeiten nicht auf die Minute eingehalten worden. Sie hatten sich nach dem Arbeitsrhythmus der Saison gerichtet. Heute ruft der Muezzin fünf Mal am Tag, und Gläubige sammeln sich zu den vorgeschriebenen Zeiten in den Moscheen der Nachbarschaft, die zwischen den aufragenden Hochhäusern oft wie kleine Kunstwerke aus Zuckerguss erscheinen. Äußerlichkeiten sind wichtiger geworden, ohne dass die Muslime aber ihre Gelassenheit verloren hätten.

Zwei Faktoren spielen bei dieser neuen, nach außen gezeigten Religiosität eine Rolle. Zum einen leben die emiratischen Muslime den Islam nun bewusster, um gegen die Verwestlichung ihrer Gesellschaft ihre Identität zu erhalten. Zum anderen hat der Zuzug von Muslimen aus der ganzen Welt bei der Frage, wie die Vorschriften im Islam auszulegen seien, zu einer Vielfalt geführt, die es früher nicht gegeben hatte. Der Islam ist nicht mehr ein in sich geschlossenes, homogenes System, sondern eine Religion mit sichtbar unterschiedlich gelebten Traditionen. Muslime aus Ägypten und Afghanistan, aus Pakistan und Indonesien brachten einen differenzierteren Islam mit, als ihn die Golfaraber lebten. Aufgrund ihrer theologischen Bildung übernahmen sie auch religiöse Ämter. Nur über sie und ihre religiösen Belehrungen könnte extremistisches Gedankengut in die tolerante Gesellschaft gelangen. Auf dem Territorium der Vereinigten Arabischen Emirate ist das bisher nicht geschehen.

Der Islam war vom 7. Jahrhundert an Teil des gesellschaftlichen Gewebes geworden. Die Islamisierung, die sich über ein Jahrhundert hingezogen hatte, war ohne Gewalt und Blutvergießen verlaufen. Die neue Religion stellte die Stammesstrukturen nicht in Frage, und so wandten sich die Menschen, die meist heidnische Religionen praktiziert und Idole angebetet hatten, ohne Vorbehalt dem Islam zu. Von da an sind die Stammesgesellschaft und der Islam eine Symbiose eingegangen. Die Stammesstruktur war aber schon lange vorher entstanden. Ohne sie hätten die Menschen in dieser lebensfeindlichen Umwelt nicht überleben können.

Nun bot die neue Religion ein System von Vorschriften, um diese gewachsene Stammesgesellschaft erfolgreich zu organisieren. Die Gesellschaft ruhte in sich. Jeder wusste, was gut war und was schlecht. Das islamische Gesetz, die Scharia, spielte zunehmend eine Rolle, insbesondere im Familienrecht. Kompliziert war der Wertekanon nicht. Streitigkeiten wurden weiterhin meist auf der Grundlage des Gewohnheitsrechts und der Bräuche der Stämme geregelt. Das praktizierte Recht atmete zwar den Geist des Islams, es gab aber nicht das Ziel, die Herrschaft des islamischen Rechts durchzusetzen und einen islamischen Staat zu gründen. Im Vergleich zur ausdifferenzierten Scharia in urbanen Zentren des Islams wie Kairo, Damaskus und Bagdad war der Rechtskorpus der Golfaraber recht grob.

Niemand verschwendete Zeit darauf, ein sophistisches System zu entwerfen oder ein solches von außen zu übernehmen. Nie genossen Religionsdiener besonderes Ansehen, weder in der Wüste noch an der Küste. Konflikte gab es immer wieder. Ihre Ursache waren aber nicht Auseinandersetzungen über den Islam oder im Islam, sondern Fehden zwischen Stämmen. Selbst als sich im 20. Jahrhundert schiitische Händler von der persischen Seite an der arabischen Golfküste niederließen, löste das keine religiöse Auseinandersetzung aus. Gehalten hat sich die Einstellung, dass der Islam ein Bezugssystem für das Leben des Einzelnen sei, nicht ein totalitäres System, in dem die eigene Version gegenüber anderen durchgesetzt werden müsse.

Trotz der neuen Religiosität hat sich bis heute in der Bedeutung und Praxis des Islams nicht viel verändert. Er wird zwar bewusster gelebt und auch gezeigt, ist aber unverändert tolerant. Wichtig ist die Weitergabe der Traditionen und Werte innerhalb der Familie. Der Islam wird in der Tradition der Emirate als Kernbestandteil der emiratischen Identität verstanden, weswegen junge Emiratis nicht ermuntert werden, ausländische Staatsbürger zu heiraten, selbst wenn jene Muslime sein sollten. Akademisch geschulte Theologen spielen aber nach wie vor kaum eine Rolle und treten wenig in Erscheinung. In wenigen Ländern der islamischen Welt sind die Namen von Religionsgelehrten und Predigern so wenig bekannt wie in den Vereinigten Arabischen Emiraten, in wenigen anderen Ländern haben sie einen solch geringen Einfluss auf die öffentliche Meinung. Früher hatten sie keinen Einfluss, weil man sich in der Zeit vor dem Erdöl keine Religionsgelehrten leisten konnte oder wollte. Heute haben sie keinen Einfluss, weil die jüngeren Generationen gebildet sind und sich nicht an traditionellen Religionsgelehrten ausrichten wollen. Bei ihrem Quantensprung haben die Emiratis die gefährliche Stufe übersprungen, in der halb gebildete Religionsgelehrte wenig gebildete Muslime verführ(t)en.

In der emiratischen Händlergesellschaft ist der Beruf des Predigers und Vorbeters wenig attraktiv. Selbst ein promovierter Theologe verdient umgerechnet gerade mal 2000 Euro monatlich. Dafür hat er jeden Tag in einer Moschee vier der fünf vorgeschriebenen Gebete zu leiten und am Freitag die Predigt zu halten. Es wird erwartet, dass die Tätigkeit, die in vielen islamischen Ländern vollberuflich ist, neben einem Hauptberuf verrichtet wird. Als Unternehmer oder auch im Staatsdienst verdient ein Emirati aber ungleich mehr. Meist sind die Prediger und Vorbeter daher Muslime aus anderen arabischen Staaten. Sie werden gebraucht; ganz vertraut man ihnen aber nicht. Auch deshalb setzt Woche für Woche eine Kommission im Ministerium für religiöse Angelegenheiten und Stiftungen die Freitagspredigt auf. In der Kommission sitzen zwar auch Theologen, die keine Emiratis sind. Ihre Loyalität steht aber nicht in Zweifel.

Freitagspredigten können gefährlich werden, weil sie nach der theologischen Auslegung der Schrift im ersten Teil in einem zweiten Teil daraus politische Konsequenzen ableiten. In vielen Ländern der islamischen Welt verpacken die Prediger ihre politischen Botschaften in diesen zweiten Teil. Es solle verhindert werden, dass über Themen gepredigt werde, die der Gesellschaft schadeten oder die dem Islam einen Schaden zufügen könnten, rechtfertigt die Kommission die Vorgabe von Freitagspredigten. Vor allem dürfe es keinerlei Politik geben. Die Verfasser der Freitagspredigt betreiben keine Politik, appellieren aber auf anderen Gebieten an die Gläubigen. Sie rufen sie beispielsweise auf, Wasser zu sparen, Töchtern nicht den Weg einer beruflichen Karriere zu versperren und sich der Gefahr bewusst zu sein, dass man mit Geräten wie dem BlackBerry und Netzwerken wie Facebook Zeit verschwende. Denn der Islam ermahne doch zu Zeitmanagement. In der Predigt zur Nutzung des Wassers sind die Zuhörer aufgerufen worden, Wasser zu sparen und die Umwelt zu schützen. In der Predigt zur Berufstätigkeit der Mädchen und Frauen wurden sie dazu aufgerufen, dass die Frauen nicht untätig zu Hause sitzen sollen, wo sie doch einen wichtigen Beitrag zur Schaffung der Nation leisten können. Das Religionsministerium argumentiert, fromme Muslime seien eher bereit, etwas zu tun, wenn es auch religiös begründet und abgedeckt sei. In vielen Emiraten muss die Predigt Wort für Wort verlesen werden. Viele Vorbeter tun das erkennbar ohne Begeisterung, so dass sich Unmut über einen Mangel an Inspiration aus dem Freitagsgebet verbreitet hat. Das Emirat Dubai hat daraus Konsequenzen gezogen und teilt die Prediger in drei Gruppen. Die erste hat die Predigt wörtlich abzulesen, die zweite muss die Stichworte der Predigt aufgreifen, und die dritte, zu der nur wenige Theologieprofessoren gehören, darf frei über den vorgegeben Titel der Predigten sprechen.

Die Regierung will nun auch die Emiratisierung der religiösen Dienste fördern, will mehr Emiratis in religiösen Berufen beschäftigen. Dabei arbeitet sie eng mit Marokko zusammen. Zunächst hatte sie zwei Dutzend junge Emiratis zum Theologiestudium nach Marokko entsandt und bewusst nicht nach Ägypten, wo sie radikalisiert werden könnten. In einem zweiten Schritt hat die Universität Muhammad V aus der marokkanischen Hauptstadt Rabat in Abu Dhabi eine Niederlassung eingerichtet, in der junge Emiratis theologisch aus- und fortgebildet werden.

Im staatlichen Fatwazentrum von Abu Dhabi sind Religionsgelehrte aus der ganzen islamischen Welt beschäftigt. Es wurde 2008 mit fünfzig Theologen eingerichtet, die Arabisch, Englisch und Urdu sprechen. Am Anfang hatten sie jeden Tag 150 Anfragen zu beantworten, meist telefonisch. Nach zwei Jahren hatten sich die Anfragen auf 1500 am Tag verzehnfacht, so dass das Ministerium die Zahl der beschäftigten Theologen verdoppelte. Ihre Aufgabe ist es, Fragen zur Praxis des Islams im täglichen Leben zu beantworten: zur Almosensteuer, zur Kleidung, zu Eheproblemen, zu erlaubten und zu unerlaubten Bankgeschäften.

Beschäftigt sind auch Theologinnen. An sie werden die Fragen von Anruferinnen weitergeleitet. Sie gelten offiziell nicht als Muftis, sondern als Beraterinnen. Frauen seien heute gebildeter als früher, teilweise auch als die Männer, und hätten daher begonnen, Fragen zu stellen, beobachtet die auf religiöse Fragen spezialisierte Soziologieprofessorin Meenaz Kassem von der American University in Sharjah. Da in ihrem Leben die Religion der höchste Wert sei, wollten sie ihr Handeln durch Anfragen am Fatwazentrum sanktionieren, sagt Kassem. Auch das ist ein Zeichen einer neuen Religiosität, die mehr auf Äußerlichkeiten Wert legt als in der Vergangenheit.

Das Emirat Dubai ging einen Schritt weiter und öffnete den Frauen den Weg zum Berufsislam. Anfang 2009 hatte Ahmad al-Haddad, der Leiter des Ministeriums für islamische Angelegenheiten im Emirat Dubai, eine Fatwa, ein islamisches Rechtsgutachten, erlassen, in der er begründete, weshalb auch Frauen für das Amt des Mufti in Frage kämen, also religiöse Rechtsgutachten ausstellen dürften. Danach schrieben sich sechs emiratische Frauen für einen Lehrgang zur Ausbildung zum Mufti ein. Zuvor konnten Frauen seit 2005 lediglich in der Türkei diese Karriere verfolgen, wo sie aber nur stellvertretende Muftis werden dürfen.

Wie die Freitagspredigten decken auch die Muftis, ob schriftlich oder mündlich am Telefon, eine große Bandbreite ab. Gelegentlich fragt das Ministerium für religiöse Angelegenheiten und Stiftungen prominente Religionsgelehrte anderer Länder um Rat. Im Mai 2009 hatte es eine zehn Seiten umfassende Fatwa publiziert, die es bei dem Großmufti Ägyptens, Ali Gomaa, angefragt hatte. In der Fatwa begründete Gomaa, dass eine Tochter ihrem Vater nicht mehr gehorchen müsse, wenn er ihr verbiete, für eine Ausbildung und eine darauf folgende Arbeit das Haus zu verlassen. Ausbildung und Arbeit dürften die Frau und ihre Ehre nicht verletzen, schränkte Gomaa ein. Über eine Ausbildung erfahre sie mehr über ihre Religion und die Welt, argumentiert der Großmufti. Mit diesem Wissen werde sie eine bessere Mutter. Außerdem warnt die Fatwa die Väter davor, Ehepartner, für die sich ihre Töchter entschieden hätten, aus kleinlichen Gründen abzulehnen. Dieses Verhalten sei unfair und im Islam verboten.

Wichtige Fatwas werden über alle Medien verbreitet. Das galt auch für die religiöse Begründung, weshalb und unter welchen Umständen Muslime Organtransplantationen, die in der islamischen Welt lange umstritten waren, durchführen dürfen. Eine Fatwa aus dem Jahr 2008 erklärte Organtransplantationen zu gütigen Almosen und einer Tat »höchster Humanität«.

Hinter der modernistischen Fassade der neuen materiellen Kultur haben viele Werte der Stammesgesellschaft überlebt. Auch der Islam macht diesen Spagat, er will in der Tradition verankert und gleichzeitig modern sein. Sichtbar wird dieser Spagat im Moscheebau. Die Bandbreite der Architektur reicht von Moscheen mit traditionellen Stilelementen der islamischen Architektur bis zu postmodernen Moscheen, die den Stil der Hochhäuser aus Glasbeton, die sie umgeben, aufnehmen. Prototyp für den zeitgenössischen traditionellen Stil ist die Hauptmoschee des Stadtteils Jumeirah in Dubai. Sie ist 1978 in fatimidischem Stil erbaut worden, mit einer großen Kuppel sowie den vertrauten geometrischen Formen und Bögen des Islams. Diese Moschee hat in den Vereinigten Arabischen Emiraten einen Standard gesetzt. Eine neue Phase des Moscheenbaus leitete in Abu Dhabi die modernistische Moschee ein, die im Sommer 2010 an der Kreuzung der Corniche mit der 26. Straße eröffnet wurde. An ihrer Fassade aus Glas und an den goldglänzenden Paneelen reflektieren sich die Sonnenstrahlen, sie ist mit Chromleisten wie bei Sportwagen verziert. Lokale Architekten haben noch kühnere Entwürfe vorgelegt, die vorerst keine Chance auf Verwirklichung haben und die sich völlig vom klassischen Moscheenbau lösen.

Zum Moscheenbau ist eine lebendige Kontroverse entstanden. Traditionalisten wollen an der »islamischen Architektur« festhalten, Modernisten verweisen darauf, dass der Bau von Moscheen im Laufe der Zeit viele Veränderungen durchlaufen hat und es eine verbindliche Norm nicht gebe. Bei seiner Hauptmoschee, die den Namen des Staatsgründers Scheich Zayed trägt und die sechstgrößte Moschee der islamischen Welt ist, hat sich Abu Dhabi indes für den traditionellen Stil entschieden.

▪ Keine Fata Morgana: Eine Moschee wie das Paradies

Zuvor, als die Sonne am Zenit stand, hatte sich noch der flimmernde Dunst der Hitze über die Moschee gelegt. Wie eine Fata Morgana setzten sich ihre 82 weißen Kuppeln von ihm ab, unterschiedlich groß, mit vergoldeten Spitzen, die die Strahlen der Sonne einfangen. An der Einfahrt auf die Insel von Abu Dhabi ist die Moschee für den Besucher, der über eine der drei Brücken vom Festland kommt, der Willkommensgruß des Emirats. Dem Betenden, der unter ihren Kuppeln Allah anruft, ist sie das Abbild des Paradieses.

Besonders jetzt, im »gesegneten Ramadan«. Wenn an diesem Freitag in einem Teil der islamischen Welt der Ramadan beginnt, erinnern sich die Muslime des Monats, an dem die ersten Suren des Korans verkündet wurden. Das Gebet und die gute Tat werden in diesem Monat noch bedeutsamer. In diesem Monat fasten sie von dem Zeitpunkt an, an dem sie in der Morgendämmerung einen weißen von einem schwarzen Faden unterscheiden können, trotz der Hitze bis in die Dämmerung, wenn nach dem Gebet das Fasten gebrochen wird. Und richten sich auf am Anblick der vier Minarette, die mit einer Höhe von jeweils 107 Metern die Kuppeln überragen. Auch sie schließen mit vergoldeten Spitzen ab. Die Grundfarbe der Moschee aber ist das Weiß des Marmors. Weiß als die Farbe des Friedens, als die Farbe, die Scheich Zayed bin Sultan Al Nahyan allen anderen vorzog. 1996 ordnete er den Bau der Moschee an. 2004 wurde er in einer Grablege unmittelbar neben der Moschee beigesetzt.

Inspirieren ließen sich Scheich Zayed und die vielen beteiligten Künstler von den koranischen Versen zum Paradies – im großen Entwurf zur Moschee ebenso wie in den vielen Details der Dekoration. Zu Marmor wurden die Dattelpalmen in den klassisch gestalteten Säulen, in bunte Gärten führen die Blumen auf den Böden und an den Wänden. Italienische Künstler haben ihre Muster entworfen. Sie bringen den Schwung und die Farben des Jugendstils nach Abu Dhabi.

Den Gläubigen verkündete Allah einst, dass Flüsse von Honig den Himmel durchziehen werden. Dieses Bild greift der goldene Mihrab auf, die Gebetsnische, die in Richtung Mekka weist. Zum Gebet stellt sich der Imam in diese Nische. Blickt er nach oben, nimmt er die Sonne und ihre Strahlen wahr. Die spitzen Bögen des Muqarnas-Gewölbes brechen sie. Dort gehen sie in geschwungene Linien aus Gold über, in Flüsse aus Honig, die auf den Boden zustreben, auf dem die Gläubigen in Reihen hintereinander beten.

Ihnen zeigen auf beiden Seiten des Mihrabs sechseckige Uhren den Zeitpunkt des Sonnenaufgangs an und die Zeiten für die fünf rituellen Gebete am Tag, die sich mit dem Sonnenstand ändern. In der Haupthalle können 7000 Männer beten, mit Blick auf die Richtungsmauer und den Mihrab in der Mitte. Hinter ihnen finden in zwei kleineren Gebetshallen jeweils 1500 Frauen Platz. Anders als die Männer sind sie nicht verpflichtet, das rituelle Gebet in der Moschee zu verrichten. Draußen im offenen Hof, der von Säulenreihen eingefasst ist und 17 000 Quadratmeter misst, fänden noch einmal über 30 000 Betende Platz – auf Marmor und floralen Motiven sich rankender Blumen, die sich aus Halbedelsteinen zusammensetzen.

Drinnen, unter den drei dominierenden Kuppeln, stehen die Betenden und die Besucher auf dem größten Teppich der Welt. Zwei Jahre hatten in der iranischen Stadt Mashhad 1200 Frauen an ihm gearbeitet. Sie knüpften auf 5600 Quadratmetern 2,3 Milliarden Knoten, mit 35 Tonnen Wolle und 12 Tonnen Baumwolle. Acht Monate verfeinerte der iranische Künstler Ali Khaliqi seinen Entwurf. Er kopierte nicht eine der iranischen Traditionen, sondern schuf eine neue Blumensprache.

Meist weisen in den Moscheen Gebetsnischen mit Gebetsteppichen dem Betenden einen Platz zu. Mit den Zehen und den Schultern sollte er die anderen Betenden berühren. Dieser Teppich hebt indes die Begrenzungen zwischen den Betenden auf, und so finden sie ihren Platz im Gemeinschaftsgebet hinter parallelen Streifen eines leicht erhöhten Teppichflors. Vor sich sehen sie den Mihrab und den Predigerstuhl Minbar, eingefasst von den 99 Namen Allahs, die in den Marmor eingelassen sind. Mit Gold wurde der Grund ausgelegt, damit die Namen leuchten:»der Gnädige«, »der Weise«,»der Schöpfer«,»der Vergebende«. Zusammengesetzt mit Abd, dem Sklaven, dem Menschensohn also, ergibt jeder einzelne Beiname einen männlichen Vornamen. Die Kuppeln wirken als natürliche Lautsprecher.

Jede der drei zentralen Kuppeln wird von acht Säulen getragen. Erstmals ist in den Säulen weißer und schwarzer Perlmutt in Marmor eingelassen. Bislang hatte es in den Moscheen Perlmutt nur in Holz gegeben. Wo die vier schmalen unteren Säulen in eine gemeinsame große übergehen, sind Abzugshauben für die Luftkühlung eingelassen. Über dem großen Teppich hängt der größte Kronleuchter der Welt – von der Firma Swarovski, fast zehn Tonnen schwer, 15 Meter hoch, zehn Millionen Dollar teuer. Aus ihm perlen grüne, rote, gelbe, weiße Kristalltropfen, und er füllt die mit siebzig Metern höchste Kuppel einer Moschee. In sechs weiteren Kuppeln glitzern kleinere Kronleuchter.

Innen ist der Bau seit 2007 fertig. Im Ramadan des September 2007 fand erstmals ein Gebet statt. Außen arbeiten weiter Bauarbeiter aus den

Ländern Asiens an Brunnen und Landschaftsgestaltung. So steigen die Kosten weiter, die sich bis jetzt auf knapp eine halbe Milliarde Dollar belaufen. Die einen stören sich am eklektischen Stil, die anderen freuen sich, dass er Verschiedenes zusammenführt – maurische Bögen und marokkanische Verzierungen, einen Grundriss wie bei den Moguln und Minarette wie bei den Arabern. Nur das Beste war gut und auch teuer genug. Auch das ruft Kritik hervor. Eine Moschee sollte eben nicht mit Luxus vom Wesentlichen ablenken. Diese Moschee aber geizt nicht mit Luxus und hat sich neben dem Hotel Emirates Palace rasch als wichtigste Sehenswürdigkeit des Emirats Abu Dhabi etabliert. Nichtmuslime können sie bis zur Mittagszeit besichtigen. Sie soll ein Ort sein, an dem man sich austauscht, Muslim und Christ, Fastender und Fremder. Damit das friedliche Zusammenleben der Religionen keine Fata Morgana bleibt.

Pionier Dubai

Der Aufstieg

Das Modell: Arabisch und modern

Als die Vereinigten Arabischen Emirate 1971 gegründet wurden, haben sich die meisten Araber, ebenso die Iraner, über die kleinen Scheichtümer am Golf und ihr Vorhaben amüsiert. Sie taten es aus gutem Grund und mit einer großen Portion Hochmut. Macht und Pracht waren auf ihrer Seite. Der Schah von Persien stand im Zenit seiner Herrschaft, Saudi-Arabien wurde sich der Möglichkeiten seines Ölreichtums bewusst, und das alte Arabien entlang der Achse von Ägypten über Syrien in den Irak sah sich als der natürliche Mittelpunkt der arabischen Zivilisation.

Sie alle belächelten die Stammesscheichs an der Peripherie der arabischen Welt, die kaum einer kannte, und die nun ankündigten, sie wollten einen eigenen Staat gründen. Die großen Länder Arabiens konnten auf eine große Geschichte zurückblicken und hatten große Ideologien auf ihrer Seite, den Nationalismus und den Sozialismus, die die Welt prägten. Die sieben Scheichs lebten irgendwo zwischen Wüste und Wasser und hatten nichts dergleichen. Ihren neuen Staat bauten sie auf ohne die Last von Geschichte und Ideologien. Kaum eine Generation später war dieser neue Staat zum Vorbild geworden. Rasch zog er die Besten aus dem zunehmend erfolglosen alten Arabien an. Die Idee »Dubai« griff auf andere Städte und Staaten über, breitete sich wie ein Ölfleck aus.

Die Revolution, die mit dem Wort »Dubai« verknüpft ist, hat die arabische Welt verändert, wie einst die industrielle Revolution, die von England ausging, Europa verändert hat. Der Ruf »Dubai« hat die Araber aufgeweckt, hat Energien freigesetzt. »Dubai« wurde zum Synonym für Freiheit und Wohlstand, für wirtschaftlichen Erfolg und für gesellschaftliche Mobilität, für den Aufstieg nach oben. »Dubai« wurde das arabische Schlüsselwort für die Erkenntnis, dass es der Freiheit bedarf, um zu Wohlstand zu gelangen, und dass es ohne Wohlstand kein Glück geben kann.

Der Nahe Osten kennt wenige Orte mit diesem Grad an persönlicher Freiheit, insbesondere für Frauen. Freiheit, Wohlstand, Mobilität – alles war der arabischen Welt abhandengekommen. Ein neues, ein positives Arabien war nun entstanden, im Windschatten des alten Arabien – ausgerechnet in einer kleinen Handelsstadt am Golf. Die Ägypter haben Gamal Abd al-Nasser zugejubelt und mussten auf der Suche nach Arbeit trotzdem auswandern, auch die Syrer unter Hafiz al-Assad und die Iraker unter Saddam Hussein. »Dubai« wurde zur Metapher dafür, was Araber und Muslime zu leisten in der Lage sind, wenn man ihnen nur Freiheit gibt. Wie in Zeiten der Not »Amerika« zum Traumland der alten Welt geworden war, ist »Dubai« zum Traumland der Araber und der Perser geworden.

Für alle, die Kultur nur am Jahresband der Geschichte messen, fehlt dieser Stadt, die alles zulässt und in der fast alles möglich ist, eine Seele. Sie sehen nicht die unbegrenzten Möglichkeiten, sondern nur den Glitzer und Glamour der Stadt und kritisieren die Ausrichtung auf den Konsum. Sie verkürzen das Modell Dubai auf die Formel »Shopping statt Schostakowitsch« und sind schnell mit dem Begriff »Disneyland« zur Hand, insbesondere jene, die einem Loch-Ness-Journalismus huldigen. Doch in Dubai ist der Traum von einer neuen Welt wiedergekehrt. Der Name ist zum Synonym für ein besseres Leben geworden. Wer sich dort niederlässt, lebt da, wo alle Araber sein wollen, er erlebt Dubai mit seiner multikulturellen und toleranten Gesellschaft als eine Alternative zur Bevormundung und Gängelung im alten Arabien, zum Nationalismus und Extremismus in anderen arabischen Ländern. Die Vereinigten Arabischen Emirate, zu denen Dubai gehört, sind nicht über Jahrhunderte organisch gewachsen. Sie sind eine menschliche Konstruktion, entstanden als Willensakt und auf dem Reißbrett. Nun wächst dort etwas völlig Neues. Mit Einwohnern aus mehr als 200 Nationen und einer einheimischen Bevölkerung, die zur Minderheit im eigenen Land geworden ist, dient Dubai auch als politisches und gesellschaftliches Labor.

Ein Geheimnis von Dubai besteht darin, dass viele dort genau das finden, was sie in ihrer Heimat vermissen. Der niederländische Architekt Rem Koolhaas, der sich viel mit Dubai beschäftigt, aber nie dort gebaut hat, schrieb: »Für einen Iraner ist Dubai Freiheit, für einen Inder eine Geschäftsmöglichkeit, für einen Araber die Hoffnung, dass arabische Modernität funktioniert.« Über Europäer und Amerikaner sprach er nicht. Der ferne Westen ist nicht das natürliche Hinterland Dubais. In die konzentrischen Kreise, die sich um Dubai ziehen, fallen auf der einen Seite Iran, Pakistan und Indien, auf der anderen die Staaten des alten Arabien. Karachi liegt von Dubai zwei Flugstunden entfernt, Mumbai zweieinhalb, London mehr als sieben.

Geschichten wie die von Nazia Qazi und Bjorn Singhal gibt es in Dubai viele. Sie hatten sich während des Studiums im kanadischen Ottawa kennengelernt. Nazia Qazi ist Kanadierin indischer Herkunft und Muslima. Ihre Familie lehnte ihren Auserwählten, den hinduistischen Inder Bjorn Singhal, ab. Denn er stammt aus einer niederen Kaste. Im westlichen Lebensstil der beiden spielte das keine Rolle. Selbst eine Konversion zum Islam nutzte ihm nichts. Nazia Qazi wurde nach Saudi-Arabien gebracht, wo ihr Vater nun arbeitete und wo sie drei Jahre ohne Pass eingesperrt war. Ihr Verlobter Bjorn zog nach Dubai, studierte dort, so nah wie möglich bei Nazia. Die Menschenrechtsorganisation Human Rights Watch nahm sich des Falls an und erkämpfte ein Happy End. Im Frühjahr 2010 konnte Nazia nach Dubai ausreisen. Dort heirateten sie, und dort leben sie seither. »Dubai ist ja völlig offen«, schwärmt Nazia Qazi von ihrer neuen Heimat.

Einer der Araber, die in Dubai ihre neue Heimat gefunden haben, ist der Investmentbanker George Makhoul. Für ihn sind die Terroranschläge des 11. September 2001 ein Schlüsseldatum. Es hat zur Rückkehr vieler Araber, die im westlichen Ausland gelebt hatten, in die arabische Welt geführt. Damals habe im Westen die Stimmung umgeschlagen. »Ich fühle mich aber doch nicht schuldig, nur weil ich Araber bin«, sagt Makhoul, ein libanesischer Christ mit amerikanischem Pass. In Dubai fand er ein gesellschaftliches und ein wirtschaftliches Umfeld, das ihm behagte: »Eine Mischung des Besten aus beiden Welten«, findet er. Jeder Auswanderer nehme in seinem Kopf immer auch sein Land mit, egal wohin er reise, und nun fänden viele Araber in Dubai eine neue Heimat. »Das ist meine Region«, sagt er bestimmt, »und diese Region erwacht.« Als ihr Zentrum sieht er Dubai.

Die Peripherie von einst ist das Zentrum von heute geworden. Von diesem neuen Zentrum bringen diese Araber eine neue kommerzielle Logik in ihre Heimatländer zurück und können in ihnen sehr viel mehr bewegen, als wenn sie dort geblieben wären. Wie der Ägypter Wael Ghonim, einer der Helden der ägyptischen Revolution von 2011, der in Dubai als Marketingchef von Google für die arabische Welt die Möglichkeiten der neuen Medien lernte und sie dann in Ägypten anwandte.

Mit ihrem unideologischen Denken haben Araber wie George Makhoul ein Dubai geschaffen, das nun auf die ganze arabische Welt ausstrahlt und sie verändert. Dubai ist ein Magnet geworden, weil es Chancen bietet, die andere Länder den Menschen vorenthalten: gesellschaftliche und wirtschaftliche Freiheiten, die Energien freisetzen; eine Bürokratie, die diese Energien nicht eindämmt, sondern fördert; Sicherheit für Leib und Leben. Indische Unternehmer lassen in Indien produzieren; ihre Konzerne lenken sie von Dubai aus. Pakistanische Politiker, die in ihrem Land in Ungnade fallen, finden in Dubai immer wieder sicheres Asyl. Iraner, die nicht zu weit entfernt von ihrer Heimat leben wollen, kaufen in Dubai Immobilien und senden ihre Kinder dort auf Universitäten.

Lesen wir noch einmal Rem Koolhaas: Dubai sei eine außergewöhnliche Gelegenheit für Abermillionen von Menschen außerhalb Europas, beobachtet er. Mit Dubai rekonfiguriere sich nicht allein die Golfregion. Vielmehr müsse Dubai als die vielleicht letzte Chance begriffen werden, aus dem Nichts, auf Sand, eine Stadt der Zukunft zu bauen. In Dubai sieht Koolhaas die Chance, unser Verständnis von Urbanität und öffentlichem Raum zu überdenken und neu zu gestalten.

Das Emirat hat die Kräfte der Freiheit und des Kapitalismus in einer islamischen Gesellschaft entfesselt, die sich bewusst wurde, dass sie in der geografischen Mitte der Welt liegt. Diese Formel liegt dem Erfolg von Dubai zugrunde. Ohne auch nur den Versuch zu unternehmen, einen theoretischen Unterbau für dieses Vorhaben zu konstruieren, hat Dubai eine moderne und praktische Symbiose von Islam und Kapitalismus hervorgebracht, von Islam und Wohlstand. Während das alte Arabien mit Ägypten, Syrien und dem Irak unter der Last autoritärer Staatsapparate stagnierte, hatte Dubai mit seinen bescheidenen Möglichkeiten einen modernen Goldrausch ausgelöst. Muhammad, der Prophet der Muslime, war schließlich auch ein Händler gewesen, der mit seinen Karawanen große Distanzen zurückgelegt hat. Wirtschaftlicher Erfolg steht nicht im Widerspruch zum Islam.

Für die arabische Welt ist diese Symbiose von Islam und Kapitalismus aus zweifachem Grund wichtig. Zum einen ist Dubai die einzige liberale arabische Antwort auf die Herausforderungen der Globalisierung. Eine fundamentalistische Antwort wurde in Pakistan und Afghanistan entwickelt, wo radikale muslimische Geistliche und Laien unter extremistischer Auslegung der religiösen Schriften zur Verteidigung des Islams dem Jihad das Wort reden. Im Westen haben türkische Muslime einen Islam entwickelt, der wirtschaftliche Freiheiten schafft und gleichzeitig mit der westlichen Demokratie kompatibel ist. Der »Dubai-Islam« schafft zwar keine politischen Bürgerrechte, aber wirtschaftliche und damit auch gesellschaftliche Freiheiten.

Aus einem zweiten Grund ist die Symbiose von Islam und Kapitalismus in Dubai wichtig. Hier finden die Muslime einen Mikrokosmos der islamischen Welt. Hier leben und arbeiten Muslime aus der ganzen muslimischen Welt Seite an Seite. Muslime aus Algerien und Afghanistan, Iran und Indien, Palästina und Pakistan beten in modernen Moscheen, kaufen in gekühlten Malls ein und haben mehr unternehmerische Möglichkeiten als in ihren Heimatländern. Dubai ist zum Schaufenster eines modernen Arabien geworden. Sie leben dort wie in Kalifornien und sind Teil der Weltwirtschaft, aber gleichzeitig in der arabischen Welt.

In Dubai ist nicht der Islam radikal, sondern der Kapitalismus. Das Leitmotiv lautet: »Dubai's business is business.« Die Regierung gängelt den Kapitalismus nicht und schränkt die private Initiative nicht ein, wie es die Herrscher im alten Arabien getan haben, um das Primat des Staatsapparats nicht in Frage zu stellen. Kapital und private Initiative sind willkommen. Um Kapital anzulocken, trat die Regierung in Vorleistung. Zunächst richtete sie Freizonen für mehr als ein Dutzend Branchen ein, wie Banken und Medien, die Schifffahrt und den Handel. Dafür schuf sie eine physische und regulatorische Infrastruktur, die höchste internationale Ansprüche erfüllt. Dann stattete sie staatliche Holdings mit Kapital aus, damit sie mit ihren Projekten für andere Unternehmen eine Schneise schlagen, auch für kleinere. Schließlich schuf sie eine Bürokratie, die nirgends in der arabischen Welt so schlank und effizient ist. Dubai ist das arabische Synonym für »gute Regierungsführung«. Über die »Dubai School of Government«, an deren Spitze der Libyer Tariq Yousef steht, wirkt der Ansatz in andere arabische Staaten.

Das alles hätte nicht diesen bemerkenswerten Erfolg gehabt, läge Dubai nicht in der geografischen Mitte der Welt. Früher als die umliegenden Emirate hatten Dubais Herrscher als gute Unternehmer die Chancen der Globalisierung des Welthandels erkannt, und sie haben rechtzeitig gehandelt. Heute bearbeiten von Dubai aus 6400 internationale Unternehmen eine Region, die von Kapstadt nach Kasachstan reicht, von Kalkutta nach Casablanca. Der Hafen von Jebel Ali fertigt mehr Containerschiffe ab als der in Singapur. Die Hafengesellschaft von Jebel Ali, Dubai World Port, ist der drittgrößte Hafenbetreiber weltweit, und die Fluggesellschaft Emirates Airline, die 1985 gegründet wurde, ist bereits die größte für Langstreckenflüge. Wer von London nach Hongkong fliegt, kommt über Dubai. Wer von Moskau nach Kapstadt reist, tut es ebenfalls über Dubai.

Dubai ist heute weltweit eine der wichtigsten Drehscheiben für Menschen und für Güter. Seine Seehäfen, Flughäfen und Freizonen bedienen den ganzen Nahen Osten. Dubai liegt aber auch an der neuen Seidenstraße, die weiter in den Osten nach Mumbai, Kuala Lumpur und Shanghai führt. Dubai ist damit mehr Teil des aufstrebenden Asiens als des alten Westens. In weniger als zwei Generationen ist Dubai aus dem Nichts zu einer Metropole mit weltweiter Ausstrahlung aufgestiegen.

Die Geschichte: Vom Fischerdorf zur Metropole

Dubai steht mit mehreren Einträgen im Guinessbuch der Rekorde: mit dem höchsten Gebäude der Welt, der größten künstlichen Insel, dem größten künstlich angelegten Seehafen, der größten Shoppingmall. Solche Rekorde und ihre Wahrzeichen haben dazu geführt, dass Dubai in aller Welt bekannt wurde, in Hongkong wie in Havanna und Houston, in Manila wie in Madrid und Montreal. Überall kennen sie den Burj Khalifa, das mit 828 Metern höchste Gebäude der Welt, ebenso den Burj al-Arab, das Hotel in der Form eines Segelschiffs. Ihren Zweck haben die Bauwerke damit erfüllt. Dubai ist bekannt. Vor zwei Generationen hatten höchstens ein paar britische Kolonialbeamte gewusst, wo Dubai liegt. Selbst die Perlenhändler hatten Dubai wieder aus ihrem Wortschatz gestrichen.

Dabei war Dubai den anderen kleinen Scheichtümern am Golf auch früher schon meist eine Nasenlänge voraus gewesen. Frauke Heard-Bey beschreibt das so: »Eine Mischung aus der geografischen Lage, der Voraussicht der Herrscher, der Cleverness der Händler sowie glücklicher Umstände führte dazu, dass Dubai mit der Knappheit der Ressourcen besser zurande kam als seine Nachbarn.« Seit Jahrhunderten ist das Ufer des Dubai Creek, eines Meeresarms, der einen natürlichen Hafen bildet, besiedelt. Die bescheidenen Häuser der Fischer standen an der Mündung in den Golf in Shindagha. Von hier aus fuhren im Sommer auch die Boote der Perlenfischer hinaus aufs Wasser. Der venezianische Perlenhändler Gaspero Balbi hatte die Region 1580 besucht und dabei einen Ort namens Dubai erwähnt. Im 18. Jahrhundert unterstanden die Fischer dem Stamm der Bani Yas, die ihre Hauptstadt auf die Insel Abu Dhabi verlegten, die 125 Kilometer südwestlich liegt. Von den Bani Yas machte sich 1833 eine Gruppe von 800 Stammesmitgliedern auf den Weg, um sich in Dubai niederzulassen. Einer von ihnen, Maktoum bin Buti, der 1852 starb, begründete die Herrscherfamilie Dubais, die Al Maktoum. Sie erklärten ihre Unabhängigkeit von Abu Dhabi im Süden und dem Scheichtum Sharjah der Al Qassimi im Norden. Gute Beziehungen zu den Briten schützten ihre Neugründung.

Mit dem regionalen Wiederausfuhrhandel, der im 19. Jahrhundert florierte, entstand um den natürlichen Hafen eine florierende Händlerschaft. Ihre Häuser und Landestege bauten die Händler um das Fort al-Fahidi, in dem die Herrscherfamilie wohnte. Es wird heute als Museum benutzt. In dem Viertel ließen sich auch Inder nieder, die wegen des Perlenhandels nach Dubai gekommen waren. Ein drittes Zentrum entstand in Deira auf der nördlichen, gegenüberliegenden Seite des Creeks. Dort gab es zu Beginn des 20. Jahrhunderts den größten Suq der Vertragsstaaten. Kleine Ruderboote, die Abra, haben bereits damals Menschen und Güter über den Creek befördert. Sie tun es noch heute. In Deira wohnten Araber von anderen Teilen des Golfs, auch Perser und Balutschen. Das Wachstum der Perlenfischerei und der prosperierende Handel zogen Zuwanderer an. Frauke Heard-Bey schätzt, dass um 1900 bereits 10 000 Einwohner in Dubai lebten. Möglicherweise waren es mehr. Denn im Sommer sollen allein 7000 Männer aus Dubai auf Perlenfischerbooten gearbeitet haben.

Die Voraussicht der Herrscher von Dubai lässt sich an mehreren Daten festmachen. Das erste Schlüsseldatum ist das Jahr 1902. Da erhöhte Persien die Zölle für die Exporte und Importe, die durch

seine Häfen gingen. Die Al Maktoum erkannten die Gunst der
Stunde und boten den Händlern die Zollfreiheit an, die sie auf der
anderen Seite des Golfs verloren hatten. Von nun an lief der Wiederausfuhrhandel indischer Güter nicht mehr über Bandar-e Lengeh, sondern über Dubai. Die arabischen und persischen Händler
aus Bandar-e Lengeh siedelten nach Dubai über. Unmittelbar neben dem Fort al-Fahidi bauten sie im neuen Viertel Bastakiyya ihre
prächtigen Häuser und führten mit ihnen die Windtürme aus Persien ein. Die meisten anderen Bewohner Dubais haben damals
noch in einfachen Hütten aus Palmblättern gelebt, den Barasti.
Dubai war eine kleine Drehscheibe des Handels geworden. Waren aus Basra, Bushir und Bandar-e Lengeh kamen in Dubai zusammen, vom Creek aus wurden sie nach Indien und Aden ver-
schifft, selbst auf die gegenüberliegende Seite des Golfs nach Persien. Die Händler handelten frei und ohne Beschränkungen. Auch
im täglichen Leben machte sich der Staat kaum bemerkbar. Neben
den Händlern war Dubai auch für politisch Verfolgte, die die Rückkehr in ihre Heimat abwarten mussten, ein attraktiver Ort. Viele
Händler waren nun wohlhabender als die Herrscherfamilie Al Maktoum. Daher förderten sie die Einrichtung moderner Schulen, und
sie leisteten sich einen zunehmend aufwendigen Lebensstil. Erst
der Niedergang der Perlenindustrie und der Zweite Weltkrieg er-
schütterten den Wohlstand. Die Eigentümer der Perlenfischerboote
mussten Kredite aufnehmen, die sie nicht zurückzahlen konnten,
und auch die Perlentaucher waren ohne Arbeit, es fuhren weniger
Schiffe. Anders als Abu Dhabi hatte Dubai kaum Hinterland, das
den Niedergang hätte ausgleichen können.

Während der Boomjahre waren Herrscher und Händler gut miteinander ausgekommen. In der Krise entstand aus den Reihen der
Händler nun eine Reformbewegung, die sich an jener in Kuwait orientierte, die kurz zuvor aufgebrochen war. Sie forderten eine Reform
der paternalistisch-autoritären Ordnung. Die politische Ordnung
sollte nun den Bedürfnissen der Handelsgesellschaft entsprechen.
Am 20. Oktober 1938 setzten die Händler die Einsetzung eines
Majlis, einer Ratsversammlung, durch. Emir Said bin Maktoum Al
Maktoum löste sie zwar am 29. März 1939 mit Hilfe bewaffneter Beduinen wieder auf, aber in den sechs Monaten hatte sich etwas verändert. Frauke Heard-Bey fasst den Impuls, den der Rat und die Reformbewegung auslösten, so zusammen:»In diesen sechs Monaten

wurde beispielhaft gezeigt, wie der Stadtrat regiert werden könnte. Es wurde demonstriert, dass Institutionen wie der Stadtrat sowohl notwendig wie auch nützlich waren. Ein Gemeinschaftsgeist, ein Gefühl des Stolzes und der Zuversicht hinsichtlich des Wohls des Staats entstand. Bewusst oder unbewusst übernahm der Herrscher mehrere dieser Ideen, als er bestimmte Bereiche der Geschäftswelt und des Lebens in Dubai in den 1950er Jahren verbesserte.« Die Jahre des Zweiten Weltkriegs verschärften zunächst die Krise. Die Nahrungsmittel wurden knapp, Hunger breitete sich aus. Der Sohn des Emirs, Rashid bin Said Al Maktoum, hatte bereits ab 1939 von seinem Vater Aufgaben übernommen, nach dessen Tod wurde er 1958 neuer Emir. Von da an beschleunigte er die Modernisierung Dubais und brachte sie auf einen Weg, der bis in die Gegenwart führt. Das zweite Schlüsseldatum nach 1902 ist das Jahr 1959. Scheich Rashid hatte die Chancen des anbrechenden Ölzeitalters erkannt. Die dazu in der Region nötigen Maschinen und andere Güter wollte er über Dubai einführen. Dazu musste der schlammige Creek vertieft und ausgebaggert werden. Er beauftragte die britische Ingenieursfirma Halcrow & Partners, die noch heute in Dubai tätig ist, einen Plan zu erarbeiten, und in Kuwait platzierte er eine Anleihe, um das Vorhaben zu finanzieren. Von Juni 1959 an konnten Schiffe mit einer Ladekapazität von 500 Tonnen in Dubai einfahren. Damit hatte Dubai gegenüber dem benachbarten Sharjah erstmals die Oberhand.

Scheich Rashid modernisierte die Stadt weiter. 1954 hatten in der Stadtverwaltung nur sechs Personen gearbeitet, in einem einzigen Raum über der Zollbehörde am Creek. Mit Experten aus entwickelten Staaten der arabischen Welt und Großbritannien führte er eine moderne Verwaltung und Planung der Stadt ein, mit einer Polizei und einem Standesamt, mit Schulen und einer Bibliothek. Privaten Firmen wurden kommunale Dienstleistungen übertragen. 1960 wurde der Flughafen mit einer Piste eröffnet, 1965 wurde die Rollbahn geteert. Dazwischen war über den Creek mit Hilfe von Qatar 1963 eine Brücke gebaut worden.

Einheimische hatten an dem Aufschwung unter anderem dadurch teil, dass der Wert ihrer Grundstücke durch nahe gelegene Infrastrukturprojekte stieg. Der Boom des Immobilienmarkts sollte in einem Bogen bis zur Krise 2008 anhalten und Motor der Entwicklung bleiben. Dieser Modernisierungsschub hatte mit Erdöl noch nichts zu tun. Denn der Ölexport aus Dubai setzte erst 1969 ein. Die Modernisierung war allein Folge des prosperierenden Handels. Scheich Rashid, der weit in die Zukunft blickte, orientierte sich mit seinen Planern nicht an den Bedürfnissen der Gegenwart. Er entwickelte den kühnen Plan, Dubai zu einer globalen Stadt auszubauen. Früh zog er seinen Sohn Muhammad, der 2006 Emir wurde und als der Vater der Vision Dubai gilt, an seine Seite und ließ ihn mitarbeiten.

Das dritte Schlüsseldatum war das Jahr 1972, als der Tiefseehafen Port Rashid mit 15 Liegeplätzen in Betrieb genommen wurde. Als er geplant wurde, schien der Hafen völlig überdimensioniert. Das Angebot schuf aber rasch eine Nachfrage. Denn der Handel und der einsetzende Ölexport lösten eine euphorische Stimmung aus. Von 1967, als der Auftrag für Port Rashid vergeben wurde, bis 1973 hatte sich die Einwohnerzahl Dubais auf 120 000 verdoppelt. Nach weiteren acht Jahren hat sie sich abermals verdoppelt. Heute leben in Dubai 1,7 Millionen Menschen.

Mit jedem Erfolg griff Dubai nach noch Höherem. In den siebziger Jahren gab Scheich Rashid den Auftrag, das damals höchste Gebäude im Nahen Osten zu bauen. Die Idee dazu hatte er, als er auf einer Reise nach Bagdad Hochhäuser sah. 1979 wurde das 149 Meter hohe Dubai World Trade Center eingeweiht, das mit seinem Turm 184 Meter hoch ist. Kühn und wagemutig war der Bau, fast zwei Jahrzehnte blieb er das höchste Gebäude im Nahen Osten. Er wurde zum Symbol für den wirtschaftlichen Aufschwung von Dubai und der gesamten Region. Unten bot das Kongresszentrum 6500 Personen Platz, nach oben ragte das Gebäude 39 Stockwerke hoch in den Himmel. Die meisten hatten für das Projekt nur Spott übrig. Viele glaubten, Scheich Rashid und sein Sohn Muhammad hätten zu lange in der Sonne gelegen. Weshalb in aller Welt brauchte so ein Nest das höchste Gebäude im Nahen Osten? Und weshalb mitten in der menschenleeren Wüste ein Hochhaus von 184 Metern? »Weil Dubai Ambitionen hat«, sagt knapp und bündig der deutsche Anwalt Rolf Meyer-Reumann, der 1989 im 13. Stockwerk des Gebäudes ein Büro bezog. »Und einen Emir mit Visionen und mit Tatkraft.«

Als Standort suchte man einen Platz aus, der damals weit draußen vor der Stadt in der Wüste lag, auf dem Weg nach Abu Dhabi und am Beginn einer schmalen zweispurigen Straße. Von ihr aus blickte man über feinen Sand, aus dem einige Palmen ragten, über eine unverbaute Fläche zum offenen Meer hinaus. Das World Trade Center zog Unternehmen an. Aus der kleinen Straße wurde die »Sheikh Zayed Road«. Heute ist sie das wichtigste Wirtschaftszentrum der arabischen Welt. An ihr entlang entstand auf einer Länge von mehr als zwanzig Kilometern die beeindruckendste Skyline Arabiens. Heute wird das World Trade Center von vielen Gebäuden überragt, auch von den 828 Metern des Burj Khalifa in seiner Nachbarschaft. Seine ehrgeizigen Ziele hat Dubai stets erreicht. Meist schneller, als es die Masterpläne vorgesehen hatten.

Entlang der »Sheikh Zayed Road« wurde das Finanzzentrum gebaut und andere auf Branchen spezialisierte »Cities«. Bevor die Straße Richtung Abu Dhabi einen leichten Knick macht, biegt eine stark befahrene Straße zum Hafen und der Freizone Jebel Ali ab. Die Freizone um den größten von Menschen geschaffenen Seehafen wurde 1985 eröffnet. Mit 67 Liegeplätzen ist es auch der größte Hafen des Nahen Ostens. Im Jahr 2010 bedienten in der Freizone 6400 Unternehmen aus mehr als hundert Ländern und mit 100 000 Beschäftigten Märkte in Asien und Afrika. Kaum ein Global Player, der heute nicht von hier seine Geschäfte für eine Region koordiniert, die von Zentralasien bis Südafrika reicht. Sie alle kamen auch nach Jebel Ali, weil sie in seiner Freizone auf der Arabischen Halbinsel erstmals keinen einheimischen Partner brauchten. Wer sich dort niederlässt, braucht zudem fünfzig Jahre keine Steuern zu zahlen.

Die großen Containerschiffe fahren seit Jahrzehnten die Häfen Port Rashid und Jebel Ali an. Dennoch hat der Creek, wo alles begann, nichts von seinem Charme verloren. Auf den bunten Dhows, die in mehreren Reihen am Creek anlegen und Waren löschen, ist die Seele Dubais am besten fühlbar. Besatzungsmitglieder aus Iran und Pakistan, Indien und Somalia beladen die traditionellen Schiffe mit Kühlschränken und Büromöbeln, chinesischen Nahrungsmittelkonserven und Säcken voller Nüsse, mit Tomatenketchup und japanischen Kleinlastwagen. Tagsüber dösen sie auf ihren Schiffen, trinken Tee und rauchen Zigaretten, nachts legen sie ab, meist Richtung Iran, häufig auch nach Somalia oder aber in den Irak nach Norden. Einige Schiffe betreiben regulären Handel, andere schmuggeln. Gelegentlich haben emiratische Zollfahnder dort Güter beschlagnahmt, die mutmaßlich für das iranische Atomprogramm bestimmt waren. Aber alle Versuche, den Creek deswegen zu schließen, sind gescheitert. Unter den touristischen Attraktionen

Dubais ist er, neben dem Fort al-Fahidi und der Bastakiyya, die einzige mit Geschichte und Lokalkolorit.

Steffen Schubert, Chef der Börse München, bevor er in Dubai die internationale Börse aufbaute, erklärt den Aufstieg von Dubai mit vier Bausteinen. Die Initialzündung sei in den sechziger Jahren erfolgt, als Emir Rashid die Frage stellte, wie lange das Erdöl reichen werde. Als er die Antwort hörte, habe er die Weichen gestellt und Dubai auf die Kernkompetenzen Handel und Logistik ausgerichtet. Dubai hatte im Vergleich zu seinem Nachbarn Abu Dhabi nie viel Erdöl. Das erste Ölfeld, al-Fath, wurde 1966 entdeckt. Die Höchstförderung lag 1991 bei 410 000 Barrel am Tag; das würde heute einem Anteil am Ölmarkt von weniger als einem halben Prozent entsprechen. Im Jahr 2010 trug die Förderung von 100 000 Barrel am Tag weniger als fünf Prozent zur Wirtschaftsleistung bei. Scheich Rashid investierte die Petrodollars gezielt zum Aufbau einer Infrastruktur und von Rahmenbedingungen, die Dubai einen Standortvorteil verschafft haben. Die vier Bausteine dieses Standortvorteils sind nach Steffen Schubert die Seehäfen, die Luftfahrt, die Immobilienbranche und die Finanzdienstleistungen.

Die Seehäfen wurden immer größer. Auf den ausgebaggerten Creek folgten der Port Rashid und dann das Megaprojekt Jebel Ali. Das zweite Augenmerk galt der Luftfahrt. 1960 landete auf einer Piste erstmals ein britisches Flugzeug, 1985 wurde die Fluggesellschaft Emirates Airline gegründet. Die Seehäfen dienen dem Handel, die Flughäfen und Emirates Airline nun auch dem Ziel, Dubai zu einer Tourismusdestination zu machen. Dazu bedurfte es Hotels und eines dynamischen Immobilienmarkts. Mit dem brach Dubai ein arabisches Tabu. Denn bei den Golfarabern gehören Grund und Boden stets den herrschenden Familien. Sie verteilen ihn an die Untertanen. Dubai aber erlaubte den Ausländern, Immobilien zu kaufen, erst auf den aufgeschütteten Inseln, dann auf dem Festland. Eigentum bindet, und so bleiben sie auch in Krisenzeiten. Letzter Baustein und vorläufige Krönung ist die internationale Finanzfreizone, das 2004 eröffnete »Dubai International Finance Centre« (DIFC), welches das World Trade Centre mit dem Burj Khalifa verbindet. Seine Offenheit mit einem eigenen Zivil- und Handelsrecht, mit eigenen Gerichten und Englisch als Amtssprache macht das DIFC zum Bindeglied zwischen Singapur und London. Es ist der Finanz- und Kapitalmarkt für Dubai, aber auch für eine weite Region darüber hinaus. Längst ist Dubai mehr als nur ein Standort von vielen. Dubai orientiert sich an Singapur, Hongkong und an New York, aber die Nachbarn orientieren sich an Dubai.

Profitiert hat Dubai von den Krisen in der Region, vom irakisch-iranischen Krieg (1980–1988), von der Krise und dem Krieg nach dem irakischen Überfall auf Kuwait 1990, vom Irakkrieg 2003 und von der Repatriierung arabischer Gelder nach dem 11. September 2001. Dubai bot und bietet Liberalität und Geschäftschancen. Der Erfolg des Pioniers rief Nachahmer auf den Plan. Jedes der vier Elemente ist von anderen Emiraten und den Nachbarstaaten kopiert worden. Keiner will Dubai das Feld überlassen. Bis zur Weltwirtschaftskrise der Jahre 2008 und 2009 hatte Dubai deutlich vor ihnen gelegen. Das Austrocknen der internationalen Liquidität warf Dubai zurück. Die Qualität seiner Infrastruktur und den Rang als Drehscheibe macht ihm aber kein Wettbewerber streitig.

Die Drehscheibe: Als geografische Mitte der Welt

Längst liegen die Golfstaaten nicht mehr am Rande des Weltgeschehens, sondern sind eine Drehscheibe der Globalisierung. Dazu hat Dubai wesentlich beigetragen. Dubais Trumpf ist seine Lage. Ohne sie hätten alle Anstrengungen nicht zum Erfolg der letzten Jahrzehnte geführt. Dubai liegt in der Mitte des Weges von London nach Singapur, von New York nach Neuseeland, von Moskau auf die Malediven. Innerhalb eines Radius von vier Flugstunden leben um Dubai zwei Milliarden Menschen, bei acht Stunden sind es vier Milliarden. Von dieser Nahtstelle dreier Kontinente erreichen die Flugzeuge nonstop jeden Punkt der Welt.

Wichtiger noch als die Entdeckung des ersten Ölfelds 1966 war für Dubai das Jahr 1960. Am 30. September des Jahres wurde nördlich des Creek eine 1800 Meter lange Sandpiste fertig, erstmals landete ein Propellerflugzeug. Weit und breit gab es keine anderen Gebäude als ein kleines Haus mit einem Aufsatz als Tower, das als Terminal diente. Ein halbes Jahrhundert später liegt der Flughafen mitten in einer hektischen Stadt und wickelt im Jahr mehr als vierzig Millionen Passagiere ab. Damit rangiert Dubai in der Liste der größten Flughäfen der Welt auf Platz 17. In der Rangfolge der internationalen Passagierflughäfen hat sich Dubai bereits auf Rang 6 vorgearbeitet, unmittelbar hinter Frankfurt und Amsterdam und bereits vor Singapur, Madrid und Bangkok. Fast geradlinig um 15 Prozent im Jahr ist in dem halben Jahrhundert das Passagieraufkommen gewachsen. Setzt sich dieses Wachstum fort, und das erwarten Dubais Planer, stößt das Passagieraufkommen im Jahr 2020 an die Marke von hundert Millionen. Das wäre fast doppelt so viel wie Frankfurt. Der internationale Flugverkehr wächst schneller als Asiens schnell wachsende Volkswirtschaften. An der Schnittstelle der alten Welt zum aufstrebenden Asien liegt Dubai gerade richtig. Von Dubai aus erreichen die Reisenden mit 131 Fluggesellschaften 220 Städte auf allen Kontinenten. Denn Dubais liberale »Open-Sky-Politik« schränkt den Zugang ausländischer Fluggesellschaften zu seinem Flughafen nicht ein. Immer mehr Passagiere nutzen Dubai, um umzusteigen – auf Kosten bisheriger großer Transitflughäfen wie London Heathrow und Frankfurt. Eine Studie des Flughafens Frankfurt und der Lufthansa kam zu dem Ergebnis, dass durch das Wachstum der Flughäfen und Fluggesellschaften am Golf Deutschland jedes Jahr mehr als drei Millionen Passagiere weniger hat. Damit würden Arbeitsplätze an den Golf exportiert, rechnet die Lufthansa vor.

Erdöl trägt weniger als fünf Prozent zum Bruttoinlandsprodukt von Dubai bei, die Luftfahrt aber mehr als ein Viertel. Der Flughafen und die Fluggesellschaft Emirates Airline sind daher das Rückgrat der Wirtschaft Dubais. Damit keine Engpässe entstehen, erweitert die Regierung des Emirats den Flughafen in der Stadt ständig und baut außerdem draußen nahe Jebel Ali einen weiteren, der alles überbieten wird, was die Welt an Flughäfen und Logistikzentren kennt. Vorher aber wurde in der Stadt im Oktober 2008 der dritte Terminal fertig gestellt, im Jahr 2012 folgt der vierte. Dann wird der Stadtflughafen eine Kapazität für achtzig Millionen Passagiere im Jahr haben, ein Viertel mehr als Frankfurt. Mehr als die Hälfte dieser Passagiere sollen in Dubai nur umsteigen. Im Jahr 2015 erwartet Dubai selbst aber auch 15 Millionen Touristen.

Dubai lässt sich den Ausbau des Stadtflughafens »Dubai International Airport« vier Milliarden Euro kosten. Aber damit nicht genug. Am 27. Juni 2010 landete das erste Transportflugzeug auf dem neuen Flughafen, dessen Name bereits Programm ist: »Dubai World Central«, mit dem Zusatz: »Al Maktoum International Airport«. Er soll, wenn er 2025 ganz ausgebaut ist, Logistikzentrum der

Welt werden. Dubai will sich das Projekt der Superlative, mit dessen Bau 2005 begonnen wurde, 33 Milliarden Dollar kosten lassen. Sechs Start- und Landebahnen sind jeweils 4500 Meter lang, die Terminals sollen im Jahr 160 Millionen Passagiere aufnehmen. Kein Flughafen wird größer sein. Atlanta, der zurzeit größte Flughafen, wickelt im Jahr neunzig Millionen Passagiere ab, Chicago 69 Millionen, London Heathrow 67 Millionen.

Um den neuen Mammutflughafen wird ein Logistikzentrum gebaut, das von der Nähe zum Seehafen und zur Freizone Jebel Ali profitieren wird. Durch einen Logistikkorridor soll Fracht innerhalb von dreißig Minuten vom Seehafen zum Flugzeug befördert werden. Noch dauert es in Dubai drei bis vier lange Tage, Fracht von einem Schiff auf ein Flugzeug zu bringen. Dubais Planer peilen für den neuen Flughafen einen Umschlag von zwölf Millionen Tonnen Fracht im Jahr an. 2009 war Memphis mit 3,7 Millionen Tonnen der größte Frachtflughafen, Dubai kam auf 1,9 Millionen Tonnen und gehört damit bereits zu den zehn größten Umschlagplätzen. Das Logistikzentrum wird Teil einer neuen Stadt mit 900 000 Einwohnern sein. Neben dem Flughafen und dem Logistikzentrum soll ein Zentrum für die Luftfahrtindustrie entstehen. In ihm sollen zumindest Komponenten für Flugzeuge produziert werden. Angeboten werden sollen die Wartung von Flugzeugen und alle Dienstleistungen, die für die Luftfahrt benötigt werden.

Einer der Vorzüge von »Dubai World Central« wird also darin bestehen, die Luftfahrt mit dem Seehafen Jebel Ali zu verbinden, mit dem siebtgrößten Containerhafen weltweit. Er gilt als einer der am effizientesten geführten Häfen überhaupt. Die Verweilzeit eines Containerschiffs liegt im Durchschnitt bei lediglich 14 bis 16 Stunden. Jebel Ali ist außerdem der Heimathafen des drittgrößten Hafenbetreibers der Welt, Dubai Port World. Nur die Hafenbetreiber PSA International aus Singapur und die Hutchinson Port Holding aus Hongkong sind größer. Dubai Port World (»DP World«) betreibt in 31 Ländern auf fünf Kontinenten fünfzig Häfen, 2009 wickelte die Firma mehr als 43 Millionen TEU-Container (»twenty-foot-equivalent units«) ab und beschäftigt dabei 30 000 Personen. Bis 2018 will sie das Containergeschäft auf neunzig Millionen TEU verdoppeln. Ihre geografische Palette reicht von fünf Häfen in Australien bis nach Vancouver an der kanadischen Pazifikküste, vom russischen Vostochny, das gegenüber Alaska liegt, hinab ins brasilianische Santos. Dubai Port World ist in China vertreten und in Frankreich. Im Jahr 2010 erwarb sie den Londoner Hafen Gateway an der Themse. Von 2011 an will sich DP World auf Schwellenländer konzentrieren. Die Entwicklung des Hafengeschäfts setzte ein, als Dubais Regierung 1991 die zwei Häfen der Stadt fusionierte. Erst 1999 begann aber die Expansion. Die neue Gesellschaft übernahm zunächst den Betrieb des Hafens in Beirut, in schneller Folge kamen Häfen hinzu, erst im näheren Umkreis wie in Indien, dann auf der ganzen Welt, vor allem in den Boomjahren 2004 bis 2008. Zum Politikum wurde Dubai World Port im Jahr 2005, als der Hafenbetreiber für 6,9 Milliarden Dollar das britische Unternehmen »Peninsular and Oriental Steam Navigation Company« (P&O) erwarb und damit weitere Häfen rund um die Welt: in Indien und in Pakistan, in Großbritannien und in Belgien, aber auch sechs Häfen in den Vereinigten Staaten: New York und New Jersey, Baltimore und Philadelphia, Miami und New Orleans. Vier Jahre nach den Terroranschlägen vom 11. September 2001 machte der amerikanische Kongress dagegen Sicherheitsbedenken geltend, obwohl die amerikanische Marine seit langem Jebel Ali als eine ihrer weltweit wichtigsten Nachschubbasen benutzt. Dubai World Port musste im März 2006 auf die Akquisition der sechs amerikanischen Häfen verzichten. Die Verstimmung in Dubai saß tief.

Mit Dubai Port World greift Dubai die Traditionen der Vorfahren auf und kehrt auf die Weltmeere zurück. Der große Stolz von Dubai ist aber die Fluggesellschaft Emirates Airline. Sie wurde 1985 mit einem Startkapital von zehn Millionen Dollar und zwei geleasten Flugzeugen gegründet. Von Anfang an setzte sie zielstrebig auf Langstreckenflüge. Ihre Geschäftsidee war es, die wichtigsten Wirtschaftszentren der Welt über das Drehkreuz Dubai zu verbinden. Die größten Märkte für Emirates sind daher Ostasien und Australien mit einem Anteil von zusammen 28 Prozent, auf Europa entfallen 27 Prozent, auf Westasien einschließlich Indien 13 Prozent.

Bereits 2010, im 25. Jahr ihres Bestehens, ist Emirates Airline bei zwei Indikatoren zur weltweit größten Fluggesellschaft aufgestiegen. Der Luftverkehrsverband IATA hat errechnet, dass Emirates in dem Jahr die Lufthansa und Air France bei den geflogenen Passagierkilometern überflügelt hat. Als die Airline im Dezember 2010 ihren 15. Airbus A380 geliefert bekam, hatte sie mit 155 Langstreckenflugzeugen eines mehr als die Lufthansa. Im Jahr 2020, wenn alle bestellten A380 an Emirates ausgeliefert sein werden und sie alle wichtigen Destinationen der Welt über Dubai miteinander verbindet, wird sie in ihren neunzig Airbussen A380 jeden Tag 45 000 Passagiersitze zur Verfügung haben. Bereits 2010 war Dubai nach New York die zweitwichtigste Destination der Flugpassagiere, die vom Londoner Flughafen Heathrow abgeflogen sind. Ausgenommen im Gründungsjahr hat Emirates Jahr für Jahr Gewinn erzielt und an die Regierung des Emirats als der einzigen Aktionärin Dividenden ausbezahlt, selbst im Krisenjahr 2009. Dabei betont die Fluggesellschaft, von der Regierung weder staatlichen Schutz noch Subventionen zu erhalten. Die Gesellschaft gilt als ausgesprochen effizient geführt. Einen Teil der Profitabilität will sie dadurch erzielen, dass sie aus ihrem Fundus von Flugzeugtypen mit unterschiedlicher Reichweite und Passagierkapazität flexibel das Flugzeug einsetzt, das sich jeweils für eine Route und die Nachfrage am besten eignet.

Den Erwerb neuer Flugzeuge finanziert Emirates über Anleihen, Leasing und durch Vermögenswerte besicherte Schulden, ferner durch die islamische Anleihensform Suquq und ausländische Investoren. Ende 2010 flog Emirates mit 149 Flugzeugen 104 Destinationen an. Tim Clark, der Präsident von Emirates, sagt, die Gesellschaft könne weltweit 500 Ziele profitabel anfliegen. Ende 2010 liefen daher bei Airbus und Boeing Bestellungen für 204 Großraumflugzeuge im Wert von 68 Milliarden Dollar. Mit neunzig bestellten A380 ist Emirates bei Airbus der größte Kunde für das Großraumflugzeug. Auch ist Emirates die Fluggesellschaft, die am meisten Großraumflugzeuge des Typs 777 von Boeing im Einsatz hat. In jedem Jahr befördert Emirates mehr und mehr Passagiere. Nach Kilometern je verfügbarem Sitz ist Emirates bereits die zweitgrößte Fluggesellschaft, und auch bei anderen Indikatoren liegt das Unternehmen in der Spitzengruppe. Noch schränkt der Stadtflughafen das Wachstum nicht ein. Von 2022 an will Emirates aber an den neuen Flughafen umziehen. Seine mehr als 2000 Kapitäne und Piloten hat Emirates aus vielen Dutzend Ländern rekrutiert, insgesamt beschäftigt die Fluggesellschaft Personal aus mehr als 150 Nationalitäten und ist damit ein Spiegelbild Dubais. Mit dem Geschäft, das die Fluggesellschaft nach Dubai bringt, und mit ihrem kommerziellen Erfolg ist Emirates auch eine treibende Kraft für ein nachhaltiges Wachstum des Emirats.

▪ Die Dubai-Kultur: Modernes Nomadentum

Nomaden aus der Wüste hatten sich einst am Creek niedergelassen, heute zieht es moderne Nomaden aus aller Welt nach Dubai. Denn nirgendwo auf der Welt ist so schnell und so ungestüm so viel Neues entstanden wie in Dubai, nirgends ist moderne Mobilität so greifbar wie an der »Sheikh Zayed Road«. Dubai wurde zur Chiffre für den steten Wandel, jeden Tag kommt Neues hinzu. Die Stadt ist eine Oase geworden, in der sich Einzelne verwirklichen und ihren Entfaltungsdrang ausleben können. Dubai zieht Junge an und Singles. Tagsüber arbeiten sie hart, nachts feiern sie groß. Dubai steht auch für einen »lifestyle« inmitten der arabischen Welt. Wie einst der »Wilde Westen« die Grenzen Amerikas in neue Dimensionen verschoben hat, verschiebt Dubai heute die Grenzen für eine mobile Generation in einer globalisierten Welt. Jeder kann aus jedem Teil der Welt jeden Tag direkt nach Dubai fliegen und findet dort eine Offenheit und eine Modernität, die dem Streben nach neuen Grenzen keine Grenzen setzt. Wer gestalten und Unternehmer sein will, findet in Dubai überreichlich Gelegenheiten dazu, auch Inspiration. Keine Idee ist verrückt genug, um nicht auch eine Chance zu sein. Dubai ist ein Kontinuum des Wandels, ein Perpetuum mobile der Globalisierung.

Wer sich entschieden hat, sein Heimatland zu verlassen, will aus Strukturen ausbrechen, durch die er sich behindert fühlt. Der Weggang ist ein Misstrauensvotum gegenüber der Unfähigkeit, verkrustete Strukturen gegen den Widerstand von Interessengruppen aufzubrechen und zu modernisieren. Wer nach Dubai kommt, ist nicht an einem öffentlichen Diskurs interessiert, an Politik oder der Loyalität gegenüber einem bestimmten Staatswesen. Die Menschen kommen, und wenn sie an anderen Orten bessere Chancen sehen, gehen sie auch wieder, sie ziehen weiter. Als Fremde können sie in Dubai das Gemeinwesen ja nicht mitgestalten. Loyalität währt nur so lange wie der Erfolg. Aber wie lange sie auch blieben: Nie würden sie mehr sein als »expats«, solche, die aus einem Land ausgewandert sind und nirgends ankommen.

Die Welt ist flach geworden, flach wie der Boden unter Dubai. Auf ihm ziehen so dicht wie nie zuvor in der Geschichte der Menschheit Karawanen der mobilen »Generation Globalisierung«. Sie begegnen sich in Dubai, das aus dem Nichts entstanden ist. Politisch können sie hier nichts gestalten, wohl aber unternehmerisch. Keine Leitkultur steht ihnen dabei im Weg. Nicht das Arabertum, denn die Einheimischen sind mit einem Anteil von zehn Prozent an der Bevölkerung in der Minderheit. Nicht der Islam, denn er war in Dubai stets tolerant und aufgeschlossen. Alles dreht sich allein um die Apotheose eines neuen Kapitalismus. »Die Gesellschaft Dubais könnte von der wirtschaftswissenschaftlichen Fakultät der Universität Chicago entworfen worden sein«, spottet der Dubai-Kritiker Mike Davis. Alles ist dem Unternehmen untergeordnet, ohne Beschränkungen wie Steuern und Gewerkschaften. Der nackte Kapitalismus spiegelt sich auch in den glatten Glasfassaden entlang der »Skeikh Zayed Road«. An ihr gibt es nur eine Metro, keinen Fußgängerweg.

Erst floss das Kapital und überwand die Grenzen des Nationalstaats, denn es entscheidet sich für die Orte, die die höchste Rendite in Aussicht stellen. Dann setzte ein Wettbewerb um die besten Individuen ein; sie lassen sich dort nieder, wo sie ihre ehrgeizigen Wünsche ausleben und erfüllen können. Selbst Kulturgüter werden nun mobil, und der Louvre in Paris wird einen Teil seiner Exponate dauerhaft in einem Staat ausstellen, der erst 1971 gegründet worden ist, in den Vereinigten Arabischen Emiraten. Dubai und mit dem Emirat der ganze Staat ist ein Mikrokosmos für diese kraftvolle Mobilität im Zeitalter der Globalisierung geworden und eine ihrer wichtigsten Destinationen.

Dubai ist ein Gegenentwurf und eine Fortsetzung. Es ist ein Gegenentwurf zur westlichen Welt, vor allem zum alten Europa, wo Wahlprogramme wichtiger sind als Businesspläne und wo die korporatistische Verkrustung einer alternden Gesellschaft zu einer Stagnation ohne Ziele geführt hat. In Dubai hingegen herrscht ein Klima des Wettbewerbs und der Risikobereitschaft. Steuern werden nicht erhoben, Politik wird nicht geführt. Im Vordergrund stehen nicht Debatten, sondern Ergebnisse. Und es ist eine Fortsetzung des amerikanischen Geists, Grenzen zu verschieben und Neues zu entdecken. In Dubai ist dieser Geist wiedergekehrt, ein Magnet für die Mobilsten, in einer multiethnischen und multikulturellen Gesellschaft, nur dem Individuum verpflichtet und dem freien Unternehmertum. Europa kennt die Unterscheidung von »have« und »have not«, denjenigen, die besitzen, und denjenigen, die nichts haben. Für einen Ort wie Dubai, wo ständig Grenzen verschoben werden und der dynamisch ist, gilt eher die Unterscheidung zwischen denjenigen, die haben, und denjenigen, die haben werden.

Dubai steht für die Rückkehr des Individuums und des Strebens nach Wohlstand ohne irgendeine Einschränkung durch den Staat. Das findet auch in anderen Teilen Asiens statt, in Hongkong, in Singapur, zuletzt in Shanghai. Die Achse dieser vier Städte steht für die Verschiebung des Gravitationszentrums der Weltwirtschaft nach Osten. Von ihnen liegt Dubai dem Westen am nächsten. Und es will die anderen drei übertrumpfen, nicht zuletzt mit seinem »lifestyle«.

Dubai hat dem Nationalstaat nicht den Kampf angesagt. Es ignoriert ihn einfach. Schon in der eigenen Föderation, der Willensnation der Vereinigten Arabischen Emirate, ist das Emirat lange und unbeirrt seinen Weg gegangen und war damit ein Abbild dessen, was sich auch in anderen Teilen der Welt abzeichnet. Am Anfang des 20. Jahrhunderts hatten Reiche, in denen es viele Völker, Religionen und Lebensstile gab, endgültig den Nationalstaaten Platz machen müssen. Das nationale Denken trat in den Vordergrund, die Toleranz schwand. Die großen und blutigen Kriege des 20. Jahrhunderts sind von Nationalstaaten geführt worden, nicht von Religionen. Im 21. Jahrhundert verlieren diese Nationalstaaten etwas von ihren scharfen Konturen. Das Europa der Europäischen Union nimmt Elemente des Reichsgedankens auf, ohne das Nationalstaatsprinzip in Frage zu stellen. Überall auf der Welt schließen sich Staaten zu Blöcken zusammen, weil ein Staat allein nur wenig bewirken kann. Vor allem aber ermöglicht das Zeitalter der Globalisierung dem Einzelnen, einem Staat, der seinen Vorstellungen nicht mehr entspricht, die Loyalität zu entziehen und sie einem anderen zu geben.

Vom Evangelisten Matthäus wissen wir:»Niemand kann zwei Herren dienen«, also gleichzeitig Gott und dem Mammon. Soll für den Staat auch gelten, was Gott für sich beansprucht? Anders formuliert: Kann man gegenüber zwei oder sogar mehr Staaten loyal sein? Eine globalisierte Welt, durch die Dubai erst denkbar geworden ist, versteht diese Frage nicht mehr. In ihr gibt es eine neue, eine andere Art von Loyalität. In Singapur haben junge Ausländer, die dort leben, Militärdienst zu leisten, und in Dubai entwickeln die»Expats« eine gewisse Loyalität zu einem Gemeinwesen, das prosperiert, in dem sie sich entfalten können und das ihnen Chancen bietet, wie sie diese sonst nirgends finden. Viele von ihnen fühlen sich nicht mehr als»Ausländer«, auch wenn sie als moderne Nomaden eine Heimat im eigentlichen Sinn gar nicht mehr haben. Immer mehr von ihnen tragen mit großer Selbstverständlichkeit mehrere Pässe bei sich – und damit mehrere Identitäten und mehrere Loyalitäten.

Der Anstoß war, wie häufig, aus der Wirtschaft gekommen. Sie hat die Fesseln gesprengt, die ihr die Nationalstaaten angelegt hatten, mit Verordnungen und Verwaltungen. Die Staaten konnten die weltweit agierenden Unternehmen und das stets fließende Kapital aber immer weniger kontrollieren und schon gar nicht mehr festhalten. Der Geist war aus der Flasche. Erst war das Kapital international, heute ist es global. Und natürlich bieten globale Unternehmen auch globale Karrieren. Heute verhält sich der Einzelne wie das Kapital. Wie nie zuvor ist er mobil, wie nie zuvor eröffnen sich ihm Wahlmöglichkeiten, sofern er mobil ist. Immer mehr Menschen pendeln nicht mehr nur zwischen Städten, sondern zwischen Nationalstaaten. Immer mehr Menschen leben in einem anderen Land als in dem, in das sie hineingeboren worden sind. Immer mehr Kinder haben Eltern aus verschiedenen Nationen. Für solche Menschen ist Dubai die Chiffre für Mobilität und Chancen. Dubai ist diese neue Gesellschaft einer globalisierten Welt unter dem Mikroskop. Menschen aus 200 Nationen stellen neunzig Prozent der Bevölkerung. Ihre Identität leiten sie entweder aus ihrer Religion und damit aus ihrer Kultur ab oder aus den sichtbaren Symbolen ihres Erfolgs. Religionen und Nationen, Kleidung und Sprache, Berufe und Lebensstile sind Bestandteile dieser Gleichung. Die einen entscheiden sich, im Sinne des Evangelisten Matthäus, für einen Herren und damit die Religion. Andere für mehrere Staaten, mit deren Pässen sie bequem durch die Welt jetten.

Libanesen sind bekannt dafür, von einer Sprache zur anderen zu springen. Manches lässt sich eben treffender in Französisch ausdrücken, anderes in Arabisch, wieder anderes in Englisch. Jede Sprache hat ihre Feinheiten, vorausgesetzt, man beherrscht sie. Wer sie beherrscht, fühlt sich in jeder zu Hause. Grenzen fließen, und die Konturen früher exklusiver Loyalitäten verschwimmen. Die klar gezogenen nationalstaatlichen Grenzen sind nicht mehr mit klar abgegrenzten Loyalitäten identisch. Im Zeitalter der Globalisierung kann der Einzelne Loyalität beweisen, er kann es aber auch lassen. Die Frage, was er für seinen Staat tun kann, stellt sich immer weniger. Die Vorzeichen kehren sich um. Je mobiler die Menschen sind, desto mehr Wahlmöglichkeiten eröffnen sich ihnen. Wer Loyalität für sich einfordert, steht im Wettbewerb mit anderen. In diesem Wettbewerb um die Gunst der globalisierten Nomaden hat sich Dubai weit vorne positioniert.

Die Stadt

Die Cluster: Entscheiden und handeln wie ein Unternehmen

Herrscher leiten ihre Reiche in der Regel von Palästen aus. Nicht so Scheich Muhammad bin Rashid Al Maktoum. Seine Schaltzentrale ist das 43. Stockwerk eines Bürohochhauses, des Emirates Office Tower. Das ist der südliche der beiden Emirates Towers, die mit kühler Ästhetik den Eintritt in den Geschäftsdistrikt entlang der Sheikh Zayed Road markieren. Das Büro im 43. Stock heißt nicht »Präsidialamt von Scheich Muhammad«, sondern »Corporate Office«. Hier leitet Scheich Muhammad das Dubai Executive Council, das Kabinett des Emirats, das die strategischen Weichenstellungen vornimmt, hier oben führt er Verhandlungen, bereitet Entscheidungen vor und entscheidet. Jeden Tag sieht er in allen Himmelsrichtungen die Veränderungen und den schnellen Wandel seiner Stadt – wenn er nicht, was häufig geschieht, am Steuer seines weißen Geländewagens mit der Nummer 1 durch Dubai fährt, immer auf der Suche nach etwas, was verbessert werden kann. Scheich Muhammad ist der Emir von Dubai. Er verhält sich aber nicht wie ein abgehobener Staatsmann, sondern wie ein Unternehmer und der CEO eines großen Konzerns, der Dubai AG.

Gemäß dem Leitmotiv »Dubai's business is business« ist alles auf Wohlstand und dessen Mehrung ausgerichtet. Was der Wirtschaft nutzt, nutzt dem Gemeinwesen und dem Staat, das ist die Maxime. Die Interessen von Privatwirtschaft und Staat verschmelzen. Private Unternehmen und staatliche Behörden bilden keine getrennten Bereiche, sondern sind ein eng verflochtenes Netz, das an seiner Effizienz gemessen wird. Handeln ist ergebnisorientiert, folgt den Gesetzen eines erfolgreichen Unternehmens, und dessen Zentrale ist eben dieses 43. Stockwerk des Emirates Office Tower.

Gruppen von Experten, die Erfahrungen in allen Teilen der Welt gesammelt haben, stehen dem Emir zur Seite, erarbeiten Geschäftspläne für immer neue Ideen und Projekte. Die Pläne müssen vor allem eines nachweisen: dass ein Projekt wirtschaftlich und finanziell erfolgreich ist. Denn Scheich Muhammad gibt lediglich eine Anstoßfinanzierung. Ist ein Schneeballeffekt ausgelöst, muss sich das

Projekt selbst tragen. Ästhetische Überlegungen spielen bei der Entscheidung ebenfalls eine Rolle, wenn auch keine maßgebliche; immer mehr wird die Ökologie berücksichtigt. Können die global erfahrenen Experten in ihren Geschäftsplänen und Machbarkeitsstudien nicht demonstrieren, dass das Projekt wirtschaftlich ist, hat es keine Chance, dass der Emir seinen Segen gibt. Er senkt den Daumen. Der Entscheidungsprozess läuft über mehrere Stufen, die Wege im 43. Stockwerk sind aber kurz. Hat ein Projekt die ersten Tests bestanden, wird die Privatwirtschaft eingeschaltet und konsultiert. Informelle Treffen finden statt, auch institutionelle. Ein Wort von Scheich Muhammad beschleunigt die Entscheidungsfindung. Denn in Dubai drängt die Zeit, den Luxus langer Verfahren leistet sich das 43. Stockwerk nicht. Meist sind in der Vergangenheit die Stadtverwaltung und ihre Planungsabteilung spät zugeschaltet worden. Spektakuläre Projekte waren daher oft schneller fertig als die Infrastruktur um sie. Die Stadtverwaltung dient ohnehin nicht als Genehmigungsbehörde, sondern ist lediglich ein weiteres Beratungsbüro. Ist Scheich Muhammad von einem Projekt überzeugt, weist der Daumen nach oben. Dann hat sich längst herauskristallisiert, welches Unternehmen den Auftrag ausführt: eines der »Dubai Holding«, die Scheich Muhammad persönlich gehört; eines von »Dubai World« mit dem Immobilienentwickler Nakheel ; oder aber der Immobilienkonzern Emaar. Jedes von ihnen ist offiziell ein privates Unternehmen und doch aufs Engste mit der Spitze der Dubai AG von Scheich Muhammad verflochten.

Eine kleine Gruppe von Managern um Scheich Muhammad leitet die operativen Geschäfte dieser Dubai AG. Einer von ihnen, Scheich Ahmad bin Said Al Maktoum, stammt ebenfalls aus der herrschenden Familie. Er ist der Onkel des Emirs, 1958 geboren und damit neun Jahre jünger als Muhammad. Er war gerade 27 Jahre alt, als er die Fluggesellschaft Emirates Airline gründete und gleich auch die Verantwortung für den Flughafen übernahm. Damit ist Scheich Ahmad für das Kerngeschäft des Emirats verantwortlich; bereits 1985 holte er Tim Clark und Maurice Flanagan an seine Seite. Zu dritt gelten sie als die Väter des spektakulären Erfolgs der Fluggesellschaft. In der Schuldenkrise stand Scheich Ahmad als Vorsitzender dem Supreme Fiscal Committee vor, das die Maßnahmen zur Überwindung der Krise koordinierte.

Neben Scheich Muhammad und Scheich Ahmad liegen die drei wichtigsten Unternehmensgruppen in der Hand von Managern aus Dubai, die nicht zur Herrscherfamilie Al Maktoum gehören: Muhammad al-Gargawi, Sultan Bin Sulayyem und Muhammad Alabbar. Jeder von ihnen hatte in den Vereinigten Staaten Wirtschaftswissenschaften studiert, bevor er in Dubai Karriere machte, und jeder führt(e) meist in Personalunion ein Regierungsamt und einen privatwirtschaftlichen Konzern. Muhammad al-Gargawi wurde 1963 als eines von neun Kindern in eine Mittelklassefamilie geboren. Nach dem Studium in Michigan stieg er in der Stadtverwaltung von Dubai erst zum Generalsekretär des Executive Councils auf, wo er für die strategische Planung Dubais verantwortlich war, dann zum Minister für Kabinettsangelegenheiten. Gleichzeitig beauftragte ihn Scheich Muhammad mit der Leitung seiner »Dubai Holding«, wo er das Vermögen der Herrscherfamilie zu mehren hat.

Sultan Ahmad Bin Sulayyem, geboren 1955, entstammt einer vermögenden Händlerfamilie Dubais, die mit Immobilien viel Geld verdient hatte. Nach seiner Rückkehr vom Studium in den Vereinigten Staaten übernahm er die Leitung des damals noch verschlafenen Hafens Port Rashid. Er führte alle Behörden, die mit Seehäfen und dem Zoll zu tun hatten, in eine moderne Institution zusammen, trieb den Bau des neuen Hafens Jebel Ali voran, gestaltete ihn in eine Freizone um und übernahm 1985 im Alter von dreißig Jahren die Leitung von Hafen und Freizone. Von da aus schuf er mit Dubai Port World den drittgrößten Hafenbetreiber der Welt.

Der Vater von Muhammad Alabbar war Analphabet, hatte als Händler aber mehrere Sprachen gesprochen. Der Sohn, Jahrgang 1956, wurde nach dem Studium in Seattle und einer Lehrzeit in Singapur 1992 gleichzeitig Wirtschaftsminister von Dubai und stellvertretender Direktor von Dubal, der weltgrößten Aluminiumschmelze. Fünf Jahre später gründete er den Immobilienkonzern Emaar, dessen Leitung er übernahm. Emaar führte die meisten Immobilienprojekte Dubais durch und stieß den Immobilienboom an, der Dubai innerhalb eines Jahrzehnts völlig veränderte, mit der Überhitzung aber auch in eine Krise mündete. Die letzten Großprojekte von Emaar waren der Bau des Burj Khalifa, des höchsten Gebäudes der Welt, das am 4. Januar 2010 eröffnet wurde, und die Dubai Mall, die neben dem Turm liegt und als größtes Einkaufszentrum der Welt gilt.

Einen Dämpfer haben die drei erhalten, als sie Scheich Muhammad im November 2009 auf dem Höhepunkt der Finanzkrise aus dem Vorstand des Staatsfonds von Dubai, der »Investment Corporation of Dubai« (ICD), abberufen hat. Scheich Muhammad ersetzte sie mit älteren Vertrauten, die mit einer geringeren Risikobereitschaft als die drei ungeduldigen Manager vorgehen. Der 2006 eingerichtete Staatsfonds hält jeweils hundert Prozent der Emirates Airline und der Aluminiumschmelze Dubal, sechzig Prozent von Borse Dubai, 31 Prozent an Emaar sowie Minderheitsanteile an einer breiten Palette von Unternehmen. Jeder der drei führte seinen Konzern aber weiter.

Die »Dubai Holding«, an deren Spitze Gargawi steht, ist gleichzeitig Staatsfonds und persönlicher Besitz von Scheich Muhammad. Als Dachgesellschaft fasst die Holding sieben Unternehmensgruppen zusammen. Ihre wichtigste ist die Dubai Group, die wiederum in sechs Tochtergesellschaften Beteiligungen überwiegend an Banken und Industriebetrieben in der arabischen Welt hält, auch an Hotels in Nordamerika. Die Jumeirah Group besitzt die Emirates Towers, den Burj al-Arab und die Madinat Jumeirah, Luxushotels in New York und in London sowie die weltweit operierende Hotelgruppe Jumeirah. Dubai International Capital als weiterer Arm der Dubai Holding hält die breiteste Palette von Beteiligungen, von 3,1 Prozent an dem europäischen Luftfahrtkonzern EADS über zwanzig Prozent an Madame Tussaud's bis hin zu deutschen Mittelständlern. Dubai Properties hat einige Stadtviertel von Dubai entwickelt, etwa Dubai Marina oder den Business Bay mit 230 Hochhäusern. Tatweer ist für die Entwicklung des Megavergnügungsparks Dubailand und das Global Village verantwortlich, auch für die Health Care City. Der Unternehmensgruppe Tecom Investments unterstehen sieben branchenbezogene Viertel wie Internet City und Media City, ebenso Technologieparks und das Mobilfunkunternehmen Du. Sama Dubai schließlich ist ein weiterer Immobilienentwickler, etwa für das Projekt Lagoon.

So weit die Dubai Holding. Etwas weniger kompliziert ist die Struktur der Holding »Dubai World«, an deren Spitze Sultan Bin Sulayyem stand, bis er am 12. Dezember 2010 abberufen und durch Scheich Ahmad bin Said Al Maktoum ersetzt wurde. Bin Sulayyem blieb aber Chef von Dubai Ports World. Der Hafenbetreiber, den Bin Sulayyem aufgebaut hatte, ist die wichtigste und profitabelste

Tochtergesellschaft von Dubai World. Mit Istithmar, dem Investmentarm von Dubai World, beteiligte sich Bin Sulayyem, meist über Kreditaufnahmen, an mehreren Dutzend Unternehmen. Einige von ihnen verkaufte er wieder, wie die Anteile an Time Warner und an der Hotelgruppe Intercontinental. Er behielt aber Unternehmen wie den Schifffahrtsdienstleister Inchape und das Schiff Queen Elizabeth II. Ebenso gehören zum Portfolio von Istithmar 2,7 Prozent an der Bank Standard Chartered, zwanzig Prozent am Cirque du Soleil und dreißig Prozent an Kerzner International, einem Betreiber von Luxushotels, der in Dubai das Hotel Atlantis baute. Zu Beginn der Finanzkrise wurde im November 2009 die Verschuldung von Istithmar auf 14 Milliarden Dollar geschätzt.

Während Istithmar sich durch den Verkauf von Anteilen aus der Kreditfalle befreien konnte, gelang dieser Rettungssprung den hoch verschuldeten Immobilienkonzernen Nakheel und Limitless, die in der Holding Dubai World ebenfalls direkt Bin Sulayyem unterstanden, nicht. Bin Sulayyem war lange für die Idee gepriesen worden, vor der Küste Dubais Inseln in der Form von Palmen und der Weltkarte zu bauen. Allein die erste Palmeninsel kostete zwölf Milliarden Dollar. Sie konnte noch durch den Verkauf der Villen finanziert werden. Dann beliefen sich die Kosten der »Welt« auf 14 Milliarden Dollar.

Mit dem Beginn der Krise konnten ihre Inseln und die zweite Palmeninsel nicht mehr verkauft werden. Nakheel hatte Milliarden Dollar im Meer versenkt, ohne den gewonnenen Grund verkaufen zu können. Die Muttergesellschaft Dubai World rief daher am 25. November 2009 ein Schuldenmoratorium aus, um Verbindlichkeiten von 23,5 Milliarden Dollar umzuschulden, und stürzte Dubai in eine tiefe Finanz- und Vertrauenskrise.

Jeder aus dem Führungstrio hatte Ideen für neue Projekte produziert. Bin Sulayyem stieß die Weiterentwicklung der Häfen in Freizonen an, in denen keine Steuern und Abgaben bezahlt werden und in denen die Bürokratie minimiert ist. Danach machte er mit den Palmeninseln Dubai weltweit bekannt. Alabbar erkannte früher als andere, dass mit gezielten Immobilienprojekten Industriezweige angesiedelt werden können, dass erstklassiger Büroraum etwa Banken anzieht und dass interessante Hotels Touristen anlocken. Die Lehrzeit in Singapur habe seine Geschäftsinstinkte geschliffen und habe ihn unternehmerisches Handeln gelehrt, sagt er.

Gargawi ist der Schöpfer des »Dubai Shopping Festivals«, das Dubai seit 1996 als Einkaufsparadies international vermarktet. Vor allem hat er die Idee entwickelt, in branchenbezogenen Stadtvierteln, die einander ergänzen, sogenannte »Cluster« von Unternehmen anzusiedeln, deren Verzahnung Synergieeffekte auslöst. Solche »Cluster«-Städte sind die auf Informationstechnologie spezialisierte »Internet City«, die »Media City«, in der sich internationale Medienkonzerne und Nachrichtenagenturen niedergelassen haben, die »Knowledge Ciy« für Universitäten und die »Health Care City« für Krankenhäuser. Jede »City« erbringt Dienstleistungen für andere »Cities«, so dass sie sich zu einem kohärenten Ganzen zusammenfügen. In der Summe entstand in Dubai ein Dienstleistungszentrum, wie es der Nahe Osten nicht kennt.

Die wichtigste »City« ist das »Dubai International Financial Centre« (DIFC). Unterhalb der Zwillingstürme der Emirates Towers öffnet sich hinter einem modernen Triumphbogen, der als Sitz der Aufsichtsbehörde dient, ein Korridor von Bürogebäuden, in deren Nischen Kunstgalerien und Cafés florieren. In diesem Komplex haben seit der Eröffnung des DIFC im Jahr 2004 alle wichtigen Banken und Finanzinstitutionen der Welt Büros eingerichtet. Dubai wurde damit zum wichtigsten Finanzplatz zwischen Singapur und London. Die Wirtschaftsprüfungsgesellschaft KPMG platzierte in einer Studie zur Wettbewerbsfähigkeit der Finanzzentren der Welt im Jahr 2009 das DIFC auf Rang 7, nach Tokio und vor Frankfurt.

Niedergelassen haben sich die internationalen Finanzinstitute, weil Dubai den Finanzplatz gezielt als Freizone konzipiert hat, mit einem eigenen Recht, separaten Gerichten und Englisch als Amtssprache. Dubai hatte ausgewiesene Finanzmarktjuristen aus der ganzen Welt beauftragt, einen Rechtskorpus zu entwickeln, der die besten Praktiken der großen Finanzplätze zusammenführt und einen Rechtsrahmen für die Bedürfnisse komplexer Finanzmärkte des 21. Jahrhunderts schafft. Er ist stark vom angelsächsischen Rechtsdenken beeinflusst und völlig unabhängig vom Gesetz der Vereinigten Arabischen Emirate. So war es kein Zufall, dass die Sondergerichte zur Regelung der Umschuldung von Dubai World innerhalb des DIFC eingerichtet wurden. Zudem war Dubai der erste Finanzplatz, der sich Regeln für Hedge Fonds gegeben hat, so dass diese Finanzinstrumente in Dubai, anders als an vielen anderen Standorten, in Dubai eine Krise weder ausgelöst noch verstärkt haben.

Neben diesen rechtlichen Rahmenbedingungen werden die Finanzinstitute durch die Nähe zu dem geschätzten Privatvermögen der Golfaraber von 1800 Milliarden Dollar angelockt. Nahezu die Hälfte davon ist im westlichen Ausland angelegt. Immer mehr suchen die Anleger aber nach Investitionschancen im Nahen Osten. Die von der DIFC operierenden Banken und Finanzinstitute bieten daher die gesamte Palette der traditionellen Dienstleistungen von Banken und Finanzmaklern an, zudem Vermögensverwaltung, Versicherungen und Finanzierungen des Islamic Banking, die mit den Vorschriften des islamischen Rechts in Einklang stehen. Das DIFC wird damit zum Kernstück der vielen Dienstleistungen, die in Dubai miteinander verflochten sind. Es ermöglicht die Finanzierung von Projekten und des Handels in der Region, in deren Mittelpunkt Dubai liegt, und es ist gleichzeitig ein wichtiger Faktor bei der Entwicklung Dubais zu einer wissensbasierten Volkswirtschaft.

Ein Jahr nach der Eröffnung des DIFC nahm 2005 die internationale Börse Nasdaq Dubai den Handel auf, die Gesellschaften aus der arabischen Welt und der ganzen Region listen will. Das Interesse blieb zunächst unter den Erwartungen. Muttergesellschaft der lokalen Börse, des Dubai Financial Market, und von Nasdaq Dubai ist die Borse Dubai. Den Namen Nasdaq kann Dubai führen, weil es 2007 an den Börsenbetreibern Nasdaq OMX einen Anteil von 19,9 Prozent erworben hat; am 16. Dezember 2010 trennte sich die Borse Dubai von der Hälfte seiner Beteiligung an Nasdaq OMX, um einen im Februar 2011 fälligen Kredit bedienen zu können. Ebenfalls 2007 hatte sich die Borse Dubai an der Borsa Italiana und an der London Stock Exchange mit jeweils 20,48 Prozent beteiligt.

Die Krise der Jahre 2009 und 2010 hat eine strategische Neuausrichtung des Finanzdistrikts eingeleitet. Anstatt ein globaler Finanzplatz sein zu wollen, gibt sich Dubai nun weniger ehrgeizig damit zufrieden, in den globalen Finanzmärkten den Nahen Osten und Nordafrika zu vertreten. Trotz der Nachahmer Abu Dhabi und Doha, auch trotz des älteren Bankplatzes Bahrain verteidigt Dubai mit dem DIFC diesen Anspruch. Die Finanzbranche mit dem Zentrum im DIFC wird damit neben der Logistik und dem Handel ein drittes wichtiges Standbein für Dubais Wirtschaft bleiben.

Die Skyline: Stadtplanung als Architektur

Nie in der Geschichte ist eine Stadt so schnell gewachsen. Nirgendwo sonst hat das Kardiogramm einer Skyline so rasch nach oben ausgeschlagen. Um den Creek von Dubai herum lagen seit Jahrhunderten die drei bescheidenen Siedlungen Shindagha, Bur Dubai und Deira mit ihren niedrigen Häusern. Bis zum Horizont gab es nur das Meer und den flachen Sand. Das spektakuläre Wachstum setzte vor einem halben Jahrhundert ein. Heute pulsiert das Leben in der Millionenstadt Tag und Nacht. Die Silhouette der Skyline mit dem Auf und Ab der Hochhäuser, die zum Erkennungszeichen jeder globalen Stadt geworden sind, besteht den Wettbewerb mit anderen Städten der Moderne. Sie ist ohne historische Zwischenablagerungen emporgeschossen. Dubai ist eine Stadt der Superlative. Keine Stadt ist mit mehr Einträgen je Einwohner im Guinessbuch der Rekorde vertreten. Bereits die ersten Stadtplaner hatten sich völlig verrechnet und ein viel langsameres Wachstum vorausgesetzt als das, was schließlich eintraf. So sollte es später auch ihren Nachfolgern ergehen. Mit dem Entwurf des ersten Stadtplans für Dubai hatte Scheich Rashid bin Said Al Maktoum 1960 seinerzeit allerdings keine Stadtplaner beauftragt, sondern John Harris, einen Londoner Architekten, der damals weitgehend unbekannt war. Bereits für ihn hatten die Gebäude im Vordergrund gestanden.

Das sollte Programm bleiben.

Ausgehend von den drei Siedlungen am Creek, die er nicht antastete, entwarf Harris Korridore des Wachstums, legte Straßen an, die sich zum Ganzen einer Stadt zusammenfügen sollten. Teile der Altstadt, die den Charme des alten Dubai aufgefangen haben, bewahrte er vor dem Abriss. In das neue Straßennetz fügte Harris Schulen und Krankenhäuser ein, Banken und Bürogebäude. Von 1972 an entwarf er das World Trade Center. Scheich Rashid und Queen Elizabeth II. weihten es 1979 ein. Dubai war nun kein Fischerdorf mehr, sondern eine Stadt.

Sie wuchs schneller, als es jede Blaupause vorgesehen hatte. 1995 wies ein Plan erstmals zwanzig Jahre weit in die Zukunft. Auch er war bald Makulatur. Er hatte jedoch die Entwicklung hinaus in die Wüste geöffnet. Nur wenige Jahre hielten sich die Bauherren an seine Beschränkung, entlang der Sheikh Zayed Road nicht höher als dreißig Stockwerke zu bauen und damit unter dem World Trade

Center zu bleiben. Der Burj Khalifa übertrifft diese Obergrenze heute um mehr als das Fünffache. Selbst ohne Stadtplanung entwickelte sich die Skeikh Zayed Road zu einem Korridor, der das World Trade Center mit dem neuen Seehafen Jebel Ali und dessen Freizone verbindet. Dazwischen wächst auf einer Größe von Manhattan die Kernstadt des neuen Dubai, und Manhattan ist auch ihr großes Vorbild. Am Fuß des Burj Khalifa ist mit 230 Türmen in den letzten Jahren der »Business Bay« entstanden. In seiner Bauzeit hatten überdimensionale Plakate mit der nächtlichen Skyline von New York und der schlichten Unterschrift »Business Bay« geworben.

Viele Immobilienprojekte sind fertiggestellt. Der Charme von Manhattan ist allerdings nicht erreicht. Die ganze Stadt entzieht sich ohnehin den alten Vorstellungen von einem Stadtgefüge, das über lange Zeit wächst. Sie ist besonders an der Sheikh Zayed Road vor allem eines: autogerecht. Wie die Autos entlang dieser Achse ist die Stadt ständig im Fluss. Dubais neue Urbanität ist postindustriell und autozentriert, ein Abbild der Mobilität. Es ist kein Zufall, dass der Flughafen und die Seehäfen die wichtigsten Wirtschaftszweige der Stadt sind. Sich in Dubai bewegen heißt, losgelöst von einer festen Umwelt mobil zu sein.

Dubai entstand in der Postmoderne, und die Postmoderne wurde zu Dubais Klassik. Ihr Merkmal ist aber auch eine Beliebigkeit ohne eigene Identität, ohne lokalen Bezug, ohne Authentizität. Dubai könnte überall sein. Dubai ist damit der Idealfall der Globalisierung. Es ist der Traum jedes Stadtplaners, eine Stadt von Grund auf zu planen. Dubai hat die Chance, ein kohärentes Ganzes zu planen und umzusetzen, aber nicht genutzt. Zumindest in den Augen seiner Kritiker. Einer der schärfsten ist der amerikanische Soziologe und Historiker Mike Davis. Für ihn ist das zukunftsfixierte Dubai ein »Alptraum aus der Vergangenheit: wie eine Begegnung zwischen Walt Disney und Albert Speer an den Gestaden Arabiens«. Rem Koolhaas, der niederländische Architekt, zeigt mehr Gnade und sogar Verständnis. Auch wenn er mit vielem in Dubai nicht einverstanden ist, sieht er eine radikale Modernisierung am Werk, die das Leben aller überall verändert und dabei vor den Traditionen der Golfaraber nicht haltmacht. Kritisch bleibt auch Koolhaas, aber nicht nur gegenüber Dubai. Heute würden keine Städte mehr gebaut, nur noch Resorts, Ferienorte also, klagt er. Städte würden nicht mehr organisch wachsen, sondern folgten einem vorgegebenen linearen Trend. »Anti-Städte« seien das Ergebnis, zwischen Türmen entstehe aber kein Straßenleben. Dubai nennt seine Stadtviertel »Cities«, als ob Dubai selbst keine Stadt sei. Erst langsam beginnen diese »Cities«, diese Trauben von Unternehmen aus einer Branche, zusammenzuwachsen. In der Zukunft könnten sie einmal das Ganze einer Stadt bilden. Urbane Zentren kennt dieses Gebilde aber nicht. In der Vergangenheit war die Wasserstraße des Creek ein Zentrum, in der Gegenwart ist es vielleicht der Automobilboulevard der Sheikh Zayed Road. Wo klassische Zentren als Magnet fehlen, sind Blickfänge erforderlich, die Aufmerksamkeit erzeugen. Die Emirates Towers sind ein solcher Blickfang, ein anderer ist der »Gate« genannte Triumphbogen des Kapitalismus am Eingang in den Finanzdistrikt. Die wichtigsten Blickfänge sind aber Türme wie der Burj al-Arab und der Burj Khalifa.

In Europa laufen die Straßen auf zentralen Plätzen zusammen, und zusammen werden sie zum öffentlichen Raum. Über Jahrhunderte sind diese Räume entstanden und gewachsen. Ohne eine solche Stadtgeschichte und ohne städtische Kultur entstand in Dubai aber ein Sammelsurium von nicht miteinander verbundenen »Clusters« und »Cities«, die nach innen blicken. Das urbanistische Konzept von Dubai liegt darin, mit den »clusters« und »cities« die Idee der Vorstädte, der »suburbia«, als Ansammlung von Inseln auf das Selbstverständnis einer ganzen Stadt zu übertragen. Keinen Platz hat darin ein Konzept wie der öffentliche Raum. Es passt nicht zu der kapitalistischen Logik von Dubais Lebensrhythmus. Ohne einen öffentlichen Raum wie den Tahrir-Platz in Kairo gibt es aber auch keinen Ort für eine politische Kundgebung.

In Dubai manifestiert sich Francis Fukuyamas Prophezeiung vom »Ende der Geschichte« und dem Überleben des Kapitalismus als einziger Wirtschaftsform. Alles ist erlaubt, was in vielen anderen Teilen Arabiens verboten ist. Der amerikanische Politikprofessor Samuel Huntington hätte vor der Abfassung seiner Schriften über den Zusammenstoß der Kulturen nach Dubai kommen sollen. Er hätte seine Thesen vielleicht anders formuliert. Dubai verdankt seinen Boom nicht dem Islam, sondern der privatwirtschaftlichen Logik. Alles unterwirft sich dem Investitionskalkül, dem Konsum und dem Handel. Dafür waren die Freizonen die Grundlage. Sie waren der Keim für viele Änderungen, ob es um Grundbesitz für Ausländer, um modernes Wirtschaftsrecht oder die Aufhebung der Pressezensur ging, die in der Dubai Media City begann.

In Europa haben die Menschen auf dem Marktplatz einst Waren getauscht. Auf dem Marktplatz setzte auch ein Austausch von Meinungen ein. In Dubai sind allein die Temperaturen von bis zu fünfzig Grad im Sommer bei hoher Luftfeuchtigkeit ein Hindernis für die Einrichtung eines öffentlichen Raums im Freien, aber es gibt noch einen zweiten Grund: Dubai ist als eine private Stadt gewollt, in der die Einkaufszentren der »Malls« die Aufgabe des öffentlichen Raums übernehmen. Dort flaniert man unter Klimaanlagen, dort setzt man sich in Cafés. Privates Gewinnstreben treibt das Wachstum der Stadt. Die »Malls« sind also zwar öffentlicher Raum, aber vor allem auch ein Ort des privatwirtschaftlichen Gewinnstrebens, ganz im Sinne des kapitalistischen Grundgesetzes von Dubai.

Doch auch in Dubai empfinden die Menschen dieses Fehlen eines echten öffentlichen Raumes zunehmend als Defizit. Spät haben die Macher von Dubai dieses Defizit erkannt, aber nicht zu spät. Deshalb ist »The Walk« entstanden, in einem Stadtteil, der »New Dubai« heißt, noch neuer als alles in dem ohnehin neuen Dubai. Und »The Walk« ist ein großer Erfolg. Auf einer Länge von einem Kilometer wurde dieser »Spazierweg« entlang eines Sandstrands angelegt. Mit Cafés und Restaurants unter Palmen und kunstvollen Leuchten, mit Spielplätzen für die Kinder, mit Blick auf Jachten und, im Dunst der Ferne, auf die erste Palmeninsel. Bis auf die heißen Mittagsstunden des Sommers bewegen sich hier Menschen im Freien. Man verabredet sich für den »Walk«, lädt Freunde hierher ein und kann anschließend von einer nahen Metrostation den Heimweg antreten. In vielen Teilen Dubais fehlt eine emotionale Bindung der Menschen an die Stadt; hier ist sie entstanden.

Über »The Walk« ragen sechs glitzernd futuristische Hochhäuser in den Himmel. Sie tragen arabische Namen von Edelsteinen und Duftstoffen, und sie fügen sich nahtlos in die Skyline von Dubai ein. Aber die Architektur der meisten Häuser dieser Skyline sei Schrott, sagt Sabah al-Rayes aus Kuwait, einer der bekanntesten golfarabischen Architekten. Gerade fünf bis zehn Prozent seien es wert, überhaupt gebaut worden zu sein. Sie sähen aus wie überall. Dubai greift nach der Zukunft, seine Architektur ist aber nicht visionär. Sie passt nicht einmal zu dem extremen Klima. Denn die großen Glasfassaden heizen das Innere der Häuser weiter auf, anstatt die Hitze draußen zu halten. Die meisten Gebäude sind nach dem Gebot der wirtschaftlichen Interessen ihrer Erbauer konzipiert, ohne Anspruch auf eine besondere Ästhetik und mit einer Straße als einziger Anbindung an das Umfeld. In jüngerer Zeit gibt es mehr Gebäude mit Anleihen beim traditionellen arabischen Baustil. Dann kleben die Bauherren etwa einen funktionslosen Windturm als Zierrat an ein Gebäude. Der Komplex von Madinat Jumeirah ist ein Beispiel dafür. Madinat Jumeirah ist opulent, wie die beiden Luxushotels, die den Komplex flankieren, aber es führt auf sehr künstliche, eklektische Art Elemente aus verschiedenen Epochen zusammen. Auf der Webseite heißt es, die Anlage, die dem Modell einer alten arabischen Zitadelle ähneln soll, sei ein großartiger Tribut an das kulturelle Erbe Dubais. Hätten die Araber früher Geld gehabt, hätten sie so gebaut. Das mag stimmen, wenn auch vieles vielleicht weniger protzig ausgefallen wäre. Aber es ändert nichts daran, dass in Dubai nie versucht wurde, einen eigenen Stil zu entwickeln.

Auch Madinat Jumeirah erzeugt eine andere, eine privatisierte Form des öffentlichen Raums. Restaurants und Cafés, Clubs und kleine Geschäfte, von Palmen und Kanälen umgeben, mit arabischen Stilelementen verziert, fügen sich scheinbar zu einem Labyrinth zusammen, das auf fremde Besucher exotisch wirkt und eine neue Form urbaner Erfahrung zu erzeugen scheint. Alles ist wohldurchdacht konstruiert, und zwar vom Besitzer des Burj al-Arab, der sich unmittelbar neben dem Komplex aus dem Wasser hebt und dem auch die Immobilie Madinat Jumeirah gehört. In Madinat Jumeirah wird klar, dass sich Dubai auch über Themenparks definiert. Der Blick soll auf etwas gelenkt werden, das Gesehene soll Emotionen wecken. Gerade noch ist der Einwohner oder auch Tourist in einem arabischen Ambiente. Dann sinkt nicht weit davon in der Halle von »Ski Dubai« die Temperatur auf minus zwei Grad. Draußen mag es über vierzig Grad heiß sein, drinnen werden jeden Tag dreißig Tonnen Schnee produziert, für die Skipiste, die einen Höhenunterschied von 85 Metern überwindet, oder auch nur für Schneeballschlachten. 750 000 Besucher zählt die Halle jedes Jahr, und sie kommen aus allen Nachbarstaaten. Viele sehen hier zum ersten Mal Schnee.

Dubai ist unbestritten eine echte Erfolgsgeschichte, aber auch ein Marketingerfolg. Dazu tragen die großartigen Namen bei, die auch dazu dienen, dass es sich verkauft. Ein Teil der neuen Stadt wurde »Downtown Dubai« getauft. Schließlich hat ja jede Metropole ein »Downtown«. Das prächtigste Hotel des Viertels heißt »The Palace – The Old Town«, wurde aber eben erst gebaut und bezogen. Es ist Teil einer neuen, »trendigen« Hotelgruppe, natürlich ausschließlich mit Luxushotels. Ihr erstes Hotel hatte die Gruppe gegenüber dem Burj Khalifa eröffnet, von diesem durch einen Teich mit den größten Wasserspielen der Welt getrennt. Das Hotel, das wie alles um den Teich dem Immobilienkonzern Emaar gehört, heißt »The Address Downtown«, eben *die* Adresse, und das noch Downtown. Es will trendbewusste und kosmopolitische Gäste ansprechen, die ein unkompliziertes Ineinandergreifen von Business und Begegnung suchen. So ist Dubai.

Der ganze Komplex mit dem Burj Khalifa, der Dubai Mall, The Address und dem Teich war geplant worden, bevor die Krise ausbrach. Nun bietet diese Krise eine unerwartete Gelegenheit, manche Auswüchse, auch urbanistische, zu korrigieren und in den unübersichtlichen Wildwuchs der Stadt etwas Ordnung und System zu bringen. Bereits 2007 hatte das Emirat das australische Stadtplanungsbüro Urbis beauftragt, eine moderne Stadtplanung einzuführen und Ideen für das Dubai von morgen zu entwickeln. Was immer die Australier vorlegen werden, es wird die weitere Entwicklung von Dubai bestimmen.

Die Ikonen: Türme, Türme, Türme

Städte werden an ihren Wahrzeichen erkannt. Oft sind es Türme und Hochhäuser: in Paris der Eiffelturm, in Pisa der Schiefe Turm, in New York das Empire State Building. Auch flachere Gebäude eignen sich als Ikonen: für Kairo die Pyramiden, für Rom das Colosseum, für Sydney die Oper. »Ikonen« werden solche Wahrzeichen und Symbole wohl auch deshalb genannt, weil von ihnen eine Aura ausgeht, die sie aus ihrem Umfeld heraushebt. Solche Bilder prägen sich in den Köpfen ein. Dubai hat das früh verstanden und an solchen »Ikonen der Moderne« gearbeitet. Sie haben Dubai weltweit bekannt gemacht.

Ende 2010 hatte Dubai mehr als achtzig Hochhäuser, die höher sind als 200 Meter. Wolkenkratzer im eigentlichen Sinne sind sie nicht. Denn selten ziehen über Dubai Wolken. Bestenfalls verlieren sich ihre Spitzen ganz oben im Dunst der Luftfeuchtigkeit. Wäre die Krise nicht hereingebrochen, hätte Dubai im Jahr 2015 mehr Hochhäuser von über 200 Metern Höhe haben können als New York und Hongkong. Dieses Ziel hatte sich das ehrgeizige Emirat gesetzt. Die Krise hat dem ein vorläufiges Ende bereitet. Denn nahezu alle Hochhäuser sind von privaten Investoren gebaut. Gebaut haben sie ohne staatliche Hilfen, mit eigenem Kapital, und das war plötzlich weg. Gelockt hatten die künftigen Renditen. Die Bauvorschriften ließen und lassen viel Raum, und auch die Bürokratie behindert das Bauen nicht.

Von Herrscherhand erbaut sind aber »Dubais Ikonen«: wie der Burj al-Arab, der 1999 eröffnet wurde, zwanzig Jahre nach dem letzten Wahrzeichen, dem World Trade Center. Bereits der Name enthält einen Anspruch. Die Herrscherfamilie Al Maktoum nannte ihn nicht bloß »Burj Dubai«, den »Turm Dubais«, sondern mit großem Anspruch den »Turm der Araber«. Sein (Ent-)Wurf ist geradezu genial. Eine Form sollte es sein, die jeder erkennen und die jedes Kind nachzeichnen könne, die aber auch einen Bezug zur Kultur und Geschichte Dubais habe, erinnert sich Simon Crispe vom Londoner Architekturbüro Atkins, das den Bau plante. Der Versuch gelang. Der Burj al-Arab ist heute weltweit *das* Erkennungszeichen Dubais. Auf allen Kontinenten wird er bei Umfragen ebenso erkannt wie der Eiffelturm. Nur ist er mit 321 Metern höher als dieser.

Erkannt wird er auch von den Armen in Entwicklungsländern, als Hotel ist er aber den Reichen und Schönen der Welt vorbehalten. Als Standort wurde eine künstliche Insel vor dem Sandstrand des Stadtteils Jumeirah aufgeschüttet. Das Luxushotel wirkt dadurch wie ein vom Wind aufgeblähtes Segel draußen auf dem Wasser. Ganz oben hat Tiger Woods einmal Golf gespielt. Dort landen auch die Helikopter, die jene Gäste vom Flughafen abholen, die sich nicht von einem Rolls Royce Phantom des Hotels durch die Stadt chauffieren lassen wollen. Sie könnten ja erkannt werden. Das Hotel der Superlative lebt von absoluter Diskretion. Nie gibt es bekannt, wer sich in einer der 202 Suiten aufhält. Die Preise beginnen bei über tausend Dollar je Nacht. Dafür wird der Gast verwöhnt. Jede Suite erstreckt sich über zwei Stockwerke und misst mindestens 170 Quadratmeter. Für jede Suite steht ein Butler rund um die Uhr zur Verfügung, der alles innerhalb kürzester Zeit besorgt. Vor einem riesigen Aquarium kann der Gast mehr als sechzig Fischarten bestaunen, auch Haie und Wale. Sosehr das Äußere des Burj al-Arab durch Eleganz besticht, sosehr muss sich das Auge an den schwülstigen Luxus im Inneren gewöhnen. Mehr als 1590 Quadratmeter Blattgold seien aufgetragen worden. Wer das Hotel besichtigt hat, glaubt es gleich. Der opulente Anblick in Azurblau und Goldgelb könnte vom pharaonischen Ägypten inspiriert sein, wirkt aber vor allem maßlos kitschig.

Ein Jahr später, im Jahr 2000, wurden die Emirates Towers fertig. Sie gehören zur selben Hotelgruppe, der Jumeirah Group, sind aber das Kontrastprogramm zum Burj al-Arab – und sogar ein wenig höher. Der Büroturm ist 355 Meter hoch, der Hotelturm 309 Meter. Entworfen hat sie eine Frau, die Architektin Hazel Wong. Sie legte als Entwurf einen Pas-de-deux von zwei Zwillingstürmen vor. Jeder von ihnen strahlt eine nordisch kühle Ästhetik aus. Zusammen bilden sie aber ein dynamisches Ensemble. Jeder Turm ist ein Dreieck, und so fangen die Türme, die von jedem Teil der Stadt sichtbar sind, die Wüstensonne in jeder Minute anders ein und geben sie anders weiter. Der Grundriss eines Dreiecks symbolisiert Erde, Sonne und Mond. Die immer wieder eingebauten Kreise stehen für die Zeitlosigkeit. In den Fassaden wechseln sich Glas und Beton ab, hinter der nahezu komplett verglasten dritten Seite befinden sich hohe Atrien. Fast reduktionistisch ist innen der Luxus, er drängt sich in keiner Weise auf und ist so kühl wie die Geschäftsleute, die sich gerne in der Lobby des Hotels in einem der Türme verabreden. Aus dem 43. Stockwerk des anderen Turms blickt der Herrscher, Scheich Muhammad bin Rashid Al Maktoum, auf seine Stadt.

Ganz unten auf dem Boden sieht er ein weiteres Erkennungszeichen Dubais. Entlang der Straßen sind Muscheln entstanden, die Stationen der Metro. Sie waren die Idee des britischen Architekturbüros Aedas und greifen mit dem Design ihrer Stationen die Historie der Perlentaucher in Dubai auf. Auch in der Krise hatte Dubai nicht den Sinn für große Inszenierungen mit medialer Wirkung verloren. So setzte Scheich Muhammad am 9. September 2009 um 09:09 am Fahrerpult die erste Metro der Stadt in Betrieb. Monate zuvor war das Ereignis als 09-09-09 um 09-09 angekündigt worden. Wieder war Dubai der Pionier. Vor Dubai hatte in der arabischen Welt lediglich Kairo eine Metro in Betrieb genommen, und das war 1987. Die in Dubai ist technisch ungleich anspruchsvoller. Sie kommt ohne Fahrer aus und wird von dem Unternehmen Serco betrieben, das im Osten Londons die ebenfalls fahrerlose Bahnlinie »Docklands Light Railway« betreibt.

Die in Dubai in Betrieb genommene erste Linie, die »rote Linie«, ist 44 Kilometer lang und verschwindet nur auf 4,7 Kilometern unter der Erde. Meist verläuft sie auf Viadukten. Zum einen wäre der Bau wegen des salzig-sandigen Untergrunds erheblich teurer geworden, hätte man die ganze Metro unter die Oberfläche verlegt. Zum anderen soll sie sichtbar sein. In den eleganten Waggons kommen Menschen zusammen, die sich sonst nie begegnet wären. Sie blicken auf ihre Stadt und den Spruch »My City, My Metro« der Werbetexter von Saatchi & Saatchi. Mit der Metro sind Stadtteile rasch erreichbar geworden, in die zu gelangen man vorher wegen des drohenden Verkehrskollapses viel Zeit brauchte. Die Metro ist ein Beitrag dazu, dass die Infrastruktur nicht der Flaschenhals für die weitere Entwicklung der Stadt bleibt. Die Stadt wächst auch zusammen, weil Fußgängerübergänge nun Viertel verbinden, die vorher durch die 14 Fahrspuren der Scheikh Zayed Road getrennt waren, und weil viele neue Zubringerbusse ein öffentliches Nahverkehrsnetz entstehen lassen.

Mit der Metro ist Dubai eine von 140 Städten in 53 Ländern geworden, die ein solches öffentliches Nahverkehrssystem betreiben. Natürlich hält sie am Burj Khalifa. Seine 828 Meter sind höher als jedes andere Gebäude der Welt. Das nächsthöhere Gebäude ist der »CN Tower« in Toronto mit 553 Metern, gefolgt von »Taipeh 101« mit 508 Metern. Mit dem Burj Khalifa könnte gelingen, was vorher mit keinem anderen Gebäude in Dubai gelungen war: der modernen Stadt ein Zentrum zu geben. Ihm zu Füßen baute der Immobilienentwickler Emaar das neue Viertel »Downtown«, in dem 100 000 Menschen leben sollen, und das größte Einkaufszentrum der Welt, das Besucher auch durch ein spektakuläres Aquarium anlockt. Allein in den Wohnungen und im Armani-Hotel, den Büros und Geschäften des Burj Khalifa sollen sich zum selben Augenblick bis zu 35 000 Menschen aufhalten können. Hier soll im Wildwuchs der Stadt, die überall wuchert, aber nirgends fertig aussieht, eine Innenstadt entstehen, in der nicht nur Autos ihren Platz haben, sondern auch Fußgänger.

Der Name des Gebäudes, Burj Khalifa, verweist auf einen neuen Zusammenhalt der Emirate, die gelegentlich auch schon als »Unvereinigte Arabische Emirate« verspottet wurden. Bis zum Tag seiner Eröffnung hatte es Burj Dubai geheißen. Dann sagte Scheich Muhammad in seiner kurzen Ansprache bei der Eröffnung, bevor ein atemberaubendes Feuerwerk den Turm zu verschlucken schien: »Dieses große Projekt verdient es, den Namen eines großen Mannes zu tragen. Heute eröffne ich den Burj Khalifa.« Das ist der Name des Emirs von Abu Dhabi und des Staatsoberhaupts der Vereinigten Arabischen Emirate. Der reiche Bruder Abu Dhabi hatte im Krisenjahr 2009 dem hoch verschuldeten Emirat Dubai Schecks in Höhe von 26 Milliarden Dollar ausgestellt, um eine Zahlungsunfähigkeit abzuwenden. Scheich Khalifas Großzügigkeit half Dubai aus dem Schuldensumpf. Mit der Benennung des höchsten Gebäudes der Welt, des Stolzes von Dubai, nach ihm waren die Machtverhältnisse klargestellt. Andererseits steht Abu Dhabi für Dubai ein, sonst hätte Khalifa nicht seinen Namen gegeben. So ließ die Krise die Emirate enger zusammenwachsen.

Die ganze Welt hat an dem Gebäude gearbeitet. Der deutsche Spezialtiefbauer Bauer hat mit Hunderten von Betonpfählen bis in eine Tiefe von fünfzig Metern das Fundament gelegt, Edelstahl von Thyssen Krupp gibt der Konstruktion Halt und Stabilität, deutsche Hochleistungspumpen von Putzmeister pumpten den Beton auf zuvor unerreichte Höhen. Der Architekt Adrian Smith aus Chicago hat es entworfen, das südkoreanische Unternehmen Samsung stand dem Baukonsortium vor, dem auch das ägyptische Unternehmen Orascom angehörte. Der Aushub begann im Januar 2004. Von da an arbeiteten drei Schichten mit jeweils 2400 Bauarbeitern vom indischen Subkontinent rund um die Uhr, zeitweise waren es sogar 12 000. Im Juni 2007 ereignete sich der einzige Todesfall am Turm, ein Bauarbeiter fiel in den Tod. An 1325 Bautagen hatten Bauarbeiter, die bei 59 Unternehmen beschäftigt sind, 22 Millionen Mannstunden am Turm gearbeitet, und es hatte nur einen tödlichen Arbeitsunfall gegeben. Die Sicherheitsvorkehrungen waren gut durchdacht und wurden eingehalten. Die wahren Helden des Burj Khalifa sind die namenlosen Bauarbeiter.

■ Die Bauarbeiter: Arbeiten und schlafen in Dubai

Sie kommen aus den entlegensten Dörfern Indiens, Afghanistans und Bangladeschs. Sie sind Muslime aus Ägypten, Christen von den Philippinen, Hindus aus Nepal und Buddhisten aus Sri Lanka. Jeder bringt seine Sprache mit, die wenigsten können lesen. Um ihre Familien ernähren zu können, schinden sie sich auf den Baustellen des Babels unserer Zeit.

Dubai, sechs Uhr abends. Der gleißende Ball der untergehenden Sonne taucht die Glasfassaden der Skyline in flimmerndes Rot. Tief unten, in den Kellern der Türme A bis H, hat sich die Nachtschicht eingefunden. Im grellen Neonlicht zieht eine Karawane von Bauarbeitern an der Stechuhr vorbei, jeder mit seiner Personalkarte in der Hand. Eine nach der anderen wird geräuschlos durch den Schlitz gezogen, die Schicht beginnt. Heute muss Scheschpol, der Arbeiter mit der Nummer 14 219, nicht mehr nach ganz oben, auf die Spitze des Turms G. Nicht mehr also mit dem Aufzug in den 45. Stock, von dort drei Treppen weiter und dann die letzten fünf schmalen Leitern hinaus in schwindelerregende Höhen. Dort oben, in den Penthousewohnungen mit dem spektakulären Ausblick, ist die Arbeit getan. Jede von ihnen ist jetzt Millionen Dollar wert.

Der Turm G gehört zum neuen Baugebiet »Business Bay«. Bereits dre Mal so hoch wie er ragt gegenüber der Burj Dubai in den Himmel. Tagsüber wirft er seinen schlanken Schatten auf die Baustelle. Scheschpols Baustelle ist heute Nacht eine der dreistöckigen Villen, die zwischen den Türmen errichtet werden. Unter ihnen tut sich der Schlund der Tiefgarage auf. Der Inder Scheschpol steht an der Brüstung. Vorschriftsmäßig hängt er den Haken seines gelb leuchtenden Sicherheitsgurts am Gerüst ein. Bis Mitternacht wird er Verschalungen zimmern, in die anschließend Beton gegossen wird. Dann hat er zwei Stunden Pause. Wenn die Sonne um sechs Uhr morgens am flachen Horizont aufgeht, steht er wieder vor der Stechuhr. Ein Bus voller hundemüder Nachtschichtarbeiter bringt ihn anschließend zurück ins Camp »al-Quoz«. Auch der Schweißer Gulbahar, ein Paschtune aus Afghanistan, hat seine Schlafstelle in »al-Quoz«. Er arbeitet in einer Fabrik an den Konstruktionen der Eisenverstrebungen. Mit fünf anderen Afghanen teilt Gulbahar das kahle Zimmer. Eine riesige afghanische Flagge ist die einzige Wandverzierung. An einem Haken hängen braune Pakolmützen und die typisch afghanische Männerkluft, Schalwar und Kamiz, die weite Hose mit dem langen Hemd darüber. In der Ecke läuft der Fernseher, eingestellt auf einen Satellitensender aus Afghanistan. Von Staatspräsident Karzai ist die Rede und von Geländegewinnen der Taliban. Viel lieber seien ihnen Musik und Tanzclips, sagt der Paschtune beiläufig.

Gulbahar lässt mit flinker Hand ein paar Zutaten aus dem Kühlschrank in eine gelbe Plastiktüte fallen. Hinter ihm steckt sein Freund Sattar den Kautabak Naswar in die rechte Backe. Gulbahar bedeutet »Rose des Frühlings«. Den Frühling seiner Jugend haben ihm die Taliban genommen. Unsicher neigt er seinen Kopf, er lächelt wieder und zeigt seine breiten Zahnlücken. Wegen der Taliban sei er Analphabet, sagt Gulbahar leise. Nur Koranschulen habe es in seinem Dorf gegeben, und Frauen, die sich allein auf die Straße getraut hätten, seien auf der Stelle umgebracht worden.

So wollte er nicht länger leben. Vor neun Jahren verließ er Afghanistan, setzte sich mit anderen Familienmitgliedern nach Pakistan ab und fand einen Weg nach Dubai. Umgerechnet 125 Euro verdient er nun im Monat als Schweißer. Für sein Essen braucht er 45 Euro, den Rest überweist er jeden Monat über eine Wechselstube nach Hause. Von seinem Scheck leben dort 15 Familienmitglieder. Frau und Kinder, Eltern und Geschwister. An Sparen ist da nicht zu denken. Immerhin konnten sie ein kleines Häuschen bauen.

Der Inder Scheschpol ernährt nur fünf Personen, seine Frau und vier Kinder. Einmal in der Woche telefoniert er mit ihnen, alle zwei Jahre besucht er sie im gebirgigen Norden Indiens. Dafür nimmt er zwei Monate unbezahlten Urlaub. Auch er spart nichts. Die ersten drei der acht Jahre in Dubai hatte er den Kredit der Arbeitsvermittlung zurückgezahlt. Jedes Jahr war ein Zins von 36 Prozent fällig. Die Agentur hatte ihn als Zimmermann angeworben. Dieses Handwerk hatte Scheschpol, der in die Kaste der Viswakarma hineingeboren wurde, in seinem Gebirgsdorf am Fuße des Himalaya erlernt.

Scheschpol darf kein Fehler mehr unterlaufen. In der Kategorie der Facharbeiter ist er bereits auf den untersten Rang C abgerutscht. Noch eine Herabstufung, und er ist nur noch ein einfacher Arbeiter, verdient dann keine 25 Dirham mehr am Tag, sondern nur noch zwanzig Dirham. Das steht allerdings in keinem Tarifvertrag. Das Bauunternehmen zahlt, was es für richtig hält, und nur gelegentlich sieht sich die Regierung des Emirats veranlasst, gegen Lohndrücker einzuschreiten. Vor einem halben Jahr stiegen mehrere Tausend Bauarbeiter des Burj Dubai, der später Burj Khalifa heißen sollte, um sechs Uhr abends nicht in den Bus, sondern zogen auf die breite Straße, auf der die allradgetriebenen Luxuswagen im Feierabendstau stehen. Sie verlangten mehr Lohn. Wenig später machten es ihnen im »Business Bay« die Arbeiter der Türme A bis H nach. Die Regierung des Emirats, um den Ruf Dubais in der Welt besorgt, bestellte das Bauunternehmen Habtoor ein und forderte es auf, den Tageslohn um drei Dirham anzuheben.

Habtoor, eins der großen Bauunternehmen Dubais, baut im »Business Bay« zwölf der 174 Wohn- und Bürotürme. Jeder von ihnen wird zwischen 45 und 55 Stockwerke hoch. Dazu beschäftigt das Unternehmen allein auf dieser Baustelle 7000 Arbeiter. Insgesamt hat Habtoor 33 000 Bauarbeiter unter Vertrag, das ist zehn Mal so viel wie 1995. Bald werden es noch viel mehr sein.

Lange haben sie jede Art von Schinderei schweigend ertragen und allenfalls aufbegehrt, wenn sich die schweren Unfälle häuften. Heute gehen die Bauarbeiter nur noch für bessere Bezahlung auf die Straße, denn allein des Geldes wegen sind sie ja nach Dubai gekommen. Auch Gulbahar. So lange wie möglich will er hierbleiben. Er ist der Einzige seiner großen Familie, der überhaupt etwas verdient. Er hat Glück gehabt, denn er arbeitet für ein angesehenes Unternehmen. Bei den Subunternehmen der großen Baufirmen sind die Bedingungen schlechter. Auch Habtoor hat Aufträge weitervergeben: an ein chinesisches Unternehmen die Fassadenverkleidung und an ein lokales die Verlegung der Elektroleitungen.

Wie viel er verdient, will Joseph nicht sagen. Nur, dass auch er mit seinem Lohn nicht zufrieden ist. Meist erhalten Sicherheitsbeauftragte wie er 13 Dirham in der Stunde, also 2,50 Euro. Joseph gehört zu den wenigen auf dem Bau, die Englisch sprechen. In seiner philippinischen Heimat hat er Betriebswirtschaftslehre studiert. Eine Weile arbeitete er in einer Gemeindeverwaltung, dann wechselte er in die Bauindustrie. Es zog ihn nach Dubai, weil dort die Löhne höher sind und keine Arbeitslosigkeit droht. Nur ist eben die Familie sehr weit weg.

Anders als die Arbeiter tritt Joseph selbstsicher auf und ohne Scheu. Ein fester Handschlag, ein gerader Blick in die Augen. Habtoor setzt ihn auf der Baustelle 820 ein, beim Ausbau des Flughafens. 22 000 Bauarbeiter sind dort beschäftigt, und Joseph ist für die Sicherheit von 1700 zuständig. Stolz erzählt er, dass es in den letzten 58 Millionen Arbeitsstunden seiner Leute nur einen Unfall gegeben habe. Ein unachtsamer Arbeiter sei auf eine »unechte Decke« getreten und vier Stockwerke in die Tiefe gestürzt. Zum Glück habe er sich nur einen Arm gebrochen.

Joseph muss den Arbeitern die Mindeststandards für die Sicherheit beibringen – keine leichte Aufgabe, die meisten sind ja Analphabeten. Werden neue Arbeiter angeheuert, weist er sie zwei Wochen lang ein, demonstriert ihnen den Gebrauch ihrer persönlichen Sicherheitsausstattung und hämmert ihnen ein:»Wer auf der Baustelle keinen Helm trägt, keinen Sicherheitsgurt oder wer raucht, dem wird ein Tageslohn abgezogen.« Jeden Samstag beginnt die Woche um sechs Uhr mit Lektionen aus den Erfahrungen der letzten Woche. Joseph bringt die Fälle zur Sprache, bei denen er auf der Baustelle seine schrille Trillerpfeife hatte einsetzen müssen, um allen klarzumachen: Da verstößt wieder einmal einer gegen die Sicherheitsvorschriften.

Die Verständigung ist nicht leicht. Arbeiter wie der Afghane Gulbahar und der Inder Scheschpol kommen aus entlegenen ländlichen Gebieten, sie sprechen nichts als den Dialekt ihrer Heimat. Joseph demonstriert daher und gestikuliert, ruft Vorarbeiter herbei, die sich oben auf den Gerüsten in vielen Sprachen verständlich machen müssen, auf Urdu und Paschtu, auf Arabisch und in den vielen Sprachen Indiens. Dann geht es bei der Sicherheitsstunde in der Baracke zu wie in Babel, dessen Turmbau schließlich an der Unfähigkeit zur Verständigung scheiterte.

Nach Schichtwechsel stellt sich das Fußvolk der Globalisierung in blauer Arbeitsuniform am Halbrund vor dem »Business Bay« auf. Über ihnen nimmt ein weiterer Abschnitt der Silhouette von Dubai Konturen an. Gleich kommen mehrere Dutzend Busse und verschlucken die Arbeiter. Joseph findet es gar nicht gut, dass die Sicherheitsbeauftragten im gleichen Camp untergebracht sind wie die Arbeiter, die sie kontrollieren und immer wieder zu disziplinieren haben. Aber auch sonst gebe es Probleme.

Al-Quoz ist eines der zwölf Arbeitscamps der Baufirma Habtoor. 3300 Arbeiter wohnen hier wie in einer kleinen Stadt. Sie kommen aus Indien, Pakistan und Afghanistan, aus Sri Lanka und Bangladesch, aus Ägypten und Sudan, aus dem Libanon und aus Palästina, aus Nepal und Vietnam. Jeder bringt seine Sprache mit, seine Kultur, sein Essen, seine Religion. Die Afghanen sind Muslime, die Inder Hindus, die Filipinos Christen. Abdullah, einer der Aufseher, lässt keinen Zweifel: »Wenn einer religiöse Probleme verursacht, wenn er fanatisch wird, dann greifen wir sofort ein.« Jeder soll beten können, in der kleinen Moschee oder auf seinem Zimmer. Mehr ist aber nicht drin. Ein Grund, auf dem radikale Ideen gedeihen könnten, soll erst gar nicht entstehen. Schließlich stammen viele der Arbeiter aus Ländern, in denen Jihadisten für ihren unheiligen Krieg trommeln.

»Jedes Jahr schicken wir zwei bis drei Prozent der Arbeiter nach Hause«, fährt Abdullah fort, »meistens wegen Schlägereien.« Analphabetismus und Verständigungsschwierigkeiten seien die größten Probleme im Lager. Wer sich da nicht unter Kontrolle hält und gewalttätig wird, der fliegt. Manchmal, sagt Abdullah, sei dabei Alkohol im Spiel, obwohl der im Camp streng verboten ist. Was er nicht erwähnt, sind die Lebensbedingungen, die selbst friedfertige Menschen aggressiv machen können. Zwischen zwei und drei Uhr strömen die Camp-Bewohner aus allen Zimmern in die Küchen. Die liegen jeweils an einem Ende der langgezogenen dreistöckigen Wohnblocks. Unterschiedliche Auffassungen von Sauberkeit, auch Gerüche, die in der Küche zurückbleiben, können die latenten Spannungen jederzeit zur Entladung bringen. Facharbeiter haben einen Anspruch auf Zimmer mit nur sechs Betten. Einfache Arbeiter wie die Vietnamesen sind zu zwölft in einem Raum. Vor den Toiletten bilden sich mitunter lange Schlangen.

Statt Vorhängen zieren bunte Poster die kahlen Fenster, einmal von Real Madrid, dann mit kitschigen Naturbildern. Träume von dem, was unerreichbar weit weg ist. Unter den Fenstern stehen kleine Holzkästen. In ihnen bringen die Gulbahars und Scheschpols ihre Wertsachen unter. Dokumente, die die meisten nicht lesen können, Bilder ihrer Familien, die sie nicht im Schlafsaal den Blicken der anderen aussetzen möchten. Auch einmal ein Marienbild. An hohen christlichen Feiertagen gehen die Christen des Camps in eine der Kirchen von Dubai. Habtoor ist eine der ersten Baufirmen, die ihren christlichen Bauarbeitern an Weihnachten einen bezahlten Urlaubstag geben.

Der Hindu Scheschpol hat da mit seinen Zimmergenossen bereits das Lichterfest Diwali gefeiert, mit einem Besuch im Hindutempel von Dubai, mit Tanzen und mit Süßigkeiten. Natürlich auch mit Trinken. Noch Wochen später leuchten seine Augen auf, wenn er von dem Fest erzählt. Viel Abwechslung bietet sein Leben nicht. Arbeiten, schlafen und kochen. Arbeiten, schlafen und essen. Freitags, wenn er nicht arbeitet, fährt er mit seinen Kollegen manchmal in die Stadt. Sie besteigen eine Abra, eines der tuckernden alten Wassertaxis, die die beiden Seiten des Creek miteinander verbinden. Während der wenigen Minuten der Überfahrt bestaunt Scheschpol das Lichtermeer von Dubai, das Bauarbeiter wie er mit ihren Händen geschaffen haben. Einen Dirham kostet die Überfahrt, keine zwanzig Cent. Mehr könnte sich Scheschpol auch nicht leisten.

»In meiner Heimat ist Dubai die Vokabel für Arbeit, für Geldverdienen«, sagt Scheschpol. Gewiss sei die Wirklichkeit rauer, und nicht alle seine Erwartungen hätten sich erfüllt. Er zuckt mit den Achseln. Ja, was weiß man schon im fernen indischen Dorf über Dubai. Und natürlich würde er wiederkommen, fährt er ohne Zögern fort. Für seine Familie sei er ja zur weiten Reise nach Dubai aufgebrochen. »Wie denn sollte ich sie sonst ernähren?«

(Zuerst erschienen in der F. A. Z. vom 22. März 2008. © Alle Rechte vorbehalten. Frankfurter Allgemeine Zeitung GmbH, Frankfurt. Zur Verfügung gestellt vom Frankfurter Allgemeine Archiv.)

Die Krise

Soziale Krise: Das Fußvolk der Globalisierung

Im Oktober 2010 hat das Filmfestival Abu Dhabi die restaurierte Fassung von Fritz Langs ›Metropolis‹ gezeigt. Der Film aus dem Jahr 1926 hätte auch die Zustände in den heutigen Glitzerstädten am Golf beschreiben können. Die Welt der futuristischen Großstadt »Metropolis«, über die Joh Fredersen herrscht, ist streng getrennt. Oben unter der Sonne pulsiert das Leben der Oberschicht; sie lebt im Luxus, vergnügt sich ausgelassen. Unter der Erde hausen die Arbeiter ohne Tageslicht; im Zwischenreich bedienen sie unter großen Entbehrungen die Maschinen, die das Leben oben in der Stadt in Gang halten. Einst hatten diese Arbeiter auch die Stadt gebaut. Eines Tages stört Freder, der Sohn des Herrschers, die Idylle und will von seinem Vater wissen, wo denn diese Menschen leben, die die Maschinen bedienen, und er steigt selbst in die Tiefen unter der Stadt hinab.

Vinayagam, Jahrgang 1972, arbeitet in Dubai und ist einer der 1,7 Millionen Inder in den Vereinigten Arabischen Emiraten. Auf der Suche nach einem besseren Leben war er 2005 nach Dubai gekommen. In Indien hatte er seine Familie nicht mehr ernähren können, seine Frau, die beiden Töchter und den Sohn. Die dreißig Euro, die er jeden Monat auf dem Bau verdiente, reichten nicht, und das kleine Haus hatte keine sanitären Anlagen. Er nahm bei einem Geldverleiher umgerechnet 500 Euro auf, für die er seinen Grundbesitz als Sicherheit verpfändete, und gab sie einem Arbeitsvermittler. Mit weniger als fünf Euro in der Tasche landete er in Dubai. Eine Arbeit mit einem Monatslohn von 180 Euro war ihm versprochen worden. Bei der Ankunft war nur noch von hundert Euro die Rede.

Jeden Morgen um sechs verlässt er seine Arbeiterstadt, um sieben Uhr abends ist er zurück. Dazwischen reinigt er Häuser. Abends kocht er meist ein Gericht mit Reis und Linsen. Jeden Monat überweist er an seine Familie umgerechnet etwas mehr als hundert Euro. Was er verdient, schickt er nach Hause, und er lebt von den vierzig Euro, die er als Trinkgeld bekommt. Nach zwei Jahren hatte er den Kredit mit allen Zinsen zurückgezahlt. Seine Frau Lakhsmi fand in einer Fabrik Arbeit, wo sie dreißig Euro im Monat verdient. Für den Unterhalt der Familie benötigt sie doppelt so viel. Was übrig bleibt, spart sie auf einem Bankkonto an. Nach zwei Jahren verzichtete Vinayagam auf die erste bezahlte Heimreise und legte das Geld auf die hohe Kante. Nach einem weiteren Jahr besuchte er zum ersten Mal seine Familie. Eine seiner Töchter sprach nicht mehr mit ihm. Als Geschenke hatte er aus Dubai für seine Frau zwei Saris und ein Mobilfunkgerät mitgebracht, für seine Töchter Ohrschmuck von jeweils zwanzig Gramm. Für mehr hat es nach drei Jahren nicht gereicht. Die Ersparnisse auf dem Bankkonto aber wuchsen, und die vierzig Gramm Gold verkauften sie wieder. Nun reichte das Geld, um die Kinder in einer guten Schule unterzubringen. Sie sollten nicht wie ihre Eltern faktische Analphabeten sein, sondern sogar Englisch lernen.

Familien wie die von Vinayagam können sich, weit weg von der Lebenswelt der Männer und Väter, meist nicht vorstellen, unter welchen Bedingungen diese in den Glitzerstädten ihr karges Einkommen verdienen. Sie haben überzogene Erwartungen an die Reichtümer, mit denen sie zurückkehren würden. Gegen diese Erwartungen kämpft die Nichtregierungsorganisation »Pravasi Bandhu« an, die Indern in den Vereinigten Arabischen Emiraten beisteht und in Indien Aufklärungsarbeit betreibt. »Für viele Familien sind die Männer nur noch Geldmaschinen«, klagt der Vorsitzende KV Shamsudheen.

Umso mehr trifft es die Männer, wenn sie über Monate nicht bezahlt werden. Das ist nicht die Regel, kommt aber viel zu häufig vor. Vor allem Bauunternehmen zahl(t)en ihren Arbeitern nicht aus, was ihnen zustand. Immer wieder demonstrierten Bauarbeiter. Aufsehen erregte, als zu Beginn des Baus des Burj Khalifa 700 Arbeiter, die drei Monate keinen Lohn erhalten hatten, auf die umliegenden Straßen zogen und demonstrierten. Ebenso der Fall von 1200 Arbeitern eines Unternehmens aus Dubai, die von Juli bis Dezember 2009 vergeblich auf ihre Löhne gewartet hatten. Als das Unternehmen auch noch die Rechnungen für Wasser und Strom des Arbeitercamps nicht mehr zahlte, wurden dort Wasser und Strom abgeschaltet. Darauf gingen die Arbeiter endlich auf die Straße. Die Geschäftsführer des Unternehmens hatten sich aber abgesetzt, und das Arbeitsamt konfiszierte nun das Unternehmen. Die Erträge reichten aber nur für einen Teil der ausstehenden Lohnforderungen.

Etwas erfolgreicher war eine andere Gruppe von 23 Bauarbeitern, die im gleichen Zeitraum nicht bezahlt worden waren, ihren Fall vor die Gerichte brachten und die indische Botschaft einschalteten. Allein um zur Botschaft zu gelangen, mussten ihnen Kollegen zwanzig Euro leihen, da sie keinerlei Geld mehr hatten.

Die Bauarbeiter stammen meist vom indischen Subkontinent, die weiblichen Hausangestellten, die »Maids«, sind überwiegend Philippinas. Am 23. April 2010 wurden mehr als 600 von ihnen in einer publik gewordenen Rettungsaktion von Abu Dhabi in ihre Heimat zurückgeflogen. Zuvor hatten sie Zuflucht in einem provisorischen Heim gefunden, das die philippinische Botschaft auf dem Dach ihres Arbeitsamts in Abu Dhabi eingerichtet hatte. Geflohen waren sie vor Familien, die sie misshandelten, unzumutbar lange arbeiten ließen, unzureichend versorgten und Löhne nicht ausbezahlten. Drei Viertel waren aus Saudi-Arabien geflohen, die anderen wollten nichts wie weg aus den Vereinigten Arabischen Emiraten.

Eine von ihnen war Loreta Laureta, Jahrgang 1973. Sie war im September 2008 aus ihrer Heimatprovinz Isabela, wo sie ihr Mann mit den gemeinsamen Kindern zurückgelassen hatte, nach Abu Dhabi gekommen. Statt der versprochenen 300 Euro Monatslohn sollte sie nur die Hälfte bekommen. Auf ihren ersten Lohn musste sie ein Jahr warten, ausgezahlt wurde statt der 1800 Euro aber wiederum nur die Hälfte. Jeden Morgen um vier Uhr musste sie die fünf Autos der Familie putzen, dann begann der Alltag mit den vier Kindern und dem Gekeife der Hausfrau. Völlig übermüdet schleppte sich Loreta zu der Anlaufstelle bei der philippinischen Botschaft, und als die Familie ihren Reisepass zurückgegeben hatte, konnte auch sie am 23. April 2010 in ihre Heimat zurückfliegen, allerdings ohne Ersparnisse.

Dabei verlässt das Fußvolk der Globalisierung seine Familien nur, um ihnen die Perspektive eines besseren Lebens zu eröffnen. Vielen gelingt dies auch. Im Krisenjahr 2009 hatten die Arbeiter in den Vereinigten Arabischen Emiraten in ihre Heimatländer umgerechnet zwanzig Milliarden Euro überwiesen, 2010 stieg der Betrag wieder auf 24 Milliarden Euro. Jeden Tag wickeln die Wechselstuben der Emirate 83 000 Transaktionen und Überweisungen der Arbeiter ab. Sie beginnen mit kleinen Überweisungen von vielleicht zwanzig Euro. Die Weltbank hat errechnet, dass im Jahr 2008 an Gastarbeiterüberweisungen 338 Milliarden Dollar in Entwicklungsländer geflossen sind, 2009 waren es wegen der Krise nur noch 317 Milliarden Dollar. Dem standen staatliche Entwicklungshilfen von etwa hundert Milliarden Dollar gegenüber. Für viele Staaten sind die Überweisungen die wichtigste Kapitalquelle. Sie tragen beispielsweise zum Bruttoinlandsprodukt der südindischen Provinz Kerala ein Viertel bei. Während der Krise brachen die großen Kapitalströme ein, aber die am meisten verwundbaren kleinen Arbeiter ließen sich nicht kleinkriegen. Ihre Überweisungen waren eine Säule der Stabilität. Weder kollabierte die Wirtschaft von Kerala, woher viele kommen, noch gaben sich diese Arbeiter auf, selbst wenn sie in der Krise ihre Arbeit verloren hatten. Einige steigen mit den Jahren sogar auf, sind erfolgreich. So haben 400 Inder aus Kerala in Abu Dhabi die Vereinigung »Freunde von Changaramkulam« gegründet, woher sie stammen. Auf dem Höhepunkt der Krise hatten sie für umgerechnet 15 000 Euro in ihrer Geburtsstadt eine Massenhochzeit mit neun Paaren finanziert, die sich nie eine Hochzeit hätten leisten können.

Lange waren neben den ausstehenden Löhnen die unwürdigen Zustände in den Massenunterkünften der Arbeiter der größte Missstand. Sie lebten auf engstem Raum, mit bis zu zehn Betten in einem Zimmer, mit viel zu kleinen Küchen und Toiletten, ohne Gemeinschaftsräume. Das hat sich zu ändern begonnen. Der internationale Druck bewirkt, dass die Regierungen die Bauunternehmen verpflichten, bessere Unterkünfte bereitzustellen. Die Regierung des Emirats Abu Dhabi hat als Erste Mindestanforderungen für Arbeitercamps formuliert, und sie setzt sie auch durch. So dürfen in einem Zimmer nicht mehr als acht Betten stehen, das Camp muss über große Küchen und Essräume verfügen, über Sporteinrichtungen, Einkaufsmöglichkeiten, Internetcafés und eine medizinische Versorgung. Camps, die nicht diesen Vorschriften entsprechen, werden abgerissen; Unternehmen, die sich nicht daran halten, erhalten keine Visa für neue Arbeiter. Bis zum Jahr 2012 sollen in Abu Dhabi alle Arbeiter in 27 neuen Arbeitscamps untergebracht sein. In ihnen sollen über eine halbe Million männlicher Arbeiter leben, die ohne ihre Familien in den Emiraten sind.

Der Bau neuer Camps reduziert auch das Sicherheitsrisiko. Die neuen Camps sollen außerhalb dicht besiedelter Stadtteile liegen. Sicherheitskräfte sollen rasch eindringen können. Im Sommer 2009 hatte in Dubai die Polizei zu Beginn von Arbeitsprotesten sieben Inder als »Sicherheitsrisiko« identifiziert und abgeschoben. Sie waren bereits zuvor beobachtet worden. In Indien hatten sie kommunistischen Parteien angehört. Sie waren mit einem Kontingent von Bauarbeitern in der Absicht nach Dubai eingereist, eine Arbeiterbewegung zu organisieren. Die Regierung von Dubai kooperiert mit den Staaten, aus denen die Bauarbeiter stammen, um das Einschleusen von »Unruhestiftern« zu vermeiden. Alarmbereitschaft herrschte während der Konflikte zwischen Indien und Pakistan. Die Polizei und die Geheimdienste sorgen auch dafür, dass sich die Arbeiter nicht organisieren.

Die Menschenrechtsvereinigung »Human Rights Watch« weist jedes Jahr auf die Lage der Arbeiter und andere Menschenrechtsverletzungen in den Vereinigten Arabischen Emiraten hin. Sie würdigt die konstruktive Einstellung der Behörden, die ihre Arbeit nicht behindern. Sie stellt auch Verbesserungen fest, nannte aber zuletzt 2010 die Zustände als weiter »unbefriedigend«. Der Regierung gelinge es nicht, an die Wurzeln der Missstände zu gehen. Dazu zählt »Human Rights Watch« die Anwerbepraktiken in den Heimatländern mit den hohen Anwerbegebühren, die zu niedrigen Löhne und ein System, das dem Arbeitgeber eine völlige Macht über die Arbeiter gibt.

Fortschritte sind indes unbestreitbar. Um sicherzustellen, dass die Arbeiter ihre Löhne pünktlich ausbezahlt bekommen, hat die Regierung des Emirats Abu Dhabi im Juli 2009 die Unternehmen verpflichtet, die Löhne auf Bankkonten zu überweisen. Diese Vorschrift gilt seit Februar 2010 für alle Unternehmen, unabhängig von der Zahl der Beschäftigten. Damit kann das Arbeitsministerium verfolgen, wann Löhne ausbezahlt werden, und es geht gegen Unternehmen vor, die nicht pünktlich zahlen. Das Arbeitsministerium hat im Jahr 2010 eine Broschüre in zahlreichen Sprachen herausgebracht, in denen es die Arbeiter über ihre Rechte informiert. Mehrere Hunderttausend Exemplare wurden verteilt. Für die Arbeitgeber folgte eine ähnliche Broschüre, die sie auf ihre Pflichten aufmerksam macht. Außerdem nehmen die Vereinigten Arabischen Emirate an einem Pilotprojekt der »Internationalen Arbeitsorganisation« (ILO) teil, das den Berufsweg von 3000 asiatischen Arbeitern von der Anwerbung bis zur Rückkehr in ihre Heimat untersucht.

Neben den Arbeitern, die sich legal in den Vereinigten Arabischen Emiraten aufhalten, ist die Föderation auch ein Transitort für

Migranten, die illegal einreisen, und ein Umschlagplatz für Schmuggel. Eine Route für illegale Migranten verläuft aus dem Bürgerkriegsland Afghanistan über die pakistanische Stadt Quetta in den Südosten Irans, von wo sie aus dem Hafen Bandar Abbas durch die Meerenge von Hormuz in die Emirate übersetzen. Sie sind arbeitslos, ohne Ausbildung und schlagen sich jenseits der Legalität durch. Häufig werden sie aufgegriffen und abgeschoben. Über diese und ähnliche Routen gelangen auch Drogen in die Emirate. Aufgrund ihrer schwer kontrollierbaren Grenzen zur See und in der Wüste, aber auch aufgrund der größeren Freiheit im Vergleich zu anderen Staaten sind die Vereinigten Arabischen Emirate zu einem wichtigen Umschlagplatz für Drogen geworden. Im Durchschnitt verhaftet allein die Polizei von Dubai jeden Monat etwa hundert Personen, die mit Drogen handeln oder sie befördern. Daneben liefern sich in Dubai kriminelle Banden Kämpfe um den lukrativen Markt für Alkohol in den Arbeitscamps, in denen Alkohol grundsätzlich verboten ist. Im Januar 2009 wurde eine Bande festgenommen, zu der zwölf Inder und ein Pakistaner gehört hatten. Wenige Tage zuvor hatten sie zwei Mitglieder einer rivalisierenden Bande gefoltert und danach lebendig begraben. Um den anderen Banden »eine Lektion zu erteilen«, wie einer der Verhafteten bei der Polizei aussagte.

Besonders abstoßend ist der Menschenhandel mit Frauen, die mit allerhand Versprechungen in die Emirate gelockt, dort aber zur Prostitution gezwungen werden. Meist sind sie 15 bis 25 Jahre alt und stammen aus Asien und Osteuropa, auch aus Marokko und vor allem aus dem Irak. Zwei Frauenhäuser nehmen Frauen auf, die Opfer des Menschenschmuggels oder häuslicher Gewalt geworden sind, in Dubai seit 2007 und in Abu Dhabi seit 2009. Afra al-Basti, die Leiterin des Frauenhauses in Dubai, erzählt von dem Fall eines Mädchens, das noch keine 15 Jahre alt war, als es sein Vater verkaufte. Ihre Mutter war gestorben, als sie noch klein war, und sie wuchs in einem Haus der Gewalt auf. In Dubai kam sie Anfang 2009 an. Zunächst tanzte sie auf Partys, dann wurde sie unzählige Male vergewaltigt. Irgendwann habe sie aufgehört zu zählen, schildert al-Basti. Bei einer Polizeirazzia wurde sie gefunden und gelangte in das Frauenhaus. Sie war abgemagert und litt unter Verhaltensstörungen. Wie ein zerbrochener Spiegel sei das Mädchen gewesen, und nun versuche man, seine Teile wieder zusammenzufügen.

Seit 2006 haben die Vereinigten Arabischen Emirate ein Gesetz gegen den Menschenhandel. Die Polizei veranstaltet Workshops zur Bekämpfung von Zuhälterringen und betreibt eine Hotline, an die sich die Frauen wenden können. Immer wieder hebt die Polizei illegale Bordelle und Zuhälterringe auf, stellt die Zuhälter vor Gericht, wo sie verurteilt werden. Das Sexgewerbe ist aber derart lukrativ, dass immer wieder junge Frauen mit dem Versprechen ins Land gelockt werden, einen ordentlichen Beruf wie den einer Hotelrezeptionistin oder Verkäuferin auszuüben oder in einer Familie zu arbeiten. Auf dem Flughafen werden sie abgeholt, sie geben ihren Pass ab und merken erst auf der Fahrt in die Stadt, dass eine andere Zukunft auf sie wartet.

Immobilienkrise: Die Gier der Spekulanten

Jahrzehnte war Dubai immer nur gewachsen. Lediglich eine Richtung schien es zu geben, immer weiter nach oben. Dann stürzte Dubai in eine Krise. Ganz unerwartet geschah das nicht. Denn Dubais Wachstumsmodell hatte einen Konstruktionsfehler: Es verließ sich zu sehr auf die Immobilien als Motor. Über stets neue Immobilien sollte die Stadt wachsen, sie sollten Raum schaffen für weitere Unternehmen und zusätzliche Einwohner, die sich niederlassen. Über neue und lukrative Immobilienprojekte sollte zudem das Kapital angezogen werden, das das ölarme Dubai nicht hat. Über Jahrzehnte ging die Rechnung auf. Denn die ölreichen Nachbarn Dubais suchten nach attraktiven Anlagemöglichkeiten, und sie fanden sie in Dubai. Zudem richteten viele Bürger aus unfreien Staaten, ob aus Iran, Saudi-Arabien oder Pakistan, für sich und ihre Familien in Dubai ein Refugium ein. Selbst die prosperierende Mittelschicht Indiens entdeckte Dubai und dessen Lebensqualität.

Eine Blase war das solange nicht, solange es genügend Nachfrage gab. Es entwickelte sich aber eine Art Immobilienrausch. Alle dachten, die Party würde niemals enden. Das trat jedoch ein, als mit dem Beginn der globalen Finanzkrise die Kapitalströme versiegten. Erstmals standen Immobilien leer, und die Nadel, die diese Blase zum Platzen brachte, hieß Lehman Brothers, die amerikanische Investmentbank, die im September 2008 Insolvenz anmeldete und damit das Weltfinanzsystem nach unten zog. In Dubai gingen die Rechnungen fortan nicht mehr auf. Die Immobilienentwickler hatten kein Geld mehr, um weiterzubauen; denn die Käufer hatten kein Geld mehr oder wollten nichts mehr ausgeben. Am Ende der Fahnenstange saßen die Bauunternehmen. Die Käufer konnten ihre Verträge gegenüber den Immobilienentwicklern nicht erfüllen und zahlten nicht mehr. Damit konnten die Immobilienentwickler die Bauunternehmen nicht mehr bezahlen. Die Liquidität, auf der diese so schöne Traumwelt lange beruhte, war ausgetrocknet. Viele Bauprojekte waren aber bereits begonnen. Sie blieben vorerst unvollendet, und was fertiggestellt wurde, drückte die Preise. Im Jahr 2010 kamen nach Schätzungen der Credit Suisse 47 000 neue Wohneinheiten auf den Markt. Die Bank schätzt, dass der Leerstand von Ende 2009 bis 2011 von 17 000 Einheiten auf 52 000 Einheiten zunimmt. Andere Branchen werden bald aus der Krise sein. Für die Immobilienbranche wird das am längsten dauern. Die Preise auf dem Immobilienmarkt purzelten. Vom Beginn der Krise im vierten Quartal 2008 bis zum Jahr 2010 sind sie um mehr als die Hälfte gefallen. Die Büromieten hatten damit wieder das Niveau von 2004 erreicht, die Wohnmieten von 2003. Das lockte jene nach Dubai zurück, die durch die hohen Mieten in das benachbarte Emirat Sharjah vertrieben worden waren. Auch lockten die niedrigen Immobilienpreise viele an, die Arbeit in Abu Dhabi gefunden hatten. Dort blieben die Mieten so hoch, wie sie in Dubai zu Beginn der Krise gewesen waren. 2010 sollen jeden Tag 40 000 in Abu Dhabi Beschäftigte vom billigeren Dubai aus zu ihrer Arbeit in die Hauptstadt gependelt sein. Noch heftiger traf es die Büroimmobilien. Als sich ein Überangebot bei Wohnraum abzeichnete, investierten viele nur noch in kommerzielle Immobilien. Wenn alle laufenden Projekte 2011 fertiggestellt sind, wird die Hälfte der Büroimmobilien leer stehen.

Neue Projekte wurden mit dem Beginn der Krise nicht mehr begonnen. Damit reduzierte sich der Bedarf an Bauarbeitern. Denn ein Wohnblock mit 5000 Wohnungen hatte 20 000 Bauarbeitern ein Einkommen verschafft. Einige von ihnen konnten in Abu Dhabi weiterarbeiten. In der Krise rächte sich, dass die großen Immobilienentwickler über viele Jahre zu viel in die falschen Immobilien investiert hatten. Sie hatten auf hochwertige, auf Luxusimmobilien gesetzt, die weniger lukrativen mittleren und unteren Preissegmente aber vernachlässigt. Da die Krise alle traf, reichten auch Preissenkungen nicht aus, um für die Luxusimmobilien mittlere Angestellte mit ihren Familien zu gewinnen. Früher als die Bauherrn von Wohnimmobilien hatten die Hotelgesellschaften erkannt, dass Dubai, das schließlich bis 2015 die Zahl der Urlauber auf 15 Millionen verdoppeln will, nicht noch mehr Fünfsternehotels braucht, sondern auch Hotels, in denen eine Übernachtung weniger als hundert Dollar kostet.

Dubai war eine Beute der Gier von Spekulanten geworden. Unter ihnen befanden sich Investoren aus aller Welt, aber auch kleine Anleger, die nun ihre Ersparnisse verloren und sich häufig verschuldet hatten. »Off-Plan-Käufe« und »flippen« hießen die Begriffe, die viele um den Verstand gebracht haben. Bei dem »Off-Plan-Modell« wurden Immobilienprojekte finanziert, indem sie verkauft wurden, bevor der Bau überhaupt begonnen hatte. Diese Praxis setzte eine spekulative Lawine in Gang. Die Preise für die Immobilien stiegen so schnell, dass die Käufer nun zu »flippen« begannen. Sie verkauften die neu erworbene Immobilie, die noch gar nicht gebaut wurde, mit einem kräftigen Aufschlag an einen Zweitkäufer, bevor die erste Rate fällig wurde. Das Roulette wurde immer lukrativer, der Rausch steigerte sich. Statt nur einem Vertrag hielten nun auch Kleinanleger mehrere Immobilienverträge in der Hand. Vor der Krise waren sie diese auch schnell immer wieder losgeworden. Dann begrub die Lawine alle unter sich. Spekulanten ohne Liquidität blieben auf ihren Objekten sitzen. Nicht wenige »Flipper« landeten im Gefängnis, weil sie ihre Schulden nicht zahlten. So will es das Gesetz in Dubai.

Von einem Kater am Tag danach zu sprechen, wäre eine Untertreibung. Die Selbstreinigung, die einsetzte, war indes heilsam. Viele der Abenteurer, die dem Ruf von Dubai geschadet hatten, waren nun weg. Das Emirat konnte sich wieder auf seine Stärken besinnen. Etablierte Branchenansiedlungen im »Cluster«-Konzept wie die Internet City und die Media City waren von der Krise kaum betroffen. Ihre Mieter sind seit vielen Jahren in Dubai. Selbst die Finanzzone des DIFC musste jedoch Federn lassen, mehr als Hundert Finanzinstitute kündigten. Jüngere Wirtschaftsstädte wie die Silicon Oasis und der Biotechnology and Research Park mussten Rückschläge einstecken. Was noch in den Anfängen steckte, wie die Health City und die Knowledge City, wurde um Jahre zurückgeworfen.

Eine Folge der Krise war es, dass die Preise nachgaben, eine zweite, dass die Rechtsstreitigkeiten zwischen den Immobilienentwicklern und den Käufern zunahmen. So hatte der Immobilienentwickler des prestigereichen Projekts »Business Bay« um den Burj Khalifa, die Firma Dubai Properties, die Käufer im Juni 2009 wissen lassen, dass die 2200 Wohnungen in den elf Wohntürmen am 22. Juli bezugsfertig seien und die Zeit für die letzte Rate gekommen sei. Dubai Properties strich die Raten ein, stellte das Projekt aber noch lange nicht fertig. Andere Projekte waren nur zum Teil fertig, die Käufer konnten die Ratenzahlungen nicht mehr leisten und wollten die Kaufverträge annullieren. Sie wollten ihre Raten zurück. Die Lage spitzte sich zu. Was tun? Das Emirat Dubai schaffte Rechtssicherheit. Es novellierte den Artikel 11 aus dem Immobiliengesetz des Jahres 2008, der das »Off-Plan-Modell« regelt, und schaffte damit Transparenz. Zudem erließ die Aufsichtsbehörde für den Immobilienmarkt, Rera, neue Richtlinien. Sie legte fest, dass der Verkauf einer Immobilie erst dann erfolgen kann, wenn mindestens zwanzig Prozent gebaut worden sind. Höher legte sie ferner die Messlatten für die Kapitalisierung der Immobilienentwickler. Der Spekulation wurde ein Riegel vorgeschoben.

Ein Motiv der Änderungen war es, die Grundsätze der traditionellen Projektfinanzierung auch im Immobilienmarkt einzuführen. Nun kauft also der Bauherr mit seiner Liquidität das Grundstück, und Kredite finanzieren den Bau. Ein zweites Motiv bestand darin, den angeschlagenen Immobilienentwicklern eine Hilfestellung zu geben. Die meisten von ihnen waren und sind, juristisch oder zumindest faktisch, in Staatsbesitz, wie Emaar, Nakheel und Deyaar. Die Gesetzesänderung beseitigte für sie die Gefahr, in hohem Umfang angezahlte Raten zurückzahlen zu müssen. Dem Käufer bleibt seither nur die Möglichkeit, auf Leistungsverzug und andere Vertragsverletzungen zu klagen und auf dieser Basis eine Rückabwicklung des Kaufvertrags zu verlangen.

Trotz dieser Hilfestellung für die Immobilienentwickler verwandelte die Krise die Immobilienbranche erstmals in einen Käufermarkt. Die Spekulanten sind verschwunden. Gekauft werden nur noch fertige Immobilien, Lage und Qualität spielen eine Rolle. Erstmals sind die Entwickler bereit, mit Käufern zu verhandeln. Viele Käufer drängten daher erfolgreich auf einen Preisnachlass, auf ein kleineres Objekt oder die Umschreibung auf ein bereits fertiges Projekt. Pionier bei der Entwicklung kreativer Lösungen zur Minimierung der Zahlungsunfähigkeit der Käufer war der Immobilienentwickler Deyaar. Der Deutsche Markus Giebel hatte das Unternehmen als Chief Executive Officer übernommen, kurz bevor die Krise ausgebrochen war. Dann war jeder zweite Käufer von Deyaar in der Krise zahlungsunfähig geworden. Mit einem fünfstufigen Plan reduzierte er die Ausfälle, die sein Unternehmen belasteten, auf weniger als zehn Prozent.

In einem ersten Schritt verlängerte er die Zahlungsfristen für fällige Raten, in einem zweiten senkte er nachträglich die Kaufpreise für die Wohnungen. Damit erhöhte sich der Anteil der bereits gezahlten Raten am Kaufpreis, und der Käufer konnte zur Finanzierung des Restbetrags leichter ein Hypothekendarlehen aufnehmen. Drittens bot er jenen, die zwei oder mehr Immobilien gekauft hatten, an, ihre angezahlten Raten auf eine Immobilie zusammenzulegen. Über die damit frei gewordenen Immobilien konnte Deyaar viertens Bauprojekte einstellen oder ganz annullieren.

In einem fünften und letzten Schritt legte Deyaar gemeinsam mit einer Bank in Dubai einen Fonds in Höhe von umgerechnet vierzig Millionen Euro auf. Der Fonds kaufte von Deyaar Immobilien auf, deren Käufer die Raten nicht zahlen konnten. Die Änderung des Gesetzes 13 hatte das erleichtert. Es legte fest, dass ein Käufer, der dreißig Prozent an einem Projekt, das zu achtzig Prozent fertiggestellt ist, angezahlt hat, davon nichts zurückbekommt, sollte er die weiteren Raten nicht mehr zahlen können. Hat der Bau aber noch nicht begonnen, erhält der Käufer siebzig Prozent der angezahlten dreißig Prozent zurück. Dadurch kam der Fonds günstig in Besitz von Immobilien. Wenn sich der Markt erholt hat, wird er sie mit Gewinn wieder verkaufen.

Giebel selbst hat die Umsetzung des fünften Schrittes nicht mehr an der Spitze von Deyaar erlebt. Sein Modell ist mehrfach international ausgezeichnet worden. Der Eigentümer von Deyaar hatte sich mit ihm aus anderen Gründen überworfen, mit einem der Manager Dubais, der am erfolgreichsten mit der Krise Dubais umgegangen ist. Im April 2010 wurde er entlassen. Solches Verhalten ist ebenfalls Teil der Krise und Geschäftspraktiken Dubais.

Schuldenkrise: Die Rechnung für Übermut

Die Investmentbank Lehman Brothers meldete am 15. September 2008 Insolvenz an. In Dubai aber taten alle so, als ginge sie das nichts an, als ginge überhaupt die Krise an ihnen vorüber. Das Hotel Atlantis, an der Spitze der künstlich aufgeschütteten Inselgruppe Palm Jumeirah gelegen, wurde am 20. November 2008 mit einer rauschenden Festnacht und einem der größten Feuerwerke in der Geschichte der Menschheit eröffnet. Kurz zuvor hatte der Immobilienentwickler Nakheel, der die Palmeninsel gebaut hatte, auf der Immobilienmesse »Cityscape« einen Turm vorgestellt, den »Nakheel Tower«, der höher als tausend Meter sein sollte. Der Konkurrent Emaar baute ja an dem 828 Meter hohen Burj Khalifa, damals noch der Burj Dubai.

Der zur Schau gestellte Optimismus trog. Nakheel hatte Milliarden Dollar im Meer versenkt, um zwei weitere, noch größere Palmeninseln zu bauen sowie »The World«, eine Inselgruppe in der Form der Weltkarte. Die Krise hatte die Nachfrage für diese Projekte jedoch weggefegt, und für die angehäuften Schulden war kein Wert geschaffen worden. Nakheel stand vor der Pleite und damit auch Dubai World, die Muttergesellschaft. Sie rief am 25. November 2009 ein Schuldenmoratorium aus. Am Vorabend des muslimischen Opferfestes setzte sie ihre Gläubiger in Kenntnis, dass sie sechs Monate den Schuldendienst aussetzen und die Zeit für eine Umschuldung von 26 Milliarden Dollar nutzen wolle. Die Nachricht schlug wie eine Bombe ein. Nakheel hatte im Laufe des Jahres 2009 mangels Nachfrage 12 000 Beschäftigte entlassen und Projekte wie den »Nakheel Tower« gestrichen. Am 31. Juli 2009 hatte die Muttergesellschaft Dubai World bekannt gegeben, ihre Verbindlichkeiten beliefen sich auf sechzig Milliarden Dollar. Mit der Notbremse des Schuldenmoratoriums hatte jedoch außerhalb von Dubai keiner gerechnet oder davon gewusst, nicht einmal die Zentralbank in Abu Dhabi.

Vieles hatte im Gegenteil auf eine Entspannung gedeutet. Am 22. Februar 2009 hatte Dubai eine Anleihe von zwanzig Milliarden Dollar aufgelegt, von der am selben Tag die Zentralbank in Abu Dhabi die Hälfte zeichnete. Die Finanzmärkte deuteten die erfolgreiche Platzierung der fünfjährigen Anleihe als starkes Signal, dass Dubai seine Verbindlichkeiten werde bedienen können und dass die Märkte wieder über Liquidität verfügten. Im September gab Dubai World bekannt, man spreche mit einigen Banken über die Umschuldung von zwölf Milliarden Dollar. Im Oktober nahm die Regierung Dubais erstmals wieder auf den Kapitalmärkten 1,93 Milliarden Dollar auf, und am 10. November 2009 versicherte der Emir von Dubai, Scheich Muhammad bin Rashid Al Maktoum, in einer Rede vor internationalen Investoren, die Talsohle sei durchschritten und es gehe wieder aufwärts.

Den größten Teil seiner Schulden hatte Dubai für wirtschaftlich sinnvolle Projekte aufgenommen. Andere Staaten nehmen Kredite auf, um sie in marode Sozialversicherungen zu pumpen. Dubai finanzierte die Metro, baute die Flughäfen und den Seehafen aus, legte eine Infrastruktur an, die in der arabischen Welt ihresgleichen sucht. Aber riskante Projekte wie die zweite und dritte Palmeninsel waren dem Emirat nun zum Verhängnis geworden. Damit hatte allein Nakheel Schulden von mehr als zehn Milliarden Dollar am Hals. Es gab noch eine zweite Fehlkalkulation. Während des Booms ging Dubai von der langfristigen Finanzierung mit Laufzeiten von bis zu acht Jahren auf Kredite mit Laufzeiten von drei bis fünf Jahren über. Es wollte seine langfristigen Projekte mit billigem Geld finanzieren. Nun, als die Einnahmen ausblieben, stimmte die Kalkulation nicht mehr. Für 2010 waren Kredite von 13,1 Milliarden Dollar fällig, für 2011 von 19,5 Milliarden Dollar, für 2012 von 15,7 Milliarden Dollar.

Die Zuversicht war gespielt gewesen, die Kredite konnten nicht termingerecht bedient werden. Die Bedeutung von Dubai in der globalisierten Welt war inzwischen so groß, dass die Weltmärkte überaus nervös reagierten. Binnen Stunden vervierfachten sich die Absicherungskosten gegen Kreditausfallrisiken von Dubai auf 571 Basispunkte. Das war auch die Folge einer Informationspolitik, wie sie schlechter nicht sein konnte, und der völligen Intransparenz über die Vorgänge in Dubai. Daraus wurde ein Bumerang. Dubai hatte in ganz kurzer Zeit viel von dem Kapital an Vertrauen verloren, das es über Jahre aufgebaut hatte. Zur Umschuldung gab es keine Alternative. Am meisten drückte die Last bei Dubai World.

Um das Vertrauen wiederherzustellen, stellte das Emirat für Dubai World einen der erfahrensten und angesehensten Unternehmenssanierer ein. Aidan Birkett, der für die Wirtschaftsprüfungsgesellschaft Deloitte arbeitet, hatte in komplizierten Verhandlungen

bereits den Eurotunnel und das Wembley Stadion ins Leben zu-
rückgeholt, ebenso die Mediengruppe von Robert Maxwell und die
spanische Immobiliengruppe Immobiliaria Colonial. Dabei rettete
er Werte von mehr als hundert Milliarden Dollar. Nun hatte er eine
andere immobilienlastige Holding zu retten, Dubai World. Er musste eine Lösung für die Schulden in Höhe von 26 Milliarden Dollar
finden.

Birkett wurde faktisch anstelle von Sultan Ahmad Bin Sulayyem
Chef von Dubai World. Der hatte in zwei Jahrzehnten die kleine
Hafengesellschaft Dubai World zu einem milliardenschweren und
diversifizierten Konzern ausgebaut. Sein Vater hatte noch nach
Perlen getaucht, der Sohn hatte die Häfen von Dubai zusammenge-
legt, um den Seehafen Jebel Ali eine Freizone geschaffen und dann
Häfen in aller Welt aufgekauft, die Teil des Hafenbetreibers Dubai
Port World wurden. Der blieb auch in der Krise profitabel. Dubai
Port World (DP World) gab 2010 seine Aktiva mit 18,5 Milliarden
Dollar an und seine Schuldenlast mit acht Milliarden Dollar.

Der Vater hatte aber auch bereits mit Immobilien Geld verdient,
der Sohn erkor sie nun zum zweiten Standbein der Holding. Dazu
gründete er die Immobilienentwickler Nakheel und Limitless. Nakheel baute Palmeninseln und Malls, Limitlesss wollte in einem
Stadtteil Dubais Kanäle in einer Länge von 75 Kilometern anlegen,
wie in Venedig. Als drittes Standbein kam das Investmentvehikel
Isthithmar hinzu, das weltweit lukrative Immobilien kaufte und
sich etwa an der britischen Bank Standard Chartered beteiligte.
Aber die Palmeninseln zeigten der Welt nicht, dass Dubai keine
Grenzen kennt. Stattdessen zeigten sie Dubais Grenzen auf. Auf
Wagemut war Übermut gefolgt. So hatte Sultan Ahmad Bin Sulayy-
em Dubai in die Krise gestürzt.

Aus der führte der Sanierer Aidan Birkett das Emirat wieder heraus. Im Dezember 2009 traf er sich erstmals mit den wichtigsten
Gläubigerbanken. Birkett informierte die Gläubiger frühzeitig und
sicherte sich die informelle Zustimmung der wichtigsten Gläubigerbanken. Dadurch sollte das Abspringen kleinerer Banken verhindert werden. Die großen Gläubiger hatten Bob Hedger von der Royal Bank of Scotland an die Spitze ihrer Delegation berufen, die mit
Dubai World verhandelte. Das erleichterte das Geschäft. Birkett
und Hedger kannten sich von mehreren Großprojekten. Jeder
wusste, wie der andere denkt.

Im März 2010 einigten sich Dubai World und die sieben größten Gläubiger, die sechzig Prozent der Kreditsumme hielten, auf die Grundzüge einer Umschuldung. Ihr stimmten sie im Mai offiziell zu. Dazu gehörten die Royal Bank of Scotland, Standard Chartered, HSBC, Lloyds, Emirates NBD, Abu Dhabi Commercial Bank und die Bank of Tokyo Mitsubishi. Dem schlossen sich im September zähneknirschend die 73 kleineren Banken an, die wesentlich kleinere Außenstände hatten. Birkett hatte seine Verhandlungspartner mit der Alternative konfrontiert, alles abzuschreiben oder aber seinem Plan zuzustimmen. Eben hatte das Emirat Dubai ein neues Konkursgesetz verabschiedet. Birkett hätte es auf Dubai World anwenden können.

Am 10. September 2010 hatten damit alle der von Birkett vorgeschlagenen Umstrukturierung zugestimmt. Nach fast zehn Monaten Krise konnte Dubai World seine Geschäfte wiederaufnehmen. Die Einigung war trotz der Komplexität des Falls und der großen Gläubigerzahl rasch zustande gekommen. Sie ist ein Markstein in der jüngeren Finanzgeschichte des Emirats. Vereinbart wurde, Bankkredite von 4,4 Milliarden Dollar über einen Zeitraum von fünf Jahren mit einen Zinssatz von einem Prozent zurückzuzahlen. Weitere Bankkredite von zehn Milliarden Dollar werden über acht Jahre zu variablen Zinsen zurückgezahlt. Die Regierung des Emirats willigte ein, ausstehende Forderungen von 8,9 Milliarden Dollar in Kapital umzuwandeln und neues Kapital von 1,5 Milliarden Dollar bereitzustellen. Parallel stießen Gesellschaften von Dubai World lautlos Akquisitionen ab, um Liquidität zu schöpfen. So soll Istithmar World Beteiligungen im Wert von mindestens 850 Millionen Dollar verkauft haben. Zuvor hatte das Investmentvehikel weltweit Beteiligungen im Wert von 11,6 Milliarden Dollar erworben.

Mit der Einigung bei Dubai World öffnete sich für das Emirat Dubai wieder der Zugang zu den internationalen Finanz- und Kapitalmärkten. Am 30. September 2010 platzierte Dubai eine neue Anleihe von 1,25 Milliarden Dollar. Der vorgelegte Prospekt bezifferte die Verschuldung der Regierung von Dubai, also ohne die staatlichen Unternehmen, auf umgerechnet 28,9 Milliarden Dollar, was 35 Prozent der Wirtschaftsleistung des Emirats entsprach. Etwa ein Zehntel davon entfiel auf die Metro. Ein Großteil des Rests waren Fälligkeiten aus der Finanzierung des Ausbaus der beiden Flughäfen sowie von Dewa, dem Versorger für Strom und Wasser.

Neben Dubai World hatten zwei weitere Unternehmen um Zahlungsaufschub gebeten. Die Dubai Investment Capital (DIC), eine Tochtergesellschaft der Dubai Holding, hatte mit ihren Kreditgebern einen Zahlungsaufschub für einen Kredit von 2,6 Milliarden Dollar um drei Monate vereinbart, und eine weitere Tochtergesellschaft, die Dubai Holding Commercial Operations Group (DHCOG), schob eine Rückzahlung von 555 Millionen Dollar um zwei Monate auf. Beides hatte auf den Märkten vorübergehend wieder Unruhe ausgelöst. Finanzkreise schätzten die ausstehenden Verbindlichkeiten der Dubai Holding und ihrer Tochtergesellschaften auf zwölf bis 15 Milliarden Dollar. Im Jahr 2010 pumpte die Regierung Dubais zwei Milliarden Dollar Liquidität in die Dubai Holding, und die Dubai Group, eine ihrer Tochtergesellschaften, nahm Verhandlungen über eine Umschuldung auf.

Auch Nakheel war noch nicht über den Berg. Die Regierung des Emirats pumpte 8 Milliarden Dollar in den Immobilienmarkt, die dem Immobilienentwickler zugutekommen sollten. Das Vertrauen der Bauunternehmen und Lieferanten wurde teilweise wiederhergestellt, indem Nakheel ihnen vierzig Prozent ihrer Außenstände bar auszahlte und den Rest in handelbaren Wertpapieren des Unternehmens. Birkett wusste um die Bedeutung von Nakheel:»Mit einer Lösung für Nakheel hat man eine Lösung für die Immobilienbranche und damit für Dubai.« Im Sommer 2010 konnte Nakheel die Arbeit an sechs eingestellten Großprojekten wiederaufnehmen.

Eine Folge der Krise ist, dass sich Dubai wieder stärker auf seine traditionelle Rolle als Drehscheibe für Menschen und Güter besinnt. Neben dem Handel und Transport sollen auch der Tourismus und einige Industrien ausgebaut werden. Die Bedeutung der Immobilien und Finanzdienstleistungen, die in den vergangenen Jahren das Wachstum getrieben hatten, soll jedoch schrumpfen. Eine zweite Folge der Krise ist das Zusammenwachsen der sieben Emirate der Föderation.

Die Schuldenkrise hat das Gleichgewicht innerhalb der Vereinigten Arabischen Emirate zugunsten der Hauptstadt Abu Dhabi verschoben. Abu Dhabi hatte 2009 nach Dubai etwa 26 Milliarden Dollar überwiesen. Im Februar 2009 hatte die Zentralbank mit zehn Milliarden Dollar eine Anleihe aus Dubai gezeichnet, am 14. Dezember 2009 stellte Abu Dhabi dem Konzern Dubai World zehn Milliarden Dollar bereit, um laufende Projekte fortzusetzen. Wenige Stunden vor der Bekanntgabe des Schuldenmoratoriums am 25. November 2009 hatte Abu Dhabi weitere fünf Milliarden Dollar gezahlt. Das war offenbar weniger als erwartet, und Dubai sah zu einem Zahlungsaufschub keine Alternative. Ungewiss blieb, was Abu Dhabi zu dieser Zurückhaltung bewogen hat. Das reiche Emirat erkaufte sich mit den Hilfen Mitsprache an wirtschaftlichen Entscheidungen, möglicherweise auch Aktiva an Staatsunternehmen. Ein anonym gebliebener Sprecher des Emirats Abu Dhabi sagte, man prüfe sehr genau, in was man investiere. An unvollendeten Palmeninseln ist Abu Dhabi nicht interessiert.

Das Übermorgenland von gestern war zum Sanierungsfall geworden, und Abu Dhabi wurde zum weißen Ritter. Aber Dubai mit seiner modernen Infrastruktur wird nicht unter dem Sand verschwinden. Die zweite und die dritte Palmeninsel und der tausend Meter hohe Turm werden niemandem fehlen. Man muss die Relationen im Auge behalten. Die Auslandsverschuldung der Vereinigten Arabischen Emirate war 2009 nur halb so groß wie ihr Bruttoinlandsprodukt, und Dubai weiß Abu Dhabi an seiner Seite, das viel Erdöl exportiert und wenig verschuldet ist. Nun setzt Abu Dhabi dazu an, Dubai an der Spitze der Entwicklung abzulösen.

■ Die Sinnkrise: Flucht aus dem Paradies

Sicher greifen die Zehen in das Drahtseil, mit einer Stange hält der Akrobat die Balance. Im heißen Wüstenwind wiegt er sich hin und her. Er fällt aber nicht. Dafür hat der polnische Bildhauer Jotka gesorgt. Zwischen den Mauern des Finanzdistrikts von Dubai balancieren dreißig seiner Akrobatenskulpturen. Kein Sicherheitsnetz würde sie auffangen. Einen aber ließ Jotka doch abstürzen und in einem Wasserbecken landen. Jotkas Figuren symbolisieren die globale Finanzwirtschaft als Hochseilakrobatik. Sie symbolisieren auch das Jonglieren Dubais über dem Abgrund der Krise.

Nicht wenige Schadenfrohe sehen Dubai schon abgestürzt. Lange war Dubai das prickelnde »Übermorgenland«, nun war die Häme groß. An die Spitze der Dubai-Beschimpfer stellte sich die britische Presse. Von Einzelschicksalen schloss sie auf das Ganze, beschwor »Ökozid und Sklaverei«, geißelte eine »mittelalterliche Diktatur« und die »Kathedralen des Konsumerismus«. In abendfüllenden Programmen ergriff die Islamische Republik Iran die Gelegenheit, seiner nach Freiheit und Wohlstand dürstenden Bevölkerung den Traum vom Paradies Dubai auszutreiben. Eine weltweite Schadenfreude darüber hatte eingesetzt, dass sich der flinke Aufsteiger eine blutige Nase holte. In der Ära des schnellen Geldes war Dubai Synonym für den Erfolg des Kapitalismus und der Globalisierung geworden. In der neuen Ära der Bankrotte und des Scheiterns alter Weisheiten will die Welt dem opulenten Treiben Dubais nicht länger zusehen.

Alle Welt hatte über Dubai gesprochen. Über das weiße Segel als Hotel, die Palmen als Insel, den Turm als das höchste Gebäude der Welt. Alles schien machbar, auch der Aufstieg in die Champions League der Metropolen. In einem Sprung und gerade einmal zwei, drei Jahrzehnten wollte Dubai dorthin gelangen, wozu andere Städte mehrere Sprünge und einige Jahrhunderte benötigt hatten. Jeder vierte Kran der Welt drehte sich in Dubai.

Der Rausch zog immer mehr Kapital an, und die Immobilienbranche wuchs zu einer Blase. »Immobilien waren nicht mehr Orte, in denen einmal Menschen leben sollen, sondern bloße Spekulationsobjekte«, sagt Ralf Schwiede, der beim Immobilienmanager Drees & Sommer das Nahost-Geschäft geleitet hat und sich nun, da er an die Zukunft Dubais glaubt, selbständig machte. Bevor auch nur ein Stein gemauert wurde, war das Gebäude in schneller Folge vielfach verkauft. Jedermann kaufte Häuser und »flippte« sie. Alle hatten sich an dem Karussell beteiligt, und keinem kam in den Sinn, dass der Croupier bald rufen könnte: »Rien ne va plus.« Im Oktober 2008 ging diese Party zu Ende.

Als die Ägypterin Rim al-Bayar vor wenigen Jahren nach Dubai kam, hatte sie zuvor einige Zeit in den Vereinigten Staaten gelebt.»Ich glaubte, ich sei zurück in Kalifornien angekommen«, sagt sie. Dubai habe große Ähnlichkeit mit Los Angeles. Mit den geschlossenen Wohnsiedlungen und den Einkaufszentren, den Compounds und den Malls, mit dem gleichen Schulsystem, den Schwimmbassins für Kinder, mit Starbucks und den Luxushotels.»In der Nachbarschaft erinnern aber Moscheen daran, dass ich in Dubai lebe und nicht in Los Angeles.« Nein, sie vermisse nichts.»Denn ich lebe hier ja in der westlichen Welt und zugleich in einem arabischen Land.«

Dubai ist Amerika näher als Europa. Stark von Amerika ist der»way of life« beeinflusst, auch die unternehmerische Dynamik. Das erfuhr Martin Berlin, der 2001 für McKinsey in Kuala Lumpur gearbeitet hatte, als ihn Dubais Emir abwarb und zu einem seiner strategischen Planer machte. Einmal gab er ihm ein großes Stück Land und beauftragte ihn, eine»Health City« zu planen, einen Stadtteil, der sich um Krankenhäuser und die medizinische Versorgung dreht. In Deutschland konnte er niemanden für ein Engagement begeistern, in den Vereinigten Staaten benötigte er indes nicht lange, um die Harvard Medical School zu ihrem ersten Engagement außerhalb von Boston zu bringen.

Gesundheit ist einer von Dubais»Clustern«, der branchenbezogenen Netzwerke, die Unternehmen entlang einer Wertschöpfungskette bilden. Transport und Tourismus waren die Ersten, der Flughafen und die Fluggesellschaft»Emirates« also, der Tiefseehafen Jebel Ali mit der großen Freizone, schließlich die luxuriösen Hotels. Bis zum Jahr 2010 sollten Cluster zur Informationstechnologie und den Medien entstehen, für das Gesundheitswesen und die Universitäten. Die in den neunziger Jahren formulierte Strategie sah für 2015 die Biomedizin und die Nanotechnologie vor.

»Cluster« heißt das eine Zauberwort,»Hub« das zweite. Jeder»Cluster« soll auf eine Region mit mehr als einer Milliarde Einwohnern ausstrahlen, deren Zentrum zunehmend Dubai wird. In Dubai siedelten sich internationale Unternehmen an, um von hier eine Region vom Atlantik bis nach Zentralasien zu bearbeiten, vom Kaukasus bis Kapstadt. Sie kamen wegen der liberalen Wirtschaftsordnung, auch wegen der persönlichen Freiheiten und des westlichen Lebensstils. Frauen sind in Dubai freier als in jedem anderen arabischen Land und können sich kleiden, wie sie wollen.

Inbegriff dieser Freiheit ist der noble»Dubai Marina Club«. Unter Palmen und an türkisblauen Pools treffen sich dort die Reichen und die Schönen. In einem der Edelrestaurants oder im Nachtklub, der vergessen lässt, dass Dubai Teil der arabischen Welt ist. Auch hier ist die Krise zu spüren, vor allem bleiben die Touristen aus.»Früher lagen die Dollar-Bündel locker in der Hand der Russen«, sagt ein Angestellter. Wegen der Krise seien die Besucherzahlen auf ein Viertel geschrumpft. Und die in Dubai lebenden Expats kämen nur noch, wenn ihre Gehälter ausgezahlt würden.

»Disneyland für Erwachsene« lautet ein oft zu hörendes (Vor-)Urteil über Dubai. Bei den in Dubai lebenden Ausländern kommt das nicht gut an. Die Fassade mag wie Disneyland aussehen. Die meisten müssen in Dubai aber härter arbeiten als in ihrem Heimatland. Natürlich gebe es eine Schicht von Leuten, die von den Freizeitangeboten der Luxushotels angezogen würden und angezogen werden sollen, räumt ein Europäer ein.»Sie sind es aber nicht, die Dubai am Laufen halten.« Aufgrund der öden Wüste leiste man sich hier eben einen Spaß, der andernorts als unanständig eingestuft werde, sagt ein anderer. Und ein Dritter meint, in der euphorischen Hochstimmung habe man hier mehr Geld verdient als zu Hause und sich daher einen opulenten Lebensstil geleistet.»Wir mussten in Urlaub fahren, um wieder einen Sinn für die Realität zu bekommen.«

Gulbuddin, der Taxifahrer aus Peshawar, lebte nie in dieser Traumwelt. In guten Zeiten blieben ihm nach einem langen Arbeitstag umgerechnet sechzig Euro, heute sind es keine zwanzig Euro mehr. In zwei Monaten zahlt ihm sein Arbeitgeber einen Heimflug.»Natürlich werde ich hierher zurückkehren«, sagt Gulbuddin trotzig.»Denn Dubai ist besser als die Taliban, und irgendwann wird es hier wieder aufwärtsgehen.«

Viele aus dem Fußvolk der Globalisierung kehren Dubai aber freiwillig den Rücken oder werden entlassen. Drehen sich die Kräne nicht mehr, braucht man keine Bauarbeiter. Ganz dem Zufall bleibt es aber nicht überlassen, wer gehen muss. Die Ministerien für Wirtschaft und Inneres stimmen sich ab, und sie ziehen die Botschaften Indiens und Pakistans hinzu. Die Entlassungen sollen nicht die kritische Masse erreichen, sodass in Dubai Unruhe entsteht, und die Rückkehr der Arbeiter soll nicht deren Heimatländer destabilisieren.

Selbst das staatliche Radio Dubais geht davon aus, dass im Krisenjahr 2009 die Einwohnerzahl von 1,9 Millionen um ein Zehntel geschrumpft ist. Nahezu alle Firmen bauten ab, Nakheel hat die Hälfte seiner Belegschaft entlassen. Innerhalb eines Monats hatte in der Vergangenheit Dubai verlassen müssen, wer keine Arbeit mehr hatte. Im April 2009 verlängerte die Regierung Dubais die Gnadenfrist auf sechs Monate. Opfer der Bereinigung wurden überwiegend junge, hochbezahlte Singles, die in Dubais Neuauflage des Dotcom-Booms kräftig mitverdient haben. Die Heimreise traten auch jene an, die mit ihrer Familie übergesiedelt sind, deren Arbeit auf dem Bau, in einer Bank oder in einem Hotel nicht mehr gebraucht wurde. Nicht wenige stellten in der Krise am Flughafen ihr Auto ab, ließen ihre Schulden und Dubai hinter sich. Dubais Wirtschaft lebt mit Schecks, Mieten werden mit vorausdatierten Schecks für das kommende Jahr bezahlt, die Ratenkäufe erfolgen per Scheck, auch große Immobilienkäufe. Die Schecks werden eingelöst, selbst wenn der Schuldner kein Einkommen mehr hat. Ist ein ausgestellter Scheck nicht gedeckt, steht in Deutschland der Gerichtsvollzieher vor der Tür, in Dubai die Polizei. Laut Gesetz ist ein nicht gedeckter Scheck ein Verbrechen, und so landet der Schuldner im Gefängnis. Oder er setzt sich rechtzeitig ab und kehrt nie mehr zurück. Diese Geschichten würden anders ausgehen, hätte Dubai ein Insolvenzrecht. Die Verantwortlichen wollen nun rasch ein Insolvenzrecht vorlegen. »Dubai zerfällt in dieser Krise nicht zu Staub, denn es lernt schnell«, sagt Peter Goepfrich, der Geschäftsführer der deutschen Auslandshandelskammer in Dubai.

Dubai reagiert schnell auf exogene Schocks. Denn in einer Monarchie braucht es keine parlamentarischen Verfahren und keine Planfeststellungsverfahren, um Änderungen auf den Weg zu bringen. Erlasse des Emirs genügen. Das birgt Risiken. Die einheimische Bevölkerung aber ist mit dem System zufrieden, zumindest solange es ihr gutgeht. Die ausländischen Anwohner, die neunzig Prozent der Bevölkerung stellen, sind wiederum nicht aus politischen Gründen nach Dubai gekommen, sondern aus beruflichen. Anders als in brutalen Diktaturen können sich die wenigen dissidenten Stimmen in Dubai selbst zu Wort melden und müssen nicht das sichere Londoner Exil suchen.

In den Nachbarstaaten gilt der Emir, Scheich Muhammad bin Rashid Al Maktoum, als ein visionärer Führer. »Das ist doch einzigartig in der arabischen Welt«, sagt die Ägypterin Rim al-Bayar. »Der Emir gibt seinen Menschen etwas und ist deswegen akzeptiert, die ägyptische Führung aber nimmt von den Menschen.« Die ägyptische Zivilisation sei zwar Jahrtausende alt, Ägypten aber bewege sich zurück. Dubai werde hingegen weise regiert. Über das Etikett »mittelalterliche Diktatur« kann der Australier Michael Thorpe nur lachen. Der Wirtschaftsprofessor an der australischen Wollongong University von Dubai hatte früher in Hongkong gelebt und gearbeitet. »Damals, unter britischer Herrschaft, war Hongkong alles andere als eine Demokratie«, sagt Thorpe.

Dubais Fassade glitzert modern, die Herrschaftsform ist aber orientalisch, und noch mehr gilt das für die Werte der Einheimischen, die im eigenen Land längst eine Minderheit sind. Hinter dem Vorhang, durch den die

Einheimischen nach draußen blicken, der den Ausländern aber den Blick nach drinnen verwehrt, gibt es keine modernen Werte. »Das Hotel Burj al-Arab und der Turm Burj Khalifa lassen vergessen, dass Dubai bis heute eine Stammesgesellschaft ist«, sagt Bashar Barakat, ein im Jemen geborener deutscher Banker in Dubai. Mit sorgfältig gewählten Heiraten wird die Balance zwischen den Familien gewahrt, jung Verheiratete leben zunächst im Haus der Eltern des Bräutigams, und in den glitzernden Palästen wird vielfach noch auf dem Boden und mit der rechten Hand gegessen.

Nicht weit ist der Weg von den Palästen und vom Dubai Marina Club in den Stadtteil Satwa. Und doch liegen Welten dazwischen. Satwa ist kein Ort, in den sich ein Geländewagen verirrt, und keiner, in dem sich abends die Schickeria blicken lässt. In Satwa, auf das der Schatten des höchsten Turms der Welt fällt, lebt der untere Mittelstand, der indische Buchhalter und der pakistanische Fahrer, die philippinische Verkäuferin und der staatenlose Iraner. Mit der Schlichtheit seiner flachen Bauten, dem Strom an Fußgängern und dem Blick auf die Skyline hätte Satwa das Zeug für ein Szeneviertel. Daraus wird aber nichts. Gerade noch rechtzeitig verhinderte die Krise, dass hier das größte aller Großprojekte eines der wenigen gewachsenen Viertel Dubais zerstört hätte. Für mehrere Dutzend Milliarden Dollar sollte hier ein Klein-Venedig entstehen. Als die Krise einsetzte, hatten die Bagger glücklicherweise erst einen Riesenkrater ausgehoben.

Das Projekt ist annulliert. Die Stimmung in Satwa ist dennoch gedrückt. Viele wandern ab. Auf gut zehn Quadratmetern führt Rais einen Kleinladen. Bis unter die Decke ist alles für den täglichen Bedarf gestapelt. »Mein Umsatz hat sich seit Januar halbiert«, klagt der Inder. Noch schlechter geht es dem Fahrer Abdul. Er wartet vor seinem Kleinlastwagen zwischen der Moschee und dem Postamt auf Aufträge. Früher habe er am Tag hundert Euro umgesetzt, heute sei er für zwanzig Euro dankbar. Das reiche für das Essen und gerade noch für die Miete. »Es ist nicht mehr wie früher, keiner hat in Satwa mehr Umsatz.«

Immerhin gehören Rais und Abdul nicht dem Heer der namenlosen Bauarbeiter an, die aus vielen Ländern Asiens kommen. Meist ist nicht klar, wie man ihre Namen schreibt, und so erhält jeder eine Ziffer. Zum Schichtwechsel stehen sie in ihren blauen und gelben Overalls in großen Menschentrauben an den Straßen und bestaunen den zur Schau gestellten Reichtum der anderen. Sie zählen Hunderttausende, sind für jeden sichtbar, und für nicht wenige sind sie die »modernen Sklaven« Dubais.

Massy, eine iranische Unternehmerin, widerspricht. Sie kämen ja freiwillig und überwiesen monatlich Gelder an ihre Familien, was zeige, wie schlimm die Lage in ihren Heimatländern sei. Der öffentliche Druck habe ja zu Verbesserungen geführt.»Heute geht es ihnen zehn Mal besser als vor 24 Jahren.« Damals war Massy von Teheran nach Dubai gekommen. Ihre Tochter Sarah ist bereits in Dubai geboren, studiert hat sie in den Vereinigten Staaten. Zurück in Dubai, findet sie, dass die Regierung die Arbeitszeiten der Bauarbeiter verkürzen sollte, und die Baufirmen sollten den Arbeitern einige Freizeitmöglichkeiten schaffen, Cricketplätze etwa. Vor allem bräuchten sie Respekt und Würde.

Das ist Salz in die Wunde. Ausländer sprechen offen aus, dass die Einheimischen diese Art von Behandlung akzeptieren.»Sie behandeln Bedienstete wie ihre Autos und Möbel.« Als Beduinen hatten sie keine Diener gehabt, sie machten alles selbst. Als sie reich wurden, lernten sie nicht, mit Dienern und Dienstleistungen umzugehen. Sie sagen nicht danke und nicht bitte, wenn sie in einem Café einen Latte bestellen, und sie schauen den Kellner dabei auch nicht an. Sie bleiben unter sich und kapseln sich ab. Meist bekommt der Ausländer sie nur in den großen Malls zu Gesicht oder aber an anderen Orten des entstehenden öffentlichen Raums.»Noch ist Dubai überwiegend Betonplunder«, wettert die junge Iranerin Sarah. Fußgängerwege seien in den Köpfen vieler doch nur eine Fläche, die entweder für ein Gebäude verlorengehe oder für eine Straße. Es erheitert sie, dass Fußgängerzonen nun aufgrund ihres kommerziellen Nutzens entstehen.

»The Walk« heißt eine von ihnen. Im Stadtteil Dubai Marina flanieren Einheimische und Ausländer zwischen Cafés und Restaurants auf der einen Seite und dem Strand auf der anderen. Eine Fußgängerzone entsteht auch in der»Old Town«, einem der jüngsten, aber auf alt gemachten Stadtteile Dubais. Um den Betonplunder entsteht damit eine neue Form der Urbanität, selbst wenn Dubai keinen klaren Stadtkern hat, um den die Stadt wächst, sondern – wie Los Angeles – in mehreren Zentren pulsiert.

Kommerziell hat auch die Kultur zu sein. Kultur soll sich rechnen und nicht subventioniert werden. Ohne breites Kulturangebot wird der Aufstieg zu einer der Megastädte des 21. Jahrhunderts aber schwer. Galerien florieren hingegen, vor allem im wirklich alten Viertel Dubais, der Bastikiyya. In einem historischen Haus mit Windturm und Innenhof führt Minoti Shah seit 1989 die älteste der heute achtzig Galerien der Stadt. Gerade stellt die Inderin Bilder der südafrikanischen Malerin Lynette ten Krooden aus. Sie hatte hier einige Wochen als»Artist in Residence« gearbeitet. Die Krise bereitet der Inderin keine schlaflosen Nächte mehr. Denn ihre Kunden hätten sich an die Krise gewöhnt und kauften seit einem Monat wieder wie zu alten Zeiten. Zum Leben kann sich Minoti Shah keinen anderen Ort mehr vorstellen. »Dubai ist kosmopolitischer als New York und London«, sagt sie. Der deutsche Stratege Berlin relativiert diese Euphorie. Trotz der kosmopolitischen Struktur der Bevölkerung sei noch kein »melting pot« entstanden. Dafür sei die Stadt nicht alt genug. Eher gebe es eine Koexistenz zwischen den Menschen aus mehr als hundert Nationen. Überzeugt ist er indes, dass in Dubai eine neue Kultur heranreife, die es zu einem »melting pot« machen werde. Ein Treffpunkt zwischen Ost und West könne Dubai werden, mit seinen westlichen Geschäftspraktiken und der Einbindung in die Globalisierung, mit seiner starken arabischen Kulturkomponente und der Nähe zum indischen Subkontinent und Asien. Wenn die Weltwirtschaft wieder anzieht, wird Dubai mit seiner Lage, seiner Infrastruktur und seiner Vision für die Zukunft dabei sein, prognostiziert der Australier Thorpe. Der heiße Wüstenwind bläst ja auch nicht Jotkas Akrobaten vom Drahtseil. Und so lässt die Krise Dubai wanken, aber nicht abstürzen.

Innovator Abu Dhabi

Wirtschaft

Die »Vision 2030«: eine diversifizierte Wirtschaft

Dubai hat für die arabische Welt eine neue Identität geschaffen und ihr neues Selbstvertrauen gegeben. Das Emirat war Pionier, es gab die Richtung der künftigen Entwicklung vor und eilte den anderen mit großer Geschwindigkeit voraus. Dubai wurde Modell und Messlatte. Die Menschen stimmten mit ihren Füßen ab, in Dubai suchten und fanden sie Arbeit, Freiheit und Wohlstand. Das galt für Männer, noch mehr aber für Frauen, die der Enge der traditionellen arabischen Gesellschaften entfliehen wollten. Nicht allen gefiel, was in Dubai geschah. Viele Araber rümpften die Nase. Entweder wollten sie am Alten festhalten oder aber der Wandel geschah ihnen zu schnell. Dann bremste die Krise der Jahre 2009 und 2010 Dubais Aufstieg. Dubais Traum ist damit nicht ausgeträumt, die Ziele aber wurden bescheidener. Dubai konzentriert sich nun auf das, was es kann: ein Drehkreuz für die weltweiten Verkehrsströme zu sein, eine Drehscheibe für den Handel, eine offene Gesellschaft und dabei ein angenehmes Leben in der arabischen Welt zu bieten, versehen mit Elementen des American Way of Life. Um mehr zu sein, fehlen dem ressourcenarmen Emirat die Mittel, und um seine Position zu verteidigen, muss sich Dubai stets mit neuen Ideen gegenüber den Konkurrenten abheben. Dubai wird also weiter überraschen.

Andere preschten jedoch in die Schneise vor, die Dubai geschlagen hat, allen voran das ölreiche Abu Dhabi und das gasreiche Qatar. Schon vor der Krise hatten sie dazu angesetzt, den Vorsprung Dubais zu verkürzen. Nun erlauben ihnen ihre mit Petrodollars gefüllten Tresore, die Basis des Modells Dubai erheblich zu verbreitern – durch die Diversifizierung ihrer Wirtschaft jenseits von Öl und Gas sowie durch großzügige Investitionen in Kultur und Bildung. Gerade diese Investitionen sollen Abu Dhabi und die qatarische Hauptstadt Doha zu globalen Städten machen. Bei dem Wettbewerb hat Abu Dhabi den Vorteil, mit dem Emirat Dubai im selben Staat über einen dynamischen Partner zu verfügen und über ein Hinterland. Qatar hingegen kann alle Einnahmen aus seinem Gasexport in die Entwicklung seiner Hauptstadt Doha stecken. Gemeinsam für Dubai, Abu Dhabi und Doha gilt, dass in kürzester Zeit auf Land, das bisher Wüste und Ödland war, Städte neu konzipiert, geplant und gebaut werden. Nie in der Geschichte der Menschheit sind Städte in dieser Größe und mit dieser Ausstrahlung so schnell gebaut worden. Grundlage des Reichtums, der dies ermöglicht, sind Öl und Gas. Daneben entstehen neue, zukunftsorientierte Industrien. Erkennungszeichen des neuen Arabien aber sollen Museen und Universitäten werden. Architektur und Kunst sollen dafür sorgen, dass sich Menschen in aller Welt für eine Region interessieren, die noch vor wenigen Jahrzehnten arm und kaum besiedelt war, die weder über eine urbane Geschichte verfügt noch über eine wissenschaftliche Tradition, und die nun mit einem Quantensprung als arabische und islamische Gesellschaft Teil der globalisierten Welt des 21. Jahrhunderts werden will.

Als Dubais Nachbar, wenn auch weniger beachtet, prosperiert Abu Dhabi schon einige Jahrzehnte. In einer unruhigen Nachbarschaft bewahrte sich das Emirat ein friedliches Zusammenleben. Weder ließ es sich in den Sog der aggressiven Nachbarn Iran und Irak ziehen, noch ließ es sich vom wahhabitischen Islam Saudi-Arabiens anstecken. Der jungen Generation in der Herrscherfamilie Al Nahyan gefiel es jedoch nicht, dass der Schatten, den Dubais Aufstieg auf seine Nachbarn warf, immer größer wurde. Die Söhne des Staatsgründers Scheich Zayed bin Sultan Al Nahyan scharrten seit Jahren in den Startlöchern. Sie wollten die Schau nicht Dubai allein überlassen, und sie wollten ebenfalls die Chancen nutzen, die sich in der Ära der Globalisierung eröffnen. Dem alternden Scheich Zayed ging die Entwicklung aber zu schnell. So warteten seine Kinder bis zu seinem Tod am 2. November 2004. In der Schublade lagen bereits die Pläne. Federführend waren die fünf Söhne Scheich Zayeds mit dessen Lieblingsfrau Fatima bint Mubarak Al Kitbi. Muhammad (geb. 1961), der heutige Kronprinz und Halbbruder des regierenden Scheichs Khalifa, sowie Hamdan (geb. 1963), Hazza (geb. 1965), Mansour (geb. 1970) und Außenminister Abdullah (geb. 1972) gelten als die treibenden Kräfte der Modernisierung.

Im Jahr nach Scheich Zayeds Tod unterzeichneten sie mit der Solomon Guggenheim Foundation in New York ein Abkommen über den Bau eines Museums in Abu Dhabi. Sie bestimmten die Insel Saadiyat, die östlich der Hauptinsel Abu Dhabi liegt, zum künftigen kulturellen Zentrum der Stadt. Bis Ende 2013 entsteht dort mit 800 Millionen Dollar ein von Frank Gehry entworfenes Guggenheim Museum. Es wird zwölf Mal so groß sein wie das Museum in New York. Es folgten ein Vertrag mit dem Louvre in Paris für einen Louvre in Abu Dhabi, den Jean Nouvel entworfen hat, und ein Vertrag mit dem British Museum, das das von Norman Foster entworfene Nationalmuseum gestaltet. In demselben Bezirk auf Saadiyat sind ein Meeresmuseum von Tadao Ando vorgesehen und ein Zentrum für darstellende Künste, für das ein Modell von Zaha Hadid ausgewählt wurde. Der großen Namen nicht genug. Ebenfalls auf Saadiyat bezieht die New York University einen weitläufigen, zehn Hektar großen Campus. Der Campus der Sorbonne Abu Dhabi liegt auf der benachbarten Insel Reem. Nebenan auf der kleinen Insel Sowwah entsteht das Finanzzentrum der Stadt, und die Cleveland Clinic baut ein Megakrankenhaus. Die Insel Yas wird das Zentrum für Sport und Freizeit sein, mit dem F1-Parcours und Golfplätzen, mit Themenparks für Ferrari und Warner Brothers. Den Halbkreis schließt auf dem Festland der Capital District, das neue politische und administrative Zentrum, das bis 2030 fertiggestellt sein soll.

Die Projekte sollen die Welt für Abu Dhabi interessieren. Sie sollen auch die eigene Bevölkerung zur Welt öffnen. Der Louvre wird Exponate aller großen Zivilisationen ausstellen, das Guggenheim wird die Kunst seit Mitte des 20. Jahrhunderts vermitteln, und die Universitäten werden die junge Bevölkerung – 65 Prozent der Einheimischen sind 24 Jahre und jünger – intellektuell auf das Leben in einer globalisierten Welt vorbereiten. Das Konzept, in dem Museen und Universitäten eine große Rolle spielen, soll verhindern, dass sich die schlechten Erfahrungen anderer zu Beginn des Ölbooms wiederholen. Schon damals, in den 1960er und 1970er Jahren, waren westliche Experten, Architekten und Stadtplaner, Ingenieure und Unternehmer in die zu Geld gekommenen aufstrebenden Städte der ölproduzierenden Staaten gekommen. Die von ihnen angestoßene Modernisierung blieb indes unvollendet. Die Fassaden wurden modern, die Gesellschaften aber entwickelten sich nicht weiter; in einigen anderen ölproduzierenden Staaten wurden die Bewohner für radikale Ideen anfällig. Abu Dhabi will seinen Reichtum nicht nur in Beton verwandeln, sondern in die Menschen investieren.

Ohne prosperierende Wirtschaft, die Arbeit schafft, kämen Kunst und Wissenschaft nicht weit. Eine diversifizierte Wirtschaft soll den Wohlstand sichern. Auch diese Entwicklung ist langfristig geplant. Die Herrscher und ihre Berater denken in Generationen. Den Masterplan für die Wirtschaft nannten sie daher »Vision 2030«. Er gibt als Ziel vor, das Bruttoinlandsprodukt des Emirats von 2008 bis 2030 zu vervierfachen. Erreichen will das Abu Dhabi, indem es die Wirtschaft jenseits von Öl und Gas ausbaut. Die Wirtschaftsleistung soll bis 2015 jedes Jahr um sieben Prozent wachsen, danach um sechs Prozent. So soll das Bruttoinlandsprodukt in Preisen von 2005 von 104 Milliarden Dollar (2008) auf 415 Milliarden Dollar (2030) zunehmen. Das Einkommen je Einwohner würde damit von 58 000 Dollar im Jahr auf 83 000 Dollar ansteigen. Der Internationale Währungsfonds gab für 2010 das Einkommen je Einwohner in Deutschland mit 40 500 Dollar an.

Der Anteil von Öl und Gas soll von 2008 bis 2030 von 58 Prozent auf 36 Prozent zurückgehen. Damit wären Wirtschaft und Staatshaushalt von Abu Dhabi weniger verwundbar. Noch steuert das Erdöl zu den Einnahmen des Budgets zwischen 75 und 85 Prozent bei. Ohne Erdöl wiese das Budget des Emirats ein Defizit von 25 Prozent am Bruttoinlandsprodukt aus. Der Plan »2030« versteht sich nicht als Zwangsvorgabe, sondern als Blaupause für die Diversifizierung der Wirtschaft, um schrittweise die Abhängigkeit vom Öl abzubauen. Er nennt zwölf Branchen als Wachstumsmotoren:

1. Erdöl und Erdgas sollen auch künftig die wichtigste Industrie des Emirats sein. 2008 war Abu Dhabi der fünftgrößte Exporteur von Rohöl und nahm in der Reihenfolge der Lieferanten von Erdgas Platz 25 ein. Das soll sich nicht ändern. Daher soll die Ölproduktion von 2,5 Millionen Barrel am Tag bis 2020 auf 3,5 Millionen Barrel aufgestockt werden. Vorgesehen ist, die Kapazität der Raffinerien von 485 000 Barrels am Tag zu verdreifachen.

2. Ausbauen will Abu Dhabi seinen Weltmarktanteil bei der Herstellung petrochemischer Produkte aus Öl und Gas. Sein Staatsunternehmen Borouge soll in die Expansion der Anlagen zur Herstellung von Ethylen, Olefinen, Polyethylen und Polypropylen investieren, in Abu Dhabi selbst und an asiatischen Standorten wie Shanghai. Erweitert werden die Anlagen zur Herstellung von Düngemitteln. Ungewiss ist die Zukunft der petrochemischen Stadt, die das Staatsunternehmen Che-

mawiyyat mit Hilfe des erworbenen deutschen Anlagenbauers Ferrostaal bauen wollte. Um den größten integrierten petro-chemischen Komplex der Welt zu schaffen, wollte Chemawiyy-at sechzig Milliarden Dollar ausgeben. Die Korruptionskrise um Ferrostaal, die Weltfinanzkrise von 2009 und die Furcht vor einem Überangebot petrochemischer Produkte führten zu einer Revision des Projekts.

3. Bei neuen Industrien zur Herstellung von Metallen wie Eisen, Stahl und Aluminium will Abu Dhabi seine Standortvorteile nutzen, wie die preiswerte Energie, eine ausgebaute industriel-le Infrastruktur, die gute Verkehrsanbindung an die Weltmärk-te und preiswerte internationale Arbeitskräfte. Emirates Alu-minium, ein Gemeinschaftsunternehmen des Staatsfonds Mu-badala mit Dubai Aluminium, hat eine Aluschmelze mit einer Kapazität von 700 000 Tonnen im Jahr gebaut. Nun plant es die Verdopplung auf 1,4 Millionen Tonnen, womit es der weltweit größte Aluminiumproduzent würde mit einem Anteil von fünf Prozent an der weltweiten Produktionskapazität. Die General Holding Corporation, ein Staatsunternehmen für Indus-trieprojekte, will eine weitere Aluschmelze bauen. Sie betreibt bereits ein Stahlwerk, dessen Kapazität bis 2014 auf 6,5 Millio-nen Tonnen verdoppelt wird, was einem Prozent der weltwei-ten Produktion entspräche. Die Preise für petrochemische Produkte, Stahl und Aluminium sind in der Krise von 2008 bis 2010 stark unter Druck geraten. Außerdem planen alle ölrei-chen arabischen Golfanrainer, ihre Anlagen für Grundstoff-produkte dieser Art auszubauen. Andere Branchen rücken da-her in den Vordergrund.

4. Neu sind im Portfolio Abu Dhabis die Luftfahrt und die Rüs-tungsindustrie. Ziel ist, für diese schnell wachsenden Bran-chen ein wichtiger Zulieferer zu werden. Seit 2010 produziert Abu Dhabi bereits Composites, leichte Kohlenstofffasern, die im Flugzeugbau der Zukunft eine wichtige Rolle spielen wer-den. Zudem will sich Abu Dhabi als Standort für die Wartung von zivilen und militärischen Flugzeugen etablieren sowie als ein Ausbildungszentrum für die Luftfahrt.

5. Um ein internationaler Standort für die Produktion und die Forschung der pharmazeutischen Industrie und der Biotech-nologie zu werden, muss Abu Dhabi bei null anfangen. Doch

es ist bereit, die dazu erforderlichen Investitionen zu tätigen und die rechtlichen Voraussetzungen wie den Schutz des geistigen Eigentums zu schaffen.

6. Einfacher wird das Ziel zu erreichen sein, den Tourismus zu einer wichtigen Branche auszubauen. Die Museumsinsel Saadiyat, die Sportaktivitäten auf der Insel Yas, die Wüste und das für Nordländer attraktive Klima im Winter dienen diesem Ziel. Wenn 2013 die Museen Louvre und Guggenheim eröffnet werden, erwartet Abu Dhabi 2,7 Millionen Urlauber, das ist das Doppelte der Einwohnerzahl. Im Jahr 2030 erwartet Abu Dhabi 7,3 Millionen Urlauber und will für sie 30 000 Hotelzimmer bereitstellen. Im Jahr 2010 waren es erst 17 300 Hotelzimmer.

7. Neben den klassischen Urlaubern will Abu Dhabi zahlungskräftige »Medizin-Touristen« anziehen. Dazu werden große Krankenhäuser gebaut, dazu soll auch eine medizintechnische Forschung aufgebaut werden.

8. Als Logistikzentrum wird Abu Dhabi mit Dubai nicht mithalten können. Als regionale Drehscheibe will sich Abu Dhabi aber etablieren. Dazu dienen der Ausbau des Flughafens, der Neubau eines großen Seehafens Khalifa Port und der Bau eines Schienennetzes in den Vereinigten Arabischen Emiraten, das sich in ein neues Eisenbahnnetz auf der gesamten Arabischen Halbinsel einfügt. Die Kapazität des Flughafens soll von zehn Millionen (2010) auf dreißig Millionen Passagiere (2030) ausgebaut werden. Das ist ein Sechstel der für 2030 geplanten Kapazität der beiden Flughäfen von Dubai.

9. In Konkurrenz zur Media City in Dubai wird sich Abu Dhabis Plan behaupten müssen, ebenfalls ein Zentrum für arabische und internationale Medien zu schaffen, für elektronische wie für gedruckte. Abu Dhabi will an dieser Branche beteiligt sein, die in der arabischen Welt schnell wächst. Dazu hat das Emirat die Medienzone »TwoFour54« eingerichtet, die sich auch als Medienhochschule etablieren will.

10. Die Entwicklung Abu Dhabis zu einem Finanzzentrum steht ebenfalls im Wettbewerb mit Dubai. Standort wird die Insel Sowwah sein. Für das wirtschaftsstarke Abu Dhabi spricht, dass der Bedarf der eigenen Wirtschaft für moderne Finanzprodukte groß ist, was ein eigenes Finanzzentrum rechtfertigt.

11. In der Telekommunikation verspricht sich Abu Dhabi, mit seinem Branchenriesen Etisalat, der bereits in 17 Ländern tätig ist, ein regionales Dienstleistungszentrum vor allem für den IT-Bedarf von Unternehmen zu werden.

12. Unterstützt werden sollen diese Wachstumsindustrien durch Zulieferer, die ebenfalls angesiedelt werden sollen. Zu ihnen zählen die Industrien Bau und Baumaterialien, Maschinenbau und Ingenieursleistungen sowie Nahrungsmittel.

Je breiter die wirtschaftliche Basis ist, desto weniger wird Abu Dhabi von den Schwankungen des Ölpreises abhängig sein. Daher genießen die Diversifizierung der Wirtschaft und der Aufbau von Branchen außerhalb der Ölindustrie oberste Priorität. Um die Nachhaltigkeit dieser Entwicklung bis zum Jahr 2030 sicherzustellen, will die Regierung von Abu Dhabi in den kommenden Jahren die Weichen für eine wissensbasierte, an Produktivität orientierte und international wettbewerbsfähige Wirtschaft stellen.

Dazu soll die Privatwirtschaft systematisch gefördert werden. Ein modernes und transparentes Regelwerk soll ein optimales Funktionieren einzelner Branchen ermöglichen. Modernisiert werden soll der gesamte Justizapparat. Die internationalen Beziehungen von Abu Dhabi werden ausgebaut, um Abu Dhabi in die Weltwirtschaft zu integrieren und Investitionen anzuziehen, die moderne Technologien mitbringen. Im Vordergrund steht zudem der Ausbau des Bildungswesens und der materiellen Infrastruktur. Bei all dem, so wünscht sich die Regierung, sollen die Werte und die Kultur der einheimischen Bewohner von Abu Dhabi erhalten bleiben.

Die »Vision 2030« war in Zusammenarbeit mit Experten aus vier Ländern ausgearbeitet worden. Ihre Zusammensetzung sagt bereits einiges über das Selbstverständnis und die Ziele von Abu Dhabi aus. Von Norwegen will die Regierung lernen, wie die Öleinnahmen bei Bewahrung fiskalischer Disziplin in die Entwicklung und Diversifizierung der lokalen Wirtschaft kanalisiert werden. In Norwegen liegt der Anteil der Ölindustrie bei lediglich 24 Prozent des Bruttoinlandsprodukts, die absolute Höhe der Ölförderung ist indes vergleichbar. Irland wurde eingeschaltet, um zu erfahren, wie eine wissensorientierte Wirtschaft und Gesellschaft aufgebaut wird, ohne aber wie Irland in eine Finanzkrise abzustürzen. Neuseeland ist das Modell für die Schaffung einer breiten Exportbasis. Singapur als

Modell hatte bereits bei Dubai Pate gestanden und soll nun Abu Dhabi vermitteln, wie man aus einem Stadtstaat einen Akteur in der Weltwirtschaft macht. Parallel zur »Vision 2030« hat die Stadtverwaltung ihren Plan für die urbane Struktur Abu Dhabis im Jahr 2030 vorgelegt. Dem Plan legt sie die Annahme zugrunde, dass die Zahl der Einwohner von 930 000 im Jahr 2007, die in 180 000 Wohneinheiten lebten, auf 3,1 Millionen in 686 000 Wohneinheiten im Jahr 2030 ansteigen wird. Hinzu sollen 7,9 Millionen Touristen im Jahr kommen. Um dieses Wachstum zu bewältigen, will die Stadt bis 2030 in den Ausbau des Verkehrswesens mehr als achtzig Milliarden Dollar investieren. Damit die Menschen statt des eigenen Autos öffentliche Nahverkehrsmittel benutzen, werden die Benzinpreise und Automobilgebühren schrittweise erhöht. Im Mittelpunkt steht der Bau eines Netzes mit Metro und S-Bahnen, die das gesamte Siedlungsgebiet bedienen werden. Bis 2015 sollen drei S-Bahn-Linien in Betrieb sein, bis 2030 sind 340 Kilometer S-Bahn-Linien geplant. 2016 sollen 131 Kilometer U-Bahn in Betrieb gehen, die bereits die wichtigsten Zentren der Stadt miteinander verbinden. Sogar Fahrradwege werden künftig angelegt.

Das Nahverkehrssystem von Abu Dhabi wird sich in die Entwicklung eines Eisenbahnsystems in den Vereinigten Arabischen Emiraten und auf der Arabischen Halbinsel einfügen. Als erstes Projekt werden von 2014 an im Emirat Abu Dhabi 267 Kilometer Schienen die Gasfelder Shah und Habshan mit dem Hafen Ruwais verbinden. Insgesamt sollen durch alle sieben Emirate Schienenverbindungen in einer Länge von 1500 Kilometer führen. Alle sechs Staaten des Golfkooperationsrats wollen ein Schienennetz von mehreren Tausend Kilometern Länge bauen. Sie werden von Kuwait im Norden bis in die omanische Hauptstadt Maskat führen, in Saudi-Arabien wird eine »Landbrücke« durch die Wüste von Dammam im Osten an die Hafenstadt Jeddah am Roten Meer gebaut sowie vom Norden des Königreichs bis in den Süden. Die Schienen werden Personen befördern, auch Fracht. Die künftige Eisenbahn wird den Handel unter den Volkswirtschaften auf der Arabischen Halbinsel beleben. Denn in den kommenden Jahren werden neben Abu Dhabi auch die anderen Ölproduzenten ihre wirtschaftliche Basis verbreitern und Abnehmer für ihre neuen Nichtölprodukte suchen.

Das Erdöl: Fundament des Wohlstands

Ohne Erdöl wäre Abu Dhabi nichts. Erst das Erdöl hat dem Emirat und seiner Bevölkerung die Grundlage für den heutigen Wohlstand ermöglicht. Abu Dhabi hat das Erdöl gut genutzt, wohl besser als alle anderen ölproduzierenden Staaten und Städte. Auf seiner Fläche, die fast der Größe Bayerns entspricht, verfügt das Emirat Abu Dhabi über knapp neun Prozent aller bekannten Ölvorkommen. Im Emirat lebten im Jahr 2010 gerade 0,17 Promille der Weltbevölkerung. Die durchschnittliche Fördermenge Abu Dhabis von 2,5 Millionen Barrel Rohöl (je 159 Liter) am Tag entspricht bei einem Ölpreis von 85 Dollar je Barrel einem jährlichen Marktwert von 78 Milliarden Dollar. Da die Förderkosten aufgrund der günstigen geologischen Struktur bei wenigen Dollar je Barrel liegen und damit niedriger sind als bei den meisten anderen Förderländern, sind die Verkaufserlöse mit dem Gewinn nahezu identisch. Hinzu kommt die Förderung von Erdgas, wo Abu Dhabi 3,5 Prozent der weltweiten Vorkommen hält und knapp zwei Prozent zur weltweiten Produktion beisteuert.

Abu Dhabi hatte länger als seine Nachbarn auf die Nachricht zu warten, dass Erdöl in wirtschaftlich nutzbaren Mengen gefunden wurde. Dem ersten Anlauf im Februar 1950 war kein Erfolg beschieden. Die Exploration wurde bei Ras al-Sadr vorgenommen, das vierzig Kilometer östlich von Abu Dhabi auf dem Weg nach Dubai liegt. Um dort eine Ölbohrung durchzuführen, mussten für die Einfuhr der schweren Bohrausrüstungen und der Stromerzeugungsanlagen erst eine Landungsbrücke, eine Piste und eine Rollbahn angelegt werden. Die Bohrung drang 4000 Meter in die Tiefe, das war mehr als bei allen anderen Bohrungen in der Region. Das Bohrloch war aber trocken. Die Bohrung beschäftigte jedoch viele Emiratis und sorgte für eine Infrastruktur. Sie trug damit zu einem kleinen Aufschwung in einer bitterarmen Region bei. Die britischen Ölingenieure mussten noch viele Millionen Pfund ausgeben, bis sie am 28. Oktober 1960 erklären konnten, endlich Erdöl gefunden zu haben. Die Ölingenieure und ihre emiratischen Helfer füllten eine Flasche mit dem schwarzen Gold ab und brachten es dem Emir von Abu Dhabi, Scheich Shakhbut bin Sultan Al Nahyan, der damals in der Oasenstadt al-Ain lebte, damit er auch wirklich glaubte, was ihm berichtet wurde.

Da waren mehr als zwanzig Jahre seit der Vergabe der Ölkonzession vergangen. Abu Dhabi hatte sie im Januar 1939 an das Unternehmen »Petroleum Development Trucial States Ltd« (PDTC) vergeben. Dieses war 1935 von vier Ölfirmen gegründet worden, die jeweils 23,75 Prozent hielten: von der Anglo-Persian Oil Company, die sich später in British Petroleum umbenennen sollte, von Royal Dutch Shell, der Compagnie Française des Pétroles sowie Exxon, dem Zusammenschluss der beiden amerikanischen Ölfirmen Standard Oil of New Jersey und Mobil Oil. Die restlichen fünf Prozent gehörten dem armenischen Geschäftsmann Calouste Gulbenkian, der 1869 in Istanbul geboren worden war und bei der Entwicklung der Ölindustrie im Nahen Osten und am Kaspischen Meer eine maßgebliche Rolle spielte.

Scheich Shakhbut, Emir von Abu Dhabi von 1926 bis 1966, hatte den Konzessionsvertrag unterzeichnet. Die Vertreter des Konsortiums hatten zu jener Zeit mit allen sieben Scheichtümern, die sich 1971 zu den Vereinigten Arabischen Emiraten zusammenschließen sollten, einzeln verhandelt. Die Konzession von 1939 erlaubte der PDTC, auf dem Boden des Emirats Abu Dhabi und bis zu drei Meilen im Wasser für die Dauer von 75 Jahren nach Erdöl zu suchen und es zu fördern. 1960 wurde südlich des Hafenstädtchens Tarif in der Wüstenregion Bab Murban endlich Erdöl gefunden. Eine Ölleitung wurde nach Ruwais verlegt, und 1963 begann der Ölexport. Weitere Ölfelder folgten, etwa 1962 das »offshore«, also unter dem Meeresboden, befindliche, Feld Umm Shaif, das mit Hilfe des französischen Unterwasserforschers Jacques Cousteau entdeckt worden war.

Als erster britischer Ölingenieur, der dauerhaft in Abu Dhabi arbeiten sollte, landete 1963 David Heard in Tarif. Er war 24 Jahre alt, hatte gerade sein Geologiestudium abgeschlossen. Eine Douglas DC-3 Dakota sollte ihn von Bahrain nach Abu Dhabi bringen, wo es damals weder Straßen noch einen Hafen gab, aber zumindest eine Piste. Das Flugzeug musste bereits nahe Ruwais notlanden. Von dort gelangte er entlang der Küste nach Tarif, wo er drei Jahre lebte und einige der bedeutendsten Ölfelder von Abu Dhabi entdeckte. 1967 folgte ihm seine deutsche Frau, die Historikerin Frauke Bey, nachdem sie an der Freien Universität Berlin promoviert worden war. Während David Heard maßgeblich am Aufbau der Ölindustrie von Abu Dhabi beteiligt war, baute Frauke Heard-Bey das Nationalarchiv auf. Beide blieben auch nach ihrer Pensionierung in Abu Dhabi.

Die PDTC änderte 1962 ihren Namen in Abu Dhabi Petroleum Company. 1971, mit der Unabhängigkeit der Vereinigten Arabischen Emirate, gründete das Emirat als Dachgesellschaft die Abu Dhabi National Oil Company (Adnoc), die von Anfang an völlig in staatlichem Besitz war. Sie übernahm Anteile an den Ölfirmen, die jeweils einzelne Felder ausbeuten. Während die meisten anderen arabischen Staaten und Iran die Ölgesellschaften ganz verstaatlichten, begnügte sich Scheich Zayed bin Sultan Al Nahyan, seit 1966 Emir von Abu Dhabi, mit Mehrheitsanteilen, um so die westlichen Ölgesellschaften als Partner und Aktionäre weiter zu halten. Der Staatsanteil an den Tochtergesellschaften stieg bis 1975 schrittweise auf sechzig Prozent. Abu Dhabi hatte damit weiter Zugang zu den modernsten Öltechnologien, während andere Ölförderer mit ihren völlig verstaatlichten Ölgesellschaften technologisch zurückfielen. Zu Beginn der 1990er Jahre war Adnoc unter die zehn größten Ölgesellschaften der Welt aufgestiegen. Ihre 16 Tochtergesellschaften fördern heute Rohöl und Erdgas, sie verarbeiten und raffinieren es, und sie transportieren es zu den Verbrauchern.

Bis 2018 will Adnoc seine Förderkapazitäten von 2,8 Millionen Barrel am Tag, die es allerdings nicht ausschöpft, auf 3,5 Millionen Barrel ausbauen. Selbst mit dieser Fördermenge würden die Vorkommen noch hundert Jahre reichen. Daneben sind weitere Staatsunternehmen in die Ölindustrie außerhalb der Vereinigten Arabischen Emirate eingestiegen. So fördern Mubadala, die International Petroleum Investment Corporation (Ipic) und die Abu Dhabi International Energy Company (Taqa) in Nordafrika, Zentralasien und in der Nordsee Erdöl. Mubadala hat sich mit dem amerikanischen Ölmulti Occidental Petroleum zusammengetan, um in Bahrain und in Oman Öl zu fördern.

Der Staatsfonds Ipic hat die 370 Kilometer lange Ölpipeline gebaut, die zur Umgehung der Meerenge von Hormuz die Ölfelder von Abu Dhabi mit dem Hafen Fujairah am Indischen Ozean verbindet. Jedes Jahr hatten Tanker aus Abu Dhabi Erdöl im Wert von siebzig Milliarden Dollar durch die Meerenge befördert. Mit der Ölpipeline spart Abu Dhabi die Versicherungskosten für die Tanker. Die Bauarbeiten für die Pipeline hatten 2008 begonnen, Anfang 2011 wurde sie fertiggestellt. Zunächst können durch sie 1,5 Millionen Barrel am Tag gepumpt werden. Die Kapazität soll auf 1,8 Millionen Barrel erhöht werden. Die Bedeutung des Emirats Fujairah für Abu Dhabi nimmt damit weiter zu. Fujairah ist für die internationale Schifffahrt bereits einer der wichtigsten Bunkerplätze am Indischen Ozean. Nun wollen dort Ipic und Conoco Philipps eine Ölraffinerie für 500 000 Barrel am Tag bauen. Ende 2010 hat die Armee der Vereinigten Arabischen Emirate zum Schutz der Anlagen eine Marinebasis in Fujairah eingerichtet.

Adnoc hat in den letzten Jahren den Ausbau der Ölförderung zugunsten zusätzlicher Investitionen in die Gasförderung gedrosselt, damit für die Kraftwerke genügend Energie bereitsteht. Ferner will Abu Dhabi durch mehr Verarbeitung des Rohöls in Raffinerien und petrochemischen Anlagen die Wertschöpfung erhöhen, die im Land bleibt. Im Vordergrund steht indes der Ausbau der Gasförderung. Dazu stellt Gasco, eine der Tochtergesellschaften von Adnoc, zehn Milliarden Dollar bereit. Denn im Jahr 2010 hatte Abu Dhabi sechzig Prozent des Erdgases für seine gasbetriebenen Kraftwerke und Wasserentsalzungsanlagen aus Qatar einführen müssen. Die Gaspipeline dazu hatte das Konsortium Dolphin Energy gebaut, an dem Mubadala 51 Prozent hält. Den Rest teilen sich die Ölmultis Total und Occidental Petroleum. Die Pipeline ist seit 2007 in Betrieb.

Abu Dhabi verfügt zwar über die siebtgrößten Gasvorkommen der Welt. Sie sind aber ungleich schwieriger zu nutzen als die Ölfelder. Denn das meiste Gas ist an Erdöl gebunden (»associated gas«), kann also nur bei einer gleichzeitigen Förderung des Öls gewonnen werden. Das restliche Gas ist stark schwefelhaltig, also »sauer«. Es zu gewinnen ist teuer und technisch anspruchsvoll. Da Abu Dhabi Gas einsetzt, um es in Ölfelder zu injizieren und dort den Förderdruck aufrechtzuerhalten, hat es mit der kostspieligen Erschließung der großen Felder Shah und Habshan begonnen, deren Gas aber stark schwefelhaltig ist. Die Gasproduktion soll 2013 beginnen. Bis dahin soll die erste größere Eisenbahntrasse des Emirats fertiggestellt sein, die den Schwefel, der vom Gas getrennt wird, vom Inneren der Wüste an die Küste transportieren soll.

Um weniger kostbares Erdgas in die Ölfelder injizieren zu müssen, testet Abu Dhabi Möglichkeiten, den Druck in den Ölfeldern mit dem Einspritzen von Kohlendioxiden aufrechtzuerhalten. Damit würde Erdgas für andere Verwendungszwecke freigesetzt, und

Abu Dhabi würde für die Beseitigung der Kohlendioxide auf dem Markt der »Carbon Credits« Gutschriften erwerben. Dafür will Adnoc auf Kohlendioxidemissionen der Kraftwerke und des Stahlwerks von Abu Dhabi zurückgreifen, die es in die Ölfelder pumpt und damit der Atmosphäre entnimmt. Tests im Feld Rumaitha zeigten Anfang 2010, dass das Vorhaben technisch möglich ist. Grundsätzlich könnte es 2014 kommerziell eingeführt werden. Der Weg ist aber lang. Denn beziehen will Adnoc die Kohlendioxide von Masdar, dem Unternehmen von Abu Dhabi, das für die Entwicklung moderner Umwelttechnologien zuständig ist. Masdar muss aber erst viel investieren, um die Kohlendioxide zu sammeln und von den Kraftwerken in Pipelines auf die Ölfelder zu transportieren. Zudem ist nicht gewiss, dass die Kohlendioxide nicht die Konsistenz des Erdöls verändern. Immerhin hat sich Abu Dhabi mit dem Projekt einen Namen als Pionier auch im Kampf um die Reduzierung von Treibhausgasen gemacht.

Erneuerbare Energien: Zukunftsbranche

Energie wird das wichtigste Standbein von Abu Dhabis Wirtschaft bleiben. Mit einem Anteil von knapp einem Zehntel an den weltweiten Ölvorkommen ist das Emirat einer der Weltmarktführer. Als erster arabischer Ölproduzent hat Abu Dhabi die Bedeutung neuer Energietechnologien neben den klassischen Energieträgern erkannt. Bei der erneuerbaren Energie will Abu Dhabi ebenfalls zu den Weltmarktführern aufsteigen.

Das Emirat arbeitet dazu auf allen wichtigen Feldern, die sich mit Energie und Mobilität beschäftigen. Seine Staatsfonds sind Aktionäre bei Daimler Benz und beim amerikanischen Hersteller von Elektroautos Telsa; die Dreieckskooperation soll zu Elektroautos mit marktfähigen Energiespeichern in Serienproduktion führen. In Abu Dhabi werden erste Autos mit komprimiertem Erdgas (CNG) betankt; die deutsche Bauer-Gruppe hat die Kompressoren der ersten Gastankstelle geliefert, die im Mai 2010 von Bundeskanzlerin Angela Merkel eingeweiht wurde. Die Tankstelle liegt in Masdar City, das als Modell für eine umweltverträgliche Stadt der Zukunft entsteht und die sich allein mit erneuerbaren Energien versorgen soll. Die Muttergesellschaft Masdar hat den Auftrag, die erneuerbaren Energien zu einem wichtigen Wirtschaftszweig des Emirats zu machen. Dazu baut sie auf eigenem Boden die weltweit größten Solarkraftwerke. Bis zum Jahr 2020 will Abu Dhabi sieben Prozent seiner Elektrizität aus Solarenergie gewinnen.

Mit der Ausweitung seiner Energiebranche verfolgt Abu Dhabi zwei Ziele. Zum einen hat das Emirat erkannt, dass alternative und erneuerbare Energien neue Geschäftschancen eröffnen und kommerziell nutzbar sind. Zum anderen will Abu Dhabi den »schwarzen Peter« loswerden, den sich die Vereinigten Arabischen Emirate mit ihrem luxuriösen Lebensstil und ihrem verschwenderischen Umgang mit Energie eingehandelt haben. Dadurch sind sie in den höchsten »ökologischen Fußabdruck« der Welt hineingewachsen. Das ist die Bodenfläche, die notwendig ist, um bei den vorhandenen Bedingungen den Lebensstandard eines Individuums dauerhaft zu ermöglichen. Der World Wildlife Fund (WWF) hat ihn im Jahr 2010 für die Vereinigten Arabischen Emirate mit 10,7 Hektar je Einwohner berechnet. Sie stehen damit im dritten Jahr in Folge, seit der »ökologische Fußabdruck« zum ersten Mal veröffentlicht wurde, an der Spitze der Länder, die ökologisch über ihre Verhältnisse leben. Es folgten Qatar mit 10,5 Hektar, Dänemark mit 8,3 Hektar sowie die Vereinigten Staaten und Belgien mit jeweils acht Hektar. Der weltweite Durchschnitt lag 2010 bei 2,7 Hektar.

Die Vereinigten Arabischen Emirate benötigen also für ihre 7 Millionen Einwohner pro Person eine Fläche von 10,7 Hektar, um Nahrung, Energie und Kleidung zu produzieren, um den erzeugten Müll abzubauen und die Kohlendioxide zu binden, die durch ihre Aktivitäten freigesetzt werden. Laut WWF liegt die Biokapazität der Emirate aber bei 0,8 Hektar. Auch Deutschland überschreitet seine Biokapazität von 1,9 Hektar, wenn auch lediglich um das Zweieinhalbfache. Die Vereinigten Arabischen Emirate überschreiten sie um das Dreizehneinhalbfache, leben also auf Kosten anderer.

Neben dem hohen Lebensstandard und dem verschwenderischen Einsatz von Klimaanlagen ist das rasche Wachstum der Städte Abu Dhabi und Dubai der wichtigste Grund. Ihr »Fußabdruck« ist größer als der jener Städte, die sich nicht mehr verändern. Viele Großprojekte hatten vorrangig das eine Ziel, noch mehr Immobilienprojekte anzulocken. Es ging nicht in erster Linie um den Bedarf der Menschen.

Daraus hat man Konsequenzen gezogen und Programme erarbeitet, um das Leben umweltverträglicher zu gestalten. Abu Dhabi startete im Herbst 2010 eine Aufklärungskampagne, wie jeder Wasser sparen könne und müsse. Dubai verabschiedete ein Gesetz, das mit einer Übergangsfrist von drei Jahren zwingend »grünes Bauen« vorschreibt. Höchstens sechzig Prozent der Außenfassaden neuer Gebäude dürfen dann noch aus Glas sein. Andere Paragrafen schreiben die Qualität von Baumaterialien vor und den Umgang mit Müll. 2010 wurden erste Recyclinganlagen eröffnet. In Abu Dhabi verarbeitet eine von ihnen den Bauschutt abgerissener Häuser zu Baumaterial für Straßen, eine andere erweitert die 1978 in al-Ain gebaute Kompostierungsanlage, um Haushaltsmüll zu verarbeiten. Schrittweise wird bis zum Jahr 2013 ein völliges Verbot von biologisch nicht abbaubaren Plastiktüten eingeführt. Plastiktüten in der Wüste sind auch eine häufige Todesursache bei Kamelen. Sie fressen sie, dann kann ihr Magen nichts mehr aufnehmen, und nur mit Plastiktüten im Magen verhungern sie.

Bei neuen Projekten experimentiert Abu Dhabi mit umweltverträglichen Bautechniken. Ein Prototyp sollen die Doppeltürme werden, in die 2012 der »Abu Dhabi Investment Council« (ADIC), einer der Staatsfonds, einziehen wird. Sie sind jeweils 25 Stockwerke hoch und die ersten Gebäude der Hauptstadt, die mit Blick auf die Sonne konzipiert worden sind. Ein lichtdurchlässiger Schleier aus 2000 geometrischen Einheiten wird um jeden Turm herum die Sonneneinstrahlung halbieren. Das Innere heizt sich damit weniger auf, und es müssen weit weniger Klimaanlagen eingesetzt werden. Jede der 2000 Einheiten funktioniert wie ein Sonnenschirm. Jeder ist einzeln steuerbar. Gemeinsam bewegen sie sich wie Sonnenblumen mit der Sonne, sie öffnen und schließen sich in Abhängigkeit vom Tagesklima. Auf dem Dach produzieren photovoltaische Anlagen die Elektrizität, die die beiden Gebäude benötigen. Den lichtdurchlässigen Schleier mit den vielen kleinen Einheiten habe man aus der »Mashrabiya« abgeleitet, dem traditionellen arabischen Gitterfenster aus Holz, sagt Peter Oborn vom Londoner Architekturbüro Aedas, das die Gebäude entworfen hat. Dieses Gitterfenster war früher bei einem arabischen Haus als Erker über den Eingängen angebracht. Es verhinderte den Blick nach drinnen und sorgte gleichzeitig für Kühlung. Das Netz aus den 2000 Einheiten sei nichts anderes als die moderne elektronische Form jener Mashrabiya.

Draußen in der Wüste des Emirats, nahe der Oase Liwa, baut Masdar Power, eine Tochtergesellschaft von Masdar, ein erstes Solarkraftwerk. Mit hundert Megawatt ist es das zunächst größte seiner Art. Es heißt »Shams-1« (Sonne-1) und setzt die Parabolrinnentechnologie ein. Weitere Kraftwerke sollen folgen. Um im Jahr 2020 sieben Prozent des Strombedarfs aus Sonnenenergie zu gewinnen, müsste Abu Dhabi jedes Jahr ein Kraftwerk dieser Größenordnung bauen.

Der Bau an »Shams-1« begann im Herbst 2010, Strom soll es von 2012 an liefern. An dem Kraftwerk, das 600 Millionen Dollar kostet, ist Masdar mit sechzig Prozent beteiligt, der französische Ölmulti Total und der spanische Solarenergiespezialist Abengoa halten jeweils zwanzig Prozent. Die Kosten zur Herstellung einer Kilowattstunde werden vier Mal so hoch sein wie die Kosten eines gasbetriebenen Kraftwerks in Abu Dhabi. Die Regierung will den Betreibern die Differenz über Subventionen erstatten. Mittelfristig sollen sich die Produktionskosten von Strom bei Solarkraftwerken an die der gasbetriebenen Kraftwerke angleichen.

Masdar Power befasst sich auch mit Windenergie. Im zweiten Quartal 2011 nahm sein Windpark auf der Insel Sir Bani Yas mit dreißig Megawatt die Produktion auf. Gemeinsam mit dem Ölmulti BP arbeitet Masdar Power an der Entwicklung eines Wasserstoffkraftwerks, dessen Kohlendioxidemissionen aufgefangen und gelagert werden sollen. Im Ausland baut Masdar Power in Spanien Solarkraftwerke und an der Flussmündung der Themse einen Windpark mit 341 Windturbinen und einer Kapazität von tausend Megawatt. Masdar ist an diesem Projekt »London Array« mit zwanzig Prozent beteiligt, die deutsche Eon mit dreißig Prozent und der dänische Energieversorger Dong mit fünfzig Prozent.

Die Muttergesellschaft von Masdar Power, Masdar, hat den Auftrag, technologische Lösungen für alternative Energien zu entwickeln und Abu Dhabi bis zum Jahr 2030 zu einem führenden Erzeuger und Verbraucher erneuerbarer Energien zu machen. Die im Jahr 2002 gegründete Dachgesellschaft gehört zu hundert Prozent dem Staatsfonds Mubadala, der strategische Projekte konzipieren soll, die einen Beitrag zur langfristigen Entwicklung der Volkswirtschaft des Emirats liefern. Zu den Tochtergesellschaften von Masdar gehören neben Masdar Power die Unternehmen Masdar Carbon, Masdar Industries, Masdar Venture Capital und Masdar City.

Masdar Carbon beteiligt sich am internationalen Emissionshandel, zudem arbeitet es an Projekten zur Lagerung von Kohlendioxidemissionen und zur Energieeffizienz. Zu Masdar Industries gehört Masdar Photovoltaic (PV), ein Hersteller von Solarmodulen. Sein erstes Werk nahm im September 2009 in Ichtershausen nahe Erfurt die Produktion auf. Das Werk stellt Wafer her, also dünne Siliziumscheiben, die zu Solarzellen verarbeitet werden, und hat eine Kapazität für 210 Megawatt. Es beliefert die Märkte in Deutschland und Südosteuropa. Masdar investiert in zwei gleich große Werke in Ichtershausen und Abu Dhabi 600 Millionen Euro. Insgesamt stehen Masdar PV für Investitionen in neue Werke oder die Erweiterung des bestehenden zwei Milliarden Euro zur Verfügung.

Masdar Venture Capital verwaltet den Risikokapitalfonds Masdar Clean Tech, der sich seit 2006 mit mehr als 250 Millionen Dollar an Unternehmen beteiligt hat, die erfolgversprechende Technologien entwickeln. Zwei Drittel sind in den Vereinigten Staaten angelegt, ein Drittel in Europa. Jedes Jahr im Januar veranstaltet Masdar in Abu Dhabi die weltgrößte Konferenz zu erneuerbaren Energien und zeichnet dabei einen Forscher oder ein Unternehmen mit dem »Scheich-Zayed-Zukunftsenergiepreis« aus, der mit 1,5 Millionen Dollar dotiert ist. Das bekannteste Projekt von Masdar ist die Masdar City, die über Abu Dhabi hinaus ausstrahlen und ein Modell für Energieeffizienz und Umweltverträglichkeit werden soll. Masdar City ist noch im Bau. Im Zentrum des neuen Stadtteils hat im Herbst 2010 die weltweit erste Technische Hochschule den Lehr- und Forschungsbetrieb aufgenommen, die sich auf die Erforschung alternativer Energien und nachhaltiger Technologien konzentriert: das Masdar Institut für Wissenschaft und Technologie.

Die ersten sechs Gebäude auf dem Campus wurden im November 2010 offiziell eröffnet. Sie gelten als die energieeffizientesten Bauwerke der Vereinigten Arabischen Emirate. 88 Studenten aus 22 Ländern, die aus 1200 Bewerbern ausgewählt worden waren, hatten im Herbst 2009 ihr Studium am Institut aufgenommen. Im Wintersemester 2010/11 stieg die Zahl der Studierenden auf 180. Angelaufen sind in dem Institut mehr als dreißig Forschungsprojekte. Partner ist das Massachusetts Institute of Technology (MIT), von wo der Präsident des Masdar Institute, Fred Moavenzadeh, nach Abu Dhabi wechselte. Andere Professoren stammen von den amerikanischen Eliteuniversitäten Berkeley und Stanford.

Den Komplex des Instituts hat der Londoner Stararchitekt Sir Norman Foster entworfen. Der auffällige, alles überragende Windturm, der ebenfalls aus der traditionellen Architektur am Golf übernommen wurde, senkt die hohen Temperaturen im Innenhof um zehn Grad, indem er kühlere Luft nach unten fächert. Die Verschachtelung der Gebäude und die überhängenden Dächer reduzieren die direkte Sonneneinstrahlung, lassen aber so viel Licht zu, dass sie den Bedarf an künstlichem Licht minimieren. Vor den Fenstern sind Blasen aus Tetrafluorethylen angebracht, die mit Argongas gefüllt sind und die Hitze der Sonnenstrahlen absorbieren. Der Komplex auf 43 000 Quadratmetern verbraucht die Hälfte der Energie von Gebäuden vergleichbarer Größe und 54 Prozent weniger Wasser.

Um das Masdar Institute herum entsteht – langsamer als ursprünglich geplant – die grüne Modellstadt Masdar City. Die Muttergesellschaft Masdar musste an dem ehrgeizigen Projekt Anpassungen vornehmen. Wie oft bei Pionierprojekten machte man auch hier die Erfahrung, dass sich bei neuen Technologien das eine realisieren lässt und anderes nicht. In einer Phase des Überschwangs hatte Masdar so lange Machbarkeitsstudien in Auftrag gegeben, bis endlich Beratungsbüros den gewünschten Nachweis lieferten, dass bereits das Projekt Masdar City einen Gewinn abwerfen würde, was angesichts der milliardenschweren Vorleistungen schwer vorstellbar ist. Man hatte sich Technologien aufschwatzen lassen, die es noch gar nicht gab oder die nicht ausgereift waren. Eigentlich hätte die Muttergesellschaft auch noch mehr Experten einstellen müssen als geplant. Darauf verzichtete sie.

Hinzu kam, dass Abu Dhabi nach der Rettung von Dubai und als Folge der Weltfinanzkrise weniger großzügig Gelder in große Prestigeprojekte steckte. Die im Oktober 2010 verkündeten Anpassungen sehen die Fertigstellung von Masdar City daher nun für 2025 und nicht für 2016 vor; die Kosten des Projekts wurden von 22 Milliarden auf 19 Milliarden Dollar gesenkt. Gestrichen wurde das Verkehrssystem individueller, fahrerloser Fahrzeuge, ebenso die Anlage zur Gewinnung von Elektrizität aus Festmüll. Die weniger ehrgeizige Form könnte sich dennoch, so hofft Masdar, als Modell für eine weltweite Nachahmung eignen.

In Masdar City sollen 50 000 Menschen leben. Dort sollen sich Unternehmen, Forschungsinstitute und Finanzinstitute niederlassen, die im Bereich erneuerbarer Energien tätig sind. Damit soll Masdar City zu einem Silicon Valley für erneuerbare Energien werden. Siemens wird den Sitz seiner Tochtergesellschaft für den Nahen und Mittleren Osten nach Masdar City verlegen und dort der größte Mieter werden. Einen Mietvertrag für Masdar City hat auch General Electric unterzeichnet. Ein weiterer wichtiger Mieter wird Irena sein, die 2009 gegründete »International Renewable Energy Agency«, an der 75 Staaten beteiligt sind. Bei einem Treffen der Gründungsmitglieder von Irena hatte sich im Juni 2009 Abu Dhabi als Sitz für das Hauptquartier der neuen Agentur gegen Bonn durchgesetzt. Bonn erhielt in einem Kompromiss den Zuschlag für das Forschungszentrum von Irena. Ein Grund für die Entscheidung zugunsten von Abu Dhabi waren Vorzeigeprojekte wie Masdar City. Allein aus diesem Grund kann es sich Abu Dhabi nicht leisten, wirklich einschneidende Korrekturen an dem Projekt vorzunehmen.

Im November 2010 hat der Entwicklungsökonom Adnan Amin aus Kenia die Nachfolge der Französin Hélène Pelosse als Interimsdirektor von Irena übernommen. Im April 2011 wurde er als Direktor bestätigt. Der Aufbau der Agentur hatte sich verzögert, weil Mitgliedsbeiträge von umgerechnet sechs Millionen Euro ausstanden und Irena früh in eine Krise geriet. Amin will die Entwicklung von erneuerbaren Energien, die in Entwicklungsländern einsetzbar sind, mit Priorität vorantreiben. Weltweit haben 1,6 Milliarden Menschen überhaupt keinen Zugang zu Elektrizität, eine weitere Milliarde von Menschen verfügt nur über eine unzureichende Stromversorgung. Die Industriestaaten unterstützen diesen Ansatz. Denn sie wollen nicht, dass der »Eindruck entsteht, erneuerbare Energien eigneten sich nur für reiche Länder.

In vielen Staaten und Gesellschaften wird die Atomenergie kontrovers diskutiert, aber nicht in den Vereinigten Arabischen Emiraten. Dort soll sie, auch nach dem Atomunglück von Fukushima im März 2011, den Energiemix von traditionellen und alternativen Energieträgern abrunden. Im Jahr 2020 soll Atomenergie ein Viertel zu der in den Vereinigten Arabischen Emiraten erwarteten Kraftwerkskapazität von 40 000 Megawatt beisteuern. Zwei Faktoren haben die Entscheidung für die Atomkraft begünstigt. Zum einen wollen die Emirate Öl und Gas nicht verfeuern, sondern exportieren. Zum anderen wollen sie angesichts des intransparenten iranischen Atomprogramms, bei dem auch kaum ein Araber glaubt, dass es nur zivilen Zwecken dient, der Welt ein Modell für Transparenz und internationale Kooperation bieten. So verzichten die Emirate auf eine eigene Anreicherung von Uran.

Eine Folge der offenen und kooperativen emiratischen Atompolitik ist es, dass sich viele Staaten vertraglich verpflichtet haben, ihre Atomtechnologie mit den Emiraten zu teilen. Entsprechende Verträge haben die Vereinigten Staaten, Japan, Südkorea, Frankreich und Großbritannien mit den Vereinigten Arabischen Emiraten unterzeichnet. Als zweite Folge wurden die Emirate im November 2010 als erstes arabisches Land in den Vorstand der Internationalen Atomenergieagentur (IAEA) gewählt.

Den Auftrag zum Bau der ersten vier Atomkraftwerke hat das Emirat Abu Dhabi Ende 2009 an ein Konsortium koreanischer Unternehmen vergeben. Ihr Angebot von zwanzig Milliarden Dollar lag erheblich unter dem der Mitbieter aus Europa, Nordamerika und Japan. Südkorea ist der größte Abnehmer für Erdöl aus Abu Dhabi. Im Gegenzug liefert Südkorea nun die Technologie für Abu Dhabis Atomreaktoren. Denn die Regierung des Emirats Abu Dhabi erwartet in der »Vision 2030«, dass sich die Nachfrage nach Elektrizität allein von 2008 bis 2020 verdreifachen wird. Ursache für den größten Teil des Zuwachses ist die geplante weitere Industrialisierung von Abu Dhabi.

■ Die Staatsfonds: Hebel zur Diversifizierung

Die meisten ölproduzierenden Staaten haben Staatsfonds eingerichtet, um die Überschüsse aus ihrem Ölgeschäft langfristig anzulegen und auch künftige Generationen am Ölreichtum teilhaben zu lassen. Die Staatsfonds sind ferner ein Instrument, um Petrodollars in die Industriestaaten zurückzuleiten, die das Erdöl gekauft haben. Zu diesem Zweck hat das Emirat Abu Dhabi 1976 die »Abu Dhabi Investment Authority« (ADIA) als seinen Staatsfonds gegründet.

Die ADIA legt in den Kapitalmärkten der Industriestaaten jenen Teil der Öleinnahmen an, der nicht in die Finanzierung des Staatshaushalts und von Investitionen fließt. Über einzelne Transaktionen und über den Wert ihrer Aktiva gibt sie keine Auskunft. Das amerikanische Sovereign Wealth Fund Institute schätzte 2010 die Vermögenswerte, die ADIA verwaltet, auf 627 Milliarden Dollar. Damit wäre ADIA der weltweit größte Staatsfonds. In vielen Jahren waren die Renditen, die ADIA erwirtschaftet hat, mutmaßlich höher als die Einnahmen des Emirats aus dem Ölexport.

In der Krise der Jahre 2008 bis 2010 schmolzen die Aktiva aller arabischen Staatsfonds nach Schätzungen der Deutschen Bank um 450 Milliarden Dollar ab, was dem Wert ihres Ölexports eines Jahres entsprach. Vor allem die Aktienpakete haben an Wert verloren. Ferner setzten die Regierungen ihre Staatsfonds ein, um in der Krise ihre lokalen Börsen zu stützen, Banken zu retten und Infrastrukturprojekte zu finanzieren. Zudem stützten arabische Staatsfonds vom Kollaps bedrohte westliche Banken. Staatsfonds aus Qatar und Abu Dhabi pumpten im Herbst 2008 zusammen 9,7 Milliarden Dollar in die britische Bank Barclays, ADIA hatte bereits im September 2007 mit 7,5 Milliarden Dollar der angeschlagenen Citigroup unter die Arme gegriffen und musste später diesen Betrag fast vollständig abschreiben. Beide Banken waren aber gerettet.

ADIA verfolgt eine konservative Anlagenstrategie. Als passiver Investor gibt sich der Fonds mit Minderheitsanteilen zufrieden. Seine Investitionen werden meist dann bekannt, wenn der Verkäufer das Geschäft publik macht, etwa im Februar 2010, als ADIA 15 Prozent der Anteile am Londoner Flughafen Gatwick erwarb. Als der Ölkonzern BP nach dem Sinken der Bohrplattform Deepwater Horizon im Golf von Mexiko und dem Sinken seines Aktienkurses an den Weltbörsen Mitte 2010 einen zuverlässigen Kapitalgeber suchte, konferierte der damalige BP-Chef Tony Hayward mit der Herrscherfamilie Al Nahyan in Abu Dhabi. Sie signalisierte grundsätzliches Interesse an einer Kapitalspritze. Danach erholte sich der Aktienkurs rasch, BP benötigte kein frisches Kapital mehr.

Zur Diversifizierung der Investitionsinstrumente wurde 2006 von ADIA das »Abu Dhabi Investment Council« (ADIC) abgespalten. ADIA trat an ADIC alle lokalen Aktiva ab, unter ihnen die Mehrheitsbeteiligungen an den größten Banken Abu Dhabis, der National Bank of Abu Dhabi und der Commercial Bank of Abu Dhabi. Außerdem gab ADIA dem neuen Fonds umfangreiche Liquidität für neue Investitionen mit. So konnte ADIC unter anderem sein eigenes Investmentvehikel »Abu Dhabi Investment Company« (AD Invest) gründen.

Mit dem Beginn des neuen Jahrhunderts kamen neue Staatsunternehmen von dem traditionellen und konservativen Ansatz ab, Petrodollars in Portfolioinvestitionen im Ausland anzulegen, überwiegend also in staatlichen Anleihen und Aktien. Stattdessen investieren sie in die Diversifizierung der eigenen Volkswirtschaften. Dazu beteiligen sie sich mit strategischen Investitionen an Industrieunternehmen, für die es sinnvoll ist, an Standorten wie Abu Dhabi zu investieren und dort neue Industrien aufzubauen. Diesen Strategiewechsel haben drei Faktoren eingeleitet: Erstens hatte Dubai den Weg gewiesen, indem es von Anfang an seine bescheidenen Öleinnahmen ganz in die Entwicklung der eigenen Volkswirtschaft steckte. Zweitens verstärkten die Terroranschläge vom 11. September 2001 und das Misstrauen, dem sich Araber danach in den Vereinigten Staaten generell ausgesetzt sahen, die Rückbesinnung auf die eigene Region. Drittens erkannten die arabischen Golfstaaten, dass sie als Teil des aufstrebenden Asien selbst über ein großes, nicht ausgeschöpftes Potential verfügen.

In Abu Dhabi stehen zwei Gesellschaften für diesen neuen Ansatz, mit strategischen Investitionen aus ihren Rentier-Staaten innovative Volkswirtschaften zu machen, die im Geflecht der Weltwirtschaft ein wichtiges Scharnier werden können: die Mubadala Development Company und die »International Petroleum Investment Company« (Ipic). Gemeinsam ist ihnen, dass sie Investitionen tätigen, mit denen sie Hightech und erneuerbare Energien nach Abu Dhabi bringen, wie Luftfahrt und Automobile. Mubadala und Ipic sind, ebenso wie ADIA und ADIC, vollständig in Staatsbesitz. Mit ihren Öleinnahmen ist die Regierung unverändert der Motor der Wirtschaft. Mubadala und Ipic eröffnen nun über Tochtergesellschaften, die sie an die Börse bringen, aber auch neue Chancen für privatwirtschaftliche Initiativen.

Allein die Personen, die an der Spitze der neuen Gesellschaften stehen, zeigen einen Wandel. Formell steht der Emir von Abu Dhabi und Staatspräsident der Vereinigten Arabischen Emirate, Scheich Khalifa bin Zayed Al

Nahyan, an der Spitze des großen, konservativen Staatsfonds ADIA. Mubadala und Ipic werden jedoch von agilen und jüngeren Halbbrüdern geführt. Für Mubadala ist Kronprinz Muhammad bin Zayed Al Nahyan verantwortlich, für Ipic dessen Bruder Mansour bin Zayed Al Nahyan. Das operative Tagesgeschäft haben sie an weltgewandte und smarte Manager delegiert, die kühl mit den Petrodollars kalkulieren und mit einem industriepolitischen Auftrag handeln. Die Geschäfte von Mubadala leitet Khaldun al-Mubarak (geb. 1975), die von Ipic Khadem al-Qubaisi (geb. 1971). Beide sind für Aktiva von jeweils mehr als zwanzig Milliarden Dollar verantwortlich. Mubarak hatte seine Karriere als Verkaufsexperte bei der staatlichen Ölgesellschaft Adnoc begonnen, Qubaisi 1994 als Analyst bei ADIA.

Mubadala beteiligt sich an Unternehmen, die zum Profil des Masterplans »Vision 2030« passen. Im Vordergrund stehen Branchen, die kapitalintensiv sind, viel Energie benötigen und auf eine gute Logistik angewiesen sind. Begonnen hatte Mubadala mit Investitionen in die Öl- und Gasindustrie. Die Gewinne der in Asien tätigen Ölgesellschaft Pearl Energy und von Dolphin Energy, das eine Gaspipeline von Qatar in die Vereinigten Arabischen Emirate gebaut hat und betreibt, haben die ersten Akquisitionen finanziert. Das Projekt Dolphin markierte überhaupt den Beginn der Diversifizierung von Abu Dhabis Wirtschaft. Liquidität verschafft Mubadala auch ein Gemeinschaftsunternehmen mit dem amerikanischen Ölmulti ConocoPhillips zur Förderung von Öl in Kasachstan. Zunehmend nimmt die Aktiengesellschaft Mubadala nun auf den Kapitalmärkten Mittel auf.

Die Aktiva Mubadalas wurden Anfang 2010 auf 24 Milliarden Dollar geschätzt. Beteiligt ist Mubadala an mehr als siebzig Unternehmen, unter ihnen an solchen der Luftfahrt, zur Herstellung von Halbleitern und am Aluminiumproduzenten Emal. Sie ist die Muttergesellschaft von Masdar und hat den Campus der Sorbonne in Abu Dhabi gebaut. In Abu Dhabi hat sie mit dem Imperial College London ein Diabeteszentrum errichtet und mit der Cleveland Clinic eine riesige Klinik. Mit General Electric Capital hat Mubadala ein Gemeinschaftsunternehmen mit Sitz in Abu Dhabi zur Finanzierung von Unternehmen gegründet, mit AD Invest gründete sie 2005 den Immobilienentwickler Aldar, der unter anderem die Anlagen auf der Sportinsel Yas und den neuen Stadtteil Raha Beach gebaut hat. Von dem Anteil von fünf Prozent an Ferrari hat sich Mubadala im November 2010 wieder getrennt, als Fiat von seiner Rückkaufsoption Gebrauch machte.

Neben Masdar und den erneuerbaren Energien sind die Halbleiterindustrie und die Luftfahrt die Engagements Mubadalas, die für die Wirtschaft Abu Dhabis am wichtigsten sind. In der Halbleiterindustrie ist Mubadala über seine Tochtergesellschaft Advanced Technology Investment Company (Atic) tätig. Atic gründete im März 2009 mit dem amerikanischen Mikroprozessorenhersteller AMD das Unternehmen Globalfoundries, an dem Atic 86 Prozent hält, AMD 14 Prozent. Zuvor war Mubadala 2007 und 2008 bei AMD mit zwanzig Prozent eingestiegen. Im Zug der Transaktion trennte sich AMD von der Fertigungssparte, um sich ganz auf die Entwicklung zu konzentrieren. Denn die Kosten für neue Chipfabriken sind auf mehr als vier Milliarden Dollar gestiegen, was viele Anbieter nicht mehr allein finanzieren können. AMD lagerte sein Werk in Dresden in eine eigenständige Gesellschaft aus und holte sich mit Atic einen finanzstarken Partner.

Dann erwarb Atic im September 2009 für 5,6 Milliarden Dollar den Chiphersteller Charted Semiconductor in Singapur. Damit stieg Abu Dhabi mit einem Marktanteil von zwanzig Prozent zum drittgrößten Halbleiterhersteller weltweit auf. Atic verfügt nun über die drei Produktionsstandorte New York, Dresden und Singapur. In Abu Dhabi soll ein vierter hinzukommen, der nahe Masdar City entsteht und sechs Milliarden Dollar kosten soll. Ziel ist, dass die Halbleiterindustrie im Jahr 2020 zur Wirtschaftsleistung von Abu Dhabi jährlich vier Milliarden Dollar beiträgt und 6000 qualifizierte Arbeitsplätze schafft, davon 1500 in der Halbleiterfabrik. Um sie lokal besetzen zu können, arbeitet Mubadala mit den einheimischen Universitäten Curricula aus. Zudem will Atic auf dem Campus der Khalifa University of Science, Technology and Research ein Forschungszentrum einrichten.

Insgesamt will Atic für den Ausbau der bestehenden Werke und den Neubau in Abu Dhabi zehn Milliarden Dollar ausgeben. 2012 soll das dann modernste Werk seiner Art in New York seinen Betrieb aufnehmen. Es wird Vorbild für das nächste Werk in Abu Dhabi sein. Bis dieses Arbeitsplätze anbieten wird, können Studenten aus Abu Dhabi im Dresdner Werk Praktika absolvieren. Jeden Sommer nutzen sechzig emiratische Studenten diese Chance. Kronprinz Muhammad bin Zayed Al Nahyan lässt sich jeden Tag über die Praktikanten einzeln unterrichten.

Zweiter Schwerpunkt von Mubadala ist die Luftfahrt. Ziel ist, al-Ain, die zweitgrößte Stadt des Emirats, zu einem internationalen Zentrum der Luftfahrtindustrie auszubauen. Beteiligt ist Mubadala an sechs Unternehmen der Branche. Das Unternehmen Strata Manufacturing, das zu hundert Prozent im Besitz von Mubadala ist, lieferte im November 2010 seine ersten leichten Composite-Flugzeugbauteile aus, die beim Airbus A330 Verwendung finden. Composite sind faserverstärkte Kunststoffe, die den klassischen Konstruktionswerkstoff Aluminium im Flugzeugbau ersetzen. Um den Treibstoffverbrauch zu reduzieren, gehen die Fluggesellschaften zunehmend zu leichteren Flugzeugen über. Beim Airbus A380 nehmen Composite-Teile bereits einen Anteil von 25 Prozent ein. Auch Mubadala sieht darin einen Zukunftsmarkt. Technologiepartner ist das österreichische Unternehmen Future Advanced Composite Components AG (FACC). Strata will bis 2020 auf einen Umsatz von einer Milliarde Dollar wachsen. Es setzt auf Standortvorteile aufgrund der geringen Energiekosten. Strata erwartet, dass die meisten kommerziellen Flugzeuge im Jahr 2020 einen Composite-Anteil von mehr als fünfzig Prozent haben, und hat langfristige Abnahmeverträge mit Airbus und anderen Flugzeugherstellern unterzeichnet.

Am italienischen Flugzeughersteller Piaggio ist Mubadala mit 31,5 Prozent beteiligt. Piaggio stellt kleine Mehrzweckflugzeuge her. Mubadala hat angekündigt, von 2018 an die neunsitzigen Kleinflugzeuge in Abu Dhabi herzustellen, die am Golf bei Managern sehr beliebt sind. Die Horizon International Flight Academy bietet in al-Ain eine Ausbildung für Hubschrauberpiloten an.

Die restlichen drei Unternehmen von Mubadala in der Flugzeugbranche sind auf die Wartung von Fluggerät spezialisiert. Im September 2006 erwarb Mubadala vierzig Prozent am Schweizer Weltmarktführer für Flugzeugwartung SR Technic und stockte später den Anteil durch Käufe von Dubai Aerospace und Istithmar aus Dubai auf siebzig Prozent auf. Ebenfalls zivile Flugzeuge wartet die Mubadala-Tochter Abu Dhabi Aircraft Technologies (Adat). Mit dem amerikanischen Rüstungshersteller Sikorsky gründete Mubadala das Advanced Military Maintenance, Repair and Overhaul Centre (AMMROC), in das es 800 Millionen Dollar investierte. Das Unternehmen ist in weiten Teilen Asiens und in arabischen Staaten tätig. Abgerundet werden die Investitionen in der Luftfahrt durch Sanad Aero, das Finanzierungen anbietet. Gebrauch davon macht etwa die Fluggesellschaft Air Berlin. Am 23. April 2011 hat Yahsat, die kommerzielle Gesellschaft für Telekommunikationssatelliten von Mubadala, von Französisch Guyana aus seinen ersten Satelliten Y1A von der Trägerrakete Ariane 5 ECA in einen Umlauf um die Erde befördern lassen. Yahsat wird Betreiber in zwei Dutzend Ländern im Nahen Osten, Asien und Afrika bedienen. Die Kontrollstation für diesen und spätere Satelliten befindet sich in al-Falah auf dem Festland vor der Insel von Abu Dhabi. Mit der Khalifa University richtet Mubadala ein Ausbildungs- und Forschungszentrum für die Raumfahrt ein, das sich vor allem an junge Emiratis wendet.

Zu den Großprojekten von Mubadala gehört auch die Aluminiumschmelze Emirates Aluminium (Emal). Die erste Phase, die Ende 2009 in Betrieb ging, kostete 5,7 Milliarden Dollar und produziert jedes Jahr 750 000 Tonnen Aluminium. Elektrizität ist bei der Herstellung von Aluminium der größte Kostenfaktor, was Abu Dhabi einen Standortvorteil verschafft. Eine zweite Phase soll die Kapazität verdoppeln, was Emal zur größten Aluschmelze weltweit machen würde.

Neben Mubadala ist Ipic das zweite Unternehmen, mit dem Abu Dhabi seine Wirtschaft diversifiziert. Ipic war 1984 als Tochtergesellschaft des Staatsfonds ADIA und der Ölgesellschaft Adnoc gegründet worden. Lange tätigte es nur kleine Investitionen in der Energiebranche, beteiligte sich etwa am spanischen Energieunternehmen Cepsa. Das änderte sich, als Scheich Mansour bin Zayed Al Nahyan 1994 die Führung von Ipic übernahm. Heute kontrolliert Ipic Aktiva von 48 Milliarden Dollar. Von der Regierung des Emirats hat Ipic sechs Kapitalspritzen im Wert von insgesamt 3,5 Milliarden Dollar bekommen, zuletzt zwei Milliarden Dollar im Jahr 2008.

Noch 1994 beteiligte sich Ipic am österreichischen Energiekonzern OMV mit 19,6 Prozent. Über OMV stieg Ipic vier Jahre später in die österreichische Borealis AG ein, die unter den Kunststoffherstellern zu den Weltmarktführern zählt. Ipic baute seine Beteiligung an Borealis Schritt für Schritt von 25 Prozent auf 64 Prozent aus; die restlichen 36 Prozent gehören OMV. Nach OMV und Borealis sicherte sich Ipic Anfang 2009 einen Anteil von siebzig Prozent am deutschen Anlagenbauer Ferrostaal. Ursprünglich sollte Ferrostaal die Federführung beim Bau des weltweit größten integrierten petrochemischen Komplexes, Chemaweyaat, übernehmen. In drei Phasen sollten in das Projekt, an dem die Ipic und ADIC mit jeweils vierzig Prozent beteiligt sind, in Abu Dhabi siebzig Milliarden Dollar investiert werden. Mit Blick auf dieses Projekt hat Ipic 2009 für 2,3 Milliarden Dollar hundert Prozent des kanadischen Chemieherstellers Nova Chemicals übernommen. Der lange Schatten der Korruptionsaffäre, die Ferrostaal von seinem früheren Hauptaktionär MAN mitgebracht hatte, war eine der Hauptursachen, weshalb das Projekt auf die lange Bank geschoben wurde. Ungewiss ist, wie viele der am Standort Taweelah geplanten zwölf petrochemischen Komplexe nun gebaut werden. Damit bleibt Borouge, an dem der Ölkonzern Adnoc sechzig Prozent und Borealis vierzig Prozent halten, der einzige petrochemische Hersteller Abu Dhabis. Er bleibt weit hinter dem Branchenriesen Sabic aus Saudi-Arabien zurück. Ipic ist über Borealis indirekt an Borouge beteiligt. Borouge investiert in die Erweiterung seiner Anlagen von 2010 bis 2014 fast zehn Milliarden Dollar. An der Erweiterung ist der deutsche Anlagenbauer Linde maßgeblich beteiligt. Borealis verspricht sich von der Produktionsverlagerung aus Europa an den Golf eine größere Nähe zum wichtigsten Absatzmarkt China.

Unterdessen baute Ipic die Pipeline von den Ölfeldern Abu Dhabis nach Fujairah am Indischen Ozean und erwog, siebter Partner an der Gaspipeline Nabucco zu werden, die Gas aus dem Kaspischen Becken nach Europa transportieren soll. Der Partner OMV gehört zu den Gründungsmitgliedern des Projekts. Im Jahr 2010 trennte sich Ipic von seinen siebzig Prozent am koreanischen Raffinerieunternehmen Hyundai Oilbank, an dem es sich 1999 beteiligt hatte. Bereits im Juni 2009 hatte es sich von den Optionen auf elf Prozent der Aktien der britischen Bank Barclays getrennt und damit einen Gewinn von 2,1 Milliarden Dollar erzielt, der für weitere Akquisitionen eingesetzt wurde. Ipic blieb über die Tochtergesellschaft Aabar, an der sie 86 Prozent hält, weiter im Bankgeschäft. Denn Aabar akquirierte von der amerikanischen Versicherungsgruppe AIG für 253 Millionen Dollar deren Bank in Zürich und benannte sie in Falcon Private Bank um. Mit 328 Millionen Dollar beteiligte sich Aabar im Oktober 2009 an der brasilianischen Tochter der spanischen Bank Banco Santander, und im Juni 2010 erwarb das Unternehmen für 2,5 Milliarden Dollar fünf Prozent der italienischen Großbank Unicredit, womit es zweitgrößter Aktionär der Bank wurde.

Während sich Ipic zunehmend auf Projekte in den Branchen Energie und Petrochemie konzentriert, setzt es die Tochtergesellschaft Aabar als Investmentvehikel ein. In Deutschland bekannt wurde Aabar, als es im März 2009 auf dem Höhepunkt der Krise 9,1 Prozent der Aktien der Daimler AG erwarb und damit größter Aktionär des Autobauers wurde. Der Stuttgarter Konzern hatte einen Ankerinvestor gesucht, um zu verhindern, dass ein schwedischer Hedgefund den preiswert gewordenen Konzern übernahm und ihn gewinnmaximierend aufteilte, also zerschlug. Aabar signalisierte die Bereitschaft, seinen Anteil jederzeit aufzustocken. Während Daimler bei der Entwicklung von Elektroautos mit Renault und Nissan kooperiert, arbeitet Tesla Motors, der amerikanische Hersteller von Elektroautos, an dem sich Aabar mit 3,62 Prozent und 226 Millionen Dollar beteiligt hat, mit Toyota zusammen. Vor der Formel-1-Saison 2010 hatte Daimler am Rennstall Brawn GP 45 Prozent erworben, Aabar dreißig Prozent. Sie nannten ihn in Mercedes-Benz GP um.

Beteiligt hat sich Aabar auch bei Atlantia, dem italienischen Bauer und Betreiber von Autobahnen. Mit dem Partner Aabar wird die deutsche Herrenknecht AG, der weltweite Marktführer im maschinellen Tunnelvortrieb, in Abu Dhabi ein weiteres Werk für Tunnelbohrmaschinen bauen, nach dem badischen Schwanau und mehreren Montagewerken in China. Mit einem Anteil von 32 Prozent im Wert von 280 Millionen Dollar stieg Aabar im August 2009 bei dem Raumfahrtbetreiber Virgin Galactic von Richard

Branson ein, dem ersten kommerziellen Betreiber für Weltraumtourismus. Ferner will Aabar für hundert Millionen Dollar eine Abschussstation für Satelliten bauen. Die Investition soll die Luftfahrtprojekte von Mubadala in al-Ain ergänzen. Die Investition in die Virgin Galactic liegt irgendwo zwischen kommerziellem Ernst und luxuriöser Spielerei. Der Kauf des Fußballvereins Manchester City durch Scheich Mansour bin Zayed Al Nahyan ist indes reine Spielerei. Er hat kräftig in international renommierte Spieler investiert, so dass der Lokalrivale von Manchester United nun ebenfalls in der Spitzengruppe der britischen Liga spielt. Zum Vorsitzenden des Vereins hat Scheich Mansour seine rechte Hand, Khaldun al-Mubarak, gemacht. Auch Dubai investiert in den Fußball. Die Fluggesellschaft Emirates ist großer Sponsor beim FC Arsenal und bei AC Mailand. Am 22. April 2011 kaufte die Royal Emirates Group aus Dubai, eine Gruppe von Unternehmern mit Scheich Butti bin Suhail Al Maktoum an der Spitze, den Madrider Vorortklub FC Getafe.

Dem Fußball zieht Scheich Hamdan bin Zayed Al Nahyan, ein Bruder von Scheich Mansour, das Segeln vor. Aus seinem Vermögen hat er 2008 das Unternehmen Abu Dhabi Mar gegründet, das sich auf den Bau, Umbau und die Wartung von Luxusjachten spezialisiert hat. In seiner Werft in Abu Dhabi baute das Unternehmen als ersten Auftrag zwei niederländische Fregatten in Luxusjachten um. Abu Dhabi Mar erwarb 2008 zunächst die französische Werft CMN in Cherbourg, im selben Jahr die Rendsburger Werft Nobiskrug. Im Jahr darauf übernahm es die traditionsreiche Hamburger Werft Blohm + Voss, und 2010 erwarb es von Thyssen Krupp 75 Prozent der griechischen Werft Skaramanga, die U-Boote baut. Thyssen Krupp behielt die restlichen 25 Prozent. Abu Dhabi Mar erweitert damit seine Produktpalette. Im Mittelpunkt stehen aber Segeljachten. Denn Abu Dhabi will ja auch ein Sportzentrum werden.

Kultur

Die Sportinsel: Yas

Sport mobilisiert Menschen, und große Sportereignisse lenken den Blick auf Orte, die vorher keiner kannte. Die werbewirksamsten Aktionen für Dubai waren, als Tiger Woods 2004 auf dem Hubschrauberlandeplatz des Luxushotels Burj al-Arab Golf spielte und als sich zwei Jahre später auf demselben Platz über dem Hotel Andre Agassi und Roger Federer ein kurzes Tennismatch lieferten. Qatar holte sich die Fußballweltmeisterschaft 2022, und Bahrain richtet seit 2004 einen Grand Prix für die Formel 1 aus. Auf den Automobilsport setzt auch Abu Dhabi. Als 2009 das letzte Rennen der Formel-1-Saison auf der neuen Rennstrecke Yas Circuit gefahren wurde, erfuhren viele Sportinteressierte erstmals von Abu Dhabi. 600 Millionen Zuschauer in fast 200 Ländern verfolgten den ersten Grand Prix der Formel-1-Rennen direkt. Und seit Sebastian Vettel am 14. November 2010 in Abu Dhabi im ebenfalls letzten Rennen der Saison Weltmeister wurde, weiß jeder Deutsche von Abu Dhabi.

Der Bau der Rennstrecke zeigt, in welch kurzer Zeit sich in Abu Dhabi Dinge realisieren lassen. Noch Anfang 2007 war Yas eine unbewohnte Insel im Osten der Hauptinsel, öde und völlig flach. Im Februar 2007 wurde bekannt, dass Abu Dhabi in der Saison 2009 einen Grand Prix ausrichten wird. Zu dem Zeitpunkt hatte Abu Dhabi keine Rennstrecke, kein Datum für das Rennen und keine Geschichte in der Formel 1, außer dass der Staatsfonds Mubadala fünf Prozent der Aktien von Ferrari hielt. Abu Dhabi hatte lediglich die Insel Yas anzubieten und das Versprechen, es bis zum Ende der Saison 2009 schon zu richten. Zeitweise arbeiteten 41 000 Arbeiter Tag und Nacht auf den vielen Baustellen der Insel. Sie aßen jeden Tag 15 Tonnen Reis und verzehrten 20 000 Hühnchen. Im Sand und auf den Hügeln, die sie aufschütteten, legten sie eine Rennstrecke von 5,5 Kilometern an. Neben dem Yas Hotel bauten sie auf der Insel sieben weitere Hotels und begannen zudem mit dem Bau des Themenparks Ferrari World. Im April 2008 standen die Betonskelette der Zuschauertribünen, im Juni 2009 wurde die Marina für Superjachten geflutet und das Yas-Hotel näherte sich der Fertigstellung. Am 2. November 2009 fand der erste Grand Prix statt. Sebastian Vettel gewann ihn. Die Rennstrecke hatte der Deutsche Hermann Tilke entworfen. Mit Hügeln bis zu 18 Meter Höhe schuf er auf der völlig ebenen Fläche ein bewegtes Auf und Ab. Dadurch öffnet sich den Fahrern zwischen den Kurven 3 und 4 ein Blick hinab in den Nordkomplex des Parcours. Auch können die Zuschauer von nahezu jedem Platz aus bis zu dreißig Prozent der Strecke sehen. Der Parcours hebt sich von anderen auch dadurch ab, dass die Ausfahrt vom Boxenstopp durch einen Tunnel erfolgt und die Strecke unter einem Hotel durchführt. Auf ihre Rechnung kommen die Fans neuester Technik mit den Solarzellen am Kontrollturm und mit der neu eingeführten direkten Kommunikation zwischen Fahrern und Rennleitung, aber auch die Fans internationaler Musik, und zwar mehr als bei jedem anderen Rennen der Saison. Im November 2009 waren beim Unterhaltungsprogramm rund um die Rennstrecke Beyonce und Shirley Bassey aufgetreten, die Bands Kings of Leon und Aerosmith. 2010 gastierten Prince und Kany West, Linkin Park und die Jonas Brothers.

Krachend jagen die Rennwagen unter dem Yas Hotel hindurch und passieren dabei die Marina mit Anlegestellen für hundert Luxusjachten. Das Hotel zieht sich am Wasser entlang. Es glitzert wie ein Fischernetz, das ins Meer geworfen wird, mit seinen mehr als 4000 Glasscheiben. Keine gleicht der anderen. Sie bewegen sich mit dem Licht und können individuell verstellt werden. Die Linien des Netzes suggerieren einen Schwung, der gerade aufgefangen wird. Sie nehmen die Bewegung aus dem Wasser und von der Rennstrecke auf und geben sie weiter. Das Luxushotel ist bereits eines der Erkennungszeichen von Abu Dhabi geworden. Dabei wollten seine Architekten, Hani Rashid, ein Amerikaner ägyptischer Herkunft, und seine kanadische Frau, Lise-Anne Couture, nach eigener Aussage gar keine »disneyartige Verrücktheit« entwerfen. Von denen gebe es in der Region ja genug, sagen die Gründer des New Yorker Architektenbüros Asymptote. Bewusst hätten sie sich von den Hochhäusern Dubais und den immergleichen Glasfassaden absetzen wollen. Hani Rashid hält nicht viel von Hochhäusern und tut sie als Tradition des 20. Jahrhunderts ab.

Wer auf dem Flughafen Abu Dhabi landet oder von dort startet, fliegt flach über den F1-Parcours und sieht neben ihm das größte Ferrari-Logo überhaupt. Das Logo mit dem paradierenden schwarzen Pferd auf gelbem Grund misst 65 mal 49 Meter und schließt den größten überdachten Freizeitpark der Welt ab: Ferrari World. Zwei der sechs Arme der überdimensionalen roten Krake, die sich über eine Größe von fünf Fußballfeldern ausbreitet, scheinen in die östliche Haarnadelkurve des Yas Marina Circuits hineinzugreifen. Ferrari hat in den Themenpark nichts investiert. Ferrari World ist Teil der Entwicklung von Yas Island zu einer Insel des Sports und der Freizeit, die sich Abu Dhabi dreißig Milliarden Dollar kosten lässt. Damit beauftragt ist Mubadala, die Arbeiten führt seine Tochtergesellschaft durch, der Immobilienentwickler Aldar. Ferrari stellt nur Namen und Technologie bereit. In Abu Dhabi hat Ferrari erstmals zu einem Themenpark dieser Art eingewilligt. Die Bereitschaft zeigt, wie wichtig die reichen arabischen Golfstaaten für die Zukunft des Automobilsports sind.

Die Formel 1 ist in den golfarabischen Staaten populär. Ihre Einwohner begeistern sich für Geschwindigkeit und Luxusmarken wie Ferrari. In den alten Industriestaaten stockt der Geldfluss in diesen Sport, teilweise geht er sogar zurück. Der Reichtum dieser jungen, vom Öl und auch einer klugen Politik begünstigten Gesellschaften lockt den Rennsport aber an. Zudem sollen Attraktionen wie Ferrari World das Freizeitangebot für die eigene Bevölkerung und für die Ausländer erhöhen, die in der Region leben. Anlocken sollen sie auch Touristen. 2009, im Jahr vor der Eröffnung von Ferrari World, waren 1,5 Millionen Touristen nach Abu Dhabi gekommen. Im Jahr 2012 sollen es 2,3 Millionen sein.

Sie erleben den ersten Themenpark, der für ein Sportauto gebaut wurde. Zwanzig Attraktionen berücksichtigen alle Altersgruppen, die bekannteste ist die schnellste Achterbahn der Welt. Sie rast mit 240 Stundenkilometern durch die Luft, von null auf hundert beschleunigt sie in zwei Sekunden und mit 92 Sekunden dauert die Fahrt länger als bei jeder anderen Achterbahn. Eine weitere Attraktion hebt Mutige in eine Höhe von 62 Metern und lässt sie dann mit der Geschwindigkeit eines Rennautos in die Tiefe fallen. Außerdem gibt es Rennsimulatoren, ähnlich jenen, die die Rennfahrer von Ferrari benutzen, den Nachbau eines Fahrerlagers (»paddock«) eines Formel-1-Rennens, die größte Sammlung von Ferrarris außerhalb der Fabrik im italienischen Maranello und eine virtuelle Reise zu dieser Fabrik. Eine Attraktion zeigt die größten Momente des Rennstalls Ferrari in der Geschichte, ein Film zeichnet das Leben des Firmengründers Enzo Ferrari nach, junge Autofans können Fahrunterricht nehmen. An einer Stelle flaniert man durch ein Miniatur-Italien, an einer anderen fliegt man im legendären Ferrari 250 California Spyder des Jahres 1957 virtuell über die großen Sehenswürdigkeiten Italiens – und landet schließlich in einem der italienischen Restaurants des Themenparks.

Nach Ferrari World entsteht auf der Insel ein zweiter großer Themenpark, für Kino und Warner Brothers. Angelegt werden zudem ein erstklassiger Golfplatz und ein riesiger Wasservergnügungspark, eine Stadt für 110 000 Einwohner und für sie ein Einkaufszentrum mit 600 Geschäften. Yas Island ist mit 2500 Hektar nur ein Viertel so groß wie die Hauptinsel Abu Dhabi, soll aber deutlich weniger dicht besiedelt sein, was den Standort attraktiv macht. Auf Yas will die Stadtverwaltung Komponenten der künftigen Stadtentwicklung testen. Lange war Abu Dhabi nur als Autostadt konzipiert. Auf Yas sollen nun Fußgängerwege und Radwege angelegt werden, Bäume sollen Schatten spenden, Straßenbeleuchtung die Wege nachts erhellen.

Yas Island wird eine Insel für Sport und Freizeit. Sie deckt einen der Bereiche ab, in denen Abu Dhabi eine internationale Ausstrahlung erlangen will. Mehrere der flachen, bisher unbewohnten Inseln östlich von Abu Dhabi werden weiterentwickelt. Am meisten internationale Aufmerksamkeit erzeugt das Projekt der Museumsinsel Saadiyat.

Die Museumsinsel: Saadiyat

Den arabischen Golfstaaten haftet das Image an, Konsumgesellschaften ohne Geschichte und ohne Kultur zu sein. Sie haben eine eigene Geschichte, aber sie erschöpft sich in den Konflikten zwischen den Stämmen. Sie haben auch eine Kultur, aber in ihrem Mittelpunkt stehen die mündliche Lyriktradition, die Falknerei und der Umgang mit dem Kamel. Als Erstes hatte das Emirat Sharjah begonnen, diesen Ruf, ohne große Geschichte und Kultur zu sein, mit dem Bau von Museen zur lokalen Geschichte und mit Ausstellungen abzustreifen. Abu Dhabi zieht mit einem gewaltigen Projekt nach, welches das Emirat zu einem der arabischen Kulturzentren machen wird, wenn nicht zur kulturellen Hauptstadt der arabischen Welt.

Abu Dhabi will sich den Bau von Museen und die Erschließung der bisher unbewohnten Insel Saadiyat 27 Milliarden Dollar kosten lassen. Ausnahmsweise stehen nicht kommerzielle Erwägungen im Vordergrund. Mit dem Projekt der Museumsinsel will Abu Dhabi seiner eigenen jungen Bevölkerung die Welt öffnen und sie Teil der globalen Gesellschaft werden lassen. Und sie soll das Emirat in der Welt als Plattform für den Dialog zwischen den Kulturen etablieren. Dazu entstehen Museen mit internationaler und mit moderner Kunst, auch zur Geschichte Abu Dhabis und der Region. Der neue Museumsdistrikt stellt in seiner Summe alles in den Schatten, was es an Neugründungen von Museen bisher gegeben hat.

Zum ersten Mal überhaupt außerhalb von Paris wird auf Saadiyat ein Museum den Namen Louvre tragen. Entworfen hat es Jean Nouvel. Daneben entsteht nach den Plänen von Frank Gehry ein noch verschlungeneres Guggenheim als in Bilbao. Die dritte Spitze eines Dreiecks bildet das Nationalmuseum, entworfen von Norman Foster. Aus dem azurblauen Wasser entsteigt ein kühn geschwungenes Opernhaus von Zaha Hadid, und neben ihm hat Tadao Ando mit den minimalistischen Strichen seiner Zenarchitektur ein Meeresmuseum skizziert. Die Museen Louvre und Guggenheim sollen Ende 2013 ihre Tore öffnen, das Nationalmuseum folgt 2014.

Im Europa des 15. bis 18. Jahrhunderts waren die Fürsten die Mäzene der Kunst. Im Abu Dhabi der Gegenwart versteht sich die Herrscherfamilie als der Mäzen, ohne den es keine große Kultur geben kann. Für die Transformation des Emirats von einer Ölstadt zu einer Metropole mit weltweiter Ausstrahlung spielt ihr Vorhaben eine zentrale Rolle, auf der Insel Saadiyat fünf Stätten für Kunst und Kultur zu errichten. Einst waren Kunstliebhaber nach Australien geflogen, um sich in Sydney an der Oper des dänischen Architekten Jørn Utzon zu ergötzen. Vielleicht hatten ihre Flugzeuge in Dubai eine Zwischenlandung eingelegt. Später schuf sich Dubai selbst Wahrzeichen, die jeder mit zwei, drei Strichen nachzeichnen kann, wie den Burj al-Arab in der Form eines Segels. Jetzt ist die Reihe an Abu Dhabi.

Anders als in Dubai setzt Abu Dhabi bei seinen Großprojekten nicht nur auf private Immobilien, sondern auch auf öffentliche Gebäude, um die herum öffentlicher Raum entsteht. Anders als in Dubai fügen sich die fünf Großprojekte auf Saadiyat auch in die Natur ein, indem sie mit dem Übergang vom Wasser auf das Land spielen.

Auf dem Wüstenboden sollen Gebäude entstehen, die die ganze Welt kennt. Noch wichtiger ist, dass sich die einheimische Bevölkerung mit ihnen identifiziert und über sie ihre Identität festigt. Saadiyat war ursprünglich eine der 200 unbewohnten Inseln des Emirats. Es gab dort nichts außer ein paar Mangrovenwäldern. In den sechziger Jahren hatte die University of Arizona eine Experimentalfarm für Gemüse angelegt. Dann wurden an einer Stelle Offshore-Plattformen für die Ölindustrie gebaut. Einmal sollte die Insel ein Lagerplatz für Güter werden, dann wieder eine Finanzfreizone. Bis ein paar klugen Köpfen in Abu Dhabi bei einem Brainstorming klar wurde, welches Juwel Abu Dhabi mit der unbebauten, aber 27 Quadratkilometer großen Insel hat – sie ist gut mit der Hauptinsel zu verbinden, hat herrliche Sandstrände, üppige Mangrovenlandschaften und eignet sich für Golfplätze. Die fünf Kultur-Großprojekte sollen im Jahr 1,5 Millionen Touristen aus aller Welt anziehen. Entlang der Sandstrände im Norden der Insel werden neun Luxushotels gebaut, teilweise in grüne Landschaften voller Palmen hinein. Zwei von Gary Player entworfene Golfplätze mit jeweils 18 Löchern entstehen, eine Marina für viele Hundert Jachten und Wohnraum für 145 000 Einwohner. Im Jahr 2020 soll das, was noch Modell ist, in opulente Urbanität umgesetzt sein.

Von den fünf Museumsprojekten ist der Louvre am bekanntesten. Am 6. März 2007 unterzeichneten Abu Dhabi und das Pariser Museum einen Vertrag zur Zusammenarbeit. Abu Dhabi erwarb für dreißig Jahre die exklusiven Namensrechte am Louvre im Nahen Osten und ließ sich das 400 Millionen Euro kosten. Zusätzlich überwies Abu Dhabi 25 Millionen Euro, damit im Pariser Louvre ein Flügel nach Scheich Zayed benannt wird, und nochmals einige Millionen, damit der Louvre außerhalb des Museums ein Labor für Restaurierungsarbeiten bauen kann, was wiederum im Museum Platz für neue Galerien schafft. Außerdem finanziert Abu Dhabi die Restaurierung der Oper im Schloss Fontainebleau. Die Zusammenarbeit mit Abu Dhabi versetzt den Louvre in die Lage, überfällige Restaurierungen vorzunehmen, auch an Beständen im Depot. Einige dieser Depotbestände werden in Abu Dhabi der Öffentlichkeit zugänglich gemacht. Ferner bildet der Louvre Emiratis im Museumsmanagement aus.

Der Louvre Abu Dhabi soll ein universales Museum sein mit einem Querschnitt durch alle großen Zivilisationen der Welt. Eine eigene Sammlung will sich das Museum bis zum Jahr 2020 durch systematische Einkäufe aufbauen. Dafür sind 6000 Quadratmeter Ausstellungsfläche vorgesehen. Für Sonderausstellungen sind 2000 Quadratmeter reserviert. Bis zur Eröffnung des Museums veranstaltet Abu Dhabi mit Leihgaben aus Paris kleinere Ausstellungen. Den Auftakt hatte 2008 eine Ausstellung mit Werken von Picasso gemacht, im Frühjahr 2009 folgten Werke moderner Maler von Paul Cézanne über Edouard Manet bis Piet Mondrian sowie Exponate aus früheren Jahrhunderten. Mit diesen Ausstellungen will Abu Dhabi auch die Zweifel über eine mögliche Zensur zerstreuen. Unter den Gemälden Picassos befanden sich weibliche Akte, unter den Exponaten des Frühjahrs 2009 eine bayerische Darstellung von Christus am Kreuz neben einem Koran aus dem 14. Jahrhundert und dem Kopf eines Buddhas aus China.

Der Bau des Museums soll 500 Millionen Dollar kosten. Ganz in Weiß wird es am Wasser liegen. Jean Nouvel legt es unter einen weiten, flachen Schirm mit einem Durchmesser von 180 Metern. Das Gewölbe, das von vier, den Blicken entzogenen Säulen getragen wird, lässt das Licht weich, wie unter den Palmen einer Oase hindurchfließen. Der Lichteindruck verändert sich mit dem Sonnenstand. Die Exponate werden in Galerien an Übergängen von Land und Wasser ausgestellt.

Spektakulär ist auch das Guggenheim Museum, das ebenfalls ins Meer hinausgebaut wird. Bereits 2005 hatten sich Abu Dhabi und Thomas Krens, der damalige Direktor der Solomon Guggenheim Stiftung in New York, auf den Bau eines Museums im Emirat geeinigt. Anders als der Louvre konzentriert es sich auf Kunst seit 1965. Dazu werden fünf Themengalerien, zum Beispiel für abstrakte Kunst, Pop Art und Installationen, eingerichtet. Das Museum soll zwölf Mal so groß sein wie das in New York und 800 Millionen Dollar kosten. In New York sind drei Kuratoren damit beschäftigt, eine Sammlung für Abu Dhabi aufzubauen. Dazu steht ihnen ein Budget von 600 Millionen Dollar zur Verfügung. Das in seinen Dimensionen gewaltige Museum werden Zylinder prägen, die als moderne Version der Windtürme kühlere Luft nach unten steuern.

In Europa waren die großen Museen zeitgleich mit dem Entstehen der Nationen und ihrer Nationalstaaten gebaut worden. In der Gegenwart wiederholt sich das in den Vereinigten Arabischen Emiraten. Der Louvre entstand im Geist der Französischen Revolution. Aus Monarchien wurden Nationen, aus Untertanen Bürger. Die großen Museen illustrieren diesen Übergang. Sie stehen dafür, dass ein neues Bürgertum das Erbe und die Geschichte seiner Nation für sich beansprucht. Der Louvre Abu Dhabi und das Guggenheim Abu Dhabi bringen diese Tradition nun in die Golfstaaten. Den Louvre kann man jedoch auch in Paris besuchen, das Guggenheim in New York und in anderen Städten. Einzigartig wird in Abu Dhabi das Nationalmuseum sein, das den Namen von Scheich Zayed trägt und das die Geschichte dieses Landes erzählen wird.

Ein bekanntes Schwarzweißfoto zeigt Scheich Zayed, wie er auf der Insel Saadiyat im Kreis mit anderen auf dem Boden hockt und eine Idee erklärt, indem er im Sand mit einem Stock zeichnet. Unweit des Orts, an dem dieses Bild entstand, wird heute dieses Nationalmuseum gebaut. Es wächst aus dem Sand der Insel heraus. Mit diesem Sand wird der Beton für das Museum hergestellt. Es greift ebenfalls auf Formen des intelligenten Bauens zurück, das die Golfaraber vor dem Zeitalter der billigen Energie und der Klimageräte in der Wüste praktiziert hatten. Seine Windtürme nehmen die Formen von Schwingen der Falken an. Der höchste der fünf schwingenförmigen Türme aus leichtem Stahl wird 124 Meter in den Himmel ragen. Eingebettet ist das Ensemble in einen Garten, der jenem der Semiramis im antiken Mesopotamien ähneln könnte.

Fünf Galerien werden einen Überblick über die Geschichte und Kultur von Abu Dhabi geben sowie über das Leben und Werk von Scheich Zayed. Die Galerie »Land und Wasser« wird archäologische Erkenntnisse präsentieren und den Umgang mit den Ressourcen vor der Entdeckung des Öls. Das Leben der Emiratis vor dem Öl wird in »Die Menschen und das kulturelle Erbe« gezeigt. Die dritte Galerie »Geschichte und Gesellschaft« gibt einen Überblick über die Geschichte, die 200 000 vor Christus beginnt und in die Gegenwart reicht; Schwerpunkt wird die Gründung der Vereinigten Arabischen Emirate. »Wissen und Lernen« präsentiert frühe Keilschriften und Instrumente der Seefahrer. Die Galerie »Islam und Humanismus« ist schließlich dem toleranten Islam gewidmet, den die Muslime Abu Dhabis praktizieren, und der Praxis des Islams, wie ihn Scheich Zayed gelebt hat.

Entworfen hat das Museum der britische Architekt Norman Foster. In Abu Dhabi baut er ferner Masdar City, den Central Market an der Stelle des alten Suq in der Stadtmitte, und entlang der Küste den neuen Vorzeigestadtteil Raha Beach. Das Nationalmuseum entsteht in Zusammenarbeit mit dem British Museum. Dieses verspricht sich eine langfristige Partnerschaft, um in einer strategisch wichtigen Region neue Besucher anzusprechen. Erstmals gibt es dazu in großem Umfang seine Expertise an ein Museum außerhalb Großbritanniens weiter. Seine Kuratoren konzipieren das Nationalmuseum inhaltlich, es wird Exponate nach Abu Dhabi ausleihen, insbesondere zur Ölindustrie, der Perlenfischerei und der Falknerei, und es wird den Bau des Museums beratend begleiten. Ferner wird es gemeinsam mit der Cambridge University in Abu Dhabi das Studienfach Museumsmanagement aufbauen.

Das von Zaha Hadid entworfene »Center for Performing Arts« erschließt sich nicht auf den ersten Blick. Einen Zugang bietet die Biografie der irakischen Architektin, die seit den frühen siebziger Jahren in London lebt. In ihrer Jugend war ihre Familie oft von Bagdad in den Süden des Irak gereist, wo sie das Marschland mit seiner üppigen Vegetation durchstreiften. In Schilfbooten erkundete sie die sumpfähnlichen Wasserlandschaften, in denen die Natur eine Einheit bildete, bis Saddam Hussein dieses Ökosystem zerstören ließ. Zaha Hadid hatte noch erlebt, wie das Wasser und die Pflanzen, das Land und der offene Himmel ineinander verschmolzen, wie die Menschen auf dem Wasser und in ihren Häusern aus Schilf lebten. Für die Architektin wurde das Leben, das aus dem Wasser auf das Land strebt, eine wichtige Inspiration.

Ihr Opernhaus in Abu Dhabi knüpft an diese Erlebnisse an. In biologischen Analogien abstrahiert sie Wasserpflanzen. Diese Abstraktionen lässt sie in dem Gebäude ineinanderfließen. So entstehen unterschiedlich große Säle für Konzerte und andere Aufführungen. Zaha Hadid war in Bagdad in einem Haus aufgewachsen, dessen Stil sich am deutschen Bauhausstil orientierte. Früh hatte sie sich aber in den Bann von Asymmetrien ziehen lassen. Nicht gerade Linien und Striche inspirierten sie, sondern der organische Zufall und die nicht planbaren Raster der Natur. Sie will weg von der industriellen Massenproduktion und dabei einen Stil finden, der der heutigen digitalisierten Welt entsprechen könnte. Ihr Opernhaus in Abu Dhabi spricht diese neue Sprache.

Das Konzept der Museumsinsel ruft im Westen nicht nur Zustimmung hervor. Es stößt auch auf starke Skepsis. Die ausgestellten

Exponate hätten nichts mit der Region zu tun und mit Geld lasse sich Kultur nicht kaufen, sagen die Kritiker. Dem widerspricht Anish Kapoor, der in London lebende indische Installationskünstler. In Toronto gebe es ja auch zwei neue Museen, die viele Exponate ausstellten, die nicht kanadisch seien, sagte er während eines Aufenthalts in Abu Dhabi. Als lächerlich tat er die Aussage ab, Kunst sei nur dann interessant, wenn sie an dem Ort ihrer Entstehung ausgestellt sei. Er sieht im Projekt der Museumsinsel Saadiyat einen Katalysator, der Europas kulturelle Vorherrschaft herausfordere. So stehe die Museumsinsel dafür, dass es in der Welt nicht länger nur ein kulturelles Zentrum gebe, nämlich Europa.

Mit ihren Museumsprojekten betreten Abu Dhabi und die qatarische Hauptstadt Doha die globale Kulturszene. Philippe de Montebello, von 1977 bis 2008 Direktor des Metropolitan Museum of Art in New York, sieht das positiv. In der Kultur seien nun aufstrebende Wirtschaften wie die Golfstaaten und China an der Reihe, sagt er. Kunst ziehe es eben dorthin, wo Geld sei. Die Vereinigten Arabischen Emirate legen daher einen Teil ihres neuen, sagenhaften Reichtums in Kunst an.

Die Kulturstadt: Malerei und Literatur

Für die Wüste von Abu Dhabi hat sich Christo eine 150 Meter hohe Installation ausgedacht. Sollte er seinen Einfall verwirklichen, wäre das Emirat auch im internationalen Kunstmarkt in aller Munde. Diesmal hatte sich nicht Abu Dhabi mit dem Angebot, ein werbewirksames Projekt zu verwirklichen, an einen Künstler gerichtet, sondern Christo selbst hatte das Projekt »The Mastaba« vorgeschlagen, erstmals bereits 1977. Aber Abu Dhabi ist erst heute so weit, das Werk des bulgarisch-amerikanischen Künstlers zu begreifen. In der Form eines gigantischen Trapezes mit Wänden in hell leuchtenden Farben soll sich das Objekt nach Christos Vorstellung aus der Wüste erheben. Es könnte sein letztes großes Werk sein und soll auf Dauer erhalten bleiben. Christo besteht auf einem Standort in der Wüste, die Regierung von Abu Dhabi sähe das Projekt lieber auf der Museumsinsel Saadiyat. Dort würde es aber nicht die gleiche Wirkung wie in der Wüste entfalten. Noch ist die Insel Saadiyat eine Großbaustelle.

In einem provisorischen Museum, Manarat Saadiyat, wird aber seit 2009 mit Ausstellungen auf die Museen der Zukunft vorbereitet. 2010 stellte dort die New Yorker Gagosian Galerie Werke sechs amerikanischer Künstler des 20. Jahrhunderts aus. Zu sehen waren bekannte Werke von Rauschenberg und Ruscha, Serra und Twombly, Warhol und Wool. Kuratorin war Anne Baldassari, die Direktorin des Pariser Picasso-Museums. Larry Gagosian beteiligt sich mit anderen großen Galerien auch an der Abu Dhabi Art Fair, die seit 2009 stattfindet. Mit dieser Kunstmesse stößt Abu Dhabi in den internationalen Kunstmarkt vor. Zur Abu Dhabi Art Fair vom November 2010 hatte Gagosian Werke von Alberto Giacometti und Arshile Gorky mitgebracht. Zu kaufen waren auch Werke von Pablo Picasso, Henri Matisse, Fernand Léger und Robert Rauschenberg, von Anish Kapoor, Frank Stella und anderen. Peter Boris von der New Yorker Pace Gallery hatte festgestellt, dass in der Golfregion seriöse Sammlungen entstehen. Daher hatte er die besten Stücke seiner Galerie mitgebracht. Auch Tim Marlow von der Londoner Galerie White Cube will dabei sein, wenn in den Vereinigten Arabischen Emiraten eine Drehscheibe für Kunst entsteht. Die zahlungskräftigen Besucher der Messe waren kenntnisreicher als im Jahr zuvor, sie wollten nicht nur dekorative Stücke, sondern moderne Kunst, und sie kauften auch.

Auf dem Gebiet des Kunstmarkts hatte sich Abu Dhabi verhalten wie auf anderen Gebieten: Abwarten, lange beobachten und dann klotzen, nur mit dem Besten zufrieden sein. Dubai war auch hier schneller gewesen. Christie's hatte dort 2006 mit Auktionen begonnen. 2007 folgten Bonhams mit Auktionen und Sotheby's mit Verkaufsausstellungen. Sie konzentrieren sich auf moderne und zeitgenössische Künstler aus der Region, aus der arabischen Welt und Iran, Indien und Pakistan, Ländern mit sehr unterschiedlichen Bedingungen. Was sie verbindet, ist die Suche nach einer neuen Identität in der Moderne und die Auseinandersetzung mit der Globalisierung.

Die Auktionshäuser haben die lokale Kunstszene verändert. Die Zahl der Galerien hat sich seit 2006 mehr als verzehnfacht. Einheimische Künstler haben nun eine Plattform, um international bekannt zu werden. Wenn irgendeine Galerie eine Skulptur des 1937 geborenen iranischen Künstlers Parviz Tanavoli verkauft, wird das in der Öffentlichkeit nicht bekannt. Der Verkauf bei einer Auktion von Christie's oder Bonhams findet aber vor vielen Augen statt und erhöht den Marktwert des Künstlers. Wie Hongkong eine Drehscheibe für Christie's Geschäft in Asien geworden sei, werde Dubai eine Drehscheibe für eine bisher brachliegende Region, sagt Jussi Pylkkänen von Christie's. Zwei Mal im Jahr leitet er in Dubai Auktionen. Im Oktober 2010 wurde mit 2,5 Millionen Dollar für ›Die tanzenden Derwische‹ des ägyptischen Malers Mahmud Said aus dem Jahr 1929 der höchste Preis für ein Werk eines arabischen Künstlers erzielt. Bei Bonhams war im März 2008 bei dem Bild ›Ashg‹ (Liebe) des 1963 geborenen iranischen Malers Farhad Moshiri zum ersten Mal ein Werk eines nahöstlichen Malers mit mehr als 1 Million Dollar bezahlt worden. Kurz danach zahlte ein Käufer bei Christie's für die Bronzeskulptur ›Die Mauer – oh Persepolis‹ von Tanavoli 2,8 Millionen Dollar. Die Finanzkrise bescherte der Branche einen dramatischen Einbruch. Seit Ende 2010 erholt sie sich wieder deutlich.

Die Käufer und Sammler moderner Kunst sind überwiegend Emiratis. Sie erwerben nicht Werke ihrer Landsleute, sondern von Künstlern aus Ägypten, dem Libanon und dem Irak. Emiratische Künstler haben es schwer, auch wenn einige den Durchbruch geschafft haben. Daher hat der emiratische Installationskünstler Hassan Sharif in Dubai die Organisation The Flying House mit dem Ziel gegründet, das Verständnis für zeitgenössische Kunst und die Wertschätzung für die eigenen Künstler zu verbessern. Er kritisiert, dass große einheimische Unternehmen (noch) nicht bereit seien, Kunstsammlungen anzulegen. Das Geld für Kunstkäufe ist da, nur fehlt das Verständnis. In Abu Dhabi hat sich die ebenfalls private Abu Dhabi Music & Arts Foundation (Admaf) zum Ziel gesetzt, junge einheimische Künstler zu fördern und in der Öffentlichkeit moderne Kunst zu popularisieren. Admaf wurde 1996 von der Mäzenin Huda al-Khamis Kanoo gegründet. Ihr Mann Muhammad Kanoo stammt aus einer bekannten Unternehmerfamilie. Er ist selbst Maler und hat in Abu Dhabi die Galerie Ghaf gegründet.

Abd al-Qadir Rais braucht ihre Hilfe nicht. Er gilt als der bedeutendste Maler der Vereinigten Arabischen Emirate. Jung zum Waisen geworden, wuchs der 1951 geborene Künstler bei seiner Schwester in Kuwait auf. Zurück in den Emiraten wurde er als Autodidakt zum Maler. Seine Bilder hängen heute in privaten Sammlungen wie jener des saudischen Königs Abdullah. Sein Triptychon ›Bishra‹

wurde 2008 bei Christie's für 385 000 Dollar verkauft, ein Rekord für einen emiratischen Künstler. Ebenfalls auch außerhalb der Emirate sind Abdurrahim Salim, Muhammad Mandi und Najat Makki bekannt, die in den siebziger Jahren eine Gruppe gebildet hatten. Salim und Makki hatten in Kairo studiert. Jeder hatte daneben einen Job für seinen Lebensunterhalt. Sie waren die Ersten, die sich von dem Verständnis absetzten, Kunst habe realistisch zu sein. Anders als diese Gruppe hatte Fatma Lootah viele Jahre im Ausland gelebt und dort den Durchbruch geschafft. Sie studierte in den siebziger Jahren in Bagdad, lebte in Nordamerika, Paris und vor allem in Verona, bevor sie nach Dubai zurückkehrte.

Nun ist die Reihe an der jungen Generation, wie Jalal Luqman, dem ersten digitalen Künstler in den Vereinigten Arabischen Emiraten. Er erinnert sich gut daran, wie er von potentiellen Käufern abgewiesen wurde, weil seine Falken nicht wie Falken aussehen. Der Maler Khalil Abdulwahid stellte bereits in Deutschland aus, digitale Werke der jungen Ebtisam Abdalaziz wurden im dänischen Nationalmuseum in Kopenhagen gezeigt, die Fotografin Lamya Gargash zeigte im Pavillon der Vereinigten Arabischen Emirate bei der Biennale 2009 in Venedig ihre Werke, und das Pariser Centre Pompidou präsentierte einen Querschnitt durch die junge emiratische Kunst. Noor al-Suwaidi hatte erst in Washington Malerei studiert und wurde dann an der Londoner Kingston University zur ersten emiratischen Kuratorin für zeitgenössische Kunst ausgebildet.

Muhammad Kanoo steht vor seiner größten Installation. 99 Quadratmeter messen die Leinwände, die in der Galerie Meem in einem Kreis aufgestellt sind. Andy Warhol habe ihn beeinflusst, auch Roy Lichtenstein, sagt er. Inspiriert hat ihn zu diesem Werk die arabische Kopfbedeckung des Winters, der Shemag, der bunter und schwerer ist als die weiße und leichte Ghutra des Sommers. Riesig wirken bei diesem Werk die Quadrate der Kopfbedeckung. Westlichen Stil und arabische Ideen will Kanoo zusammenbringen. »So wie sich vor der Renaissance Venedig und Konstantinopel gegenseitig befruchtet haben.« Den Shemag griff er auf, weil er Teil der arabischen Identität sei, aber auch im Westen bekannt. Nun will er dieses Werk in einem großen Museum im Westen ausstellen.

Die Galerie Meem liegt in Dubais Industrieviertel Quoz und wurde von Sultan Saud Al Qassimi gegründet, einem jungen Unternehmer, Kunstsammler und Mitglied der herrschenden Familie des

Emirats Sharjah. Er selbst hat mehr als 500 Exponate gesammelt, von denen er immer wieder Teile ausstellt. Seine 2007 gegründete Galerie war eine der ersten in Quoz. Zuvor hatten sich Galeristen vor allem im touristischen Stadtteil Bastakiya nahe am Creek oder im Finanzzentrum DIFC niedergelassen. Dann entdeckten Künstler und Sammler Quoz mit seinen Fabriken und Lagerhallen. Quoz ist der graue Gegenpol zur Glitzerwelt des Emirats. Auch Hassan Sharif zog mit seiner Organisation nach Quoz. Heute befinden sich die meisten wichtigen Galerien dort, vor allem in der Straße Serkal. Für prominente internationale Künstler sind indessen die großen Plätze des DIFC die Bühne. Der polnische Bildhauer Slotka präsentierte dort mehr als dreißig Skulpturen, die sich als Hochseilakrobaten zwischen den Gebäuden des Komplexes auf Seilen bewegten.

In den Stadtteilen Quoz und Satwa findet man interessante Künstler und die Seele der Stadt. Gescheitert ist in Dubai aber der Versuch, kommerzielle Rentabilität auch in der Kultur durchzusetzen. Große Projekte wie Museen und Opernhäuser lassen sich nicht mit diesem Ansatz realisieren. Das musste der deutsche Kulturmanager Michael Schindhelm erfahren, der von 1994 bis 2007 als Theaterintendant in Basel und Berlin tätig gewesen war, bevor er in Dubai ein Opernhaus und mehrere Museen bauen sollte. Nach zwei Jahren gab er aber auf. Fasziniert hatte ihn, an einem »Ort totaler und ewiger Kulturabwesenheit« mit Kultur neu anzufangen. Dann lernte er, dass in Dubai Kulturprojekte »Landmarks« zu sein haben. Für umliegende Immobilien haben sie Wertsteigerungen zu bringen. Dennoch gewann er Dubai auch Positives ab. Er beobachtete, wie eine Stadt des 21. Jahrhunderts heranwächst, ein modernes Babylon, in dem Menschen aus aller Welt friedlich zusammenleben.

Noch vor Dubai hatte sich Sharjah den Ruf einer interessanten Kulturstadt erworben. Seine Biennale wird international wahrgenommen. Die Videos und Installationen haben meist einen aktuellen Bezug zur Wirklichkeit der Region. So lief auf der Biennale 2009 ein Video des palästinensischen Künstlers Sharif Waked mit dem Titel ›To be continued‹. Auf dem großen Bildschirm verlas ein junger Mann schreiend und mit aggressivem Tonfall einen Text. Vor ihm auf dem Tisch lag eine Kalaschnikoff, hinter ihm hing eine grün-weiße Kalligrafie mit zwei Maschinengewehren wie in jenen

Videos, die Jihadisten veröffentlichen, bevor sie ihre Geiseln erschießen oder wenn sie vor einem Selbstmordattentat ihren letzten Willen verlesen. Alles signalisierte, dass es sich um einen Selbstmordattentäter handelte. Der Mann las aber in Wirklichkeit aus ›Tausendundeine Nacht‹ vor, er wurde selbst zu Sheherazade, die mit dem Erzählen von Geschichten ihren Tod hinauszögert. Auch er will nicht sterben, sondern mit Lesen sein Leben verlängern.

Ebenfalls in Sharjah sammelt ein »Zentrum für volkstümliche Lyrik« Nabati-Gedichte, die bisher nur mündlich tradiert wurden. Nabati bediente sich des Dialekts und war vor allem unter den Beduinen Arabiens beliebt. Sie konnten meist weder lesen noch schreiben, ihre Geschichten überlieferten sie mündlich, oft in Gedichtform. »Bint al-Rimal« heißt die Gedichtform daher, Tochter des Sands. Spontan und einfach soll sie sein und den Zuhörer direkt erreichen. Die europäische Kultur hatte das Drama hervorgebracht, die arabischen Beduinen hatten ihre Lyrik. Jeder Herrscher hielt an seinem Hof einen Poeten. In den letzten Jahren erleben Nabati-Gedichte eine Renaissance. Junge Dichter lernen von großen Nabati-Poeten wie Rashid bin Tannaf oder dem Perlenhändler Salim al-Dib. Als der letzte lebende Nabati-Dichter gilt Rubayya al-Yaqut aus dem Emirat Ajman. Die Werke dieser Dichter gibt es nicht in Buchform. Viele Emiratis kennen sie aber.

Sharjah sammelt die Gedichte, und Abu Dhabi und Dubai veranstalten Wettbewerbe zur Nabati-Lyrik, an denen sich junge Poeten beteiligen. Der Emir von Dubai, Scheich Muhammad bin Rashid Al Maktoum, verfasst selbst Nabati und veröffentlicht seine Gedichte. Dubai lädt jedes Jahr im März arabische Dichter und jene, die es sein wollen, zu einem Lyrikwettbewerb ein. Den bedeutendsten Wettbewerb organisiert seit 2007 Abu Dhabi. Jedes Jahr bewerben sich mehrere Tausend Interessenten. Von ihnen werden 35 ausgewählt. Satellitensender übertragen den Wettbewerb mit Quotenrekorden in die ganze arabische Welt. Deutschland sucht seinen Superstar, die Araber aber suchen ihren Superdichter.

Furore machte der Wettbewerb des Jahres 2010. Da war eine saudische Dichterin der Star, Hissa al-Hilal. Mit ihren Gedichten in Nabati-Form hatte sie in der Vor- und Zwischenrunde sowie im Finale das religiöse Establishment ihres Landes herausgefordert. Sie trat im schwarzen Vollschleier, dem Niqab, vor die Kameras, nur einen Schlitz für die Augen frei. Ihren schwarzen Niqab verteidigte sie. Der sei ein Teil der Traditionen ihrer Gesellschaft. Nicht abfinden wollte sie sich aber mit der Geistlichkeit Saudi-Arabiens. In ihrem ersten Gedicht griff sie diese als »in Denken und Handeln barbarisch, als zornig und blind, als Monster, die den Tod als ein Kleid tragen und ihn mit einem Gürtel bedecken« an, eine Anspielung auf Selbstmordattentäter. Sie sprächen von machtvollen Plattformen, terrorisierten die Menschen und machten Jagd auf alle, die doch nur Frieden suchten.

Den arabischen Frauen, vor allem Saudi-Arabiens, hatte sie eine Stimme gegeben. Sie kommt aus einfachen Verhältnissen, war als Tochter von Beduinen in der Wüste geboren worden. In der Schule fiel ihr Talent auf. Später durfte sie mit Genehmigung ihres toleranten Ehemanns von zu Hause aus als Lyrikredakteurin bei einer Tageszeitung arbeiten. Nun hallte ihre Kritik am Klerus in der ganzen arabischen Welt wider. Im Finale erhielt sie den meisten Beifall und die meisten Punkte der Jury. Sieger wurde aber ein Konkurrent aus Kuwait, der bei der Stimmabgabe der Fernsehzuschauer seinen großen Stamm hatte mobilisieren können.

Auch neue Literatur entsteht. Bestseller wurde im Internet der Online-Roman ›Desperate in Dubai‹ (Verzweifelt in Dubai) einer unter dem Pseudonym »Ghostwriter« schreibenden arabischen Autorin. Aus Langeweile habe sie zu schreiben begonnen, erklärt sie. Ihren Roman entwickelt sie um vier verschiedene Typen von Frauen in Dubai. Die Struktur ähnelt dem Roman ›Girls of Riyadh‹ von Rajaa Alsanea. Die Autorin gab ihre Identität nie preis. Zur Popularisierung der gedruckten Bücher trägt in Abu Dhabi die jährliche Buchmesse bei, die von der Kulturbehörde Adach zusammen mit der Frankfurter Buchmesse veranstaltet wird. Anlässlich der Buchmesse vergibt Abu Dhabi einen mit 50 000 Dollar dotierten »Internationalen Preis für arabische Fiktion«. 2010 wurde er an den 1962 geborenen saudischen Autor Abdo Khal für seinen satirischen Roman ›Spewing Sparks as Big as Castles‹ verliehen. Khal stammt aus einem kleinen Dorf, seine Lehrer hatten ihm geraten, Arbeiter in einer Fabrik zu werden, seinen ersten Roman hatte er unter einem weiblichen Pseudonym veröffentlicht. Denn in der saudischen Gesellschaft erzählen ja Frauen die Geschichten. Das preisgekrönte Buch ist wie die meisten seiner Romane pessimistisch und strahlt schwarze Hoffnungslosigkeit aus. In diesem Fall gerät ein kleiner Gangster in die Fänge eines großen.

Jung ist auch die Filmindustrie. Ali Mustafa drehte mit ›City of Life‹ den ersten anspruchsvollen emiratischen Film. Er spielt in Dubai und zeigt ohne Rücksicht auf Tabus das ausschweifende Leben junger Emiratis. Die Zensoren hatten den Film zunächst verboten, bis Scheich Muhammad bin Rashid Al Maktoum persönlich die Freigabe des Films anordnete. Bekannt sind auch ›The Circle‹, in dem Nawaf al-Janahi die Bandenkriminalität thematisiert, sowie Filme der jungen Produzentin Naila al-Khaja zu Kindesmisshandlungen und außerehelichen Beziehungen. Zwar hat auch Abu Dhabi ein Filmfestival. Die kreativere Filmszene findet sich aber in Dubai. In Dubai sind auch junge Musikgruppen zu Heavy Metal und ähnlichen Richtungen entstanden, wie Abhorred, Desert Heat, Illmiyah, Nervecell und Mausoleum. In ihnen fanden sich emiratische und nichtemiratische Musiker zusammen. Zudem hat der Deutsche Philipp Maier, ein ehemaliger Lufthansa-Pilot, 2005 in Dubai das »Philharmonische Orchester der VAE« gegründet. Abu Dhabi lädt andererseits internationale Musiker zu Konzerten ein. So findet in jedem Frühjahr auf dem Sandstrand der Corniche drei Abende und Nächte das Festival »World of Music« (Womad) statt, bei dem mehrere Dutzend Musikgruppen aus der ganzen Welt auftreten – aus Indien und Iran, aus Kap Verde und Kuba, Mali und der Mongolei, Spanien und dem Sudan.

In der Oasenstadt al-Ain hat Abu Dhabi das »Zentrum für die Musik in der Welt des Islams« gegründet, das die Musik in der islamischen Welt in den letzten 1400 Jahren erforschen und beleben soll. Die private Stiftung Abu Dhabi Music & Arts Foundation bringt westliche und arabische Orchester nach Abu Dhabi, auch bekannte Solisten wie Anna Netrebko und Elina Garanca, den Iraker Nasser Shamma, den größten lebenden Oud-Spieler, der in Abu Dhabi ein Institut zur Ausbildung von Nachwuchs gegründet hat, oder die libanesische Sopranistin Hiba al-Kawas. Über mehr Mittel verfügt die staatliche Abu Dhabi Authority for Culture and Heritage (Adach). Seit der Spielzeit 2008/09 bringt sie die großen Orchester der Welt nach Abu Dhabi. Ihr Konzertprogramm ist im Nahen Osten unerreicht und braucht den Vergleich mit großen Metropolen nicht zu scheuen.

■ Die Musikstadt: Oper und Konzert

Ausgerechnet über Gustav Mahler den Einstieg in die Musik des Abendlands finden? Und das noch in der arabischen Welt? In Abu Dhabi geschieht es, in der Spielzeit 2010/11 nicht nur des Mahler-Jahres wegen. »Der Soundtrack von Hollywood hilft, eine Brücke zu bauen und Mahler zu verstehen«, verteidigt Till Janczukowicz, der künstlerische Leiter von Abu Dhabi Classics, den Ansatz. Im dritten Jahr leitet der Deutsche eine Konzertsaison, die in der arabischen Welt und darüber hinaus ihresgleichen sucht und für die er von Anfang an verantwortlich ist.

Das Concertgebouw Orchester unter der Leitung von Daniele Gatti hatte die Spielzeit mit Mahlers 5. Symphonie eröffnet. In den beiden Jahren davor hatten die New Yorker Philharmoniker unter Alan Gilbert Mahlers 1. Symphonie gespielt und das Orchestra del Maggio Musicale Fiorentino unter Zubin Mehta die 2. Mit ihnen in Abu Dhabi auf der Bühne schließt sich ein Kreis. »Unsere Sinfonieorchester bestehen zu einem großen Teil aus Instrumenten, die ihre Vorläufer in der arabischen Musiktradition haben«, sagt Janczukowicz. »Gleichzeitig sind durch das globalisierte Kino fast alle amerikanischen Blockbuster in arabischen Ländern zu sehen, und die zugehörige Filmmusik basiert auf Mahler und Strauss.« Der Soundtrack aus Hollywood hilft, Mahler zu verstehen.

Am 9. November 2010 kamen die Berliner Philharmoniker hingegen ohne Mahler aus. Simon Rattle dirigierte ein für ihn typisches Programm aus vier Jahrhunderten: mit Haydns Symphonie Nr. 99, drei Orchesterstücken von Alban Berg, der zweiten Symphonie von Johannes Brahms und einem Werk eines zeitgenössischen Komponisten: ›Komarows Fall‹ von Brett Dean. Die 1100 Karten für das Konzert waren Wochen zuvor ausverkauft. Entgegen aller Klischeevorstellungen hörte man auch bei Alban Berg und Brett Dean die Stecknadel fallen. »Ziel der Abu Dhabi Classics ist es, in den ersten Jahren das klassisch-romantische Kernrepertoire in maßgeblichen Interpretationen aufzuführen«, sagt Janczukowicz. Plötzlich stünden für hiesige Hörgewohnheiten neue Klänge auf dem Programm, und das Publikum habe keinerlei Berührungsängste. »Wir hatten das zwar geahnt, ermutigend ist diese Erfahrung trotzdem.«

Einen großen Teil des Programms von Abu Dhabi Classics nehmen deutsche Orchester und Komponisten ein. Am 28. Januar 2011 gastierte die Staatskapelle Berlin unter Daniel Barenboim. Janczukowicz widerspricht Michael Schindhelm, der der Ansicht ist, dass Deutschland im Gegensatz zu anderen Ländern nicht über exportfähige Kulturmarken verfüge, da es in Abu Dhabi nicht wie Frankreich einen Louvre oder wie die Vereinigten

Staaten ein Guggenheim-Museum bauen könne. »Bach-Kantaten und Beethoven-Symphonien sind Teil des Weltkulturerbes oder, um in der Terminologie zu bleiben, ein Exportschlager, der nicht nur in Japan und China gut ankommt, sondern auch in den Golfstaaten.«

Über Abu Classics hat der Kulturtourismus in die Hauptstadt der Emirate eingesetzt. Besonders am Herzen liegen Janczukowicz und dem Veranstalter »Abu Dhabi Culture and Heritage« (Adach) die Arbeit mit den Schülern. So wird jedes Orchester um einen Beitrag für die Jugendarbeit gebeten. In den ersten zwei Spielzeiten hatte das Jugendprogramm, das die Konzerte begleitet, 8000 Schüler erreicht. In der ersten Saison waren nur sechs Schulen an der kostenlosen Teilnahme interessiert, in der zweiten waren es 26. Nicht nur Kinder von westlichen oder asiatischen Ansässigen wirken mit, auch Emiratis. Als das Concertgebouw Orchester am Morgen nach dem Konzert der Erwachsenen für die Schüler Wagners Siegfried-Idyll und den Radetzkymarsch spielte und erläuterte, waren 200 der über tausend jungen Zuhörer Emiratis. »Das ist die Generation, die das Land in zwanzig Jahren regiert und bewohnt«, sagt Janczukowicz. »Das ist also Arbeit für morgen und übermorgen.«

Meist schicken die Orchester Monate vor dem Konzert Unterlagen an die Schulen. Vor dem Konzert besuchen dann Musiker und Beauftragte des Orchesters die Schulen und besprechen die Stücke des Konzerts. In Einzelfällen arbeiten sie in den Schulen mit jungen Musikern, die im Schülerkonzert mitspielen dürfen, oder mit Schulchören, die, etwa bei den Proms oder einer Aufführung der Musik aus dem Film ›Herr der Ringe‹, auch bei den Abendkonzerten dabei sind. Im März 2011 gastierte der Cellist Yo-Yo Ma zu zwei Konzerten in Abu Dhabi und arbeitete in Workshops zwei Wochen mit emiratischen Musikern und Schülern.

Viele Musiker reisen mit Vorurteilen nach Abu Dhabi. Sie erwarten, in einer Mall vor einem Publikum zu spielen, das telefoniert und nach Belieben kommt und geht. Dann erleben sie ein Publikum, das konzentriert zuhört. Als die New Yorker Philharmoniker in der vergangenen Spielzeit ihre »Kids Zone«, bei der Schüler Instrumente ausprobieren und komponieren können, nach Abu Dhabi gebracht hatten, waren sie überrascht, dass die Aufmerksamkeit der Jugendlichen größer war und länger anhielt als bei den Schülern zu Hause in New York. Große Orchester reisen nun in eine Region, die lange als kulturelle Wüste galt, und dort hat eine zukunftsorientierte Jugendarbeit eingesetzt. Wie bei den westlichen Universitäten, die ihren Lehrbetrieb in Abu Dhabi aufgenommen haben, auch mit geisteswissenschaftlichen Lehrangeboten, solle nun für die Musik ein Ausbildungssystem konzipiert werden, ein Konservatorium entstehen, wünscht sich Janczukowicz. Der Grundstein dazu ist gelegt.

Eine Opernproduktion in der arabischen Welt ist mit ähnlichen Problemen wie in Europa oder Nordamerika konfrontiert: In beiden Kulturkreisen müssen die Produzenten Rücksicht auf eine beschränkte Aufnahmefähigkeit des Publikums nehmen. In den traditionellen Opernländern lässt die Aufnahmefähigkeit mit der Informationsflut und der Konkurrenz zu leichten Stoffen nach. In der arabischen Welt hingegen hören viele überhaupt zum ersten Mal eine Oper, etwa von Mozart. Es ergeht ihnen wie Kaiser Joseph II., der in Milos Formans Film ›Amadeus‹ den verblüfften Komponisten wissen ließ, die ›Entführung aus dem Serail‹ enthalte einfach zu viele Noten. Er solle doch ein paar herausnehmen – dann wäre die Oper perfekt.

Wie eine Mozart-Oper straffen und ihr doch keine Substanz nehmen? Till Janczukowicz, der neben dem ganzjährigen Programm von »Abu Dhabi Classics« auch das »Al Ain Classics Festival« leitet, wählte für diese Aufgabe Mozarts Frühwerk ›La finta giardiniera‹. Er beauftragte den französischen Dirigenten Guillaume Tourniaire, die Oper durch Streichungen von drei Stunden auf zwei Stunden zu kondensieren. Vor jedem Akt ließ er den emiratischen Schauspieler Habib Ghulum die komplizierte Geschichte auf Arabisch zusammenfassen. Dann war Mozart auch auf der Arabischen Halbinsel und in der Oasenstadt al-Ain angekommen.

Die Ouvertüre verklingt, und in einer blütenweißen Dishdasha tritt Habib Ghulum aus dem Ensemble. Er stellt die sieben Sänger vor, die um ihn herum wie Puppen erstarrt sind. Mit ihren Perücken, dem Frack der Männer und dem Reifrock der Frauen kommen sie aus einer anderen Zeit und einer anderen Welt auf die Bühne des Stadttheaters von al-Ain. Im Orchestergraben musiziert das Mozarteumorchester Salzburg unter Tourniaires Leitung. Mozart sei für Hörer aus so grundverschiedenen Kulturkreisen leichter zugänglich als etwa der spirituelle Bach, findet Tourniaire. Mozarts Musik erzähle ja die Geschichte der Seele und der menschlichen Liebe.

Überhaupt sei Oper nahe an der arabischen Musiktradition, sagt Zaki Nusseibeh, Vizepräsident des Veranstalters »Abu Dhabi Culture and Heritage« (Adach) und Berater von Staatspräsident Khalifa bin Zayed Al Nahyan. In der arabischen Musiktradition gehe es ja ebenfalls um die Einheit von Text und Musik; zudem habe sich die arabische Musik der Polyphonie geöffnet. Nun will Nusseibeh, der vor zehn Jahren das »Al Ain Classics Festival« gegründet hatte, zeigen, dass in der arabischen Welt die Oper keine elitäre Kunst ist und dass Mozart-Opern wie ›Le Nozze di Figaro‹ und ›La finta giardiniera‹ als Komödien den Arabern durchaus liegen. Parallelen sieht

Nusseibeh, der in der Hauptstadt Abu Dhabi dem Richard-Wagner-Verband vorsteht, auch zwischen den Helden der Wagner-Opern und den Helden der großen arabischen Erzählungen.

Die notwendigen Kürzungen seien gewiss eine Form der Gewaltanwendung, räumt Tourniaire ein, aber auch ein Weg, um die Oper populär zu machen. Dabei ließ er nur eine Nummer ganz weg. Sonst straffte er lediglich die im Original mitunter sehr langen Arien, in denen der junge Mozart viel mit Modulationen gespielt habe. Die Musiker des Mozarteumorchesters, das noch im Mozart-Jahr 2006 die Langfassung bei den Salzburger Festspielen aufgeführt hatte, hatte denn auch an den Eingriffen nichts auszusetzen − zumal der Handlungsfaden mühelos erkennbar bleibe.

Drei Wochen lang hatten Tourniaire, die sieben Sänger und der italienische Regisseur Italo Nunziata Mozarts Oper in der Oasenstadt al-Ain einstudiert. Mit Sängern und Sängerinnen wie Mirko Guadagnini und Filippo Adami, Cristina Baggio und Lucia Cirillo, die meisten der Mailänder Scala und Venedigs Teatro La Fenice verbunden. Gesungen wurde auf Italienisch. Till Janczukowicz plädiert für die Originalsprache. Zwar lägen Übertragungen von Mozart-Libretti vor. Westliche Sänger könnten aber das Arabische lediglich phonetisch singen, und genügend arabischsprachige Sänger auf Topniveau zu finden sei außerordentlich schwierig. Mozart auf Arabisch sei wie Wagner auf Englisch oder Verdi auf Deutsch − eben ein Kompromiss. Zaki Nusseibeh hingegen plädiert auch für Aufführungen in arabischer Sprache. Denn die vorliegenden Übersetzungen folgten dem natürlichen Fluss der Musik, und mit arabischen Aufführungen könne man die Zuhörer leichter für die Oper gewinnen. Gute Übersetzungen seien vorhanden, nun brauche man gute Sänger. Dann werde sich die Operntradition in den Vereinigten Arabischen Emiraten rasch entwickeln.

Die Hauptstadt Abu Dhabi hingegen, wo es noch kein Theater mit einem Orchestergraben gibt, muss mit konzertanten Aufführungen vorliebnehmen. Im April 2011 führte dort das Orchestra del Teatro la Fenice Rossinis ›Barbier von Sevilla‹ konzertant auf, im April 2010 hatte es jeweils einen Akt aus ›La Traviata‹ und ›Rigoletto‹ aufgeführt − und das ganz ohne Striche. Schließlich klingt Verdis Belcanto auch für arabische Ohren ungemein kurzweilig. Aber Wagner? Wagner und Bayreuth − diese Verbindung lässt sich jeder gefallen. Schließlich haben es die Meistersinger ja nicht weit nach Nürnberg, des Tannhäusers Wartburg liegt ebenfalls ganz nah, und für seine Rheinfahrt muss Siegfried keine Fernreise antreten. Doch Wagner bei den Arabern? Zwischen prall gefüllten Säcken mit Petrodollars am Persischen Golf? Soll Alberich sein kunstvolles Geschmeide für den Nibelungenschatz aus dem Plastik der Petrochemie stanzen? Soll der Holländer zum Sindbad werden, der nicht Senta am Spinnrad besingt, sondern eine Aischa in der schwarzen Abaya? Ronald Perlwitz lässt das alles nicht gelten. Und so wurde der deutsche Geisteswissenschaftler, der an der Sorbonne in Abu Dhabi lehrt, zum Gründungsmitglied der ersten Richard-Wagner-Gesellschaft in der arabischen Welt. Aus der Taufe gehoben wurde sie in Abu Dhabi im Februar 2007, nach einem Konzert vor 400 Zuhörern, die Arien aus sechs Wagner-Opern hörten. Die Sopranistin Eva-Maria Bundschuh und der Tenor Volker Horn waren dazu eingeflogen worden.»Meine Studenten und noch mehr meine Studentinnen verstehen Wagner sofort«, sagt Perlwitz. Es gebe kaum eine Gesellschaft, die jener Wagners so ähnlich sei wie die der Vereinigten Arabischen Emirate.

Deutsche Beziehungsdramen in der arabischen Stammesgesellschaft? Im ›Tristan‹, beispielsweise, fährt der junge Professor fort, erkennten seine Studentinnen auf einen Blick die restriktiven Liebesnormen ihrer eigenen Gesellschaft wieder. Auch sei da die Sehnsucht nach einer Liebe, die eigentlich verboten sei. Und im ›Fliegenden Holländer‹ träumt Senta vom Holländer, so wie die meisten jungen Frauen in den Emiraten von einem Mann träumen. Nur acht von zwanzig einheimischen Männern heiraten eine einheimische Frau. Da sie aber einen ausländischen Mann nur gegen Widerstände in der Familie und Gesellschaft heiraten dürfen, bleiben viele unverheiratet, wenn auch einige nicht gegen ihren Willen.

Außerdem fasziniert den Wagnerianer Perlwitz an seinem Standort Abu Dhabi die Nähe zu Indien. Er schlägt ein heiliges Buch des hinduistischen Indien auf, das Valmiki Ramayana. Dessen 24 000 Verse wurden im 2. Jahrhundert vor Christus in Sanskrit geschrieben. Perlwitz liest diese Sprache, und er ist sich sicher, dass auch Wagner das heilige Buch gekannt und in seinen Parsifal hat einfließen lassen. In diesem indischen Text fragt der weise Valmiki den Einsiedler Narada, ob ein Mensch alle Tugenden in sich vereinen könne. Narada zählt darauf die Tugenden des Königs Rama auf, und, angebetet von seinen Jüngern steigt er in den Himmel empor. Valmiki aber steigt zum Fluss Tamasa hinunter und wird Zeuge am Mord an einem Schwan. Der Schwan und Naradas Entrinnen aus dem ewigen Zirkel der Wiederkehr sind Themen, die im Parsifal wiederkehren: Wagner nennt es die »Erlösung dem Erlöser«. Perlwitz fährt fort:»Parsifal und Ramayana, beide erzählen von der künstlerischen Auseinandersetzung mit der Welt, die der Künstler durch sein Leiden an dieser Welt – das Mitleid für den toten Schwan also – unternimmt.«

Über Wagner forscht Perlwitz auch in Abu Dhabi. Im sechsköpfigen Vorstand der Sorbonne sitzt Jean-Robert Pitte, früher Präsident der Sorbonne in Paris, ferner Zaki Nusseibeh, der Berater des Staatspräsidenten Khalifa bin Zayed Al Nayhan in Fragen der Kultur. Auch er ist Gründungsmitglied der Wagner-Gesellschaft von Abu Dhabi.»Denn Wagner ist universale Musik, revolutionäre Musik, die aufwühlt und zum Nachdenken anrührt«, sagte der vielsprachige Nusseibeh, natürlich auf Deutsch.

Die Gesellschaft soll das Wissen darüber nun verbreiten, soll Konzerte veranstalten, Vorträge organisieren. Nusseibeh lädt ein in seine Villa in der Oasenstadt al-Ain, in der er einen erstaunlichen Querschnitt durch die zeitgenössische arabische Malerei zusammengetragen hat. Unter den Gästen: Stéphane Lissner, Intendant der Mailänder Scala. Er ist in die Hauptstadt Abu Dhabi gereist und von dort nach al-Ain, um sich ein Bild zu machen von den Möglichkeiten eines Auftritts seines Ensembles am Golf. Schließlich wird in Abu Dhabi von Zaha Hadid ein Opernhaus gebaut, wie es die Welt noch nicht gesehen hat: für Opern und Theater, für Konzerte und Kammermusik.

Bewusst hat Nusseibeh heute nach al-Ain geladen, zwei Fahrstunden von Abu Dhabi entfernt. Zunehmend will er die Oasenstadt, unter deren Palmen einst Karawanen zogen und die heute als das Zentrum der traditionellen Stammesgesellschaft der Emirate gilt, als Kulturstätte nutzen: mit Konzerten und Festivals,»artists in residence« und Workshops. Seit sieben Jahren veranstaltet Nusseibeh vor der prächtigen Kulisse des historischen Forts Festivals mit klassischer Musik. Seine Gesellschaft ist in Abu Dhabi nicht die einzige zur Förderung der Kultur. Programme stellen auch die staatliche »Abu Dhabi Authority for Culture and Arts« und die »Abu Dhabi Music and Arts Foundation« des Ehepaars Muhammad und Huda Kanoo zusammen. Nusseibeh begründet seinen Einsatz für westliche Kultur an einem Ort, an dem es die wenigsten erwarten, wie folgt: »Zivilisation ist Menschenwerk, und zu ihr hat jede Kultur beigetragen.« Jede Kultur sei damit Teil des großen Stroms. Eine Gefahr entstünde, würde sich eine Kultur isolieren. Einmal hätten die Araber mit den Omayyaden und Abbasiden, mit Andalusien große Beiträge geleistet, dann wieder andere.

Mit Wagner bringt Nusseibeh universale Musik nach Abu Dhabi, mit der Sorbonne universales Wissen, gelehrt wird natürlich auf Französisch. Im Sommer 2007 hat die Sorbonne ihr erstes akademisches Jahr am Golf beendet – mit 165 Studenten aus 29 Nationen in sieben Fächern, die von Philosophie über französische Literatur zu Geschichte und Kunstgeschichte sowie angewandte»Fremdsprachen und Wirtschaft« reichen, wo sich die

Studenten bei Englisch, Spanisch, Deutsch und Arabisch neben der Sprache auch Landes- und Wirtschaftskenntnisse aneignen. Die Studenten erhalten in Abu Dhabi denselben Stoff in derselben Stundenzahl wie ihre Kommilitonen in Paris, sie legen die gleichen Prüfungen ab und bekommen am Ende das gleiche Diplom mit der gleichen Wertigkeit wie an der Seine. Die Petrodollars und ein bemerkenswerter Umgang mit Kultur haben den Weg geebnet, damit europäisches Denken und europäische Musik nun auch am Golf Fuß fassen.

(Teilweise erschienen in der F. A. Z. vom 9. August 2007 und 22. Juli 2010. © Alle Rechte vorbehalten. Frankfurter Allgemeine Zeitung GmbH, Frankfurt. Zur Verfügung gestellt vom Frankfurter Allgemeine Archiv.)

Gesellschaft

Frauen: Pioniere und Wertewandel

Am 24. April 2010 hatte Elham al-Qassimi ihr Ziel erreicht. Acht Tage zuvor war sie auf ihren Skiern aufgebrochen. Den Proviant zog sie hinter sich her, sie trotzte der eisigen Kälte von minus 25 Grad, lief jeden Tag acht Stunden und mehr. Mal krächzte das Eis unter ihr, dann gelangte sie auf Treibeis. Schon am zweiten Tag wollte sie aufgeben, obwohl sie sich in London, das sie von ihrem Studium an der London School of Economics kannte, sechs Monate auf Reise und Strapazen vorbereitet hatte. Die letzten vier Kilometer seien die glücklichsten gewesen, sagte sie nach ihrer Rückkehr in Dubai. Ganz ruhig und demütig habe sie sich gefühlt. Dann war die Investmentbankerin an ihrem Ziel angekommen: Als erste arabische Frau hatte sie den Nordpol erreicht. Sie zog einen Beutel hervor und schüttete Sand aus ihrer emiratischen Heimat, von der sie aufgebrochen war, auf den nördlichsten Punkt des Globus, wo sie nun stand.

Natürlich sind nicht alle emiratischen Frauen wie Elham al-Qassimi. Ihre Expedition an den Nordpol wäre aber nicht möglich gewesen, hätte sich in den Vereinigten Arabischen Emiraten nicht für alle Frauen etwas verändert. Die erste Frau, deren Aufstieg und Erfolg sichtbar wurde, war Lubna al-Qassimi. Sie hatte ein Vierteljahrhundert vor Elham al-Qassimi studiert, an der California State University Computerwissenschaft und an der American University von Sharjah Betriebswirtschaft. 1983 wurde sie Unternehmerin, und im Emirat Dubai wurde sie die treibende Kraft des Projekts »e-government«, bei dem administrative Prozesse auf moderne Informationstechnologie umgestellt wurden. 2004 wurde sie als erste Frau in das Kabinett der Vereinigten Arabischen Emirate als Wirtschaftsministerin berufen. Anfang 2011 stand sie dem Ministerium für Außenhandel vor und war nun bereits eine von vier Ministerinnen. Für Frauen gebe es nur noch wenige Barrieren, sagt sie. Die größte sei eine mentale in den Köpfen der Frauen selbst.

Als sich Lubna al-Qassimi für eine Karriere entschieden hatte, war sie Pionierin. Heute amtieren zwei emiratische Frauen als Botschafterinnen ihres Landes in Schweden und in Spanien. Najla al-Qassimi und Hissa al-Otaiba wurden Ende 2008 auf ihre Posten entsandt. Ende 2009 wurden zwei junge Emiratinnen nach bestandener Prüfung an der Flugakademie in al-Ain Pilotinnen bei der Fluggesellschaft Etihad, wo sie den Airbus A320 fliegen. Im Jahr davor war Kholoud al-Daheri zur ersten Richterin in den Vereinigten Arabischen Emiraten ernannt worden. Im FNC sind 23 Prozent der Abgeordneten Frauen und damit mehr als in jedem anderen Parlament in der arabischen Welt. An den Universitäten in den Emiraten stellen Frauen über siebzig Prozent der einheimischen Studierenden und an der lokalen Erwerbsbevölkerung 28 Prozent. An den staatlichen Universitäten sind 15 Prozent des Lehrpersonals einheimische Frauen.

Trotz dieser Fortschritte reichte es im jährlichen Bericht des World Economic Forum zur »Geschlechterkluft« im Oktober 2010 nur auf Platz 103 der 134 untersuchten Länder. Die Vereinigten Arabischen Emirate lagen jedoch vor allen anderen arabischen Staaten. Bei Erziehung erreichten sie Rang 37, bei der politischen Teilhabe Rang 60, bei der wirtschaftlichen Teilhabe aber nur Platz 120.

Auch wenn sie erfolgreich sind und im öffentlichen Leben präsent, kleiden sich die meisten emiratischen Frauen weiter mit der Abaya. Sie ist in der Regel schwarz. Lediglich einige Stickereien auf dem Ärmel sind als Zeichen der Individualität möglich, immer mehr sind auch Abayas in dunklen Farben zu sehen, wenn auch nicht häufig. Die Frauen bedecken ihr Haupthaar, lassen aber immer häufiger ihr Gesicht frei. Keine Frau stellt im eigenen Land die Abaya als Symbol ihrer Kultur in Frage. Im westlichen Ausland kleiden sich jedoch viele emiratische Frauen, vor allem die jüngeren, westlich.

Eine Uniform wie andere Polizisten zieht jeden Morgen Oberleutnant Shammaa al-Muhairi an. 1990 war sie die erste Emiratin, die sich für diesen Beruf entschieden hat. Als Polizistin treibt sie Sport und gewann bei den panarabischen Spielen 2007 als erste Emiratin eine Goldmedaille im 25-Meter-Schießen mit der Pistole. Sie war 19 Jahre alt, als ihr Vater vorgeschlagen hatte, sie solle doch Polizistin werden, erinnert sie sich. Er hatte regelmäßig den Majlis von Scheich Zayed besucht, und der habe seinen Gästen erklärt, wie wichtig für die Entwicklung des Landes Frauen seien. Heute ist sie eine von 1500 Frauen im Polizeidienst. Oberstleutnant Eman al-Jabiri ist eine andere. Als Jugendliche hatte sie die Schule vorzeitig verlassen, sie holte später den Schulabschluss nach, studierte Rechtswissenschaft, wurde promoviert, dann wurde sie die erste Ermittlungsbeamtin und später die erste Dozentin an der Polizeiakademie von Abu Dhabi. Sie muss lachen, wenn sie sich an die erste Vorlesung erinnert, die sie vor Männern zum Thema »Sex, Vergewaltigung und Homosexuelle« zu halten hatte. Mehr Schwierigkeiten als mit Männern habe sie in ihrem Beruf mit Frauen, sagt sie. Die wollten lieber einen Mann als Vorgesetzten als eine Frau.

Auch in die Justiz drängen Frauen. Als im November 2010 im Justizinstitut von Dubai 53 Graduierte ihren Diensteid ablegten, waren unter ihnen zwei Richterinnen, sieben Staatsanwältinnen und drei Militäranwältinnen. Noch ist die Justiz weitgehend in der Hand von meist arabischen Ausländern. Erst ein Zehntel der 150 Richter sind Emiratis. Mit der Emiratisierung steigen auch die Frauen auf, wie Kholoud Daheri, die 2008, gerade 31 Jahre alt und praktizierende Anwältin, zur Richterin ernannt wurde. Je mehr Emiratis in der Justiz tätig sind, desto mehr, so hofft Daheri, werden sie eine eigene emiratische Rechtstradition begründen, die sich von der vorherrschenden ägyptischen absetzt. Ihre Karriere war möglich, obwohl sie das siebte von zehn Kindern einer emiratischen Familie ist, die sie als konservativ bezeichnet.

Weniger präsent sind die emiratischen Frauen in der Privatwirtschaft. Die meisten emiratischen Frauen ziehen, wie die Männer, eine Beschäftigung im Staatsdienst vor. 4,5 Prozent der emiratischen Frauen sollen aber ein eigenes Unternehmen haben, und der Business Council für Frauen in den Vereinigten Arabischen Emiraten schätzt, dass es mehr als 11 000 emiratische Unternehmerinnen gibt. Die meisten von ihnen haben ein kleines Unternehmen, viele arbeiten von zu Hause aus. Dort stellen sie beispielsweise Keramik her, entwerfen Kleider oder organisieren Catering.

Die Regierung des Emirats Abu Dhabi unterstützt Frauen, die selbständig werden wollen. Der Sheikh Khalifa Fund gibt an junge emiratische Männer wie an Frauen Kredite, damit sie ihr Unternehmen gründen können. Nur an Frauen wendet sich die Initiative Mubdiah, die der Business Council für Frauen in Abu Dhabi ins Leben gerufen hat. Sie vergibt zwar keine Gelder, bietet aber Kurse für Unternehmerinnen etwa zu Vermarktung und Qualitätskontrollen an. Sie steht ihnen auch bei den administrativen Abläufen zur Registrierung ihres Unternehmens zur Seite.

Die 1985 geborene Shaima al-Zaabi hat mit Hilfe von Mubdiah ihr Unternehmen gegründet. Bereits als Studentin hatte sie modische Rechtecke entworfen, die auf Laptops aufgeklebt werden, etwa in Form von Jeansstoffen oder mit Blumenmotiven. Nun produziert sie diese professionell. Ein Renner sind sie auf Sekundarschulen und an Universitäten. Voll sind die lokalen Medien indes mit Berichten über emiratische Frauen, die sich als Modedesignerinnen versuchen, die Abayas entwerfen und Kostüme darunter, die sie in der Öffentlichkeit nicht zeigen. Bei dieser Arbeit machen sie ihre Hände nicht schmutzig. Anders als Maryam Darwish. Die Mutter von vier Kindern repariert in einer Autowerkstatt fünf Tage in der Woche in ihrer schwarzen Abaya Autos. Ebenfalls in einer reinen Männerwelt arbeitet die studierte Industriechemikerin Maryam al-Hammadi. Sie ist verheiratet und im größten Stahlwerk von Abu Dhabi die einzige emiratische Frau.

Viele emiratische Frauen, die studiert haben, suchen sich keine Arbeit. Die staatliche Zayed University schätzt, dass nur ein Viertel ihrer weiblichen Graduierten erwerbstätig geworden sind. Im Gegensatz zu nahezu allen männlichen Universitätsabsolventen. Zunehmend mehr Frauen entscheiden sich nun aber für eine berufliche Tätigkeit. Mehrere Faktoren begünstigen den Trend. So richtete sich auch die emiratische Gesellschaft immer weniger darauf aus, dass Männer Frauen zu versorgen haben. Frauen streben nach mehr Unabhängigkeit. Auch steigen die Lebenshaltungskosten, so dass ein Verdienst für eine Familie seltener ausreicht. Wer freiwillig oder unfreiwillig unverheiratet bleibt, muss entweder sehr erfolgreich sein oder von der Familie leben.

Meist konnten die Mütter der heutigen Studentinnen weder lesen noch schreiben, oder sie gehörten bereits zu den ersten Generationen, die zur Schule gegangen sind. Viele Studentinnen berichten, dass gerade ihre Mütter sie gedrängt haben, ihre Ausbildung auf der Universität fortzusetzen, und dass ihre Väter sie ebenfalls unterstützt haben. Wie in vielen anderen Ländern sind auch an den emiratischen Hochschulen Frauen ehrgeiziger und fleißiger als ihre männlichen Kommilitonen. Kein Zufall war es daher, dass im Sommer 2010 zwei Absolventinnen der Fächer Computerwissenschaft und Industriechemie als erste Emiratis und als nahezu erste Nichtamerikaner bei der amerikanischen Weltraumbehörde Nasa ein zehnwöchiges Praktikum absolvieren konnten.

In den Vereinigten Arabischen Emiraten waren zu den Einstufungstests zu Beginn des Wintersemesters 2010/11 nur fünfzig Prozent der eingeschriebenen männlichen Erstsemester erschienen, aber mehr als neunzig Prozent der weiblichen, die damit automatisch höher eingestuft wurden und im ersten Semester weniger Prüfungen abzulegen hatten. Frauen seien eben eher akademisch interessiert, während Männer bereits ihre Arbeit im Blick hätten und nicht das Studium, kommentierte eine Dozentin der Universität der Vereinigten Arabischen Emirate (UAEU).

Schrittweise wollen die Vereinigten Arabischen Emirate die Koedukation einführen, die bisher nur in den privaten ausländischen Hochschulen praktiziert wird. Der größte Widerstand kommt, was nur im Westen, aber nicht in den Emiraten Verwunderung hervorruft, von den emiratischen Studentinnen. Als Folge des Widerstands waren weniger Studenten als erwartet bereit, sich an den Universitäten einzuschreiben, die bisher Frauen vorbehalten waren.

Je erfolgreicher die jungen Frauen im Studium sind, desto später heiraten sie. Im Durchschnitt ist eine emiratische Frau heute 27 Jahre alt, wenn sie heiratet. Bei über dreißig Jahren sinken die Heiratschancen auf null, da die Männer nach wie vor junge Frauen vorziehen. Für immer mehr Frauen hat die Ausbildung indes einen höheren Wert als die Heirat. Zudem tun sich viele Männer mit einer Frau schwer, die eine bessere Bildung als sie hat. Daher sinkt seit 2007 die Zahl der Eheschließungen. Durch die Heirat verliere die Frau ihre Identität, klagt etwa Shoula al-Masoud, die in den Vereinigten Staaten zur Telekomingenieurin ausgebildet worden ist, danach in ihre Heimat zurückkehrte und nun arbeitet.

Daher werden die Familien kleiner und es löst sich die traditionelle Großfamilie auf. Erwachsene oder ältere Emiratis haben im Durchschnitt sieben Geschwister. Inzwischen bekommen die Frauen, sofern sie überhaupt heiraten, aber weniger Kinder. Im Emirat Sharjah fand eine Studie im Jahr 2009 heraus, dass 54 Prozent der Frauen im Alter von dreißig Jahren und älter nicht verheiratet waren. Neben dem Wunsch vieler Frauen, die Ausbildung vor einer Familiengründung abzuschließen, spielen dabei die hohen Kosten von 60 000 Euro für eine Hochzeit eine Rolle – auf diesen Betrag beläuft eine Feier wegen der vielen Gäste –, die die Familie des

Mannes zu tragen hat. Eheschließungen mit ausländischen Frauen sind preiswerter. Andererseits dürfen emiratische Frauen zwar ausländische Männer heiraten. Ihre Kinder bekommen die emiratische Staatsbürgerschaft aber nicht.

Nur noch teilweise wollen sich Frauen als Folge des gesellschaftlichen Wandels um Kinder und Haushalt kümmern. Immer wichtiger werden für sie die Sichtbarkeit in der Gesellschaft und eigenes Einkommen. Die Erziehung der Kinder liegt daher meist bei den Maids, die überwiegend von den Philippinen kommen und mehr Kontakt zu den Kindern haben als die Eltern. Eine Diskussion darüber hat eingesetzt, dass sich damit die Werte und Traditionen der emiratischen Gesellschaft aufzulösen drohen, sollten die Mütter, aber auch die Väter nicht wieder mehr Verantwortung für ihre Kinder übernehmen.

Auch der rasche Anstieg von Ehescheidungen belegt den Wertewandel. Die Vereinigten Arabischen Emirate haben mutmaßlich die höchste Scheidungsquote in der muslimischen Welt. Die Sozialministerin Maryam al-Rumi bezeichnet das als »alarmierend«. Das Oberste Gericht hat in wegweisenden Urteilen dennoch die Rechte der Frau bei der Scheidung gestärkt. In der Vergangenheit konnte der Mann die Frau zwingen, dass sie die Scheidung einreichte, etwa nachdem er sie verlassen hatte und keine Zahlungen an sie tätigte. Wenn sie dann die Scheidung einreichte, verlor sie ihre Ansprüche auf »die zurückgestellte Mitgift«, die der Mann dann zurückzuzahlen hat, wenn die Scheidung von ihm ausgeht. Diese Rechtslücke hat das Oberste Gericht im Juli 2010 geschlossen. Der Ehemann hat diese zurückgestellte Mitgift nun auch zu zahlen, wenn die Frau die Scheidung einreicht, nachdem beispielsweise der Mann seinen Zahlungsverpflichtungen an sie nicht nachkommt. Im November 2010 urteilte das Oberste Gericht, dass Frauen auch dann eine Scheidung einreichen und durchsetzen können, wenn der Mann das ablehnt. Das war zuvor nicht möglich. Bereits im Juli 2010 hatte das Gericht die Rechte der Frau mit dem Urteil gestärkt, dass Frauen gemeinsam mit ihren Kindern auch dann ins Ausland reisen dürfen, wenn der Ehemann dagegen Einspruch erhebt.

Kurz nachdem die saudische Hausfrau, Mutter und Lyrikerin Hissa al-Hilal in Abu Dhabi am Wettbewerb »Poet der Millionen« teilgenommen und den dritten Preis gewonnen hatte, veröffentlichte sie in Saudi-Arabien einen Diwan mit Nabati-Gedichten von beduinischen Lyrikerinnen aus den Jahren vor 1950. Mit dem Band will sie zeigen, dass es in den langen Jahrhunderten der traditionellen Stammesgesellschaft für die Frauen viel leichter war als heute, sich scheiden zu lassen und als geschiedene Frau wieder zu heiraten. Demnach wären die Fortschritte heute nur eine Rückkehr zu den Rechten, die in der Ära vor der Epoche des Erdöls selbstverständlich waren.

Gesundheit: Diabetes und Drogen

Noch vor einem halben Jahrhundert hatte die 160 Kilometer lange Reise von Abu Dhabi in die Oase al-Ain sieben Tage gedauert. Zwei Mal im Monat startete in Abu Dhabi eine Karawane, Nahrungsmittel und Wasser waren streng rationiert. Das Reiten auf dem Kamel verbrauchte Energie, und die Menschen verhielten sich ähnlich wie die Kamele. Sie verstanden es, mit wenig auszukommen und von den Reserven zu zehren, um in der Wüste zu überleben. Heute dauert die Fahrt von Abu Dhabi nach al-Ain nur noch neunzig Minuten, die Autofahrer parken direkt am Hauseingang, um ja nicht zwei Schritte gehen zu müssen, die Kühlschränke sind immer voll, und das nächste Fast-Food-Restaurant liegt um die Ecke. Der Lebensstil der Golfaraber hat sich in fünfzig Jahren radikal verändert. Sie leben nicht mehr als Beduinen in der Wüste, sondern in klimatisierten Großstadtwohnungen. Sie ernähren sich nicht mehr von Datteln und nur an Festtagen von Fleisch, sondern essen den ganzen Tag alles, was Kalorien, Zucker und Fett enthält. Sie bewegen sich nicht mehr in der Natur, um Nahrungsmittel zu finden und Freunde zu treffen, sondern benutzen zu allem das Auto.

Der gesundheitliche Preis des rasanten Wandels ist hoch: Nach der kleinen Südseeinsel Nauru, die gerade 15 000 Einwohner hat, liegen die Vereinigten Arabischen Emirate in der Liste der Diabetesraten auf dem zweiten Platz. Andere Länder auf der arabischen Halbinsel folgen: Saudi-Arabien, Bahrain, Kuwait und Oman. Konkret heißt das, dass jeder vierte Emirati diabeteskrank ist. Die Internationale Diabetesvereinigung prognostiziert, dass 2025 sogar jeder dritte Emirati an Diabetes erkrankt sein wird. Dann wird eine Kostenlawine auf das Gesundheitswesen des Landes zukommen, die einen Teil des gewonnenen Wohlstands wieder auffrisst.

In den Vereinigten Staaten, wo sich ebenfalls viele Menschen nicht gesundheitsbewusst ernähren, sind acht Prozent der Bevölkerung diabeteskrank, in den Vereinigten Arabischen Emiraten sind es drei Mal so viel. Der Chef der Gesundheitsbehörde von Abu Dhabi, Zaid al-Siksek, fordert daher rasche Maßnahmen. Sonst nähmen die Kosten des Gesundheitswesens zu, nehme die Lebensqualität ab, ebenso die Produktivität der Menschen, warnt er. In der Regel geht es nicht um den Typ 1 der Diabetes, der meist seit früher Kindheit nachgewiesen und mit Insulinspritzen behandelt wird, sondern um Typ 2, der erst im Erwachsenenalter auftritt und meist durch Fettleibigkeit verursacht wird. Die Diabeteskranken des Typs 2 neigen zu Herz- und Gefäßkrankheiten und sind einem hohen Risiko ausgesetzt, an einem Herzinfarkt zu sterben oder an einem Schlaganfall. Dieses Risiko ist in den Emiraten sogar größer, als im Straßenverkehr von Abu Dhabi mit seinen vielen Rasern getötet zu werden. Eine Untersuchung der Gesundheitsbehörde unter allen Emiratis im Emirat Abu Dhabi im Alter von 18 Jahren und mehr quantifiziert den Befund. Demnach leiden 45 Prozent der Untersuchten unter Herz- und Kreislaufproblemen, ein Viertel der emiratischen Männer über 18 Jahren sind fettleibig und vierzig Prozent der Frauen. Bereits bei den emiratischen Kindern ist der Anteil der Fettleibigen doppelt so groß wie bei den nichtemiratischen Kindern im Land. Die Medizinprofessorin Fatma al-Maskari hat errechnet, dass heute in Abu Dhabi allein Diabetes direkte jährliche Kosten von 1,3 Milliarden Dollar verursacht. Hinzu kommen indirekte Kosten wie nachlassende Leistungsfähigkeit und früher Tod. Im Jahr 2010 flossen 6,4 Prozent des Staatshaushalts der Vereinigten Arabischen Emirate in das Gesundheitswesen.

Diabetes ist ein Wirtschaftsfaktor und eine Volkskrankheit. Noch wissen die Emiratis nicht, wie sie damit umgehen sollen. Viele erwarten vom Arzt, dass er die Probleme löst, und sind nicht zu einer Umstellung ihrer Ernährungs- und Lebensgewohnheiten bereit. Sie nehmen die Medikamente nicht regelmäßig, und sie bewegen sich zu wenig. Das Staatsunternehmen Mubadala hat die Gefahr der Krankheit erkannt und als wichtigste Investition außerhalb der »harten« Wirtschaftszweige zwei Gemeinschaftsunternehmen mit renommierten Krankenhäusern gegründet. Dabei stellt Mubadala das Kapital bereit, die ausländischen Krankenhäuser bringen die Technologie und die Ärzte. Im August 2006 hat das Imperial

College London Diabetes Centre in Abu Dhabi seine Arbeit aufgenommen. In den ersten Monaten hatte es am Tag fünf Patienten behandelt, heute sind es 300 und mehr. Würde das Krankenhaus Gruppentherapie betreiben und nicht nur Individualgespräche führen, könnte es sogar mehr erreichen. 2012 wird die Cleveland Clinic ihren Betrieb aufnehmen, ebenfalls in Kooperation mit Mubadala. Es hat Tradition, dass Abu Dhabi ausländische Ärzte ins Land holt. Die ersten waren Pat und Marion Kennedy, die 1960 in al-Ain auf Initiative von Scheich Zayed das »Oasis Hospital« gegründet hatten. Ihr Krankenhaus war einfach ausgestattet, und doch bewirkte es Wunder. In kurzer Zeit senkten sie die Kindersterblichkeit von fünfzig Prozent auf unter ein Prozent und die Müttersterblichkeitsrate von 35 Prozent auf null. Sie bekämpften die Tuberkulose und Malaria, Augenkrankheiten und Parasiten. Das »Oasis Hospital« besteht noch heute.

Neben Diabetes sind Suchtkrankheiten eine zweite Herausforderung. Statistiken dazu liegen nicht vor, die Ärzte kümmern sich im Verborgenen um Suchtkranke. Im Jahr 2002 gründete Abu Dhabi für emiratische Männer ein Suchtkrankenhaus mit 18 Betten, bis 2014 soll eines mit 200 Betten für Männer und Frauen gebaut werden. Es entsteht in Zusammenarbeit mit dem UN Office on Drugs and Crime (UNODC) und soll auch ein Ausbildungszentrum für andere Rehabilitationskliniken in der Region werden.

Meist werden die drogenabhängigen Männer von einem anderen Krankenhaus oder der Polizei in das Rehabilitationszentrum eingewiesen, wo sie erst einmal zwölf Tage entgiftet werden. Über zwei Drittel der einheimischen Patienten sind Alkoholiker, ein Teil von ihnen ist auch von Drogen wie Heroin abhängig. Die meisten Patienten sind Männer im Alter von zwanzig bis dreißig Jahren. Sie haben häufig die Schule abgebrochen und sind oft ohne Arbeit. Alkohol können sie sich auch als Muslime leicht beschaffen.

Geschwindigkeit ist eine Droge, für die das Rehabilitationszentrum nicht zuständig ist. Es gibt so gut wie keine Kriminalität in den Vereinigten Arabischen Emiraten. Die größte Gefahr für Leib und Leben ist der Verkehr. Nur elf Prozent der Emiratis benutzen den Sicherheitsgurt. Als Folge der Geschwindigkeit auf den Straßen haben die Emirate im Allgemeinen und Abu Dhabi im Besonderen eine der höchsten Raten an Unfalltoten weltweit. Die Gesundheitsbehörde von Abu Dhabi bezeichnet 27,4 Tote auf 100 000 Einwohner als »inakzeptabel«. Im Durchschnitt werden bei Verkehrsunfällen jeden Monat 38 Menschen getötet. 15 Prozent aller Todesfälle im Emirat sind Verkehrstote. Die Gesundheitsbehörde hat bekannt gegeben, dass 89 Prozent der bei Verkehrsunfällen Getöteten junge emiratische Männer sind. Sie liefern sich mit ihren schnellen Sport- und Geländewagen Rennen, haben keine wirklichkeitsnahe Risikoeinschätzung und kein Verantwortungsgefühl. Sie profitieren von den hohen Löhnen, die im Staatsdienst mit der Absicht gezahlt werden, den Ölreichtum unter die Bevölkerung zu bringen. Immerhin ging 2010 als Folge des schärferen Eingreifens der Verkehrspolizei die Zahl der Verkehrstoten von 411 auf 276 zurück und die Zahl der bei Verkehrsunfällen Verwundeten von 3221 auf 1935.

Die Jugendbehörde des Emirats hat im Frühjahr 2009 die Probleme der emiratischen Jugend untersucht. 26 Prozent aller Emiratis sind zwischen 15 und 24 Jahre alt. Auch das Ergebnis dieser Untersuchung war niederschmetternd. Die Studie stellte als Folge des privilegierten Lebensstils und des Luxus zum einen eine nachlassende Bereitschaft fest, für sich Verantwortung zu übernehmen, zum anderen eine geringer werdende Motivation. Kritisch sieht der Bericht die jungen Männer. Weniger Männer als Frauen würden sich an der Universität einschreiben, mehr Männer seien ohne Arbeit, und die Männer seien einem größeren Risiko ausgesetzt, Drogen zu benutzen, von HIV angesteckt zu werden oder im Straßenverkehr getötet zu werden, heißt es in der Studie.

Männliche Jugendliche unter zwanzig sind am stärksten zwischen Identitäten hin- und hergerissen. Während die meisten Mädchen in diesem Alter als Ausdruck ihrer emiratischen Identität die schwarze Abaya tragen, kleiden sich ihre männlichen Alterskollegen häufig nicht mehr in ihrer weißen Kandura. Stattdessen tauchen sie in dem ab, was sie für die amerikanische Jugendkultur halten. Sie entscheiden sich für eine Uniform aus Jeans, T-Shirt und nach hinten gedrehter Baseballmütze. In ihren Schulen ist Englisch häufig die Unterrichtssprache, in ihrer Freizeit sehen sie die Musiksender mit Videoclips, und sie tanzen selbst Hip-Hop. Mit diesem Bekenntnis zur amerikanischen Jugendkultur begehren sie gegen den starken Druck der Tradition in ihren Familien auf. Sind sie einmal über 20, fügen sich viele wieder in die Traditionen ein. Das muss nicht so bleiben. Gefestigt wie noch vor wenigen Jahrzehnten sind die gesellschaftlichen Strukturen der Emiratis nicht mehr.

Bildung: Achillesferse und Quantensprung

Erziehung und Bildung sind die Schlüssel für die Zukunft. Das gilt überall, aber insbesondere in den Vereinigten Arabischen Emiraten. Die Hälfte der Bevölkerung ist 19 Jahre oder jünger. Wenn man sich vom Erdöl unabhängig machen und neue Industrien aufbauen will, dann ist die gute Ausbildung der Jugend von zentraler Bedeutung. Seit mehr als einem Jahrzehnt genießt das Bildungswesen daher hohe Priorität. Die Wirklichkeit ist jedoch ernüchternd. Die Jugend wächst mit goldenen Löffeln im Mund auf. Selbst wenn die Familien nicht reich sind und die jungen Leute nicht arbeiten, sorgt das üppige Wohlfahrtssystem dafür, dass sie auch ohne Arbeit gut leben können. Einer der Verantwortlichen spricht sogar von der Gefahr einer »verlorenen Generation«.

Bildungsexperten sind gekommen und gegangen, Studien über Studien wurden verfasst, und doch hat sich an den Missständen wenig verändert. Die Lehrer sind unzureichend qualifiziert, die Lehrpläne sind veraltet, der Unterrichtsbetrieb ist unverändert auf das Auswendiglernen ausgerichtet. Während in Singapur und Japan ein Schuljahr 220 Unterrichtstage hat, sind es in den Emiraten 175. Die Folgen waren und sind verheerend. Die Schulbehörde Dubais gab im Juni 2010 bekannt, dass von hundert emiratischen männlichen Schülern eines Jahrgangs nur 32 im Zeitplan die zwölfte und letzte Klasse bestehen. 21 Schüler verlassen die Schule ohne Abschluss, meist nach der zehnten Klasse, und 47 sind Wiederholer. Im Extremfall sind sie vier oder fünf Jahre älter als der Rest der Klasse. Groß ist die Gefahr, dass auch sie Schulabbrecher werden. Die Pädagogin Natasha Ridge von der New Yorker Columbia University führt die hohe Zahl der Schulabbrecher unter den Schülern auf die Unterrichtsmethode und auf »irrelevante Lehrpläne« zurück. Sie warnt vor den gesellschaftlichen Folgen, die diese Schulabbrecher in Gang setzen können.

Universitäten klagen, dass die Schulabgänger nicht ausreichend auf das Studium vorbereitet sind. Die Hochschulbehörde des Emirats Sharjah gibt an, neunzig Prozent der Studienanfänger müssten vorbereitende Kurse besuchen. Auf der Hochschule entscheiden sich die meisten Emiratis beiderlei Geschlechts für »weiche« Fächer. Von denjenigen, die an den staatlichen Hochschulen der Vereinigten Arabischen Emirate eingeschrieben sind, studieren nur zu jeweils zehn Prozent Naturwissenschaften oder Ingenieurwissenschaften. Vielen geht es lediglich darum, irgendeinen Abschluss zu erwerben, der ihnen eine Stelle im öffentlichen Dienst öffnet. Im Staatsdienst sind die Gehälter erheblich höher, und um zwei Uhr nachmittags ist nach sechs Stunden Arbeit Feierabend. Im öffentlichen Dienst stellen die Emiratis drei Viertel der Beschäftigten, in der Privatwirtschaft ist es nur ein Prozent. Die Regierung der Emirate forciert die Emiratisierung der Arbeitswelt. Sie schreibt der Privatwirtschaft vor, mehr Emiratis zu beschäftigen. Allmählich setzt sich aber die Erkenntnis durch, dass eine solche zwangsweise Emiratisierung in die falsche Richtung geht, denn sie verhindert einen echten Wettbewerb um Stellen. Sie reduziert die Motivation, sich auf diesen Wettbewerb einzulassen und sich auf ihn vorzubereiten. Im Jahr 2008 hatte die Stiftung Muhammad bin Rashid Al Maktoum, des Emirs von Dubai, in einer Studie herausgefunden, dass in allen GCC-Staaten die privaten Unternehmer nur mit 37 Prozent der einheimischen Beschäftigten zufrieden sind und daher lieber Nicht-GCC-Bürger einstellen. Die sind meist besser qualifiziert und akzeptieren die im Vergleich zum Staatsdienst schlechteren Arbeitsbedingungen.

Wenn Erziehung und Bildung Schlüssel für die Zukunft sind, dann ist das öffentliche Bildungswesen in den Vereinigten Arabischen Emiraten gleichzeitig die Achillesferse. Nur langsam setzt sich die Erkenntnis durch, dass Information zwar überall verfügbar sein mag, dass Bildung aber intellektuelle Fähigkeiten voraussetzt, die nicht automatisch mit dem Internetanschluss kommen. Über Jahre sind diese Probleme nicht wahrgenommen, ja fast verdrängt worden. Nun sind sie zumindest erkannt und sollen auch behoben werden. Eine Studie, die die Schulbehörde von Dubai im Frühjahr 2010 durchgeführt hatte, zählt die Mängel der staatlichen Schulen auf, die sie mit den privaten Schulen im Emirat verglichen hat: Angeboten werden zu wenige für den Arbeitsmarkt relevante Fächer, die Zahl der Unterrichtstage im Schuljahr ist zu gering, die Schulen bieten zu wenige außerschulische Aktivitäten, analytische Fähigkeiten werden nicht entwickelt, gering ist die Motivation und hoch die Zahl der männlichen Schulabbrecher.

Um das alles zu verbessern, hat die Schulbehörde von Abu Dhabi, das Abu Dhabi Education Council (Adec), zum Schuljahr 2010/11 für die staatlichen Schulen das »Neue Schulmodell« eingeführt. Es soll zweierlei bewirken. Zum einen soll es statt dem Auswendiglernen das kritische und analytische Denken fördern, zum anderen eine Zweisprachigkeit in Arabisch und Englisch bewirken. Denn 94 Prozent der Absolventen von öffentlichen Schulen müssen einen Englischkurs belegen, um den Englischtest als Teil der Zulassung zur Universität zu bestehen. Nun soll jeder Emirati vom Kindergarten bis zur zwölften Klasse zweisprachig erzogen werden. Bereits im Kindergarten werden sie dann von arabischen und englischen Muttersprachlern betreut. Auf der Sekundarschule werden schrittweise englische Muttersprachler die Naturwissenschaften, Mathematik und Englisch unterrichten. Dazu hat das Emirat im Jahr 2010 mehr als 1300 Lehrer aus der ganzen Welt angeworben. Eine Ernüchterung hat unter ihnen aber eingesetzt. Denn die Schulbehörde war auf den Umfang der Änderungen und auf diese Menge neuer Lehrer nicht vorbereitet.

Attraktiver ist es für viele emiratische Eltern, deren Kinder begabt und motiviert sind, diese auf private Schulen zu schicken. Viele dieser Schulen werden ebenfalls vom Staat unterstützt. Die staatliche Ölgesellschaft Adnoc hat 2006 die »Sekundarschule Glenelg« eingerichtet, in der sie ihren künftigen Nachwuchs heranziehen und auf das Studium vorbereiten will. Emiratis stellen vier Fünftel der Schüler. Die Schule, die ihren Schwerpunkt auf Naturwissenschaften und Mathematik legt, ist in Kooperation mit der gleichnamigen Eliteschule in Washington D. C. entstanden.

Abu Dhabi setzt nicht nur auf englischsprachige Schulen. Die Regierung fördert großzügig den Ausbau von Begegnungsschulen aus Deutschland, Frankreich, Japan und China. Dazu schenkt sie diesen Nationen jeweils moderne, nach dem letzten Stand ausgestattete Schulgebäude in bester Lage. Sie knüpft die Schenkung an die Auflage, in jedem Schuljahr einen festen Anteil emiratischer Schüler aufzunehmen. Damit will Abu Dhabi eine Elite schaffen, die auch jenseits der angelsächsischen Welt mit wichtigen Regionen und Kulturen vertraut ist. Die Deutsche Internationale Schule ist auf der Arabischen Halbinsel die erste deutsche Schule, die bis zum Abitur führt. Im Frühjahr 2011 legten elf Schüler aus drei Nationen am Ende der zwölften Klasse erstmals das Abitur ab, unter ihnen der jüngste Sohn des Autors.

In den Anfängen steckt das Berufsbildungswesen. Die deutsche »Gesellschaft für internationale Zusammenarbeit« (GIZ) leistet mit dem Aufbau von zwei Berufsfachschulen in al-Ain und in der westlichen Region des Emirats einen wichtigen Beitrag. Im Mittelpunkt steht jedoch der Ausbau des Hochschulwesens. Den emiratischen Studenten beiderlei Geschlechts vorbehalten sind die Universität der Vereinigten Arabischen Emirate in al-Ain mit 17 000 Studenten, die praxisnäheren Higher Colleges of Technology sowie die 1998 gegründete Zayed Universität in Abu Dhabi und Dubai. Bis auf al-Ain wird an ihnen die Geschlechtertrennung schrittweise aufgehoben.

Daneben gibt es von Emiratis getragene private Universitäten, an denen auch Ausländer studieren können. Die erste bedeutende Hochschule dieser Art ist die American University of Sharjah. Gegründet hatte sie 1997 der Emir von Sharjah, Scheich Sultan bin Muhammad Al Qassimi. Die Universität gilt als Pionier. Im akademischen Betrieb der Vereinigten Arabischen Emirate hatte sie für einen Quantensprung gesorgt. Sie bietet 25 Hauptstudiengänge. Ein Fünftel ihrer 5500 Studenten sind Emiratis, der Rest kommt aus mehr als achtzig Nationen. Von 2011 an baut die Universität auch in der Hauptstadt Abu Dhabi einen Lehrbetrieb auf. Dort war 2003 unter der Schirmherrschaft von Hamdan bin Zayed Al Nahyan die private Abu Dhabi University gegründet worden.

Die meisten privaten Universitäten sind indes Ableger bestehender ausländischer Hochschulen. Allein in den beiden Freizonen für Hochschulen in Dubai, der International Academic City und dem Knowledge Village, haben sich 51 von ihnen niedergelassen. Sie reichen von der Londoner Middlesex University über die Michigan State University und die French Fashion University bis zu den Hochschulen Szabist aus Karachi, Birla aus Rajasthan und Azad aus Teheran. Sie unterliegen weder den Bestimmungen des emiratischen Staats noch des Emirats Dubai. Dubai drohte 2010 jenen Fakultäten mit der Schließung, die nicht das Niveau der Mutteruniversitäten erreichen. Die Zahl ihrer Studenten reicht von hundert bis zu mehreren Tausend. Als führende private Hochschule in Dubai gilt die australische Wollongong University. Sie ist offiziell akkreditiert und bietet als erste private Hochschule ein Dissertationsprogramm an, zunächst im Fach Betriebswirtschaftslehre.

Abu Dhabi hat den Vorsprung von Sharjah und Dubai aufgeholt. Während die Hochschulen in Dubai überwiegend Wirtschaftswissenschaften anbieten, wenn auch in einer großen Bandbreite von

Betriebswirtschaft über Finanzwesen bis Logistik, baut Abu Dhabi ein Angebot auf breiterer Basis auf. In Masdar City arbeitet das Masdar Institute of Science and Technology mit dem Massachusetts Institute of Technology zusammen. Niedergelassen hat sich das New York Institute of Technology, und die schottische Strathclyde Business School entwickelt in Abu Dhabi ebenfalls ein Promotionsprogramm für Betriebswirtschaftslehre.

Im Wintersemester 2011/12 nahm die Khalifa University of Science and Technology ihren Lehrbetrieb auf. Finanziert wird sie von der Regierung des Emirats Abu Dhabi. Ihre Schwerpunkte setzt sie in den Fakultäten Medizin, Atomtechnologie und Internationale Studien/Heimatschutz. Tod Laursen, der Präsident der Universität, wechselte von der amerikanischen Duke University nach Abu Dhabi, wo ihn fasziniert, dass er aus dem Nichts etwas Neues aufbauen und eine neue Generation von Studenten formen kann. Die meisten ihrer Professoren hat die Universität in den Vereinigten Staaten angeworben. Die ersten vier Professoren für die Fakultät Atomtechnologie stammen aus Südkorea.

Am bekanntesten sind in Abu Dhabi die Hochschulgründungen durch die New York University und die Sorbonne. Das Projekt der New York University war im Oktober 2007 bekannt gegeben worden. Im Wintersemester 2010/11 nahm sie den Betrieb auf. Die 150 Studenten des ersten Jahrgangs stammen aus 39 Ländern, sie sind aus 9000 Bewerbungen ausgewählt worden. Wählen konnten sie aus 19 Hauptstudiengängen in den Bereichen Geistes-, Sozial- und Naturwissenschaften. Zu ihnen gehören neue Medien ebenso wie Biochemie und Stadtplanung. Die Studiengebühren und Unterbringungskosten addieren sich auf 62 000 Dollar pro Jahr. Viele der Studenten haben sich für ein Stipendium qualifiziert und arbeiten nun in kleinen Klassen mit höchstens acht Studenten mit ihren Dozenten. Mit einem anspruchsvollen Vortragsprogramm wirkt die junge Universität, die 2014 ihren Campus auf der Insel Saadiyat bezieht, in die emiratische Gesellschaft hinein.

Am meisten Aufsehen erregt hat die Eröffnung der ersten Sorbonne außerhalb von Paris in Abu Dhabi. Im Mai 2010 graduierten die ersten siebzig ihrer Studenten. Sie hatten Archäologie, Französisch, Kunstgeschichte, Philosophie, Soziologie, Jura oder Wirtschaft und Sprachen studiert. Im Wintersemester 2010/11 kam das Fach Museumskunde hinzu. Dessen Studenten werden Praktika am Louvre in Paris absolvieren können. Damit studierten mehr als 600 Studenten aus sechzig Ländern an der Universität, die bereits auf ihren modernen Campus auf der Insel Reem gezogen ist. Ebenso wie die Studenten an der New York University sehen sie in den kleinen Klassen einen der größten Vorteile. An solchen neuen Spitzenuniversitäten finden junge Emiratis wie Nichtemiratis den Schlüssel für ihre Zukunft.

■ Akademische Exzellenz: Sorbonne und Wollongong

In Bildung werden in den Vereinigten Arabischen Emiraten nicht weniger als 34 Prozent des Staatshaushalts investiert. 35 000 Studenten studieren an den staatlichen Universitäten, noch mehr sind an den sechzig ausländischen Hochschulen eingeschrieben. Das Ziel ist klar: Die Hochschulbildung soll an internationales Niveau herangeführt werden. Denn 51 Prozent der Menschen in der Föderation sind jünger als zwanzig Jahre. Deutschland ist einer der Wunschpartner – kommt aber in der Praxis kaum vor. Dabei sind die Emirate nicht nur die zweitgrößte Volkswirtschaft der arabischen Welt, sondern auch der wichtigste Wirtschaftspartner Deutschlands. Zumindest an einer neuen Universität wird jetzt in Deutsch gelehrt, wenn auch nicht an einer deutschen, sondern an der Sorbonne von Abu Dhabi. Und zwar von Ronald Perlwitz, einem deutschen Professor aus Paris und Experten für die deutsche Romantik. Perlwitz ist einer der Professoren der ersten Stunde, die in Abu Dhabi die Sorbonne aufgebaut haben.

»Es ging alles so schnell«, erinnert er sich. Wie das meiste in diesem Teil der Welt. Ende 2005 einigten sich der Präsident der Sorbonne, Jean-Robert Pitte, und der Kronprinz des Emirats Abu Dhabi, Scheich Muhammad bin Zayed Al Nahyan, auf die erste Ausgründung der Sorbonne überhaupt. »Im Mai 2006 kamen wir Professoren nach Abu Dhabi, es gab keinen Campus und keine Studenten.« Nach zwei Monaten hatten sie 120 Studenten und ein provisorisches Unigebäude. Im September 2006 begannen die Vorlesungen, und im September 2009 zog die Sorbonne in einen großzügigen Campus auf der Insel Reem um. Abu Dhabi finanzierte ihn vollständig. Er bietet Platz für 3000 Studenten.

Mit dem Umzug wurde das Studienangebot erweitert. Im ersten Jahr bot die Universität, an der natürlich auf Französisch unterrichtet wird, Studiengänge in Philosophie und moderner Literatur an, in Geschichte und Geografie sowie – und dafür ist Ronald Perlwitz verantwortlich – für angewandte Fremdsprachen. Seine Studenten müssen zwei der Fremdsprachen Deutsch, Englisch, Spanisch und Arabisch belegen. Ergänzt werden die Sprachkurse um Einführungen in die Kultur des Landes sowie um wirtschaftswissenschaftliche und völkerrechtliche Kurse.

Gerade liest Perlwitz, der in Abu Dhabi auch die Richard-Wagner-Gesellschaft aufgebaut hat, mit seinen Studenten Literatur aus der Nachkriegszeit. Sanya, eine Libanesin, die in Saudi-Arabien aufwuchs, ist eine seiner Studentinnen. Erst wollte sie in Frankreich studieren. Dann erfuhr sie von der Sorbonne Abu Dhabi. »In Paris sitzen doch Hunderte Studenten in einem Hörsaal, hier haben die Professoren viel mehr Zeit für uns«, schwärmt sie. Und bald könne sie in Abu Dhabi ja auch den Louvre besuchen, und um den Louvre entstehen weitere Museen und eine Oper. Westliche Kultur kommt nach Abu Dhabi. Sie soll hier, eingepflanzt in eine aufregende Etappe der Globalisierung, etwas Neues hervorbringen. Die jungen, ölreichen Golfstaaten sind bereits internationaler als jeder andere Ort der Welt. 200 Studenten aus vierzig Nationen studieren heute an der Sorbonne. Von ihnen stellen die einheimischen Emiratis ein Drittel. »Die anderen sind meist Kinder von hierher entsandten Expats und bilden einen Querschnitt der Bevölkerung der Vereinigten Arabischen Emirate«, sagt Perlwitz.

Seit dem Wintersemester 2007/08 können sie auch Jura studieren, ein Jahr später folgten die Wirtschaftswissenschaften. Jean-Yves de Cara leitet die Abteilung für Jura. In jeder der heute sechs Abteilungen ist ein französischer Professor ständig in Abu Dhabi anwesend. In jedem Jahr reisen zudem 150 Professoren aus Paris für zweiwöchige Blockseminare an. »Das französische Diplom ist damit gerechtfertigt, zu dem aus Paris gleichwertig«, sagt der Professor und Anwalt de Cara. Die Sorbonne ist der erste große ausländische Universitätsname in Abu Dhabi. Als Nächstes folgte die New York University. »Das Emirat will sein Image ändern – und auch seine Wirklichkeit«, sagt de Cara.

Schon lange vor den Europäern hatten die Australier die Chancen erkannt, die sich am Golf bieten. Vor 17 Jahren gründete die australische Universität Wollongong im benachbarten Emirat Dubai eine Hochschule. »Das war von enormer Weitsicht«, reibt sich noch heute Professor Michael Thorpe die Hände. Australien, der drittgrößte Exporteur von Hochschulbildung nach den Vereinigten Staaten und Großbritannien, erkannte die Chance. Nach Hongkong, Singapur und China erreichte der australische Hochschulexport Dubai. »Der Export von Bildung ist ein Geschäft«, sagt der Professor für internationale Wirtschaftsbeziehungen, der zuvor in Hongkong und China geforscht hatte.

Wollongong, nahe Sydney gelegen, ist auf Wirtschaft und auf Ingenieurwissenschaften spezialisiert. In Dubai beschäftigt die Hochschule hundert Professoren und Dozenten. Schwerpunkte sind die Studiengänge Betriebswirtschaftslehre und Finanzwesen, angeboten werden selbst Studiengänge in Logistik und Versicherungswesen. Die Ingenieurwissenschaften kommen dazu, geplant ist ein sechsmonatiger Studiengang für arabische Sprache und Kultur sowie Geschäftspraxis am Golf. »Das könnte doch auch für deutsche Studenten attraktiv sein«, wirbt Thorpe.

Die »University of Wollongong in Dubai« (UOWD) ist eine der zwanzig ausländischen Hochschulen in den Vereinigten Arabischen Emiraten, deren Abschlüsse das Hochschulministerium anerkennt. Die anderen vierzig akademischen Einrichtungen sind darauf angewiesen, dass der Arbeitsmarkt sie honoriert. Begehrt sind in der UOWD die Abschlüsse »Master of International Business« (MIB) und, als einziger Doktorandenstudiengang in den Vereinigten Arabischen Emiraten, der »Doctor in Business Administration« (DBA). Selbst Iran erkennt sie an, und so stellen die Iraner, nach den Indern und Emiratis, in der UOWD die drittgrößte Gruppe unter den 2500 Studenten aus achtzig Ländern.

Der zwanzig Jahre alte Hamid ist einer der Iraner und studiert im zweiten Jahr. Gerade holt er sich zwischen zwei Vorlesungen in der Cafeteria einen Kaffee. Zu Hause in Teheran wollte er nicht studieren, in Dubai bereitet es ihm Spaß, sagt er. Jeder versteht, was er damit meint. Er will wie sein Vater, ein Reeder und Händler, selbständiger Unternehmer werden. Das Rüstzeug dazu holt er sich an der UOWD. Ihm und seinen Freunden rechnet Thorpe vor, dass sie bald nicht nur in ihrer Heimat gute Chancen haben werden, sondern in allen sechs Staaten des Golfkooperationsrats. »Das ist dann der Fall, wenn der GCC seinen Gemeinsamen Markt umsetzt und sich die Arbeitskräfte frei bewegen können.« Für die Studenten und auch für viele Professoren führen Universitäten wie die Sorbonne und die UOWD das Beste beider Welten zusammen: Paris und Sydney in Arabien, wo 360 Tage im Jahr die Sonne scheint, auf Wüstensand Palmen wachsen und sich Studenten aus Arabien und aus der ganzen Welt auf ihre Zukunft vorbereiten.

In den aufstrebenden und prosperierenden Staaten am Golf sind viele Spitzenuniversitäten der Welt präsent. Deutschland ist immerhin in Oman mit der RWTH Aachen mit von der Partie. Dort hat im Herbst 2008 die »Oman-German University of Technology« ihren Lehrbetrieb auf Englisch aufgenommen. Die TU München will in Abu Dhabi mit der staatlichen Universität ein »College of Medicine« aufbauen und an der saudischen Rotmeerküste die »King Abdullah University of Science and Technology«. Exzellenz macht sich auch an der internationalen Ausrichtung bemerkbar.

Im »Knowledge Village« des Emirats Dubai wird es unterdessen eng. 3000 Studenten, unter ihnen solche aus Iran und Indien, sind in seinen 14 internationalen Hochschuleinrichtungen eingeschrieben. Nun will die Regierung des Emirats aus dem »Knowledge Village« ein Trainingszentrum für Berufstätige machen und die Unis in der »Dubai Academic City« ansiedeln, zusammen mit der Dubai Aerospace University.

Die Sorbonne hat dann ihren neuen Campus auf der Insel Reem bezogen – und kostet noch immer weder den französischen Steuerzahler noch die Heimatuniversität einen einzigen Cent. Das Emirat übernimmt sämtliche Kosten, und ein Teil der Studiengebühren von rund 13 000 Euro im Jahr fließt nach Paris. Jura-Professor de Cara nennt drei Gründe, weshalb er für einige Jahre nicht in Paris leben will, sondern in Abu Dhabi. Erstens sei die Lehre in Europa Routine geworden. Immer dieselben Reaktionen, dieselben Fragen. Und nun das: Die Emiratis wollen etwas lernen, erwarten viel, sind sehr interessiert und anregend. »Damit fühle ich mich heute jünger, als ich bin«, lacht de Cara. »Zweitens: Was wir hier sehen, ist die Welt von morgen.« Europa sei das Zentrum der Welt gewesen. Dieses Zentrum verschiebe sich nach Südosten, und das werde sich in den nächsten zwanzig Jahren nicht verändern. Drittens will seine Pariser Anwaltskammer hier ein Büro eröffnen, und das bereitet er vor.

Miryam ist eine der jungen Sorbonne-Studentinnen aus Abu Dhabi. Die Entwicklung verläuft rasend schnell, auch für die Frauen. Für selbstverständlich hält sie die Koedukation, selbstverständlich lässt sie sich auch fotografieren. Anders als ihre Freundinnen entschied sie sich nicht für ein englischsprachiges Studium. Ob Englisch oder Französisch: »Die arabische und die westliche Kultur widersprechen sich nicht«, betont Miryam, »sie ergänzen sich.«

Die Golfregion

Die Arabische Halbinsel

Der Golfkooperationsrat: Integration und Sicherheit

Sechs der sieben Staaten auf der Arabischen Halbinsel ähneln sich: Sie sind Monarchien, und mit ihren Ölvorkommen stiegen sie in den Kreis der reicheren Staaten auf. Dennoch hat jedes Land seine Besonderheiten. Saudi-Arabien ist so groß wie die fünf größten EU-Staaten Frankreich, Spanien, Schweden, Deutschland und Finnland zusammen; Bahrain hingegen bringt es gerade auf die Größe Maltas. Unter dem Boden von Saudi-Arabien liegen 25 Prozent aller bekannten Ölvorkommen, für Bahrains Volkswirtschaft spielt das Erdöl kaum mehr eine Rolle. Offiziell sind Saudi-Arabien und Bahrain Monarchien. Die eine ist die Heimat des Islams und kulturell der konservativste der sechs GCC-Staaten, die andere Monarchie ist eine offene Gesellschaft mit einem im Verhältnis liberalen Lebensstil. Gerade deshalb hat die kompromisslose und blutige Niederwerfung der Proteste im Februar und März 2011 umso mehr überrascht.

Bei allen Gemeinsamkeiten, zu denen die Zugehörigkeit zu den Stämmen der Arabischen Halbinsel und die gemeinsame Religion zählen, sind auch die anderen Staaten unterschiedlicher, als es der erste Blick aus der Ferne vermuten lässt. In Kuwait ließ die Tradition starker Händlerfamilien eine lebendige politische Debattenkultur entstehen, in Qatar hat allein der stramme Modernisierungsschritt der herrschenden Familie das Land an die Spitze der reichsten Volkswirtschaften der Welt geführt. Bahrain und Oman sind stark von der britischen Präsenz geprägt; in Bahrain bilden die schiitischen Muslime die Mehrheit der Bevölkerung, in Oman die ibaditischen Muslime, die es sonst in nahezu keinem anderen Land mehr gibt. Bahrain lebt als Dienstleistungszentrum für Saudi-Arabien, Oman hat sich in seiner Geschichte immer mehr nach Indien und Ostafrika orientiert als nach Arabien. Die Vereinigten Arabischen Emirate schließlich sind als einziger funktionierender Zusammenschluss der arabischen Welt ein politisches Kunstwerk. Ihr Emirat Dubai hat das Entwicklungsmodell konzipiert, das heute auf die ganze arabische Welt ausstrahlt.

Diese sechs Staaten – Saudi-Arabien, Kuwait, Bahrain, Qatar, die Vereinigten Arabischen Emirate und Oman – haben sich am 26. Mai 1981 in Abu Dhabi zum »Golfkooperationsrat« (GCC) zusammengeschlossen. Die äußeren Anlässe, die den Zusammenschluss beschleunigten, waren die Islamische Revolution in Iran im Februar 1979 und der Beginn des Kriegs zwischen dem Irak und Iran im September 1980. Die sechs Staaten wollten enger zusammenrücken. Seit mehr als einem Jahrzehnt hatte es die Idee zu einem Zusammenschluss gegeben, denn die Ankündigung der britischen Regierung von 1968, sich »östlich von Suez« zurückzuziehen, was 1971 schließlich umgesetzt wurde, drohte ein Machtvakuum zu schaffen. Die linken, vom Sozialismus inspirierten und anti-westlichen Staaten Ägypten, Syrien und vor allem der Irak bedrohten die konservativen Ölmonarchien am Golf. Schah Mohammad Reza Pahlawi bot ihnen daher ein militärisches Bündnis an. Sie gingen nicht darauf ein, denn sie fürchteten die Reaktionen des Irak, aber auch das Hegemoniestreben des Schah.

Mit der Ölkrise von 1973 besserte sich in den Hauptstädten des alten Arabien das Ansehen der Golfmonarchien, da sie gegen die Staaten, die Israel unterstützten, die Ölwaffe einsetzten. Aus den »Handlangern des Imperialismus« waren »arabische Brüder« geworden. Sie blieben aber die kleineren Brüder. Ihre Angst blieb, vor allem vor dem Irak. Zu Beginn des Kriegs zwischen dem Irak und Iran, der von 1980 bis 1988 dauerte, fürchteten die Golfstaaten einen raschen Sieg des Irak gleichermaßen wie einen von Khomeinis Iran, dessen revolutionäre Ideologie sich gegen die konservativen Staaten am Golf richtete. Eine weitere Gefährdung ihrer Sicherheit sahen sie in der sowjetischen Invasion Afghanistans im Dezember 1979.

Offiziell strebten die Golfmonarchien nur eine wirtschaftliche Integration an. Die Gründer verzichteten auf die Ausrufung eines Sicherheitspakts, weil sie unerwünschte Reaktionen anderer arabischer Staaten minimieren wollten. Da sich die GCC-Staaten im Frühjahr 2011 aber von den Vereinigten Staaten, die die Protest- und Demokratisierungsbewegungen in der arabischen Welt unterstützten, nicht mehr ausreichend nach innen geschützt fühlten, entsandten am 15. März 2011 Saudi-Arabien und die Vereinigten Arabischen Emirate 2000 Soldaten und Polizisten nach Bahrain, um die dortigen Sicherheitskräfte bei der Niederschlagung der Proteste zu entlasten. Ihren amerikanischen Partner hatten sie dazu nicht konsultiert. Dabei hatten die golfarabischen Staaten seit dem Ende des Zweiten Weltkriegs und vor allem seit dem britischen Rückzug aus der Region die militärische Zusammenarbeit mit den Vereinigten Staaten ausgebaut. Geschützt werden wollten sie gegenüber den feindlich gesinnten Staaten wie der Islamischen Republik Iran und dem Irak von Saddam Hussein. Seither hat Washington einen Schutzschild geschaffen, um den steten Fluss von Erdöl aus der Region zu garantieren. Die Golfstaaten waren, anders als die Staaten des alten Arabien, völkerrechtlich nie Kolonien gewesen. Ihre Herrscher waren stets unabhängig geblieben. Mit den Kolonialmächten hatten sie Verträge unterzeichnet, die ihre Beziehungen regelten. Ihr Verhältnis zu Großbritannien und später zu den Vereinigten Staaten war daher unkomplizierter, als es im alten Arabien war.

In den ersten Jahrzehnten des Zusammenschlusses stand die Wirtschaft im Mittelpunkt der Integration des GCC. 1983 trat eine Freihandelszone in Kraft, 2001 folgte der Gemeinsame Markt, 2008 eine Zollunion. Der Gemeinsame Markt führte den unbehinderten Kapitalverkehr und ein freies Niederlassungsrecht von GCC-Bürgern ein. Jeder darf in einem anderen Land arbeiten, dort Immobilien erwerben und Kapital transferieren. Bürger und Unternehmen aus einem GCC-Staat werden damit wie Inländer behandelt. Damit wollen die Staaten die wirtschaftliche Integration verbessern. Zum Zeitpunkt der Einführung des Gemeinsamen Markts hatten sie erst zehn Prozent ihres Außenhandels untereinander abgewickelt. Die 45 Millionen Einwohner der GCC-Staaten verfügen über ein Bruttoinlandsprodukt von 1100 Milliarden Dollar und damit über ein Jahreseinkommen von 24 000 Dollar je Einwohner.

In einem weiteren Schritt wollten die sechs GCC-Staaten zum 1. Januar 2010 eine Währungsunion mit dem Ziel einer gemeinsamen Währung einführen. Dazu hatten sie bis 2002 nacheinander ihre nationalen Währungen an den Dollar gekoppelt. Die Dollarbindung war wirtschaftlich umstritten. Denn die Zentralbanken gaben damit die Zinspolitik aus der Hand. Da ihre Volkswirtschaften stärker wachsen als die amerikanische, müssten ihre Zinssätze höher sein als jene, die die amerikanische Zentralbank festlegt. Halten sie die Zinsen niedrig, beschleunigt sich die Inflation. Das trat auch ein. Setzen sie höhere Zinsen fest, fließen Dollar in Golfanleihen, und ein Aufwertungsdruck entsteht. Das geschah 2007 in Saudi-

Arabien. Ferner schmälerte der schwache Dollar den Wert der in Dollar fakturierten Ölexporte.

Die GCC-Staaten hielten dennoch an der Dollarbindung fest. Sie ist politisch motiviert, da die Staaten auf den amerikanischen Schutzschild angewiesen sind. Eine Aufhebung der Dollarbindung könnte zu einem Verlust der Glaubwürdigkeit der Weltreservewährung führen, zumal bereits die Fakturierung des Erdöls in anderen Währungen diskutiert wird. An einem Verlust der Glaubwürdigkeit des Dollars ist jedoch kein GCC-Staat interessiert. Denn die Staatsfonds haben ihre Investitionen überwiegend in Dollar getätigt. Als einziger GCC-Staat hat Kuwait seine Währung an einen Korb gekoppelt, in dem neben dem Dollar auch andere Währungen vertreten sind. Mit der Währungsunion wollen die GCC-Staaten ein starker Wirtschaftsblock werden. Sie wollen eine Währungsstabilität herstellen, die Integration der Finanzmärkte verbessern und mehr ausländische Direktinvestitionen anlocken. Erst aber hatte die Weltfinanzkrise die für 2010 geplante Einführung der gemeinsamen Währung verzögert, dann die Krise des Euro. Insbesondere amerikanische Wirtschaftswissenschaftler mahnten bei ihren Besuchen in GCC-Staaten wiederholt, die Krise des Euro als abschreckendes Beispiel zu nehmen und auf eine gemeinsame Währung zu verzichten, solange sie ihre Geld- und Fiskalpolitik nicht vollständig harmonisiert haben. Der Aufschub fällt den Staaten auch leichter, weil ihre Währungen bereits an den Dollar gebunden sind und das Wechselkursrisiko damit beseitigt ist. Außerdem sind die Staaten offenbar doch nicht bereit, umfassend Kompetenzen abzugeben. Während die EU den Begriff »Union« enthält, steht GCC lediglich für »Kooperation«.

Die mangelnde Bereitschaft zu Kompromissen zeigte sich im Kampf um den Sitz der Zentralbank. Am 5. Mai 2009 setzte Saudi-Arabien, die größte arabische Volkswirtschaft, als Sitz der künftigen Zentralbank seine Hauptstadt Riad durch. Aus Protest zogen sich die Vereinigten Arabischen Emirate, die zweitgrößte Volkswirtschaft Arabiens und Zentrum der arabischen Finanzmärkte, aus der Währungsunion zurück. Bereits im Januar 2007 hatte Oman, das wirtschaftlich schwächste Land der GCC, auf eine Mitgliedschaft verzichtet. Somit traten im März 2010 lediglich die vier anderen GCC-Staaten zur konstituierenden Sitzung des »Geldrats« zusammen, aus dem die spätere Zentralbank hervorgehen soll. Zum Vorsitzenden wählten sie den Gouverneur der saudischen Zentralbank, Muhammad al-Jassir. Der Geldrat soll den technischen und juristischen Rahmen für die Währungsunion und die nach wie vor geplante gemeinsame Währung erarbeiten.

Unterdessen gehen die Vereinigten Arabischen Emirate eigene Wege. Ihre Zentralbank richtete im Oktober 2010 einen »Internationalen Beratungsausschuss« ein, in den sie namhafte Ökonomen berief, wie den Nobelpreisträger und Inflationsexperten Robert Mundell, den früheren Gouverneur der kanadischen Zentralbank David Dodge, den früheren CEO der britischen Bank HSBC John Bond sowie Joseph Yam, den früheren Chef der Geldbehörde in Hongkong, dessen Wirtschaft jener der Vereinigten Arabischen Emirate in vielem ähnelt.

Seit 1990 verhandelt der GCC mit der EU über ein Freihandelsabkommen. Zwei Jahrzehnte später war es noch immer nicht unterzeichnet. Von 2004 bis 2007 war endlich ein Durchbruch in den meisten Punkten des 2000 Seiten umfassenden Dokuments erzielt worden. Gelöst wurden komplizierte Fragen wie Ursprungszeugnisse bei Reexporten und die Öffnung bei öffentlichen Ausschreibungen. Seit April 2009 sind die Gespräche aber suspendiert. Nach offiziellen Angaben steht als wichtigster ungelöster Punkt nur noch die Regelung der Exportzölle auf petrochemische Produkte aus, die Saudi-Arabien erheben will, um die Abnehmer in der EU nicht mit den billigen Rohstoffen zu subventionieren, die sie der eigenen Industrie bereitstellt.

Die Frustration geht tief. Die EU-Kommission klagt, im GCC habe sie keinen ebenbürtigen Gesprächspartner und der GCC sei stark von den Mitgliedsstaaten geprägt. Der Golfkooperationsrat wiederum wirft der EU vor, mit jeder EU-Ratspräsidentschaft ändere sie erratisch ihre Verhandlungspositionen. Ungehalten sind die GCC-Staaten auch darüber, dass die EU auf einer Suspendierungsklausel im Fall von Menschenrechtsverletzungen besteht. Sie sehen darin lediglich einen Hebel, um bei Bedarf unter dem Vorwand kultureller Differenzen protektionistische Interessen zu schützen. Stattdessen sollten die Prinzipien der Welthandelsorganisation WTO Anwendung finden, fordern sie.

Als Folge geben sich die GCC-Staaten wieder mit einem Abkommen zur Zusammenarbeit aus dem Jahr 1988 zufrieden. Verärgert sind sie auch darüber, dass die EU seit 1990 ihre Verhandlungskapazitäten absorbiert hat. Nun hätten Verhandlungen mit aufstrebenden Staaten und Blöcken in Asien Priorität, sagen ihre Diplomaten. Im Juni 2010 haben sich die sechs Außenminister der GCC darauf verständigt, die wirtschaftliche Zusammenarbeit mit den Asean-Staaten und anderen Volkswirtschaften Asiens auszubauen. Im Mai 2011 haben die GCC-Staaten für viele überraschend Jordanien und Marokko eine Mitgliedschaft angeboten, um den Zusammenhalt der sunnitischen Monarchien in der arabischen Welt zu stärken.

Neue Brisanz hat das Gründungsanliegen des Golfkooperationsrats erhalten, die Schaffung äußerer Sicherheit. Denn Iran will mit seinem Atomprogramm Hegemonialmacht am Golf sein, hält ständig neue Manöver ab und stellt neue Waffen vor. Im Jemen zerfällt die staatliche Autorität, was al-Qaida ausnutzt, und der Irak hat sich nach dem Ende des Bürgerkriegs noch nicht stabilisiert. Der wachsende äußere Druck zwingt die GCC-Staaten zu handeln. Zunächst haben sie die Radarsysteme und Telekommunikationsnetze ihrer Armeen miteinander verbunden; mit der 5. US-Flotte finden gemeinsame Manöver statt. Die Zusammenarbeit soll von 2011 an darüber hinausgehen. Die GCC-Staaten wollen für ihre meist schwachen Streitkräfte zu Wasser eine gemeinsame Einheit schaffen und den Verteidigungsschild ausbauen. Aufgewertet werden soll die im saudischen Hafar al-Batin stationierte gemeinsame GCC-Eingreiftruppe »Peninsula Shield«, die 1984 eingerichtet wurde, seither aber nur symbolischen Charakter hatte.

Die iranische Gefahr hat auch die GCC-Staaten und die Nato einander nähergebracht. Die Nato hatte auf ihrem Gipfeltreffen im Juni 2004 in Istanbul die »Istanbul Cooperation Initiative« verabschiedet. Sie schafft einen Rahmen für die Sicherheitskooperation bei der Bekämpfung des Terrors und der Massenvernichtungswaffen. Der Initiative haben sich elf Staaten des Nahen Ostens und der Golfregion angeschlossen. Unterzeichnet haben sie Kuwait, Bahrain, Qatar und die Vereinigten Arabischen Emirate, die die Zusammenarbeit als »strategisch« bezeichnen. Die Nato und die Vereinigten Arabischen Emirate sprechen auch über ein bilaterales Kooperationsabkommen, das die vorübergehende Stationierung von Landstreitkräften regeln soll.

Die Intensivierung der Zusammenarbeit der Golfstaaten und der Nato ist ein Zeichen für die Internationalisierung der Sicherheitsarchitektur am Golf. So hat Frankreich im Mai 2009 in Abu Dhabi eine Marinebasis eröffnet, die erste weltweit außerhalb Afrikas. Auch mit Kuwait hat Frankreich im Oktober 2008 ein Verteidigungsabkommen unterzeichnet. Andererseits beteiligen sich emiratische Soldaten in Afghanistan an der internationalen Schutztruppe Isaf. Zuvor waren sie an Einsätzen der Nato im Libanon, in Somalia, auf dem Balkan und im Irak beteiligt. Auch jenseits der multilateralen Operationen sichern sich die Vereinigten Arabischen Emirate ab. Im Oktober 2010 haben sie in ihrem Emirat Fujairah am Indischen Ozean eine Marinebasis eröffnet, von wo aus Schiffe die Meerenge von Hormuz besser schützen können. In Fujairah bauen sie zudem große Lager für Rohöl.

Die arabischen Golfstaaten reagieren außerdem mit Rüstungsbestellungen ohne Beispiel auf die iranische Gefahr und den amerikanischen Teilrückzug aus dem Irak. So lagen den Vereinigten Staaten Ende 2010 Waffenbestellungen arabischer Golfstaaten von mehr als 120 Milliarden Dollar vor. Auf Saudi-Arabien entfällt mit 68 Milliarden mehr als die Hälfte. Die Vereinigten Arabischen Emirate, die seit 2005 unter den fünf weltweit größten Importeuren von Rüstungsgütern rangieren, haben für ihre 50 000 Mann starke Armee Bestellungen von 35 Milliarden Dollar aufgegeben. Von Oman sind Bestellungen von zwölf Milliarden Dollar bekannt, von Kuwait von sieben Milliarden Dollar. Lediglich Qatar verlässt sich weiter allein auf den amerikanischen Schutzschirm und verzichtet auf weitere Rüstungskäufe.

Das meiste Geld wollen die arabischen Golfstaaten bis 2014 für ihre Luftwaffe und die Flugabwehrraketensysteme ausgeben. Die Vereinigten Arabischen Emirate erwerben neben einer verbesserten Version des Raketenabwehrsystems Patriot als erster internationaler Abnehmer das Raketenabwehrsystem THAAD gegen ballistische Raketen. Neben der Armee wird zunehmend die »Civil National Infrastructure Authority« (CNIA) ein wichtiger Kunde bei Rüstungsfirmen. Sie hat den Auftrag, Anlagen der Ölindustrie, die Meerwasserentsalzungsanlagen und künftig die Atomkraftwerke des Landes, die trotz der Katastrophe beim japanischen Atommeiler Fukushima gebaut werden sollen, zu schützen. Das will sich die Behörde für Abu Dhabi 2,9 bis 3,9 Milliarden Dollar kosten lassen. Anschläge drohen von Terroristen, im Kriegsfall aber auch durch iranische Vergeltungsmaßnahmen.

Das Erdöl: Fluch und Segen

Die arabischen Golfstaaten verdanken ihren Reichtum dem Erdöl, gleichzeitig verdankt die Welt ihren Wohlstand auch den Energievorkommen der Golfstaaten. Die gegenseitige Abhängigkeit ist groß, und nur im ersten Fall wird diese Abhängigkeit abnehmen. So prognostizieren die Wirtschaftsforscher des Londoner »Economist Intelligence Unit«, dass sich das Bruttoinlandsprodukt der sechs GCC-Staaten in den Jahren 2010 bis 2020 auf 2300 Milliarden Dollar etwas mehr als verdoppeln wird. Die Nicht-Ölindustrien wachsen schneller als die Industrien Öl und Gas. Daher erwarten sie, dass ihr Anteil am Bruttoinlandsprodukt von 61 Prozent auf 69 Prozent zunehmen wird. Die GCC-Staaten würden dann noch immer jedes Jahr mehr als 700 Milliarden Dollar aus dem Verkauf von Rohöl und Erdgas verdienen.

Andererseits ist die Weltwirtschaft vom Öl und Gas aus der Golfregion abhängig. Denn die sechs GCC-Staaten halten mindestens vierzig Prozent aller weltweit bekannten Ölvorkommen. Zusammen mit den beiden anderen Golfanrainern Irak und Iran steigt der Anteil auf mehr als sechzig Prozent. Das entspricht nicht ihrem Anteil an der heutigen Ölproduktion. Die sechs GCC-Staaten steuern erst 18 Prozent zur weltweiten Ölförderung bei. Mit dem Irak und Iran erhöht sich der Anteil auf 26 Prozent. Bei Erdgas verhält es sich ähnlich, denn Staaten wie Russland produzieren drei Mal so viel, wie es ihrem Anteil an den Reserven entspricht. Wenn in Russland und in westlichen Förderländern wie Norwegen, Großbritannien und Mexiko die Ölquellen versiegen, werden die Golfstaaten die entstehenden Lücken füllen.

Die Abhängigkeit der Weltwirtschaft von den Golfstaaten wird zunehmen, gleichzeitig geht die Abhängigkeit der Weltwirtschaft vom Erdöl aber zurück. Preiswerte Energie war im 20. Jahrhundert einer der Gründe für das Wachstum der Volkswirtschaften in Nordamerika und Europa. Bis 1973 hatte der Ölverbrauch jedes Jahr durchschnittlich acht Prozent zugenommen. Das Ölembargo der Opec-Staaten nach dem Nahostkrieg von 1973 und die Ölkrise nach der Revolution in Iran von 1979 beendeten aber Wachstumsphasen. Nach der Revolution in Iran wuchs der Ölverbrauch nur noch um zwei Prozent pro Jahr, nach dem Ausbruch des Kriegs zwischen dem Irak und Iran im September 1980 fiel der Zuwachs auf 1,5 Prozent.

Der Energieträger Öl hatte sich verteuert, ein Nachdenken über einen sparsameren Umgang und über alternative Energieträger hatte eingesetzt. Seit dem Beginn des 21. Jahrhunderts sind andere Faktoren für das wirtschaftliche Wachstum wichtiger geworden als preiswerte Energie. China und Indien verbrauchen gewiss immer mehr Energie. Getragen wird ihr Wachstum aber von billigen Arbeitskräften und neuen Technologien. Mit Atomkraftwerken wollen sie sich zudem vom Öl unabhängiger machen. Die Bedeutung des Erdöls geht zurück. Rohöl kostet weniger als Mineralwasser. Sollte sich der Preis für ein Barrel Rohöl (ein Barrel entspricht 159 Litern) bei achtzig Dollar einpendeln, wäre es auch weiter preiswert. Ferner ist der Einfluss des Ölpreises auf das Wachstum zurückgegangen. Als 2008 der Preis auf 149 Dollar je Barrel gestiegen war, bremste das zwar das Wachstum. Die Weltwirtschaft wuchs dennoch weiter. Der Internationale Währungsfonds hat errechnet, dass eine Verdopplung des Ölpreises auf über 150 Dollar je Barrel das Wachstum der Weltwirtschaft gerade um 1,4 Prozentpunkte drücken und die Inflation um lediglich 1,5 Prozentpunkte anheben würde.

Sowohl das Angebot von Öl wie die Nachfrage verändern sich. Die Abnehmer suchen nach alternativen Energieträgern, um ihre Abhängigkeit von Öl und Gas zu reduzieren. Noch immer wird die Hälfte des Erdöls im Verkehr verbraucht. Sollte eine Alternative zum Verbrennungsmotor des Automobils gefunden sein, würde so viel Öl freigesetzt, dass sein Preis trotz der steigenden Nachfrage aus den Schwellen- und Entwicklungsländern nicht dramatisch steigen würde. Denn von 2009 bis 2030 soll die Weltbevölkerung von 6,7 Milliarden auf 8,3 Milliarden Menschen wachsen. Alle wollen ihren Lebensstandard verbessern, wollen mit den reichen Industrienationen gleichziehen.

Die Internationale Energieagentur erwartet, dass bis über das Jahr 2030 hinaus Öl, Gas und Kohle achtzig Prozent der weltweit verbrauchten Energie erzeugen werden. Trotz neuer Technologien und Energiesparen wird die Nachfrage nach Öl also weiter steigen. Alle drei großen Energieagenturen – die International Energy Agency in Paris, die American Energy Information Administration in Washington und die Opec in Wien – prognostizieren bis 2030 einen Anstieg der Nachfrage nach Erdöl von 85 Millionen Barrel am Tag auf 104 bis 106 Millionen Barrel am Tag. Davon wird ein wachsender Anteil aus der Golfregion kommen.

Auch dort geht die Zeit des billigen Erdöls zu Ende. Die Ölfelder, aus denen das Erdöl bei Kosten von ein bis zwei Dollar für einen Barrel fast von allein aus dem Boden sprudelt, nähern sich dem Ende ihrer wirtschaftlichen Lebensphase. In die alternden Felder muss Erdgas injiziert werden, um den nachlassenden Druck auszugleichen, und bei neuen Feldern steigen die Kosten der Exploration und der Förderung. Die Kosten für die Förderung eines Barrels Erdöl könnten leicht zunehmen, wenn auch nicht auf die dreißig Dollar, die in vielen Gegenden, wie in Sibirien, längst die Untergrenze sind. Der Marktpreis für Erdöl wird künftig auch den steigenden Kosten für Exploration und Förderung folgen.

Neue Technologien werden das Erdöl einerseits ersetzen und andererseits die Ölproduktion erleichtern. Bei der Methode, statt Erdgas Kohlendioxide in die Ölfelder zu injizieren und den Druck zu erhöhen, gehört Abu Dhabi zu den Pionieren. Die Ölgesellschaft Adnoc und Masdar, das Unternehmen zur Förderung der erneuerbaren Energien, arbeiten dabei zusammen. Sie verfolgen ein Projekt, um die Kohlendioxide, die drei Kraftwerke und ein Stahlwerk erzeugen, durch eine Pipeline zu den Ölfeldern zu befördern, in die sie injiziert werden sollen, um die Lebensdauer der Ölfelder zu verlängern.

Noch sind auf der Arabischen Halbinsel die Produktionskosten für Rohöl niedrig. Saudi-Arabien konnte es sich leisten, das Ölfeld Khurais, das mutmaßlich fünf Prozent der weltweiten Reserven enthält und bereits 1957 entdeckt worden war, erst 2009 anzuzapfen. Es soll den Rückgang der Förderung des weltweit größten Ölfelds Ghawar ausgleichen, das parallel zu diesem Feld im Osten liegt. Allein das Riesenfeld Ghawar trägt weiter sechs Prozent zur weltweiten Ölproduktion bei. Unter dem Boden Saudi-Arabiens wird ein Fünftel aller Ölvorkommen vermutet. Das Königreich wird in den Jahren 2010 bis 2020 seine Ölproduktion auf 15 Millionen Barrel am Tag und damit um mehr als fünfzig Prozent aufstocken. Saudi-Arabien will stets eine Kapazität von vier Millionen Barrel Öl am Tag als freie Reserven halten, um bei einem steigenden Ölpreis das Angebot zu erhöhen und den Ölpreis damit zu stabilisieren. Auch die Vereinigten Staaten werden zunehmend auf Erdöl aus den Golfstaaten angewiesen sein, denn das amerikanische Energieministerium prognostiziert, dass das Land 2030 etwa siebzig Prozent seines dann auf 18 Millionen Barrel am Tag geschätzten Ölverbrauchs wird importieren müssen. Diese Nachfrage wird die Anzahl der Petrodollars, die die Golfstaaten einnehmen, weiter steigen lassen. Vor dem Beginn der Weltwirtschaftskrise von 2008 und 2009 hatten die staatlichen Ölgesellschaften der sechs GCC-Staaten im Jahr Erdöl im Wert von 350 Milliarden Dollar exportiert. Davon blieben achtzig Prozent als Gewinn übrig. Die Regierungen haben damit ihre Wohlfahrtsstaaten finanziert. Sie erheben keine direkten Steuern, und ihren Bürgern stellen sie großzügig staatliche Leistungen bereit, wie ungewöhnlich hohe Löhne im Staatsdienst, einen kostenlosen Gesundheitsdienst oder die kostenlose Überlassung von Grund und Boden für junge Ehepaare.

Die ölreichen Staaten lassen auf diese Weise ihre Bevölkerung am Ölreichtum teilhaben. Ein Segen ist das aber nicht immer, denn die Bevölkerung hat sich rasch an die üppigen Leistungen gewöhnt, für die sie nicht viel tun muss. Auch lässt sie sich über die Steuerfreiheit einen Verzicht auf politische Mitsprache abkaufen. Andererseits hat das Öl die Länder aus der Armut befreit, und mit den Öleinnahmen bauen sie sich nun die Zukunft nach dem Öl auf. In allen Staaten wird die industrielle Basis breiter, selbst in den ölreichen Volkswirtschaften Saudi-Arabien, Kuwait und Abu Dhabi. Das Wachstum der neuen Branchen hängt aber ebenfalls von den Staatsausgaben ab, und die hängen wiederum am Öl. Ausgebaut werden vor allem neue Industrien, die energieintensiv sind, wie die petrochemische und die chemische Industrie sowie die Herstellung von Aluminium und Stahl. Die Hersteller von Kunststoffen in Europa und Nordamerika werden immer weniger mit den Anbietern der Golfstaaten konkurrieren können, die mit wesentlich geringeren Energiekosten kalkulieren. Weitere wichtige Branchen sind der Bergbau und die Verarbeitung von Mineralien, Handel und Logistik, der Tourismus und die Luftfahrt.

Um mehr Öl und Gas für den Export bereitstellen zu können, forcieren die Vereinigten Arabischen Emirate den Ausbau der Atomenergie. Die Nachfrage nach Elektrizität wird sich in den Emiraten von 2010 bis 2020 verdoppeln, und sie hatten ja bereits zu Beginn des 21. Jahrhunderts den größten »ökologischen Fußabdruck« weltweit. Die Regierung hat daher ein Programm zur friedlichen Nutzung der Atomenergie entwickelt, das – mit dem Verzicht auf eine eigene Anreicherung von Uran und einer umfassenden Transparenz – von den Experten als »Goldstandard« bei der zivilen

Nutzung der Atomenergie gepriesen wird. Der amerikanische Kongress stimmte aus diesem Grund einer nuklearen Zusammenarbeit beider Länder zu.

Atomstrom soll bereits 2020 rund 25 Prozent zur Elektrizität der Vereinigten Arabischen Emirate beisteuern. Auf Sonnen- und Windenergie werden sieben Prozent der Stromproduktion entfallen. Erdgas werde bei einem Anteil von sechzig Prozent an der Stromherstellung an seine Grenze stoßen, erwartet die Regierung in Abu Dhabi. Daher hat sie im Dezember 2009 mit einem Konsortium aus Südkorea einen Vertrag zum Bau von vier Atomkraftwerken unterzeichnet. Das Volumen liegt bei zwanzig Milliarden Dollar. Das Konsortium setzte sich gegen Wettbewerber aus Frankreich, Japan und den Vereinigten Staaten durch. Das erste Kraftwerk soll 2017 in Betrieb gehen. Zwei Signale gehen von dem Zuschlag für Südkorea aus: Die Emirate entscheiden nach kommerziellen Kriterien, nicht nach politischen. Und geopolitisch werden die Golfstaaten immer mehr in das aufstrebende Asien eingebunden.

Das Wasser: Verschwendung trotz Knappheit

An Erdöl ist die Arabische Halbinsel nicht arm, arm ist sie an Wasser. Nur wenige Regionen der Welt können auf noch geringere erneuerbare Wasserreserven zurückgreifen als die GCC-Staaten, in wenigen anderen Regionen ist jedoch der Wasserverbrauch noch höher als in ihnen. Das Grundwasser ist häufig salzhaltig und als Brackwasser nicht trinkbar. Unter den Dünen des Emirats Abu Dhabi steigt der Salzgehalt des Grundwassers bis zum Achtfachen des Meerwassers. Es eignet sich oft nur noch für die Bewässerung von Oasen und kleinen Farmen. Denn Dattelpalmen ertragen einen Salzgehalt von bis zu 15 Gramm je Liter. Was Ressourcen angeht, ist Wasser die Achillesferse der GCC-Staaten.

Auf dem Festland vor der Insel von Abu Dhabi stoßen die Widersprüche aufeinander. Äußerst selten fallen in der Wüste Niederschläge, eher befeuchtet in den Morgenstunden Tau die Oberfläche. Dennoch verbrauchen um die Siedlung Abraj viele kleine Farmen, die sich auf eine Fläche von 29 km^2 addieren, jedes Jahr Millionen Liter entsalztes Meerwasser, um für Kamele und anderes Lebendvieh hoch subventioniertes Stroh herzustellen. Fast in Sichtweite produziert eine Meerwasserentsalzungsanlage auf der Insel Umm al-Nar Elektrizität und Strom. Die Herstellung von tausend Litern entsalzten Meerwassers kostet fünf Euro. Die Farmer beziehen es aber kostenlos. Wenige Kilometer entfernt wird Masdar City gebaut, die Modellstadt für Umweltverträglichkeit, die sich zum Ziel gesetzt hat, den Wasserverbrauch je Einwohner auf einen Wert zu drücken, der zu den niedrigsten weltweit zählen soll. Widersprüche auf engstem Raum.

Die Umweltbehörde von Abu Dhabi schätzt, dass das Grundwasser des Emirats zwischen 2030 und 2050 aufgebraucht sein wird, obwohl unter dem Wüstenboden in jeder Sekunde zehn Kubikmeter neues Grundwasser hinzukommen. Abu Dhabi bezieht bereits 98 Prozent seines Wasserverbrauchs aus sechs Meerwasserentsalzungsanlagen. Sie produzieren für die 1,2 Millionen Einwohner und die Bewässerung jeden Tag 0,8 Millionen Kubikmeter Trinkwasser. Das entspricht einem Tagesverbrauch von 650 Litern je Einwohner. In Deutschland sind es 125 Liter. Bis 2030 rechnet Abu Dhabi mit der Verdreifachung der Einwohnerzahl auf mehr als drei Millionen. Wasser werden auch die Industrien verbrauchen, die das Emirat ansiedeln will und die Arbeitsplätze schaffen sollen.

Was in Abu Dhabi geschieht, lässt sich auf alle GCC-Staaten übertragen. Die GCC-Staaten halten 46 Prozent der Meerwasserentsalzungsanlagen weltweit, und sie werden weiter ausgebaut. Das knappe und kostbare Gut wird hoch subventioniert und im Rahmen des Wohlfahrtsstaats meist kostenlos an die einheimische Bevölkerung abgegeben. Die Folge ist ein verschwenderischer Umgang. In Saudi-Arabien und den Vereinigten Arabischen Emiraten hat der jährliche Wasserverbrauch je Einwohner tausend Kubikmeter überschritten und bewegt sich auf den Verbrauch in den Vereinigten Staaten mit 1648 Kubikmetern zu.

Der Umgang mit dem Wasser ist nicht nachhaltig. Dazu tragen das Verhalten der einzelnen Verbraucher und der Einsatz in der Landwirtschaft bei. Ein Bewohner in einer Wohnung, so die Wasserbehörde, verbraucht in Abu Dhabi im Durchschnitt 170 bis 200 Liter am Tag, ein Bewohner in einer Villa wegen des Swimmingpools und Waschens aller Autos 270 bis 1760 Liter. Achtzig Prozent des Wassers in den GCC-Staaten wird jedoch von der Landwirtschaft verbraucht, obwohl sie weniger als zwei Prozent zum Bruttoinlandsprodukt beiträgt. Begonnen hatte der Ausbau der Landwirtschaft in den 1970er Jahren, als die Regierungen mit den Petrodollars die hohe Abhängigkeit von Nahrungsmittelimporten reduzieren wollten. Von 2008 bis 2016 baut Saudi-Arabien seine Weizenproduktion wieder schrittweise ab. Bereits nach den ersten Jahren ist in der saudischen Ostprovinz der Grundwasserspiegel wieder angestiegen.

Den weiteren Anstieg der Nachfrage nach Wasser werden die GCC-Staaten überwiegend mit neuen Meerwasserentsalzungsanlagen auffangen. Saudi-Arabien hat als erster GCC-Staat mit der Planung einer Meerwasserentsalzungsanlage begonnen, die nicht mit Rohöl oder Erdgas betrieben werden soll, sondern mit Sonnenenergie. Damit würde die Wassergewinnung nicht von Kohlendioxidemissionen begleitet sein. Abu Dhabi will von 2010 an seine Kapazitäten von 635 Millionen auf 835 Millionen Gallonen am Tag aufstocken. Die Meerwasserentsalzung stößt jedoch an ihre Grenzen. Während der Salzgehalt der Weltmeere bei 35 Gramm je Liter liegt, erreicht er im Golf bereits 45 Gramm. Die Entsalzungsanlagen arbeiten jedoch lediglich bei einem Salzgehalt von bis zu vierzig Gramm gut. Um einen Kubikmeter Trinkwasser zu gewinnen, werden dem Meer zehn Kubikmeter Wasser entnommen. Davon werden über sechs Kubikmeter zur Kühlung verwendet. Was zurückfließt, ist fünf Grad wärmer und erhöht den Salzgehalt weiter.

Die Meerwasserentsalzungsanlagen stoßen also auch an ökologische Grenzen und die Bedeutung der Wasseraufbereitung nimmt zu. 2015 wollen die GCC-Staaten Kläranlagen im Wert von 15 Milliarden Dollar bauen. Damit soll die derzeitige Kapazität von 4,2 Millionen Kubikmeter am Tag auf 9,7 Millionen mehr als verdoppelt werden. Auch Abu Dhabi verdoppelt 2011 mit zwei neuen Anlagen, die 400 Millionen Dollar kosten, seine Kapazität auf 0,9 Millionen Kubikmeter am Tag. Aufbereitetes Wasser ist in der islamischen Welt aufgrund religiöser Vorschriften nur begrenzt einsetzbar; als Trinkwasser darf es nicht angeboten werden. Das freigegebene Wasser aus der ersten Aufbereitungsanlage wurde daher zur Bewässerung öffentlicher Grünanlagen eingesetzt. Zunehmend sollen nun die Farmen, die bisher zur Bewässerung Brackwasser und entsalztes Meerwasser verwendet haben, auf aufbereitetes Wasser umsteigen.

Neben neuen Meerwasserentsalzungsanlagen und Kläranlagen will Abu Dhabi mit einer dritten Maßnahme dem steigenden Verbrauch entgegentreten. Die Wasserbehörde schätzt, dass bei einem bewussteren Umgang mit Wasser jeden Tag 250 Liter je Einwohner gespart werden könnten, ohne dass sich der Lebensstil ändern müsse. So hat das Emirat ein umfassendes Programm für Wassersparen eingeleitet. Eine Medienkampagne soll ein Bewusstsein für einen sparsamen Umgang mit Wasser schaffen. Außerdem verteilt die Regierung an Haushalte, Schulen, Moscheen und öffentliche Gebäude moderne Duschköpfe und Toilettenspülungen. Zudem erwägt sie, Wassertarife einzuführen.

Als Folge der Wasserknappheit haben die GCC-Staaten ihre Politik geändert, wie sie ihrer Bevölkerung Nahrungsmittelsicherheit garantieren. In den vergangenen Jahrzehnten hatten sie versucht, trotz der knappen Wasserreserven bei möglichst vielen Produkten Selbstversorger zu sein. Saudi-Arabien hatte das bei Weizen vorübergehend geschafft. 2016 wird das Königreich aber wieder seinen gesamten Bedarf einführen. Dann wird man aus dem Flugzeug nicht mehr mitten in der Wüste die von Bewässerungsanlagen geschaffenen grünen Kreise sehen. Auch die Vereinigten Arabischen Emirate nehmen Abstand vom Postulat der Selbstversorgung. Sie hatten sie bei einigen Gemüsesorten erreicht, indem allein Abu Dhabi mehr als 12 000 Kleinfarmen unterstützt hat. Die Farmer bekamen von der Regierung kostenlos Land und Wasser sowie stark subventioniert Strom und Dünger. Die Folge war eine Versalzung der Böden. Die Regierung vollzog eine Kehrtwende.

Erst hatten die schwindenden Wasserressourcen die Regierungen der GCC-Staaten alarmiert, dann die steigenden Weltmarktpreise für Nahrungsmittel, die im Jahr 2008 wegen einer weltweiten Verknappung auf ein Rekordhoch gestiegen waren. Daraufhin erhoben die GCC-Staaten die Nahrungsmittelsicherheit zu einem strategischen Ziel. Denn hier sind sie besonders verwundbar: Sie führen achtzig Prozent der verbrauchten Nahrungsmittel ein, in den Vereinigten Arabischen Emiraten sogar 85 Prozent. Sie geben dafür jährlich mehr als zwei Milliarden Euro aus, und der Betrag wächst jedes Jahr schnell. Nun wollen die Staaten bei Grundnahrungsmitteln strategische Reserven anlegen, um sich gegen Preiserhöhungen bei Verknappungen zu schützen. Zudem kaufen sie in Drittländern landwirtschaftlich nutzbaren Boden, um dort für den eigenen Markt Nahrungsmittel herzustellen.

Seit der Nahrungsmittelkrise von 2008 haben die Investitionen in landwirtschaftlich nutzbaren Boden weltweit rasant zugenommen. Allein 2009 wurden Verkäufe von 45 Millionen Hektar Agrarboden bekannt. Die wichtigsten Akteure sind China, Südkorea und die Golfstaaten. Unter ihnen sind Saudi-Arabien, Qatar und die Vereinigten Arabischen Emirate besonders aktiv, mit Staatsfonds wie Hassad Food aus Qatar und privaten Firmen wie Jenaan und al-Qudra aus den Vereinigten Arabischen Emiraten. Das private Unternehmen Jenaan aus Abu Dhabi besitzt bereits Anbauflächen in Ägypten, Sudan, Äthiopien und Tansania; bis 2013 will es weitere 500 Millionen Dollar investieren. Im Vordergrund stehen für die Investoren Weizen und Gerste, Reis und Soja, auch Zucker. Verhandlungen werden in der Regel mit großer Diskretion geführt.

In Afrika investieren die Unternehmen aus den Golfstaaten vor allem im Sudan und in Äthiopien, wo es viele ungenutzte, brachliegende Agrarflächen gibt, auch in Ägypten, Algerien und Marokko. Die Investoren kaufen entweder den Boden oder pachten ihn für 99 Jahre. Der Anreiz für die afrikanischen Staaten ist, dass ein Teil der Produktion im Land bleibt, teilweise bis zu fünfzig Prozent. Zudem zahlen die Investoren Steuern, schaffen Arbeitsplätze und verbessern die Infrastruktur. Über den Projekten schweben auch Gefahren. Die Regierungen können die Agrarflächen wieder verstaatlichen, sie können ein Ausfuhrverbot verhängen oder die Verträge aufkündigen.

Nachdem das Interesse zunächst Entwicklungsländern in Afrika gegolten hatte sowie in Asien Pakistan, Kambodscha und Vietnam, wandten sich die Agro-Investoren in einer zweiten Phase stärker entwickelten Ländern mit einem geringeren politischen Risiko zu wie Spanien und Rumänien sowie Australien und Neuseeland. Die Vereinigten Arabischen Emirate haben mindestens in elf Staaten investiert oder Investitionen vorbereitet. Die GCC-Staaten richten sich darauf ein, dass nicht nur das Zeitalter des billigen Erdöls, sondern auch das Zeitalter der preiswerten Nahrungsmittel bald der Vergangenheit angehören wird.

■ Das Königreich Saudi-Arabien: Religion und Reform

Außenstehende nehmen den Wandel, der sich in Saudi-Arabien vollzieht, kaum wahr. Schließlich ziert das Glaubensbekenntnis des Islams die Nationalflagge, ist der Koran die Verfassung des Landes, dürfen die dicht verschleierten Frauen nicht Autofahren und befinden sich die heiligsten Stätten des Islams, Mekka und Medina, auf dem Boden des Königreichs. Und natürlich wurde Bin Laden in Saudi-Arabien geboren und waren 15 der 19 Attentäter des 11. September 2001 saudische Staatsbürger. Diese Tatsachen prägen das Bild von Saudi-Arabien.

Lange war Saudi-Arabien ein freudloses Land, in dem die Geistlichkeit, die der puritanischen wahhabitischen Auslegung des Islams folgt, alles untersagt, was die Religion nicht ausdrücklich billigt. Kinos gibt es nicht, auch keine öffentlichen Konzerte, und gefeiert werden durften nur die beiden höchsten Feiertage des Islams, das Fest des Fastenbrechens zum Abschluss des Fastenmonats Ramadan und das Opferfest auf dem Höhepunkt der Pilgerfahrt, der Hajj. Gegründet worden war das Königreich Saudi-Arabien am 23. September 1932 von Abdalaziz Al Saud, der nach einem siegreichen Krieg gegen die konkurrierenden Haschemiten die beiden Landesteile Najd und Hejaz vereinigte. Die Geistlichen hatten aber auch einen weltlichen Nationalfeiertag abgelehnt, da er gegen die Grundsätze des Islams verstoße. Kein Ereignis illustriert daher den Wandel, der sich in Saudi-Arabien ereignet, besser als dieser Nationalfeiertag.

Das Umdenken begann mit dem islamistischen Terror. Im Mai und November 2003 hatten Sprengladungen drei Wohnsiedlungen in Riad, in denen vorrangig Ausländer wohnten, und die Niederlassung einer amerikanischen Firma zerstört. Schon lange war es eine Forderung al-Qaidas gewesen, die »Ungläubigen« aus dem Land der heiligen Stätten zu vertreiben. Die königliche Familie und die Regierung hatten jedoch keinerlei Interesse daran, auf die amerikanische Schutzmacht zu verzichten, auf deren Ingenieure, Geschäftsleute und Berater sie angewiesen ist. Man beschloss, als Gegengewicht zum Extremismus einen neuen Patriotismus aufzubauen sowie das Selbstwertgefühl und die gemeinsame zivile Identität der Bürger zu stärken. In den Schulen wurde das Fach »Patriotismus« eingeführt, und in einem seiner ersten Dekrete nach der Thronbesteigung am 1. August 2005 erklärte König Abdullah den 23. September zu einem staatlichen Feiertag.

Seither begehen vor allem Jugendliche die Gründung des Königreichs Saudi-Arabien – mit kilometerlangen Autokorsos, bei denen sie die Nationalflagge schwenken, mit ausgelassenen Tänzen auf der Straße, mit Theaterstücken. Familien besuchen die Museen, und am 23. September 2010 stellte der saudische Rapper Amarap Ammar sein neuestes Video vor, dem er den Titel gab:»Nie mehr getrennt!«Saudi-Arabien ist wohl das einzige Land, in dem das Feiern des Nationalfeiertags auch subversives Handeln ist. Denn wer dieses weltliche Fest zelebriert, tut das auch als Kritik an der engstirnigen wahhabitischen Geistlichkeit. In den saudischen Internetforen, die zu den lebendigsten der arabischen Welt zählen, wurde besonders an jenem 23. September 2010 auch laute Kritik an den geplanten Waffenkäufen von sechzig Milliarden Dollar in den Vereinigten Staaten geäußert. Das Geld sollte besser in die Erziehung und in die Infrastruktur investiert werden, lautete der Tenor.

Weder der alte König noch die Jugend sehen einen Widerspruch zwischen ihrem Glauben, dem Islam und ihrer Nation, Saudi-Arabien. König Abdullah spricht stets gleichzeitig von Religion und Nation, und die Jugendlichen verweisen darauf, dass auf der Flagge ihrer Nation ja das Glaubensbekenntnis ihrer Religion stehe. Das Gleichgewicht in der saudischen Gesellschaft hat sich verschoben. Als das Königreich 1932 gegründet wurde, hatten die meisten in der Gesellschaft die Welt noch gesehen wie die Geistlichen. Die Geistlichen denken noch immer so, die Gesellschaft aber hat sich verändert.

Auch der Blick auf die Vergangenheit ändert sich. Bis noch vor wenigen Jahrzehnten hatte die Zeit vor dem Islam als das»Zeitalter der Unwissenheit« gegolten. Erst mit Muhammad und dem Islam habe Kultur und Zivilisation auf der Arabischen Halbinsel Einzug gehalten, lernten die Muslime, und das glauben auch im Westen viele. Lange hatte man so getan, als seien die menschenfeindlichen Wüsten stets eine Randregion der Weltgeschichte gewesen, in der Kultur nicht habe gedeihen können. Eine Archäologie brauchte man nicht und wollte man nicht.

Bis dann Archäologen doch zu graben begannen und Erstaunliches zu Tage förderten, was unser Bild von der vorislamischen Zeit auf der Arabischen Halbinsel auf den Kopf stellt. Einen Überblick über die Funde boten 300 Exponate, die im August und September 2010 im Pariser Louvre gezeigt worden sind. Stelen und Statuen, Keramiken und Schmuckstücke aus sechs Jahrtausenden erzählten eine Geschichte, die bislang nicht bekannt war. Sie zeigen, dass es auch auf der Arabischen Halbinsel menschliche Darstellungen gegeben hat und dass sie teilhatte an den Zivilisationen der Levante, Nordafrikas und des Mittelmeers. Das hohe kulturelle Niveau der Exponate erklärt auch, weshalb es dem Islam gelang, sich so kurz nach seiner Entstehung so rasch und so weit auszubreiten.

An Namen von Ausgrabungsorten wie Taima, Hegra, al-Ula und Qaryat al-Fau werden sich westliche Ohren erst gewöhnen müssen. Ergreifend ist etwa der expressive, leidende Ausdruck eines Mannes, dessen Stele aus dem vierten Jahrtausend vor Christus datiert. Faszinierend ist die Handelsstadt Qaryat al-Fau, die die Archäologen aus dem Sand der Wüste südlich von Mekka im Landesinneren gegraben haben. Sie fanden bunte Wandreliefs mit lebensnahen Darstellungen von Männern und Frauen im hellenistischen Stil, mit Banketten, auf denen Wein getrunken wurde und die ein Bild von Urbanität vermitteln. Sie fanden Bronzeskulpturen im hellenistischen Stil von höchster künstlerischer Qualität. Qaryat al-Fau war eine Karawanenstation und ein Warenumschlagplatz, war Teil der allgemeinen spätantiken Kultur, wie sie weiter im Norden bekannt ist. Sie war reich und stand mit dem Mittelmeer in Verbindung. In diese Welt hinein predigte Muhammad. Die Archäologie hat erst begonnen, unser Bild vom vorislamischen Arabien zu verändern.

Saudi-Arabien ist auch in der Gegenwart sehr konservativ, die Religion ist im Alltag präsent wie an wenigen anderen Orten. Eine saudische Form der Apartheid trennt im öffentlichen Raum die Geschlechter. Und doch bröckelt auch diese Fassade. Das staatliche Fernsehen sendet jedes Jahr im Ramadan die sehr populäre tägliche Satire ›Tash ma tash‹ (Ist nicht so wichtig). Im September 2010 nahm die Serie die Männer aufs Korn. Eine Frau verkleidete sich als Mann, spielte unter dem Gelächter der Zuschauer den Macho, verstieß eine ihrer vier Frauen, um sich eine jüngere, attraktivere zu nehmen. In einer anderen Folge entdeckten zwei Brüder, dass sie im Libanon einen Verwandten hatten, dass dieser ein christlicher Priester sei, aber dennoch ein ganz netter Kerl. Die Ewiggestrigen liefen Sturm, verunglimpften die Sendung. Ihre Kritik blieb ohne Folgen.

Vor allem saudische Frauen machten in den letzten Jahren von sich reden. Pionierin war die Zahnärztin Raja Alsanei, die 2005 ihr Buch ›Die Mädchen von Riad‹ publizierte. Es erzählt die Geschichte von vier jungen Frauen, von ihren Träumen und wie sie über E-Mails in Kontakt mit Männern treten, wie sie ihre Sehnsüchte nach Sex erfüllen. Das Buch löste eine heftige Kontroverse aus, war in Saudi-Arabien zunächst verboten, ist seit 2008 aber überall erhältlich. Weitere Frauen begannen zu schreiben, unter ihnen Badriya al-Bishr und Samar al-Mejren. Im Schuljahr 2009/10 fand erstmals das Gedicht einer saudischen Lyrikerin Eingang in ein saudisches Schulbuch. 38 Prozent aller saudischen Frauen benutzen Facebook, tauschen sich dort aus, benutzen aber selten ihren Klarnamen. Nur 15 Prozent der saudischen Frauen sind berufstätig. Der Anteil nimmt aber zu. In

den Handelskammern sitzen erstmals Frauen im Vorstand, in der Handelsstadt Jeddah wurde eine Frau, Lamma Sulaiman, zur stellvertretenden Prä-
sidentin gewählt. Ein Gesetz verlangt noch immer, dass bei Unternehmen,
die Frauen gehören, formal ein Mann an der Spitze steht. Das Handelsmi-
nisterium, das die Zulassung für Unternehmen erteilt, lässt aber auch immer mehr Ausnahmen zu. Auf den saudischen Universitäten sind bereits
mehr als die Hälfte aller Absolventen Frauen. Noch sind aber alle Universitäten streng nach Geschlechtern getrennt.

Als erste Hochschule lässt die im September 2009 eröffnete »King Abdullah University for Science and Technology« (Kaust) Koedukation zu. Sie
soll ein internationales Forschungszentrum mit Professoren und Studenten aus aller Welt werden. Die 800 Studenten des ersten Semesters kamen aus 61 Ländern. König Abdullah bezeichnete sie bei der Eröffnung als
»Leuchtturm der Toleranz«. Als einer der führenden Religionsgelehrten,
Scheich Said al-Shethri, die Koedukation der Universität als unislamisch
ablehnte und forderte, ihren Lehrplan auf die Vereinbarkeit mit dem Islam
zu überprüfen, entließ ihn König Abdullah kurzerhand aus dem »Rat der Hohen Geistlichen« und auch aus der »Kommission für Forschungen und Fatwas«. Wenig später sagte ein anderer Religionsgelehrter, der weit über
siebzig Jahre alte Scheich Abdurrahman al-Barrak, im religiösen Fernsehsender Majd TV, Koedukation sei »eine große Sünde und ein großes Übel«.
Apostaten seien alle, die Koedukation guthießen. Sie dürften getötet werden. Darauf sperrte die Regierung seine Webseite, und die wichtigsten Zeitungen erinnerten daran, dass sich die Geistlichkeit lange der Einführung
der Schulpflicht für Mädchen und der Beendigung der Sklaverei widersetzt
habe. Als der radikale Prediger Yusuf al-Ahmad im Satellitensender Bedaya
forderte, die Große Moschee von Mekka einzureißen und neu so aufzubau-
en, dass die Geschlechter getrennt würden, strich ihn der Sender aus dem
Programm.

Diese Einwürfe bringen den König nicht von dem eingeschlagenen Pfad
ab. Er weiß, dass das Land eine diversifizierte Wirtschaft braucht, die vom
Erdöl unabhängig ist. Um das zu erreichen, muss er gesellschaftliche Hür-
den für eine Modernisierung aus dem Weg räumen. Eine ist die Trennung
der Geschlechter. Sie schafft zusätzliche Kosten, und sie schließt einen
kreativen Teil der Gesellschaft aus. Unerwartet erhielt der König Schützen-
hilfe vom Chef der gefürchteten Religionspolizei von Mekka, Scheich Ahmad al-Ghamdi. Im April 2010 erläuterte er in einem zweiseitigen Artikel in
der Zeitung ›Okaz‹, dass die Trennung der Geschlechter kein Teil des Islams sei. Im Gegenteil sei es zu Lebzeiten des Propheten Praxis gewesen,

dass die Geschlechter in der Öffentlichkeit miteinander verkehrt hätten. Die Trennung der Geschlechter sei eine »weltliche Erfindung«. Das löste in den Reihen der Religionspolizei und der Religionsgelehrten einen Sturm der Entrüstung aus. Das Oberhaupt der Religionspolizei entließ al-Ghamdi, musste die Entlassung nach einer Intervention der Regierung aber zurücknehmen. Der Großmufti Abdulaziz Al al-Sheikh wies Ghamdi zurecht, er sei nicht autorisiert, sich über derartige Themen zu äußern. Ghamdi blieb bei seiner Meinung. Als Ghamdi seine umstrittene Äußerung machte, war die Religionspolizei der Stadt Tabuk eines der wichtigsten Themen des Landes. Auftrag der Religionspolizei, die nominell dem Innenministerium untersteht, aber weitgehend autonom handelt, ist es sicherzustellen, dass in der Öffentlichkeit alle Regeln des Islams, wie das rituelle Gebet oder die Geschlechtertrennung, eingehalten werden. Am 2. April 2010 hatte die Religionspolizei von Tabuk eine Frau festgenommen und krankenhausreif geschlagen. Die geschiedene Mutter hatte ihren Sohn in Tabuk besucht und wollte mit einem Bus in ihren Wohnort Jeddah zurückfahren. Da nahmen sie Religionspolizisten unter dem Verdacht fest, sie sei ihrem Mann weggelaufen. Vorfälle wie diese schaden dem Ansehen der Religionspolizei. Über sie berichten die Medien heute frei. Denn immer mehr Saudis sind es leid, von dieser rüde vorgehenden Gruppe belehrt zu werden, wie man sich zu verhalten hat, um ein guter Muslim zu sein.

Saudi-Arabien verändert sich. Wie ein riesiger Öltanker bewegt sich das Land träge und schlägt nur langsam eine andere Richtung ein. Das Gesicht der Reformen ist der 1924 geborene König Abdullah bin Abdalaziz Al Saud, der Impuls für die Änderungen kommt von der Jugend. König Abdullah ist kein großer Redner, der die Menschen durch die Kraft seines Wortes in den Bann zieht. Vielmehr gewinnt er sie durch seine Bescheidenheit und Einfachheit, in denen die beduinische Herkunft erkennbar bleibt. Im Umgang mit den Stämmen des weiten Landes hat er sich politische Fähigkeiten angeeignet, die ihn nach seinem Halbbruder Faisal, dem König von 1964 bis 1975, zum zweiten großen Reformer Saudi-Arabiens werden lassen. Er leitete nicht nur materielle Veränderungen ein, sondern auch einen Wandel in den Köpfen.

Seine überzeugtesten Anhänger findet er in der Jugend und bei den Frauen. In früheren Jahrzehnten war der Druck aus dem Ausland der Impuls für (meist ausgebliebene) Änderungen gewesen. Heute kommt er von innen. Die Frauen wollen mehr Freiheit, und die Jugend will eine bessere Erziehung, Arbeit und eine Zukunft. Sie will an der Welt teilhaben, mit der sie über das Internet verbunden ist. Nur mit Reformen, wie sie König Abdullah angestoßen hat, werden sie Arbeit finden. Denn bis 2020 müssen für die Schulabgänger vier Millionen Arbeitsplätze geschaffen werden. Dazu verschiebt sich der Gesellschaftsvertrag, der die Grundlage Saudi-Arabiens bildet. Bis in die Gegenwart hat das 1744 geschlossene Bündnis zwischen dem ersten politischen Herrscher der Saud, Muhammad ibn Saud, und dem religiösen Reformer Muhammad ibn Abd al-Wahhab gehalten. Über die Allianz legitimieren sie sich gegenseitig. Die Familie Ibn Abd al-Wahhab, die heute Al al-Sheikh heißt, legitimiert die politische Herrschaft der Al Saud. Die wiederum gaben den Religionsgelehrten das Ideologiemonopol. Die Allianz stabilisierte das Land, erschwerte aber Veränderungen. Im 20. Jahrhundert bildete sich ein Dreieck heraus: Die königliche Familie Al Saud beansprucht für sich die Sicherheits- und Außenpolitik, die Nachkommen von Ibn Abd al-Wahhab bestimmen die Gesellschafts- und Innenpolitik, das Bürgertum genießt schließlich alle wirtschaftlichen Freiheiten. Mit den Terroranschlägen des 11. September 2001 setzten Änderungen ein. Die Al Saud warfen den Religionsgelehrten vor, sich mit dem Export des Jihad in ihre ureigene Domäne eingemischt zu haben, in die Außenpolitik. Daher begannen sie, dem Klerus Kompetenzen zu entziehen, vor allem in der Justiz und im Erziehungswesen. Aufgewertet wurden das Bürgertum und die Gesellschaft.

Nicht alle in der königlichen Familie sind vom Reformkurs des Königs begeistert. Die Al Saud lassen sich in drei Fraktionen teilen: die Vollbrüder des 2005 verstorbenen Königs Fahd, die zwar ebenfalls gegen eine starke Rolle der Geistlichkeit sind, aber auch gegen eine Liberalisierung; die Nachkommen des 1975 ermordeten Königs Faisal, die wie Außenminister Saud al-Faisal Reformen begrüßen; schließlich der erst jetzt wachsende Flügel um den Reformkönig Abdullah. Die Geistlichkeit wiederum teilt sich in zwei Gruppen: Zum einen gehören ihr gewöhnliche konservative Theologen an, die die Interpretation des Islam auf kleine Dinge reduzieren wie das Verbot von Bildern auf Geldscheinen und das Verbot von Frauen am Steuer. Die andere Gruppe will auch aktive Politik betreiben und die Regierung steuern. Das geht nicht mehr. Der Druck der Theologen auf die Regierung nimmt ab. Auch der Gesellschaft kann die Geistlichkeit nicht länger ihren Willen aufzwingen. Die aber ist jahrhundertelang von den Theologen geprägt worden und hat sich noch längst nicht aus ihrem Schatten gelöst.

Wenig umstritten ist in der königlichen Familie und in der Gesellschaft, dass sich Saudi-Arabien modernisieren und öffnen muss. Umstritten ist lediglich das Tempo. Was vielen im Ausland als Schneckentempo vorkommt, auch manchen saudischen Reformern, erscheint vielen Saudis als eine atemberaubende Entwicklung. Da in Saudi-Arabien die Veränderungen immer von oben gekommen sind, muss die Führung behutsam vorgehen, um möglichst wenig Widerstand zu wecken. Denn die Geistlichen und ihre Verbündeten versuchen alle Änderungen zu hintertreiben.

Sichtbar ist der Reformwille des Königs bei der Regierungsumbildung vom Februar 2009 geworden, der ersten Regierungsumbildung seit seiner Thronbesteigung 2005. Erstmals überhaupt stellt nun die Familie der Al al-Sheikh weder den Minister für Justiz noch den für Erziehung, sondern nur noch den Großmufti. In beiden Ressorts, die für die Öffnung der Gesellschaft entscheidend sind, ersetzte der König Reformverhinderer durch loyale Gefolgsleute. Neuer Justizminister wurde Muhammad bin Abdulkarim al-Issa, der zuvor als königlicher Ombudsmann am »Diwan für Ungerechtigkeiten« die Reformen in der Justiz ausgearbeitet hatte und sie nun umsetzen soll.

Entlassen hat der König auch den Vorsitzenden des Hohen Justizrats, Scheich Saleh Luhaidan, der sich für die Tötung der Eigentümer von Fernsehstationen ausgesprochen hatte, die »unmoralische Sendungen« ausstrahlen. Die Kompetenzen des Hohen Justizrats, der mit Religionsgelehrten besetzt ist, wurden beschnitten. Zudem tauschte der König 300 führende Bürokraten aus, überwiegend in der Justiz. So übernahmen Richter neu geschaffene weltliche Gerichte, die vor allem für Wirtschaftsfragen zuständig sind. Die Rechtsprechung wird erstmals kodifiziert, so dass der Ermessensspielraum der Richter eingeschränkt wird. Damit nimmt das Gewicht des weltlichen Rechts gegenüber der Scharia zu. Eine Neuerung ist ferner, dass seit Anfang 2010 bei Gerichten Anwältinnen zugelassen sind.

An die Spitze des Erziehungsministeriums berief der König seinen Schwiegersohn Faisal bin Abdullah bin Muhammad Al Saud, zu dessen Stellvertreter für die Knabenschulen Faisal bin Muammar, der zuvor den erfolgreichen »Nationalen Dialog« geleitet hatte, und für die Mädchenschulen die Pädagogin Noura al-Fayez, die als erste Frau am Kabinettstisch Platz nimmt. Als die saudischen Medien über ihre Berufung berichteten, stellten sie, ebenfalls ein Novum, neben die Nachricht ein Bild von ihr. Noura al-Fayez hat sich in den ersten Äußerungen eindeutig gegen die Koedukation ausgesprochen. Ferner ersetzte König Abdullah den Chef der Religionspolizei, den Hardliner Ibrahim al-Ghaith, der sich vehement der Einführung des Kinos widersetzt hatte, durch den geschmeidigeren Abdalaziz al-Humain. Der besprach sich darauf mit Akademikern und Menschenrechtsvereinigungen, welche Änderungen bei der Religionspolizei durchgeführt werden könnten. Eine der wichtigsten Institutionen von König Abdullah ist der »Nationale Dialog«. Er schuf ihn bereits 2003, noch als Kronprinz. Ein Anliegen der Institution ist, in Saudi-Arabien eine Diskussionskultur zu schaffen, ein zweites, den Boden für Reformen zu bereiten und für sie eine Akzeptanz zu schaffen. In den Foren des »Nationalen Dialogs« diskutieren Menschen miteinander, die zuvor nicht miteinander kommunizieren konnten: Männer und Frauen, Sunniten und Schiiten, die vor allem in der Ostprovinz wohnen und in Teilen Medinas, liberale Reformer und wahhabitische Ewiggestrige, die Alten und die Jungen. Wer ausgeschlossen war, fand im Dialog eine Plattform. Erstmals sind die Reformer Saudi-Arabiens miteinander vernetzt. Diskussionsrunden finden in der Zentrale in Riad statt und an vielen Orten der Provinz. Die Foren stoßen auf breite Resonanz und nahmen als neue Diskussionskultur den wahhabitischen Theologen die Aura der Exklusivität.

Der »Nationale Dialog« nahm sich auch des Themas religiöser Extremismus an. Denn König Abdullah, die Al Saud und die Regierung sehen eine der vordringlichsten Aufgaben darin, den Einfluss militanter Islamisten auf die Gesellschaft einzudämmen und in Fragen der Religion eine Toleranz zu schaffen. Innenminister Nayef bin Abdalaziz Al Saud sagte 2008 sogar: »Wir haben ein Problem mit den Geistlichen.« Die Gründung des Nationalen Forums im Jahr 2003 war kein Zufall. In jenem Jahr hatte al-Qaida den Terror gegen die Al Saud aufgenommen. Eines ihrer wichtigsten Ziele war der Sturz der saudischen Monarchie und die Errichtung eines islamischen Staats auf der Arabischen Halbinsel. Sie benutzten die Moscheen und das Internet zur Verbreitung ihrer extremistischen Ideen, über karitative Einrichtungen sammelten sie Gelder für den Terror.

Die Sicherheitskräfte gingen ohne Pardon gegen al-Qaida vor, so dass es seit 2006 keine großen Anschläge mehr auf saudischem Territorium gegeben hat. Daneben sorgt ein Repatriierungsprogramm dafür, dass Jihadisten ihrer Ideologie abschwören und wieder in die Gesellschaft eingegliedert werden können. An dem Programm sind Theologen beteiligt und Psychologen, Verantwortung übernimmt vor allem die Familie des Umzuerziehenden. Innenminister Nayef fordert, zum Kampf gegen al-Qaida auch die ideologische Flanke abzusichern. Dazu erließ der »Rat der Hohen Religionsgelehrten« am 12. April 2010 eine Fatwa zum Terrorismus. Die führenden Theologen des Königreichs bezeichneten die Anschläge des 11. September 2001 sowie jene von al-Qaida in Saudi-Arabien und anderen Ländern als Akte des Terrors. Auch verurteilten sie die finanzielle Unterstützung für al-Qaida als Terror.

Als König Abdullah am 6. November 2007 auf seinen Wunsch im Vatikan von Papst Benedikt XVI. empfangen wurde und er auf diesen mit ausgestreckten Armen zuging, war dieses Bild als Botschaft an die westliche Welt gerichtet – und noch mehr an die eigene islamische Welt. Denn in seinem Land ist es allen nichtmuslimischen Glaubensgemeinschaften verboten, ihren Glauben zu praktizieren. Als »Hüter der beiden heiligen Stätten«, so sein offizieller Titel, und als inoffizielles Oberhaupt der islamischen Welt wollte König Abdullah zeigen, dass er keine Berührungsängste mit Christen hat. Am 25. März 2008 schlug er in Riad eine interkonfessionelle Konferenz aller großen Religionen vor, im Juni 2008 sprachen sich unter seinen Augen 600 sunnitische und schiitische Theologen dafür aus, die anstehende Konferenz in Madrid zum Dialog zwischen den Religionen zu unterstützen. In Madrid rief Abdullah am 17. Juli 2008 auf zu verhindern, dass Religion zu Gewalt und Extremismus führe. Anwesend waren mehr als 300 Würdenträger aus allen Weltreligionen. Der König will in der Welt als ehrlicher und ernsthafter Dialogpartner wahrgenommen werden, und zu Hause hat er eine Entradikalisierung des religiösen Diskurses eingeleitet. Saudi-Arabien bleibt uns fremd, ist aber auf dem richtigen Weg.

Auf die keineswegs bedrohlichen Proteste vom Frühjahr 2011 haben das Herrscherhaus und ihre Verbündeten aber reagiert, indem sie wieder den Rückwärtsgang einlegten. Obwohl es nur vereinzelte und kleine Kundgebungen gab, an denen sich jeweils nur wenige Aktivisten beteiligten, und obwohl alle Reformpetitionen, in denen Intellektuelle raschere politische Reformen forderten, höflich formuliert waren, fürchtete das Establishment das Übergreifen der Protestwelle auf Saudi-Arabien. Das Königshaus ging auf politische Forderungen nicht ein, schüttete vielmehr das Füllhorn wirtschaftlicher Wohltaten aus, um die Unzufriedenheit einzudämmen. Die Sicherheitskräfte erstickten die Kundgebungen bereits im Ansatz, Kritik an der Geistlichkeit wurde wieder unter Strafe gestellt. Die Maßnahmen trugen die Handschrift von Innenminister Nayef bin Abdalaziz Al Saud, einem Hardliner in der königlichen Familie. Da König Abdullah und Kronprinz Sultan durch Krankheit geschwächt waren, lag das Regieren immer mehr in der Hand der Nummer 3 des Königshauses, Prinz Nayef. Gegen Proteste wie in anderen arabischen Staaten blieb Saudi-Arabien auch deshalb weitgehend immun, da die saudischen Reformer nur einen kleinen Teil der überwiegend konservativen Bevölkerung stellen, deren Lebensrhythmus sich über Jahrzehnte kaum verändert hat, und da sich auch die sunnitisch-wahhabitische

Geistlichkeit gegen Änderungen sperrt. Dennoch kehrte König Abdullah nach einer Operation in New York und einem Kuraufenthalt in Marokko früher als erwartet nach Saudi-Arabien zurück. Eine Stunde bevor er am 23. Februar 2011 in Riad landete, also zwölf Tage nach dem Sturz des ägyptischen Präsidenten Husni Mubarak, verkündete das Staatsfernsehen Wohltaten von umgerechnet 27 Milliarden Euro, die der König unter seine Untertanen zu verteilen versprach und die die Staatsausgaben für 2011 um ein Viertel erhöhten. Vor allem junge Saudis und Arbeitslose kamen in den Genuss der Mittel. Die Hälfte der Bevölkerung ist zwanzig Jahre alt und jünger. Die Mittel erleichterten den jungen Saudis den Kauf einer Immobilie, führten eine Arbeitslosenversicherung ein und bauten das Wohlfahrtssystem aus. Signale zu politischen Reformen blieben aus. Dabei hatten vierzig junge Menschenrechtsaktivisten dem König zur Begrüßung einen offenen Brief geschrieben, in dem sie die Wahl des Majlis al-Shura sowie das aktive und passive Wahlrecht für die Frauen forderten, eine wirksame Bekämpfung der Korruption, die Rechenschaftspflicht der Regierenden und die Senkung des Durchschnittsalters im Kabinett von 65 Jahren um zwei Jahrzehnte.

Die Familie der Al Saud blieb nervös. Denn in der von Schiiten bewohnten Ostprovinz fanden seit Ende Januar kleinere Proteste für die Freilassung von zwölf politischen Gefangenen statt. Am 25. Februar forderte in Hofuf der Prediger Tawfiq al-Amir eine konstitutionelle Monarchie sowie gleiche Rechte von Sunniten und Schiiten. Zwei Tage später wurde er verhaftet. Die Kundgebungen in der Ostprovinz waren eine Reaktion auf die Diskriminierung der Schiiten in Saudi-Arabien, aber auch eine Reaktion auf die Proteste der schiitischen Bevölkerungsmehrheit im benachbarten Bahrain, die am 14. Februar begonnen hatten. Zudem riefen in Saudi-Arabien zwei Facebookgruppen für den 11. März zum »Tag des Zorns« und für den 20. März zum »Tag der saudischen Revolution« auf. Unbekannt blieb, wer hinter den Aufrufen steckte. Die Wahl der Organisatoren war auf den 11. März gefallen, weil an jenem Tag des Jahres 2002 in einer Schule Mekkas 15 Schülerinnen verbrannten. In der Schule war ein Feuer ausgebrochen, die Religionspolizei hinderte die Schülerinnen aber daran, ohne den schwarzen Umhang, die Abaya, ins Freie zu fliehen. In der Hafenstadt Jeddah fanden Anfang März zwei kleinere Proteste statt, bei denen mehrere Dutzend Jugendliche verhaftet wurden. Die Einschüchterung durch Innenminister Nayef und führende Geistliche wirkten jedoch. Nayef brandmarkte öffentliche Proteste als einen Verstoß gegen die Traditionen des Islams, und der Prediger der Großen Moschee von Medina, Scheich Ali al-Hudaifi, sagte, im Monotheismus gebe es, anders als in »Ideologien«, für »chaotische Demonstrationen« keinen Platz. Am 11. März war daher in den Straßen von Riad gegen die massive Präsenz der Sicherheitskräfte kein einziger Demonstrant zu sehen. Kundgebungen für den 20. März wurden nicht einmal mehr diskutiert.

Unabhängig von den Kundgebungen, die vereinzelt in der schiitischen Ostprovinz stattfanden, in Riad aber unterdrückt wurden, diskutierten politische Aktivisten drei Reformpetitionen, die Demokratie, Transparenz und Menschenrechte forderten. Die erste war der offene Brief der vierzig »Jugendlichen des 23. Februar« an den zurückkehrenden König Abdullah, die zweite die »Nationale Deklaration für Reform«, die 580 liberale saudische Intellektuelle, unter ihnen schiitische, unterzeichneten. Islamisten veröffentlichten ferner die Petition »Zu einem Staat der Rechte und der Institutionen«, die mehr als 2500 Saudis unterzeichneten, unter ihnen der prominente Prediger Salman al-Audah, der einflussreichste saudische Theologe. Im Unterschied zu früheren Reformpetitionen, etwa der aus dem Jahr 2003, bekannten sich im Jahr 2011 mehr Saudis zu ihnen, die Behörden nahmen von ihnen Kenntnis, und die Forderungen wurden konkreter. So enthält die »Nationale Deklaration für Reform« zwölf Reformenwünsche. Sie reichen von den Anforderungen an eine Verfassung über die Einführung des Rechtsstaats mit der Gleichheit vor dem Recht über die Unabhängigkeit der Justiz bis zur Besserstellung der Frauen. Vor allem fordern sie eine konstitutionelle Monarchie und die Wahl der Legislative. Im Vokabular liest sich die Petition der islamistischen Reformer ähnlich. Selbst wenn sie Begriffe wie »Pluralismus« anders auslegen, hat sich ihr Diskurs im vergangenen Jahrzehnt erheblich verändert. Anders als bei früheren Reformschriften wurde keiner der Unterzeichner der drei Petitionen verhaftet.

Dennoch gehen die königliche Familie und der Staatsapparat dosiert gegen die neue Welle von Reformforderungen vor. Verhaftet wurden sieben Gründungsmitglieder der »Islamischen Umma-Partei«; politische Parteien sind in Saudi-Arabien verboten. Dennoch beantragten am 9. Februar Ahmad bin Saad al-Ghamdi, Abdalaziz al-Wuhaibi, Muhammad bin Hussein al-Qahtani und Muhammad bin Nasser al-Ghamdi die Gründung einer Partei unter diesem Namen. Eine Woche später verhaftete sie der Allgemeine Geheimdienst. Andererseits hat Salman bin Abdalaziz Al Saud, Gouverneur der Provinz Riad und die Nummer vier der königlichen Familie, Vertreter der liberalen Reformer empfangen, und Muhammad bin Fahd Al Saud, der Gouverneur der Ostprovinz, besuchte Qatif, das Zentrum der Schiiten. Trotz des zunehmenden Drucks stellte die königliche Familie weder politische

Reformen in Aussicht noch die überfällige Umbildung des Kabinetts. Stattdessen präsentierte König Abdullah am 18. März 2011 ein zweites Finanzpaket mit Zuwendungen an die Bürger im Volumen von umgerechnet 66 Milliarden Euro. In einer drei Minuten dauernden Rede dankte der König den Untertanen für ihre Loyalität und dafür, dass sie die Aufrufe zu Kundgebungen nicht befolgt hatten. Danach verlasen zwei Männer königliche Dekrete. Sie kündigten neue Gelder für den Bau von Wohnungen und neuer Krankenhäuser an, für die Anhebung des Mindestlohns im Staatsdienst auf umgerechnet 600 Euro, die Anhebung der Arbeitslosenhilfen, die Schaffung von 60 000 neuen Stellen im Innenministerium und die Anhebung der Gehälter bei den Sicherheitskräften. Die am 23. Februar und am 18. März verkündeten Wohltaten addieren sich auf dreißig Prozent des saudischen Bruttoinlandsprodukts. Der politische Aktivist Muhammad al-Qahtani bezeichnete die Ankündigungen als einen »bedeutenden Rückschlag«. Das Establishment setzte lediglich die ohnehin fälligen Kommunalwahlen auf den 22. September 2011 an. Die Frauen waren abermals nicht wahlberechtigt.

Der März 2011 war für Saudi-Arabien auch deshalb kritisch, weil sich die Proteste der schiitischen Mehrheit gegen die regierende sunnitische Minderheit im benachbarten Bahrain zuspitzten. Am 15. März entsandte Saudi-Arabien Truppen nach Bahrain, um der bedrängten Herrscherfamilie Al Khalifa bei der Niederschlagung der Proteste beizustehen. Die Saudis nahmen die Verschlechterung der Beziehungen zu den Vereinigten Staaten in Kauf, die auf eine politische Lösung des Konflikts in Bahrain gedrängt hatten. Bereits zuvor waren in Saudi-Arabien Zweifel an der Verlässlichkeit des amerikanischen Partners gewachsen. Washington hatte in Ägypten den Rücktritt Mubaraks gefordert und sich in Libyen lange gegen eine Intervention zum Sturz des in Saudi-Arabien verhassten Machthabers Gaddafi gesperrt. Saudi-Arabien war nun um die Zukunft der Golfmonarchien besorgt und leitete eine unabhängigere Außenpolitik von Washington ein. Die rote Linie, die nicht überschritten werden durfte, war, dass das Königreich Bahrain der sunnitischen Herrscherfamilie Al Khalifa nicht eine Republik werden dürfe.

Die kleineren GCC-Staaten

Königreich Bahrain: Ein politisierter Stadtstaat

Bahrain ist das kleinste Land der arabischen Golfstaaten, aber das vielfältigste und das einzige, in dem im Frühjahr 2011 Massenkundgebungen die bestehende Ordnung ernsthaft herausgefordert haben. Von allen Siedlungen der arabischen Golfküste hat seine Hauptstadt Manama die längste urbane Tradition, von allen Staaten ist das Königreich Bahrain am meisten politisiert. Bewegungen, die wie politische Parteien miteinander im Wettstreit stehen, treten gegeneinander an, und vitale Nichtregierungsorganisationen prangern Menschenrechtsverletzungen an, auch während und nach den niedergeschlagenen Protesten. Bahrains Gesellschaft ist heterogener als die jedes Nachbarn: Die Schiiten stellen zwei Drittel der einheimischen Bevölkerung, die herrschenden Sunniten ein Drittel. Anders als bei den Nachbarn teilen sich die Bahrainis in die Reichen oben und die Armen unten auf. Oben rangieren die herrschenden Sunniten, unten die Schiiten. Das war die Ausgangslage zahlreicher Protestbewegungen, zuletzt im Frühjahr 2011. Die Bahrainis stellen an der Bevölkerung von 1,1 Millionen die Hälfte und damit mehr als in den anderen kleinen Golfstaaten.

Ein zweiter Faktor begünstigt ein reges politisches Leben: Auf der Arabischen Halbinsel hatte das Erdölzeitalter in Bahrain begonnen. Bereits 1932 setzte die Ölförderung ein. Daher entstanden in Bahrain früher als in den anderen Kleinstaaten ein modernes Bildungswesen und eine moderne Verwaltung. Bahrain ist aber auch das erste Land, in dem das Erdölzeitalter faktisch zu Ende ging. Zwar tragen die Ölquellen und die Verarbeitung des Rohöls noch ein Zehntel zum Bruttoinlandsprodukt bei. In Bahrain haben die Diversifizierung der Wirtschaft und die Planung für die Zeit nach dem Erdöl jedoch vor allen anderen Nachbarstaaten begonnen.

Bahrain ist damit ein Mikrokosmos und ein Laboratorium für die Entwicklung der Golfstaaten. Es hat keine Wahrzeichen aus Glas und Beton gebaut, um sich weltweit zu vermarkten. Bahrain setzt vielmehr darauf, mit seinen bescheidenen Mitteln den reicheren Konkurrenten Abu Dhabi, Doha und Dubai stets voraus zu sein. Selbst wenn diese mehr Lärm machen, entstehen in Bahrain Ideen, denen früher oder später auch die Nachbarn folgen. Die haben die glänzenderen Skylines. Sie sind aber kalte Fassaden. Manama hingegen ist eine fast schon levantinische Stadt, mit Gewerbefleiß und Lebenslust. Keine Stadt am Golf ist offener und liberaler. Nirgendwo kommt der Ausländer leichter mit Einheimischen in Kontakt wie in Manama. In den meisten anderen Städten ist das Leben formaler und sind die gesellschaftlichen Regeln steifer. In Manama steht nicht der Luxus im Vordergrund, auch wenn es ihn gibt, sondern das städtische Leben.

Zur kulturellen Nähe zu den Städten der Levante hat vielleicht auch beigetragen, dass Manama von dem Beginn des Bürgerkriegs im Libanon 1975 profitierte und Beirut als Bankenzentrum der arabischen Welt ablöste. Vor allen anderen hat Bahrain die Bedeutung des Islamic Banking erkannt. Die Finanzbranche steuert heute ein Viertel zur bahrainischen Wirtschaft bei; für die einheimische Bevölkerung hat sie anspruchsvolle Arbeitsplätze geschaffen.

In vielem waren die wachen Händler von Manama den Konkurrenten voraus: Sie schufen als Erste ein Dienstleistungszentrum für jene westlichen Unternehmen, die der Ölindustrie Saudi-Arabiens zuarbeiten, aber nicht dort leben wollen. Baufirmen und Ingenieure ließen sich in Manama nieder, Banken und Versicherungen. Dann schuf Bahrain als erster Golfstaat die Bedingung ab, dass ein ausländisches Unternehmen einen lokalen Partner (»Sponsor«) haben muss, der die Mehrheit der Anteile hält. Ein Coup war, dass Bahrain auch früher als andere die Bedeutung des Sports für die Außenwirkung erkannte und dass seit 2004 auf einer neuen Rennstrecke der Grand Prix von Bahrain als Rennen der Formel 1 stattfindet. Das Eröffnungsrennen der Saison 2011, das am 13. März hätte stattfinden sollen, sagte Bahrain wegen der innenpolitischen Spannungen aber ab.

Wie kein anderer golfarabischer Staat ist Bahrain auf den Handel und die Fischerei angewiesen. Bahrain ist eine Insel – der Name bedeutet »zwischen den zwei Meeren« – und gerade so groß wie die Hansestadt Hamburg. Bahrains Handelstradition reicht 4000 Jahre zurück. Von 2300 bis 1800 v. Chr. war die Insel die wichtigste Transitstation der Schiffe, die zwischen der Hochkultur der Sumerer in Mesopotamien und dem Industal im Westen des indischen Subkontinents Güter beförderten. Bereits wenige Jahrhunderte nach dem Untergang dieser »Dilmun«-Kultur, die einen Ableger auch auf der Insel Umm al-Nar nahe Abu Dhabi hatte, sind auf Bahrain die Perlenfischerei und der Handel mit Perlen nachweisbar.

Als einziger golfarabischer Staat verfügt Bahrain über einheimische christliche und jüdische Gemeinden, die auf jeweils mehrere Tausend Familien geschätzt werden. Die frühchristlichen Nestorianer hatten im 4. Jahrhundert in Bahrain zwei Bischofssitze eingerichtet. Die Vorfahren der heutigen christlichen und auch jüdischen Familien sind aber erst im 19. und frühen 20. Jahrhundert aus dem Südirak nach Bahrain eingewandert, wo sie Teil der Oberschicht und der Händlerdynastien wurden. König Hamad bin Issa Al Khalifa berief 2006 die Christin Alice Samaan und die Jüdin Huda Nunu in das Oberhaus, den Majlis al-Shura. Zwei Jahre später entsandte der König Huda Nunu als Botschafterin nach Washington. Ihr Vater, der Bankier Ibrahim Nunu, hatte bereits früher dem Oberhaus angehört.

Geprägt wird die Insel vom innerislamischen Gegensatz zwischen der Mehrheit der Schiiten und der Minderheit der Sunniten. Über Jahrhunderte, in denen der Golf in der Weltpolitik keine Rolle gespielt hatte, hatten arabische Schiiten auf der Insel als Fischer, Perlentaucher und Oasenbauern ein bescheidenes Auskommen. 1602 eroberten Soldaten der persischen Safawidenherrscher die Insel Bahrain, 1783 vertrieb sie der arabische Stamm der al-Utub. Mit diesem Intermezzo begründet Iran bis heute seinen Anspruch auf die Insel. Der Schah ließ ihn 1970 offiziell fallen, nachdem sich nahezu alle Bewohner der Insel bei einem Referendum der Vereinten Nationen für eine Unabhängigkeit und gegen den Anschluss an Iran ausgesprochen hatten. In der Islamischen Republik Iran werden jedoch immer wieder Stimmen laut, den Anspruch auf Bahrain nicht aufzugeben.

Der Stamm der Utub, aus dem sich die heute herrschende Familie der Al Khalifa rekrutiert, setzte 1783 aus Qatar nach Bahrain über. Die Utub hatten zur Stammeskonföderation der Anaiza gehört, die sich zu Beginn des 18. Jahrhunderts, von einer Dürre getrieben, an mehreren Stätten der golfarabischen Küste niederließen. Auf Bahrain machten sich die neuen sunnitischen Herrscher die Insel und deren schiitische Bevölkerung untertan. Die ganze Insel wurde Eigentum der herrschenden Familie. Die schiitischen

Oasenbauern verloren ihr Land und mussten für dessen Nutzung nun Pacht bezahlen. Die sunnitischen Händler waren meist von der Steuer befreit, die Steuerlast lag auf den Schiiten. Für die innere und äußere Sicherheit sorgten die Briten, die 1820 auch mit dem Herrscher Bahrains, Abdullah bin Ahmad Al Khalifa, einen Schutzvertrag unterzeichneten. Dessen Gültigkeit endete erst mit der Unabhängigkeit von 1971.

Der britische Einfluss reicht in die Gegenwart. Zwei Namen ragen heraus. Charles Belgrave war von 1926 bis 1957 Berater und rechte Hand von zwei Herrschern. In seine Zeit fielen die Vergabe der Ölkonzessionen, 1935 der Bau einer britischen Marinebasis und eines Flugplatzes für die britische Luftwaffe sowie die Eröffnung britischer Banken. 1957 wurde Belgrave als Folge des wachsenden arabischen Nationalismus entlassen. Ein Jahrzehnt später berief das Königshaus den britischen Polizeioffizier Ian Henderson an die Spitze des Polizeiapparats, wo er auch die Niederschlagung schiitischer Aufstände leitete. 1998 musste er nach Protesten das Land verlassen.

Um das demografische Ungleichgewicht zu verändern, hatten die Al Khalifa vom frühen 19. Jahrhundert an sunnitische Stämme aus dem Inneren der Arabischen Halbinsel in Bahrain angesiedelt. Die Einbürgerung sunnitischer Muslime aus Balutschistan sowie Jordanien und Syrien, die in der Gegenwart mit dem Ziel einer Verschiebung des demografischen Gleichgewichts auf Kosten der einheimischen Schiiten erfolgt, war eine der Ursachen für die Proteste im Frühjahr 2011. So sollen 15 Prozent der 550 000 Bahrainis in den letzten zwei Jahrzehnten eingebürgert worden sein, um das demografische Gleichgewicht zu verändern. Als neue loyale Staatsbürger arbeiten die eingebürgerten Sunniten vor allem im Sicherheitsapparat. Nur wenigen Schiiten gelang der Aufstieg in die Oberschicht. Die Bauern zahlten für die Landnutzung an den König, oft waren sie verschuldet. In der Perlenindustrie waren die Schiiten die Taucher, die Boote und der Handel lagen indes meist in den Händen von Sunniten. Mit dem Niedergang der Perlenindustrie setzte der Aufstieg der Ölindustrie ein. Die arbeitslos gewordenen Schiiten fanden als Arbeiter auf den Ölfeldern neues Einkommen. Als die Ölgesellschaft Bapco 1938 die Hälfte ihrer Arbeiter durch besser ausgebildete Inder ersetzte, kam es zu den ersten schiitischen Protesten. 1943 breitete sich ein Streik in der Raffinerie von Sitra auf andere Wirtschaftszweige aus. Von nun an gehörten Streiks zum Leben der Insel: Sie wiederholten sich 1965, 1967, 1970, 1972 und vor allem in den neunziger Jahren, wo sie dann mit politischen Forderungen verknüpft waren.

Die Unabhängigkeit von 1971 hatte dem Land zunächst Ruhe gebracht. Als Emir Issa bin Salman Al Khalifa den Vereinigten Staaten, die statt der Briten für Sicherheit sorgen sollten, Militärbasen zugestand, eskalierten aber die Spannungen rasch, so dass der Emir 1975 das Parlament auflöste und die Verfassung des jungen Staats außer Kraft setzte. Einen weiteren Schub erhielt der Konflikt zwischen der sunnitischen Oberschicht und den Schiiten 1979 mit der Revolution in Iran. Bislang waren die bahrainischen Schiiten einer unpolitischen und passiven Lehre der Schia gefolgt, der Ikhbari-Tradition. Für sie steht die Vorbereitung auf das Jenseits im Vordergrund. Mit der Revolution in Iran übernahmen sie die Usuli-Tradition Irans, die auf das Diesseits ausgerichtet ist und einen politisch aktiven Gläubigen fordert. Waren die politischen Führer der Schiiten bisher linke säkulare Nationalisten, die sich vom Ägypter Nasser und der sozialistischen Baath-Ideologie hatten inspirieren lassen, so hatten die Schiiten Bahrains nun erstmals eine religiöse Identität.

Die Konflikte auf Bahrain traten in eine neue Phase. 1981 deckten die Sicherheitskräfte unter der Leitung Hendersons einen Putschplan der schiitischen Untergrundorganisation »Islamische Front für die Befreiung Bahrains« auf. Die Geistlichen, an deren Spitze der aus dem Irak stammende Hadi al-Mudarris und der Iraner Sadegh Ruhani standen, wollten am 16. Dezember, dem Nationalfeiertag, putschen und eine »Islamische Republik« errichten. 73 Verschwörer wurden verhaftet. Nach dem Putsch sollten iranische Truppen auf Schnellbooten übersetzen. Die Verschwörer stützten sich auf das jugendliche Proletariat der Schiiten, die nicht mehr wie ihre Väter linken Ideologien folgten.

In der »Freiheitsbewegung« der neunziger Jahre kamen die zwei Generationen wieder zusammen. Ihr schlossen sich auch oppositionelle liberale Sunniten an. Nach der Befreiung Kuwaits im Februar 1991 forderten sie eine politische Öffnung, die Wiedereinsetzung des Parlaments, die Respektierung der Menschenrechte und die Rückkehr der politisch Exilierten. Im Oktober 1994 unterzeichneten 23 000 Bürger eine entsprechende Petition an den Emir. Der

Staatsapparat antwortete mit der Deportation von drei Geistlichen, zu denen bereits der junge Theologe Ali Salman gehörte. Das war der Beginn von anhaltenden, teilweise blutigen Protesten. Im Januar 1995 schob die Regierung Ali Salman nach Dubai ab, von wo er nach London ins Exil ging. Zunehmend wurde der schiitische Geistliche Abd al-Amir al-Jamri, der sich am Vorbild Gandhi orientierte und zu Gewaltlosigkeit aufrief, ihr Führer.

1996 behauptete die Regierung, die Proteste seien von Iran gesteuert, was auf wenig Glauben stieß. Ein bahrainischer Schiit, der einen Polizisten umgebracht hatte, wurde hingerichtet. Für weitere Spannung sorgten Berichte über mutmaßliche Folterungen in den Gefängnissen. Von der Repression waren auch liberale Sunniten betroffen. So verlor die Soziologin Munira Fakhro, die aus einer prominenten Kaufmannsfamilie stammt, ihre Professur, und sie kehrte an die Columbia University in New York zurück. Die Spannungen nahmen zu, als die Herrscher Teile von sunnitischen Stämmen aus Saudi-Arabien und Syrien ansiedelten, ihnen sofort die Staatsbürgerschaft verliehen und sie meist im Sicherheitsapparat beschäftigten.

Die Chance zu einem Neubeginn bot der Tod von Emir Issa bin Salman Al Khalifa am 6. März 1999. Ihm folgte sein Sohn Hamad bin Issa Al Khalifa, der in Washington und Cambridge studiert hatte. Umgehend leitete er eine Politik der nationalen Versöhnung ein. Politische Gefangene, unter ihnen al-Jamri, wurden auf freien Fuß gesetzt; die Exilierten kehrten nach Bahrain zurück, auch Ali Salman und Munira Fakhro; die Sondersicherheitsgerichte wurden aufgelöst, Bahrain wurde eine Monarchie, und am 14. Februar 2002 trat eine neue Verfassung in Kraft, die zwei Kammern vorsieht: das Parlament, dessen vierzig Mitglieder gewählt werden, und das Oberhaus des Majlis al-Shura, dessen vierzig Mitglieder der König ernennt und das Initiativen des Parlaments blockieren kann. Da die schiitische Opposition mit dieser Konstruktion nicht zufrieden war, boykottierte sie die erste Parlamentswahl von 2002. Sie nahm aber an den Wahlen von 2006 und 2010 teil. Bei der Wahl von 2010 gewann die schiitische Partei »Wifaq« 18 der vierzig Mandate. Als Folge der Gewalt, mit der die Proteste vom Februar und März 2011 niedergeschlagen wurden, legten sie ihr Mandat nieder.

Der politische Einfluss Irans auf die Schiiten Bahrains ist gering. Kaum ein Bahraini findet Gefallen an der politischen Ordnung

Irans, der »Herrschaft des Rechtsgelehrten«, des »Velayat-e faqih«. Der Einfluss Irans beschränkt sich auf die Religion. Viele bahrainische Geistliche werden in den theologischen Seminaren von Qom und Mashhad ausgebildet, immer mehr ziehen ihnen indes die Seminare im irakischen Najaf vor, wo wie in Bahrain Arabisch gesprochen wird. Bezeichnend ist, dass der irakische Großajatollah Sistani einen Stellvertreter in Bahrain hat. Bis zu dessen Tod im Juli 2010 galt das auch für den libanesischen Großajatollah Fadlallah. Hingegen verfügt kein iranischer Großajatollah unter den Schiiten Bahrains auf der Insel über einen offiziellen Vertreter. Die Spannungen auf Bahrain sind hausgemacht. Es gäbe sie auch ohne die Nachbarschaft Irans. Nachbar auf der anderen Seite ist das puritanisch-sunnitische Königreich Saudi-Arabien. Es verfolgt die politische Entwicklung im kleinen Bahrain mit gemischten Gefühlen. Denn die Schiiten stellen in seiner ölreichen Ostprovinz ebenfalls die Mehrheit. Zudem verfolgt das konservative Königreich Saudi-Arabien die demokratischen Experimente in Bahrain mit Unbehagen. Am 15. März 2011 entsandte Saudi-Arabien daher Soldaten nach Bahrain, um die Proteste, die nun die Umwandlung der Monarchie in eine Republik forderten, niederzuschlagen. Schließlich hatten auch die Saudis, wie Iran, wiederholt Anspruch auf die Insel erhoben. Anfang des 19. Jahrhunderts hatten die Al Khalifa Tribut an das erste saudische Königreich gezahlt, 1913 erhob Abdalaziz Al Saud Anspruch auf Bahrain. Lediglich die britische Präsenz hinderte ihn daran, Bahrain zu annektieren.

Erst in den letzten Jahrzehnten hatte sich das Verhältnis entspannt. Saudi-Arabien erkannte den Nutzen des kleinen liberalen Außenpostens für seine Wirtschaft. 1986 finanzierte Saudi-Arabien den 26 Kilometer langen Causeway, eine Brücke, die das saudische Festland mit der Insel Bahrain verbindet. Außerdem führt Saudi-Arabien die Hälfte der Einnahmen aus einem gemeinsamen Ölfeld, das Saudi-Arabien allein ausbeutet, an Bahrain ab, das damit bis zur Hälfte seines Staatshaushalts bestreitet. Über den Causeway reisen jeden Tag viele Tausend Saudis ein, die in Bahrain nur frei flanieren oder ein Kino besuchen, aber auch Alkohol trinken wollen.

Die Schiiten Bahrains sind seit Jahrzehnten stark politisiert. Erst waren ihre Absolventen von den Sekundarschulen und Universitäten linken Parteien beigetreten und wurden Gewerkschaftler. Später wurden die religiösen Zeremonien wichtiger, wie Aschura, das

Gedenken an den Märtyrertod von Hussein im Jahr 680 durch die Hand von Sunniten. Schwarze Stoffbahnen, die an Hussein erinnern, zieren unübersehbar die schiitischen Siedlungen. Der Übergang von der Glitzerwelt Manamas in die Slumdog-Atmosphäre der schiitischen Dörfer, die sich westlich von Manama aneinanderreihen, fiele auch ohne diese Markierungen ins Auge. Die Gassen werden eng, die Häuser alt und niedrig. In ihnen wohnen oft ein Dutzend Menschen oder mehr.

In sie haben sich die jugendlichen Demonstranten zurückgezogen, die im Sommer 2010 mit angezündeten Reifen Straßen blockiert und Straßenbeleuchtungen zerstört haben. Anders als in den neunziger Jahren gab es weder Tote noch Verletzte. Anfang August 2010 fand eine große Kundgebung auf der breiten Straße vor dem königlichen Palast statt, die keinerlei Rückzugsmöglichkeiten bietet. Unklar blieb, wer der Initiator der Kundgebung war. Die Sicherheitskräfte nahmen sie als Vorwand, um am 13. August eine Verhaftungswelle zu starten. Mehr als 250, meist jugendliche schiitische Aktivisten wurden verhaftet. Viele von ihnen sympathisierten mit der radikalen Untergrundbewegung »al-Haqq«, die sich von der Vereinigung »al-Wifaq« des Predigers Ali Salman abgespalten hatte, weil al-Haqq eine Beteiligung am politischen Prozess ablehnt. 23 von ihnen wurden als »Terroristen« angeklagt.

Der Vorsitzende der staatlichen »Nationalen Organisation für Menschenrechte«, Salman Kamal al-Din, ein linker Aktivist und säkularer Schiit, trat als Reaktion auf die Verhaftungswelle zurück. Er kritisierte, dass die Verhaftungen ohne gesetzliche Grundlage erfolgt seien, den Verhafteten der Zugang zu Familienmitgliedern und Anwälten verwehrt sei, die Verfahren keine gesetzlichen Grundlagen hätten, und er forderte die Polizei zur Mäßigung bei der Anwendung von Gewalt auf. Im Vorstand konnte er sich nicht gegen die 23 vom König ernannten Mitglieder durchsetzen. So trat er am 5. September zurück. Am Tag danach löste die Regierung den Vorstand der unabhängigen Menschenrechtsvereinigung auf, die Kamal al-Din 2001 mit anderen linken Aktivisten gegründet hatte.

Die Regierung büßte damit Glaubwürdigkeit ein. Denn der König hatte Kamal al-Din erst im April 2010 an die Spitze der staatlichen Menschenrechtsorganisation berufen, um Vertrauen in die neue Vereinigung zu schaffen. Kamal al-Din hatte ja sieben Jahre als politischer Dissident in bahrainischen Gefängnissen gesessen, nun führte er die Menschenrechtsvereinigung dieses Staats an. In den sechziger Jahren hatte er als panarabischer Nationalist in Damaskus die Militärakademie absolviert, danach wurde er in seiner Heimat politisch aktiv, während sich andere Familienmitglieder für eine geistliche Karriere entschieden. Mit dem Rücktritt von Kamal al-Din war zudem offensichtlich, dass Bahrain nicht mehr die Pariser Prinzipien zur Unabhängigkeit der Menschenrechtsorganisationen erfüllte, zu denen sich das Königreich gegenüber den Vereinten Nationen verpflichtet hatte.

Trotz der Spannungen fanden am 23. Oktober 2010 die dritten Parlamentswahlen ohne Zwischenfälle und mit einer hohen Wahlbeteiligung von 72 Prozent statt. Eine Demokratie war Bahrain deswegen auch vor der Niederschlagung der friedlichen Proteste im Frühjahr 2011 nicht. Das Parlament hat kaum Kompetenzen, und die Zuschneidung der Wahlkreise sichert der sunnitischen Minderheit im Parlament eine Mehrheit. »Die Macht des Hofs wächst von Jahr zu Jahr, und das Parlament hat nichts zu sagen«, kritisiert der frühere Abgeordnete Matar Ibrahim von Wifaq, der im April 2011 verhaftet wurde. Zu sagen hat er nichts zu den Etatposten Verteidigung und Sicherheit, die dreißig Prozent des Staatshaushalts verschlingen. Andererseits erließ der König mehr Dekrete mit Gesetzeswirkung als je zuvor. Im Oktober 2010 zog die schiitische Wifaq-Partei trotz einer Mehrheit von 64 Prozent Stimmen mit nur 18 der vierzig Abgeordneten in das Parlament ein. Alle 18 Abgeordneten legten als Folge der blutigen Niederschlagung der Proteste, die am 14. Februar 2011 begannen, ihr Mandat nieder.

Drei Tage nach dem Sturz des ägyptischen Staatspräsidenten Husni Mubarak versammelten sich auf dem »Perlen-Platz«, einem wichtigen Verkehrsknotenpunkt der Hauptstadt Manama, erstmals überwiegend schiitische Jugendliche, die keiner Partei angehörten und die überwiegend gebildet und nicht religiös sind. Zu diesem »Tag des Zorns« hatten Jugendliche, die anonym blieben, über die Facebookgruppe »Revolution 14. Februar« aufgerufen. Am Tag der Kundgebung führten sie nur bahrainische Flaggen mit. Bei Zusammenstößen mit der Polizei wurden zwei Jugendliche getötet. König Hamad entschuldigte sich am Tag danach für den Tod der beiden und sprach sein Beileid aus. Noch am selben Tag richteten die Demonstranten auf dem Platz eine Zeltstadt ein, aber bereits in der Nacht zum 17. Februar räumte die mit gepanzerten Fahrzeugen anrückende Armee mit Tränengas den Platz, vier Demonstranten wurden durch scharfe Munition getötet. Fünfzig Armeejeeps hatten das Lager umstellt und ohne Vorwarnung auf die mehr als 2000 kampierenden Jugendlichen geschossen. Der bahrainische Staat und der Formel-1-Boss Bernie Ecclestone verständigten sich darauf, den Auftakt der Formel-1-Saison, die am 13. März von Bahrain hätte beginnen sollen, zu verschieben. Zunächst hatten die Demonstranten lediglich die Umwandlung Bahrains in eine konstitutionelle Monarchie gefordert, wie es die »Nationale Charta« des Königs aus dem Jahr 2001 als Fernziel vorsieht. Nun riefen sie »Nieder mit den Al Khalifa«. Sie forderten die Freilassung der politischen Gefangenen, mehr Arbeitsplätze, ein Parlament mit wirklichen Kompetenzen, eine neue Verfassung und die Absetzung des seit 1971 amtierenden Ministerpräsidenten Khalifa bin Salman Al Khalifa, eines Onkels des Königs.

Kronprinz Salman bin Hamad Al Khalifa, der im Königshaus an der Spitze der Reformer steht, bot den Demonstranten einen Dialog an, er sicherte ihnen das Recht zu, sich auf dem Perlenplatz aufzuhalten, und forderte als stellvertretender Oberkommandierender der Streitkräfte die Soldaten auf, sich vom Perlenplatz zurückzuziehen. Nach dem Rückzug der Armee strömten die Demonstranten wieder auf den Platz. Den Dialog wollten sie aber erst nach dem Rücktritt der Regierung oder zumindest des Ministerpräsidenten beginnen, den die Schiiten für die Politik der Diskriminierung verantwortlich machen.

Einen Höhepunkt erreichten die Proteste, als am 22. Februar mehr als 150 000 Bahrainis, und damit fast jeder dritte Bürger des Landes, an einem vier Kilometer langen Marsch teilnahmen, der auf dem Perlenplatz endete. Aufgerufen hatten zur Kundgebung die beiden größten Oppositionsparteien, der schiitische Wifaq und der sunnitische Waad, die sich den Protesten der Jugendlichen angeschlossen hatten, zudem die illegalen Oppositionsbewegungen Haqq und Wafa sowie die Berufsverbände der Ärzte und Lehrer. Am Morgen des 22. Februar war ein weiteres Opfer der Gewalt zu Grabe getragen worden. Der König versuchte, Druck aus dem Kessel zu nehmen, indem er in einem Dekret dem bekanntesten Oppositionellen, Hassan Mushaima, die Rückkehr aus dem Londoner Exil ermöglichte und die Freilassung von 25 der 500 politischen Gefangenen anordnete, die wie der freigelassene Abduljalil al Singace überwiegend zur Bewegung Haqq von Mushaima gehörten, die sich im Jahr 2005 von der gemäßigten Wifaq-Partei abgespalten hatte. Am 27. Februar 2011 kehrte Mushaima nach Manama zurück, drei Wochen später war er wieder verhaftet. Am Vorabend der großen Kundgebung der Opposition waren im sunnitischen Teil Manamas mehrere Zehntausend regierungstreue Demonstranten in hupenden Autokorsos und mit Bildern des Königs Hamad unterwegs.

Hinter den verschlossenen Türen des Hofes spielte sich in der königlichen Familie unterdessen ein Machtkampf ab. Der König selbst lavierte zwischen zwei Polen. Auf der einen Seite warb sein ältester Sohn, Kronprinz Salman bin Hamad Al Khalifa, das liberale Gesicht Bahrains, für einen Dialog mit den Demonstranten. Mit ihm identifizieren sich mehr Bahrainis als mit jedem anderen Mitglied der königlichen Familie. Auf der anderen Seite sah sich der König den Hardlinern gegenüber, die weiter auf die Methoden der Abschreckung und des Polizeistaats setzten. Zu ihnen gehörten Khalifa bin Ahmad Al Khalifa, der Verteidigungsminister und faktische Armeechef, sowie dessen Bruder Khalid bin Ahmad Al Khalifa, der Chef des königlichen Diwans, von dem es heißt, er finanziere und steuere die radikalen sunnitischen Muslime des Königreichs. Beide haben mehr Macht als der Ministerpräsident Khalifa bin Salman Al Khalifa. Ihm unterstellen die Aktivisten, er setze sein Amt nur für die Mehrung seines Vermögens ein. Ergänzt haben den Kreis Innenminister Rashid bin Abdullah Al Khalifa, der interne Geheimdienstchef Khalifa bin Abdullah Al Khalifa und die graue Eminenz am Hof Ahmad bin Atiyaallah Al Khalifa. Dessen 2006 bekannt gewordener geheimer Bericht, wie mit der schiitischen Mehrheit in Bahrain umzugehen sei, gilt als das Strategiepapier auch für die Niederschlagung der Proteste. Die »Bandargate« genannte Schrift enthält Empfehlungen für die Organisation eines Apartheidstaats, der zwischen Sunniten und Schiiten diskriminiert, sowie Anleitungen für eine ethnische Säuberung. Am 27. Februar 2011 entließ der König vier Minister. Er ersetzte den besonders heftig kritisierten Ahmad bin Atiyaallah Al Khalifa durch den angesehenen Technokraten und Chief Operation Officer des Bahrain Development Board, Kamal Ahmad.

Die Spannungen kulminierten am 15. März, als 2000 Soldaten und Polizisten aus Saudi-Arabien und den Vereinigten Arabischen

Emiraten in gepanzerten Fahrzeugen über die 26 Kilometer lange Brücke vom saudischen Festland nach Bahrain kamen, um die Sicherheitskräfte des Königs zu unterstützen. Die Regierung verhängte den Kriegszustand, der zum 1. Juni 2011 wieder aufgehoben wurde. Der Perlenplatz wurde ein letztes Mal geräumt, und eine beispiellose Verhaftungswelle setzte ein. 600 Demonstranten wurden verhaftet, mehrere wurden Militärgerichten vorgeführt und verurteilt. Verhaftet wurden die meisten der 25 Personen, die als politische Gefangene erst im Februar auf freien Fuß gesetzt worden waren, sowie zwei ehemalige Abgeordnete von al-Wifaq. Die Behörden setzten zudem die vier Mitglieder von al-Wifaq im Stadtrat von Manama ab, und sie verboten die wichtigste Oppositionszeitung, al-Wasat. Nach der Entlassung ihres Chefredakteurs Mansour Jamri durfte sie wieder erscheinen. In den vier Wochen nach der Niederschlagung der Proteste starben vier Demonstranten in Polizeigewahrsam. Sportler, die an den Demonstrationen teilgenommen hatten, wurden aus ihren Verbänden ausgeschlossen und mit einem Sportverbot belegt. Baumaschinen ebneten den Perlenplatz mit dem Monument einer von geschwungenen Säulen getragenen Perle ein, um der Protestbewegung das Symbol zu nehmen. Zwei Tage nach der Aufhebung des Kriegszustandes am 1. Juni beschloss der internationale Automobilverband FIA trotz der unveränderten Menschenrechtslage, den Grand Prix am 30. Oktober 2011 nachzuholen. Als die meisten Rennställe dagegen Einspruch erhoben, wurde er zehn Tage später endgültig abgesagt.

Bevor sich die Al Khalifa entschieden hatten, auf die Demonstranten zu schießen und eine Friedhofsruhe herzustellen, war die kleine Insel Bahrain der Golfstaat mit dem aktivsten politischen Leben. Bahrain hatte aber auch schon nach früheren Krisen wieder den Weg zu mehr Freiheit gefunden. In der Lebendigkeit des politischen Lebens kann am Golf nur Kuwait dem Inselstaat Paroli bieten.

Staat Kuwait: Eine arabische Hansestadt

Kuwait ist nicht weniger politisiert als Bahrain. Nur verlaufen die Trennlinien anders. Kuwait ist weniger heterogen als das Königreich Bahrain, und sein offizieller Name lautet »Staat Kuwait«, auch wenn an der Spitze ein Emir steht. Als Carl Ritter, der Begründer der deutschen Geografie, 1818 in seinem Standardwerk ›Erdkunde‹ den Namen »Republik Kuwait« eintrug, hat er das Selbstverständnis des Staats besser getroffen, als er ahnen konnte. Damals war ein Jahrhundert vergangen, seitdem im Inneren der Arabischen Halbinsel zwei Dutzend Familien einer Dürre und Hungersnöten entkommen waren und sich in der unbesiedelten Bucht von Kuwait niederließen. Sie erkannten die Bedeutung des natürlichen Hafens, begannen zu handeln und bald nach Perlen zu tauchen. Die Familien waren Teil der sunnitischen Stammeskonföderation der Anaiza, zu der auch die saudische Königsfamilie Al Saud gehört.

Während das benachbarte Königreich Saudi-Arabien nach einer Familie benannt ist, die allein die Zügel der Staatsgewalt in der Hand hält, waren in Kuwait von Anfang an die Händler die wahren Herrscher. Aus ihrem Kreis bestimmten sie eine Familie, die Al Sabah, die die Hafenstadt verwalten sollte. Damit sie das tun konnte, zahlten sie an die herrschende Familie Steuern und Zölle. An der Spitze des Gemeinwesens stand die mutmaßlich weiseste Familie, sie war auch die ärmste. Ihr Oberhaupt entschied nie, ohne zuvor die anderen Familien konsultiert zu haben. Nie setzte sich der Verwalter des Gemeinwesens über den Willen der reichen Händler hinweg. Das war Teil der Abmachung und der Beginn des »Staats Kuwait«.

Die großen Händler wie die Ghanim, Saqr und Marzouq besaßen Dattelplantagen in Basra, sie segelten mit ihren Dhows nach Indien und nach Ostafrika, und zu Hause bestimmten sie über Wirtschaft und Gesellschaft. Die Verwalter der Al Sabah setzten lediglich um, was sie untereinander beschlossen hatten. Abends setzten sie sich zusammen, erörterten die Angelegenheiten ihres Gemeinwesens, entschieden im Konsens. Was den Griechen die Polis war, ist den Kuwaitis bis heute die Diwaniyya, die abendliche und informelle Zusammenkunft. Noch heute unterhält nahezu jede große Familie im öffentlichen Teil ihres Hauses eine Diwaniyya. In ihrem großen Salon wird Politik diskutiert und gemacht. An den Wänden des Salons zieht sich der Diwan entlang, ein Polstersitz mit Rückenlehne. Auf ihm nehmen die Platz, die diskutieren.

»Die Demokratie findet eher in den Diwaniyyas statt als im Parlament«, sagt Ali Muhammad al-Ghanim, einer der führenden Händler. Seit 300 Jahren gibt es die Diwaniyya. In ihr hatte die demokratische Tradition Kuwaits begonnen, nicht im Parlament, das erstmals 1963 zusammengetreten ist. Ali Muhammad al-Ghanim ist als Oberhaupt einer der großen Händlerfamilien eine der führenden Persönlichkeiten Kuwaits. Seine Vorfahren waren im 18. Jahrhundert eingewandert. Einige Kuwaitis kamen danach aus dem Süden des Irak, andere aus Iran. Letztere waren meist Schiiten. Schiitische Familien wie die Mulla waren arabischer Herkunft, die Behbehani aber persischer Abstammung. Zusammen bildeten sie die Händlergesellschaft Kuwaits, in der alle gleich waren. Sie hatten nichts als Meer und Sand vorgefunden. Allein mit Willenskraft und harter Arbeit schufen sie eine homogene Gesellschaft mit einem starken Zusammenhalt. Mit dem Fischen und Perlentauchen, dem Handel und Bau eigener Schiffe, auf denen sie nach Indien und Ostafrika segelten, kamen sie zu Wohlstand.

Vom 19. Jahrhundert an wurde die Stellung der ursprünglich nur als Verwalter eingesetzten Familie Al Sabah schrittweise aufgewertet. In Kuwait waren für die Briten, die 1820 mit den Emiren des unteren Golfs Verträge und Beistandsabkommen schlossen, die Al Sabah die Ansprechpartner und nicht die reichen Händler. Das war 1899 wieder der Fall, als die Türken und Deutschen die Bagdadbahn bis nach Basra verlängern wollten und die Briten das verhindern mussten. Daher schlossen sie mit den Al Sabah einen Schutzvertrag. Damit erkannten sie die Unabhängigkeit Kuwaits, das von Mubarak dem Großen aus der Familie Al Sabah verwaltet wurde, von der osmanischen Provinz Basra an. Als 1938 im Feld Burgan Erdöl gefunden wurde und das Land dem Staat gehörte, waren die Al Sabah nicht mehr nur mächtig und international anerkannt, sondern nun auch reich.

Seither arbeiten die Händlerfamilien daran, ihren verlorenen Einfluss zurückzugewinnen. Sie setzten noch 1938 ein Parlament durch, das nach nur sechs Monaten aber aufgelöst wurde. Die Verfassung, die sich der Staat mit der Unabhängigkeit von 1962 gab und die sich Bahrain ein Jahrzehnt später zum Vorbild nahm, setzte wieder ein Parlament ein. Es forderte die herrschende Familie und deren Regierung wiederholt heraus. 1985 erzwang es erstmals den Rücktritt eines Ministers. Mehrfach lösten die Al Sabah das Parlament auf, etwa 1975 und 1986. Die Händlerfamilien konsolidierten mit prosperierenden Unternehmen und Banken ihren wirtschaftlichen Einfluss. In der Politik forderten sie Reformen und eine Modernisierung, die Kuwait zum arabischen Pionier auf vielen Gebieten machen sollte – im Bildungssystem und dem Gesundheitswesen, bei den Rechten der Frauen und den Medien. Die Verfassung schreibt vor, dass der Emir Mitglied der Al Sabah zu sein hat. Die Al Sabah sind aber nicht die königliche Familie, sondern lediglich die »herrschende Familie«. Der Emir ernennt die Regierung; sie muss sich auch gegenüber dem gewählten Parlament verantworten. Am 15. Januar 2006 starb der seit 1977 regierende Emir Jaber al-Ahmad Al Sabah. Automatisch rückte der langjährige Kronprinz Saad al-Abdullah Al Sabah zum neuen Staatsoberhaupt auf. Der war aber seit langem gesundheitlich schwer angeschlagen. Das Parlament setzte ihn am 24. Januar 2006 ab und wählte den Ministerpräsidenten Sabah al-Ahmad Al Sabah zum neuen Emir. Damit hatte das kuwaitische Parlament erstmals auf der Arabischen Halbinsel ein Staatsoberhaupt abgesetzt und ein neues gewählt. Im ersten Halbjahr 2011 forderten von Mitte Mai auf wöchentlichen Kundgebungen jeweils ein paar Tausend Demonstranten den Rücktritt von Ministerpräsident Scheich Nasser Muhammad Al Sabah.

Die reichen Händlerdynastien Kuwaits blicken auf eine lange Geschichte zurück und sind sehr selbstbewusst. Ein Aufschwung hatte in Kuwait eingesetzt, als in den seichten Gewässern des Golfs Perlen gefunden wurden. Die Händler verkauften sie nach Indien, von dort fanden sie den Weg nach Europa. Wenn die Händler jährlich im September von Kuwait nach Bombay aufbrachen, hatten sie auch Datteln aus Basra in den dicken Bäuchen ihrer Dhows verstaut, und wenn sie im Frühjahr aus Ostafrika zurückkehrten, hatten sie das als Baumaterial verwendete Mangoholz geladen. Anfang des 20. Jahrhunderts verfügten die Händler über eine Fernhandelsflotte von mehr als 3300 Dhows, auf denen sie Reis und Weizen einführten, Zucker und Kardamom, Textilien und Mangoholz. Das meiste war nicht für Kuwait bestimmt. Karawanen trugen die Waren in den Norden der Arabischen Halbinsel, bis nach Jordanien und Syrien. Damit diese Karawanen die großen Entfernungen in der Wüste unbeschadet zurücklegen konnten, mussten die Familien Kuwaits Respekt genießen und reich sein.

Das waren sie auch. Nirgendwo gab es größere Dattelpalmenplantagen als im Schatt al-Arab, dem Unterlauf von Euphrat und Tigris. Noch in der ersten Hälfte des 20. Jahrhunderts waren neunzig Prozent der Palmen im unteren Zweistromland Eigentum kuwaitischer Familien. Der Vater von Ali al-Ghanim hatte zwanzig Jahre in Basra gelebt, um den Anbau der Datteln und ihren Export zu überwachen. In Basra unterhielten viele kuwaitische Familien Büros. Nicht nur dort, sondern auch in Bombay, in Karachi und Kalkutta waren sie präsent. Doch dann kamen die japanische Zuchtperle und 1947 die Unabhängigkeit Indiens. Die Rahmenbedingungen für den Handel verschlechterten sich. Zudem baute Saudi-Arabien für den Export seines Erdöls eigene Häfen und benötigte die Transitstation Kuwait immer weniger.

Doch von 1946 an exportierte auch Kuwait Erdöl. Kuwait verfügt über ein Zehntel der weltweit bekannten Ölvorkommen. Damit wurden die Verluste aus dem Handelsgeschäft kompensiert. Die Öleinnahmen flossen jedoch in die Schatullen der Al Sabah, und die Händlerfamilien waren nun von ihr abhängig. Immer waren die Händler reich gewesen, nun ist es der Staat der Al Sabah. In wenigen Jahren hatte das Erdöl die Verhältnisse umgekehrt. Die wirtschaftliche Macht ging von den Händlern auf die Regierung über, und die hob mit dem Beginn der Öl-Ära die Steuern auf. Die Al Sabah brauchte die Händler nicht mehr. Sie vergab an diese Aufträge zum Ausbau der Infrastruktur, und die Händlerfamilien profitierten davon, dass Ausländer nicht ohne kuwaitischen Vertreter tätig werden konnten. Die Händlerfamilien machten Geschäfte im Umfeld der Ölgesellschaften, gründeten Bau- und Immobilienfirmen, die Fluggesellschaft »Kuwait Airways« und 1952 die »National Bank of Kuwait«, die bis heute eine der großen privaten Geschäftsbanken der arabischen Welt ist.

In mehreren Etappen haben die Händler die Herrschaft der Al Sabah herausgefordert. 1938 rangen sie dem Emir Ahmad al-Jabir Al Sabah die Wahl zu einem »Nationalen Gesetzgebenden Rat« ab. Mitglieder der Familien Saqr, Ghanim und Marzouq führten die Reformbewegung an. Der Emir löste den Rat noch im selben Jahr auf, einige Reformer wurden inhaftiert. In den fünfziger Jahren, unter dem neuen Emir Abdullah Salim Al Sabah, hatten sie mehr Erfolg. Der neue Emir, seit 1950 im Amt, hatte Sympathien für die Reformbewegung von 1938 und ließ die Verfassung von 1962 ausarbeiten. In ihr gab die Familie Sabah erstmals Machtbefugnisse ab. Präsident des 1963 gewählten ersten Parlaments wurde Abdalaziz Hamad al-Saqr, dessen Bruder Abdullah die Reformbewegung von 1938 angeführt hatte.

Abdalaziz al-Saqr hatte von Anfang an auch an der Spitze der Industrie- und Handelskammer gestanden, die die führenden Händlerfamilien 1959 als Gegenstück zur wachsenden Macht der Sabah gegründet hatten. Zu einer weiteren Politisierung der Gesellschaft führten Wellen arabischer Migranten. Erst ließen sich nach 1948 viele akademisch gebildete Palästinenser, die ihre Heimat hatten verlassen müssen, in Kuwait nieder. Dann fanden nach dem Beginn des Bürgerkriegs 1975 viele Libanesen in Kuwait Arbeit. Von 1988 an forderte eine Gruppe von 32 ehemaligen Abgeordneten die Wiedereinsetzung des 1986 aufgelösten Parlaments, eine lebendige Demokratiebewegung entstand. Sie äußerte sich über die »Montag-Diwaniyyas«. Die Sicherheitskräfte schritten gegen sie ein, führende Oppositionelle wurden verhaftet. Erst der irakische Einmarsch vom 2. August 1990 führte zu einem Schulterschluss aller Kuwaitis.

Um sich gegen die Händler ein Gegengewicht zu verschaffen, bürgerte die bedrängte Herrscherfamilie Al Sabah von den siebziger Jahren an Beduinen ein und öffnete ihnen den öffentlichen Dienst, vor allem die Bürokratie und die Sicherheitskräfte. Als Beduinen hatten sie zwischen Kuwait und Saudi-Arabien nomadisiert. Viele hatten nun zwei Staatsbürgerschaften. Zunächst ging die Rechnung der Al Sabah auf: Sie hatte loyale Verbündete. Die Beduinen, die bereits mehr als ein Drittel der einheimischen Bevölkerung stellen, wurden am Rande von Kuwait-Stadt sesshaft, etwa in Fahaheel, sie behielten ihre Stammesidentitäten jedoch bei und blieben kulturell konservativ. Erst folgten sie dem arabischen Nationalismus, dann dem politischen Islam. Karriere machten und machen sie im Staatsdienst. Wahlen nutzen sie, um ihre Stammesherkunft auszudrücken.

Die traditionellen Händlerfamilien, die sich in einer egalitären Gesellschaft von Gleichen bewegen, taten sich mit der Demokratie, wie sie Kuwait gewährt, nie schwer. Die Stämme aber blieben ihren Hierarchien verhaftet. Die Stimme geht an den Stamm, gewählt wird dessen Führer. Auch wirtschaftspolitisch klafft ein Gegensatz zwischen beiden Lagern: Die Händler und ihre Abgeordneten setzen sich für eine Privatisierung und die Stärkung der Privatwirtschaft ein, die Stämme und ihre Abgeordneten wollen, dass der Staat, der von den Ölerträgen lebt, die Wirtschaft kontrolliert und die üppigen Öleinnahmen verteilt, nicht aber in die Zukunft investiert.

In einem weiteren Punkt unterscheiden sich die urbanen, pro-westlichen Händler von den ländlichen Stämmen, die dem Westen gegenüber eher kritisch eingestellt sind. Auch die Händler sind gute Muslime. Durch den Austausch mit der Welt ist ihr Islam aber tolerant. Über die Stämme gelangt indessen der radikale wahhabitische Islam aus Saudi-Arabien nach Kuwait. Aus diesen Kreisen rekrutieren sich die (wenigen) Mitglieder von al-Qaida in Kuwait.

Der Preis für die Aufwertung der konservativen Stämme ist hoch: Gemeinsam mit den Islamisten haben sie im Parlament, wo sie seit der Wahl vom Mai 2009 erstmals seit langem keine Mehrheit stellen, lange die Reformen für eine weitere Modernisierung blockiert,, wie sie die Händler und auch die Al Sabah wollen. Andererseits verhindert die Allianz der Al Sabah mit den Stämmen politische Veränderungen. Die Folge ist eine Blockade, und Kuwait fällt gegenüber anderen Golfstaaten zurück. In anderen Golfstaaten hat das bereits vor Jahren zu dem Bonmot geführt: »Kuwait ist die Vergangenheit, Dubai die Gegenwart, Abu Dhabi und Doha sind die Zukunft.« In anderen Golfstaaten werden Diskussionen über die Demokratie meist mit dem Hinweis auf die unerwünschten Folgen der Demokratie in Kuwait beendet.

Zwei Faktoren führen in Kuwait zu einem Mangel an Vertrauen in die Zukunft: die Blockade in der Politik und die psychologische Traumatisierung durch die irakische Besetzung von 1990. Kuwaitis investieren wenig im eigenen Land. Viele Grundstücke in der besten Lage von Kuwait-Stadt bleiben unbebaut. Trotz einiger Prachtbauten wirkt das Zentrum im Vergleich zu den Glitzerstädten Dubai und Abu Dhabi an einigen Ecken schäbig.

Noch immer ist die Traumatisierung durch die irakische Besetzung zu spüren. Dem Einmarsch war eine Eskalation vorausgegangen, die sich über Monate aufbaute. Am 28. Mai 1990 beschuldigte Saddam Hussein Kuwait und die Vereinigten Arabischen Emirate, über die Quote der Opec hinaus Erdöl zu fördern, damit den Ölpreis zu drücken und einen gezielten Wirtschaftskrieg gegen den Irak zu führen. Nach seinem Abnutzungskrieg mit Iran hatte der Irak vor dem Bankrott gestanden und wollte einen hohen Ölpreis. Am 17. Juli 1990 warf Saddam Hussein den reichen Golfmonarchien vor, gegenüber dem Westen zu buckeln und die arabische Sache zu verraten, am 22. Juli begann der Aufmarsch irakischer Truppen entlang der Grenze, am 25. Juli versicherte Saddam Hussein erst dem ägyptischen Staatspräsidenten Husni Mubarak, dann der amerikanischen Botschafterin in Bagdad, April Glaspie, er werde so lange nicht in Kuwait einmarschieren, wie die Chance auf eine Verhandlungslösung bestehe. In der Nacht zum 2. August marschierten aber 100 000 irakische Soldaten in Kuwait ein. Der Emir setzte sich noch in der Nacht nach Saudi-Arabien ab.

Junge Kuwaitis beiderlei Geschlechts organisierten den Widerstand, sie stellten in den Stadtvierteln Dienstleistungen bereit, sammelten den Müll ein, verbrannten ihn, beschafften Mehl, ließen es backen und verkauften es. Männer und Frauen, Sunniten und Schiiten waren am Widerstand beteiligt. Grenzen zwischen den Geschlechtern und den Konfessionen spielen in Kuwait daher eine geringere Rolle als in anderen Golfstaaten.

Der amerikanische Präsident George W. Bush kündigte am 8. August die Operation »Desert Shield« an, um ein Vordringen irakischer Truppen nach Saudi-Arabien zu verhindern und Kuwait zu befreien. An ihr beteiligten sich 34 Staaten mit 500 000 Soldaten. Deutschland leistete einen finanziellen Beitrag. Der Sicherheitsrat der Vereinten Nationen forderte den Irak in zwölf Resolutionen, die folgenlos blieben, zum Rückzug aus Kuwait auf, erstmals am 3. August mit der Resolution 660.

Die Iraker verminten die Ölfelder in Kuwait und beluden sechs Öltanker im Hafen Ahmadi, um das Erdöl bei Kriegsbeginn in den Golf auslaufen zu lassen. Während des Kriegs setzten sie 600 Ölfelder in Brand. Die Vereinigten Staaten setzten mit dem 15. Januar 1991 ein Ultimatum. Statt sich zurückzuziehen, rief Saddam Hussein zur »Mutter aller Schlachten« auf, zu »Umm al-maarik«. Am 16. Januar begann die von den Vereinigten Staaten angeführte Streitmacht, irakische Stellungen in Kuwait zu bombardieren. Am 25. Februar war Kuwait wieder befreit. 605 verschleppte Kuwaitis sind aber nie mehr aus den Kerkern des Irak zurückgekehrt.

Einige Fortschritte hat es in Kuwait seit der Befreiung gegeben. Die Frauen waren in Kuwait stets freier als in allen anderen Golfstaaten gewesen, nur in Bahrain genossen sie ein gleiches Maß an gesellschaftlicher Freiheit. Dennoch dauerte es bis zum 16. Mai 2005, dass das Parlament nach einer seiner heftigsten Debatten dem Frauenwahlrecht zustimmte. Zu dem Zeitpunkt war es bereits in Bahrain, Qatar und Oman eingeführt. Der Emir hatte das aktive und passive Wahlrecht für die Frauen erstmals 1999 dekretiert. Eine Mehrheit von Stammesvertretern und Islamisten im Parlament verhinderte aber seine Umsetzung.

Bei der Wahl von 2009 wurden zum ersten Mal vier Frauen ins Parlament gewählt, in den »Rat der Nation« (Majlis al-Umma). Eine von ihnen, Massuma al-Mubarak, war zuvor als Planungsministerin die erste Frau in einer Regierung. Das war der Erfolg der »orangenen Bewegung«. In ihr hatten sich in den Jahren 2005 und 2006 erstmals Jugendliche mit Hilfe der elektronischen Medien organisiert. Erst übten sie auf das Parlament Druck aus, das Frauenwahlrecht einzuführen. Dann forderten sie eine Reduzierung der Wahlkreise, um den verbreiteten Stimmenkauf einzudämmen. Sie setzten auch durch, dass die Wahlkreise von 25 mit jeweils zwei Abgeordneten auf fünf reduziert wurden, die je zehn Abgeordnete entsenden. Die frühere Zuschneidung der Wahlkreise hatte die Gebiete der konservativen Stämme begünstigt, die dadurch mit den Islamisten im Parlament eine Mehrheit stellen konnten. Die Wahlkreisreform stellte mit wenigen gleich großen Wahlkreisen die Mehrheit der Händler und Reformer wieder her.

Die Gräben zwischen Händlern und Stämmen sind nach wie vor tief, die Interessen der beiden Lager nicht vereinbar. Dennoch haben Prozesse eingesetzt, sie zu überwinden. In den staatlichen Schulen und den Universitäten kommt sich die junge Generation näher, und eine Zivilgesellschaft entsteht, die – in Abwesenheit politischer Parteien und anderer politischer Organisationen – neue Identitäten schafft anstelle jener der Stämme. In den letzten Jahrzehnten hat die Demokratie die Entwicklung Kuwaits zurückgehalten und zurückgeworfen. Immer muss das nicht so bleiben.

Staat Qatar: Eine Familienshow der Al Thani

Bahrain und Kuwait sind Staaten mit heterogenen Gesellschaften und einem bewegten Zusammenspiel von Herrschern und Untertanen. Qatar ist Nachbar beider und doch ganz anders: Qatar ist die Show von Emir Hamad bin Khalifa Al Thani und seiner Familie. Auch hat es in Qatar als einzigem arabischem Staat 2011 keine Form von Dissens gegeben, nicht einmal eine Petition an die Herrscherfamilie wie in den Vereinigten Arabischen Emiraten. Immerhin fanden am 10. Mai 2011 Kommunalwahlen statt. Zu reich ist

Qatar und zu unpolitisch. Dabei ist die Herrscherfamilie Al Thani mit den Bewohnern von Bahrain und Kuwait entfernt verwandt. 1766 war ein Zweig der Utub von Kuwait in das heutige Qatar weitergewandert und ließ sich an der Küste in der Siedlung Zubara nieder. Dort kamen sie in Konflikt mit dem Herrscher von Bahrain, der den Persern nahestand und der dann Zubara belagerte. 1783 setzte eine Expedition unter Führung von Muhammad bin Khalifa nach Bahrain über, vertrieb den dortigen Herrscher und ließ sich dauerhaft auf der Insel nieder. Anders als in Bahrain und Kuwait betreibt in Qatar nur eine kleine Gruppe die Modernisierung. Im Mittelpunkt steht der Emir Hamad bin Khalifa Al Thani, der am britischen Militärkolleg Sandhurst ausgebildet worden war. Er entmachtete 1995 seinen Vater, Khalifa bin Hamad Al Thani, in einem unblutigen Putsch. Der hatte sich wieder einmal über Monate im Ausland aufgehalten, diesmal in der Schweiz, und seine Amtsgeschäfte vernachlässigt. Qatar galt trotz seines sagenhaften Gasreichtums als das am schlechtesten verwaltete Land aller Golfanrainer. Zwei Jahre vor dem Putsch hatte der australische Reiseführer ›Lonely Planet‹ noch schreiben können:»Doha hat sich die wenig beneidenswerte Reputation erworben, der trostloseste Ort auf dem Globus zu sein.«

Das hat sich grundlegend geändert. Zu Beginn des 21. Jahrhunderts ist Doha eine Boomstadt, mit einer Skyline, die im Zeitraffertempo in die Höhe schießt und in der ein vielfältiges Leben entsteht. Von 2004 bis 2010 hat sich das Bruttoinlandsprodukt auf 128 Milliarden Dollar vervierfacht, die Bevölkerung verdoppelte sich auf 1,7 Millionen Einwohner. 1996 gründete Qatar den Nachrichtensender»al-Jazeera« und löste das Informationsministerium auf, 2002 nahmen namhafte amerikanische Universitäten in Qatar ihren Lehrbetrieb auf, 2008 öffnete das von Ieoh Ming Pei gebaute »Islamische Museum« seine Tore, und im selben Jahr konzertierte erstmals das Qatar Philharmonic Orchestra. Doha ist längst nicht mehr der trostloseste Ort auf diesem Planeten. Das kann sich Qatar auch nicht leisten, hat es doch den Zuschlag zur Ausrichtung der Fußballweltmeisterschaft im Jahr 2022 erhalten.

Treibende Kraft dieser Entwicklung ist ein Triumvirat aus dem Emir, seiner Frau Mouza bint Nasser Al Missned und seinem Cousin Hamad bin Jassim Al Thani, dem Ministerpräsidenten und Außenminister. Ergänzt wird es durch zwei Technokraten, die nicht zur herrschenden Familie gehören. Abdullah al-Attiyah war von 1992 bis 2011 als Minister für Energie und Industrie für die Erschließung der Gasvorkommen und die Ansiedlung von Industrie verantwortlich. Denn Qatar, halb so groß wie Hessen, besitzt 14 Prozent aller Gasvorkommen. Nur Russland und Iran haben mehr. Yusuf bin Hussein Kamal, Finanzminister seit 1998, sorgt dafür, dass die Einnahmen gut angelegt sind. Dem Staatsfonds »Qatar Investment Authority« (QIA) steht aber Ministerpräsident Hamad bin Jassim Al Thani vor; er hatte 1996 auch al-Jazeera gegründet. Scheicha Mouza, die First Lady, hingegen arbeitet daran, Qatar zu einem Hochschul- und Forschungszentrum zu machen, sie siedelt Museen an und treibt die innenpolitischen Reformen voran. Die ausgebildete Soziologin setzte auch durch, dass das einst so rückständige Qatar 1997 als erster arabischer Golfstaat das aktive und passive Wahlrecht für die Frauen eingeführt hat und 2003 einer Frau das Amt einer Staatsanwältin übertrug.

Scheicha Mouza ist in den konservativen Golfstaaten die erste First Lady, die sich öffentlich an der Seite ihres Mannes zeigt und sich mit einer eigenen Webseite an die Öffentlichkeit wendet. Immer weniger unterscheiden sich der Emir und seine dritte Frau von den gekrönten Häuptern Europas. Scheicha Mouza ist die erste Beraterin ihres Mannes, auch ist sie ein Rollenmodell für die Frauen Qatars. 1996, im Jahr der Gründung von al-Jazeera, rief sie die »Qatar Foundation« ins Leben, die Hochschulen ansiedelt und Technologieparks einrichtet. Ganz im Sinne seiner Frau bekannte der Emir: »Öl und Gas werden irgendwann zu Ende gehen. Das Wissen bleibt. Ich sehe Qatar langfristig mehr als einen Bildungsstandort denn als Energielieferanten.«

Ohne Öl und Gas wäre diese Entwicklung nicht denkbar. Sie tragen nahezu zwei Drittel zum Bruttoinlandsprodukt bei. Die Ölförderung hatte in Qatar 1949 begonnen; die Ölvorkommen waren aber bescheiden. Die Perspektiven hellten sich auf, als Shell 1974, drei Jahre nach Qatars Unabhängigkeit, das weltweit größte Feld von nicht assoziiertem Erdgas unter dem Boden von Qatar entdeckte: das North Field, das sich bis in iranische Hoheitsgewässer hinein erstreckt. 1991 setzte die Förderung von Erdgas ein, das aber schwieriger als Rohöl zu transportieren ist. Sechs Jahre später wurde es erstmals in Tankern als verflüssigtes Naturgas (LNG) exportiert. Seither hat Qatar seine LNG-Anlagen zielstrebig ausgebaut.

Die Einnahmen aus dem LNG-Export machen die qatarische Wirtschaft zu einer der am schnellsten wachsenden überhaupt. Qatar investiert auch in Schwerindustrie. Im Jahr 2010 nahm die Aluminiumschmelze Qatalum ihre Produktion auf, die Qatar Petroleum und das norwegische Unternehmen Hydro für 5,7 Milliarden Dollar gebaut haben.

Zentrum der Gasindustrie ist die Industriestadt Ras Laffan im Norden der Halbinsel von Qatar, das wie ein Daumen in den Golf ragt. Noch vor wenigen Jahrzehnten hatten vor der Küste von Ras Laffan Perlenfischer getaucht – bis unter dem Meeresboden ein ungleich kostbarerer Reichtum entdeckt wurde. Dann entstand auf dem Wüstenboden von Ras Laffan der weltweit größte Komplex für die Verarbeitung von Gas. In den kommenden Jahren wird er weiterwachsen auf eine Fläche von 295 Quadratkilometern. Von seinem Hafen aus fahren 54 qatarische Gastanker auf die Weltmeere, meist Richtung Asien. Die LNG-Tanker der jüngsten Generation haben Decks so groß wie zehn Fußballfelder. Wenn sie den 13,5 Meter tiefen Hafen verlassen, fahren sie über das größte Gasfeld der Welt. Es enthält 910 Trillionen Kubikfuß Erdgas, das ist die Hälfte der Vorkommen Sibiriens.

Mit einer Produktionskapazität von 77 Millionen Tonnen LNG im Jahr liefert Qatar ein Viertel des weltweiten LNG-Verbrauchs, mehr als Indonesien, Algerien und Russland. Dazu hat Qatar die großen Öl- und Gasmultis als Partner gewonnen. Bei dem LNG-Hersteller »Qatargas« arbeitet Qatar Petroleum mit ExxonMobil, Total, Mitsui, Marubeni, Conoco, Phillips und Shell zusammen, bei »Rasgas« mit ExxonMobil, Koras, Petronet und Itochu. Die wichtigsten Exportmärkte sind Japan, Indien, Korea, neuerdings China, auch Großbritannien, Italien, China und Belgien. In der Zukunft kommen weitere Märkte in Südostasien und den Vereinigten Staaten hinzu.

Neben LNG wird die GTL-Technik zweiter Schwerpunkt von Ras Laffan. Bei dieser Technologie (»Gas to Liquids«) wird Erdgas in umweltfreundliche Ersatzprodukte für Diesel, Naphtha und Schmierstoffe umgewandelt. Die Fluggesellschaft Qatar Airways hat den emissionsarmen Kraftstoff bereits für Flüge eingesetzt. Die deutschen Wissenschaftler Franz Fischer und Hans Tropsch hatten das Verfahren 1925 entwickelt. In Qatar hat Shell das Verfahren verfeinert. Nach Investitionen von 18 Milliarden Dollar produziert

Shell von 2011 an im Gemeinschaftsunternehmen »Pearl GTL« zusammen mit Qatar Petroleum 140 000 Tonnen GTL-Produkte für den chinesischen Markt. Ein japanisches Unternehmen baut daneben das weltweit größte Werk zur künstlichen Gewinnung des Gases Helium.

In Ras Laffan sind alle Dimensionen gewaltig. Jeden Morgen fahren aus der Hauptstadt Doha und der nahe gelegenen Provinzstadt Khor 40 000 Angestellte auf das gut geschützte Gelände. In einer Phase waren am Bau der »Pearl GTL« 150 000 Bauarbeiter beteiligt. 2010 wurde das dritte Kraftwerk von Ras Laffan mit einer Kapazität von 2730 Megawatt fertig. Ein Teil des Stroms soll exportiert werden. Von Ras Laffan gehen auch die 350 Kilometer langen Unterwasserrohre des Projekts »Dolphin« aus, mit dem Qatar die Kraftwerke Abu Dhabis jeden Tag mit 2 Millionen Kubikfuß Erdgas versorgt. Von dort verlaufen die Rohre überirdisch weiter nach Dubai, Fujairah und nach Oman. Qatar setzt in Ras Laffan nicht allein auf Gas. Auf einer der freien Flächen investierten 2010 zwei Partner aus Qatar und die Solar World AG 500 Millionen Dollar in eine Fabrik zur Herstellung von Polysilikon.

Beim Nachzügler Qatar hat die Entwicklung spät eingesetzt. So hat Qatar als letzter Golfstaat 2003 einen Staatsfonds gegründet, die QIA. Da Qatar weit mehr aus dem Gasexport einnimmt, als die eigene Wirtschaft absorbieren kann, fließen die Überschüsse in den Staatsfonds. Im Krisenjahr 2009 hat er 6,5 Milliarden Dollar in die qatarischen Banken gepumpt. Auch finanziert er die laufenden Gasprojekte und den Kauf der Gastanker. Dennoch bleibt genügend Liquidität, um weltweit zu akquirieren. In Deutschland investierte der Fonds sieben Milliarden Euro, um beim Autokonzern Volkswagen, der um Porsche erweitert worden war, 17 Prozent der Stammaktien zu erwerben. Zwei Wünsche gingen damit für das Triumvirat in Erfüllung: Sie sind nun am Hersteller ihrer Lieblingsautos Porsche 911 und Cayenne beteiligt. Volkswagen aber ist größer und wirft mehr Rendite ab. In die Arbeit des Vorstands greift der qatarische Vorstandsvertreter nicht ein. Die überlässt er den erfahrenen Managern.

Der Einstieg bei Porsche entspricht einem Zehntel der Anlagen, die der Fonds von 2005 bis 2010 getätigt hat. Vieles wird nicht bekannt, da sich der Fonds zu Stillschweigen verpflichtet und nicht zu Transparenz. Bekannt sind in China die Beteiligung von 2,8 Milliarden Dollar an der Agricultural Bank und in Brasilien von 2,7 Milliarden Dollar an der Tochtergesellschaft der spanischen Banco Santander. Die meisten Investitionen tätigen die QIA und ihre Tochtergesellschaft Qatar Holding in England, wo sie teure Immobilien kaufen, etwa die Chelsea Barracks und den Shard Tower oder 24 Prozent an der Immobiliengesellschaft Songbird Estates, der das Londoner Geschäftsviertel Canary Wharf gehört, ferner das Kaufhaus Harrods und die Einzelhandelskette Sainsbury. Mit zwanzig Prozent ist die QIA an der Börse London Stock Exchange beteiligt und am Zusammenschluss der skandinavischen Börsen OMX. Die QIA hält zehn Prozent an der französischen Medienholding Lagardère, eines Großaktionärs von EADS, ebenfalls zehn Prozent an der Schweizer Großbank Credit Suisse und 16 Prozent an der britischen Bank Barclays. Bekannt sind weitere Investitionen in Italien, Jordanien, Malaysia und Singapur. Der Einstieg beim deutschen Bauunternehmen Hochtief im Dezember 2010 mit 9,1 Prozent hat neben Anlagegesichtspunkten auch die Vorbereitung der Fußballweltmeisterschaft 2022 im Blick. Bereits 2008 hatte der staatliche Immobilienentwickler Qatari Diar mit Hochtief ein Gemeinschaftsunternehmen gegründet, das in Doha den neuen Stadtteil Lusail baut. Dort sollen 200 000 Menschen wohnen und Fußballstadien gebaut werden.

Nur noch wenige können sich in der Zeit des Überflusses daran erinnern, wie es damals war, in der Zeit vor dem Öl und vor dem Gas. Saeed al-Qahtani, Jahrgang 1955, ist einer von ihnen. Er war Beduine, lebte als Schäfer außerhalb von Doha und war Analphabet. Als ihm mit Holzkohle und Steinen das Alphabet beigebracht wurde, war er bereits über Zwanzig. Er biss sich fest, besuchte die Abendschule, dann die Universität, graduierte 1993 im Fach Jura. Heute ist er der Generalstaatsanwalt von Qatar. Seine 13 Kinder haben es leichter. Eine Tochter, Munira al-Qahtani, studiert auf dem Campus der Qatar Foundation an der Texas A&M University Informatik.

Das Logo der Qatar Foundation ist ein Baum. Als es weder Öl noch Gas gegeben hatte, setzten sich die Menschen unter einen solchen Baum, den sie Sidra nannten, der viel Schatten spendet und sich selbst in der kargsten Wüste behauptet. Sie tauschten sich aus, und sie nutzten alles, was ihnen dieser Baum bot. Das Holz und die Blätter, die Öle und den Schatten. So wurde der Baum zum Symbol der Qatar Foundation. Heute kommen die Studenten nicht unter der Sidra zusammen, sondern in einem Campus nach amerikanischem Vorbild. Dort haben sechs amerikanische Universitäten eigene Fakultäten eingerichtet, die Texas A&M University ist eine von ihnen. Die anderen sind die Carnegie Mellon, das Weill Cornell Medical College, die Georgetown University, die Virginia Commonwealth University und die Northwestern University. Die Hälfte der Studenten sind Qataris, die andere Hälfte stammt aus 45 Nationen.

Scheicha Mouza wollte nicht eine ganze Hochschule nach Qatar bringen. Vielmehr sollten in Doha gute Universitäten Fakultäten aufbauen, die sich ergänzen – mit Medizin und Informatik, Betriebswirtschaft und Politologie, Design und Journalismus. Sie führen die Studenten nach vier Jahren zum Bachelor, und auf dem Diplom vermerkt nichts, dass der Abschluss in Doha gemacht wurde. Ausgestellt wird das Diplom im Namen der jeweiligen amerikanischen Universität. Die Idee zu diesem Konzept hatte Scheicha Mouza schon vor dem 11. September 2001. Davor hatten viele Araber ihre Kinder zum Studium ins Ausland geschickt. Nun holt sie Qatar.

Der Universitätscampus ist das Herzstück der Qatar Foundation. Sie brachte erstmals sozialwissenschaftliche Studiengänge in ein arabisches Land, Vorlesungen beschäftigen sich mit Philosophie und Politikwissenschaft, christliche Theologen dozieren über christliche Theologie. Neben den amerikanischen Fakultäten nimmt der Campus Grund- und Sekundarschulen für Begabte auf. Die amerikanischen Denkfabriken Rand Corporation und Brookings haben sich dort niedergelassen. In einem Wissenschafts- und Technologiepark forschen Unternehmen wie EADS, ExxonMobil und Microsoft. Von dem Gelände überträgt die BBC einmal im Monat die von Tim Sebastian geleiteten »Doha Debates« zu kontroversen aktuellen Themen.

Neben dem Bildungssystem treibt Scheicha Mouza die kulturelle Entwicklung von Qatar voran. Lange war Qatar das einzige Land am Golf ohne Museen und Galerien. Den Durchbruch brachte das 2008 eröffnete »Museum für islamische Kunst«. Während sich Abu Dhabi auf westliche Museen verlässt, profiliert sich Qatar als Standort für die Kunst der Region. Der Bau, der 1,6 Milliarden Dollar gekostet hat und in dem der Architekt Pei geschickt Kuben ineinander verschachtelt, ist ebenfalls von der Architektur der Region inspiriert. Ausgestellt sind 700 Objekte islamischer Kunst, die Qatar über Jahre auf der ganzen Welt eingekauft hat. Regelmäßige Vorträge führen in Einzelbereiche der Kunst ein. Ende 2010 folgte ein zweites bedeutendes Museum, »Mathaf«, das moderne arabische Kunst präsentiert und das größte seiner Art in der arabischen Welt werden will. 2013 wird das neue Nationalmuseum eröffnet, das der französische Architekt Jean Nouvel in der Form einer Wüstenrose entworfen hat.

In diesem Umfeld ist ein reges kulturelles Leben entstanden, mit dem jährlichen Filmfestival Tribeca, mit Galerien im modernisierten Altstadtviertel Suq Waqif, mit regelmäßigen Kulturwochen im Nationaltheater, in denen Staaten aus aller Welt ihre Kulturen vorstellen. Ein Doha Film Institute fördert die Entwicklung einer eigenen Filmindustrie, die Qatar Music Academy die Ausbildung arabischer Musik, die Schule Doha Kalakshetra indische Musik und Kunst. Als der indische Maler Maqbul Fida Hussein im Jahr 2006 vor hinduistischen Fundamentalisten aus seiner Heimat fliehen musste, wählte er als Exil Qatar. Hussein, Jahrgang 1915 und von vielen »der Picasso Indiens« genannt, hatte mit seinen Darstellungen hinduistischer Gottheiten einen Skandal ausgelöst. Aber auch muslimische Fundamentalisten bezichtigten ihn der Blasphemie. In Doha, aber auch in Dubai, wo er zeitweise lebte, hoffte er, einen neuen Weg zwischen den Emotionen Indiens und der realitätsnahen Kunst des Westens zu finden. Am 9. Juni 2011 starb er im Alter von 96 Jahren.

Kunst und Künstler sollen Teil einer neuen Innenstadt Dohas werden. Stadtplaner aus Harvard und Yale, vom MIT und der Agha Khan Foundation sollen bis 2016 eine Innenstadt schaffen, die fußgängerfreundlich ist, in der man Fahrrad fahren kann und die sich an einem alten Konzept qatarischer Siedlungen orientiert: dem »fereej«, bei dem sich Häuser um einen Platz gruppieren. Schutzherrin ist wieder Scheicha Mouza. Der Suq Waqif wird integriert, es soll keine großen Gebäude geben, die trennen. Vielmehr sollen Ensembles von Häusern entstehen, die ineinander übergehen.

Das lange verschlafene Doha will in den Kreis der Weltstädte aufsteigen. Parallel dazu verschafft sich der Kleinstaat Qatar in der Weltpolitik einen Platz. Denn die Diplomatie Qatars trägt rascher Früchte als die Reformpolitik im Inneren. 2003 trat zwar die erste

Verfassung des Staats Qatar in Kraft. Sie schreibt vor, dass das Amt des Staatsoberhaupts der Familie Al Thani zusteht. Sie richtete auch einen Legislativrat ein. Von seinen 45 Mitgliedern sollen dreißig gewählt werden. Das ist bisher aber nicht geschehen. Die Al Thani fürchten, dass der Rat das schnelle Tempo der Umwandlung von Qatar verlangsamen könnte. Die meisten Untertanen haben sich noch nicht an die raschen Veränderungen gewöhnt. Auch in Qatar kommen die Reformen, wie in den meisten anderen golfarabischen Staaten, von oben. Wahlen fanden bisher lediglich in der Handelskammer und zum Stadtrat von Doha statt.

In der internationalen Politik wurde Qatar unerwartet zu einem Schwergewicht. Qatar kann leisten, was größere arabische Staaten nicht (mehr) leisten können. Die arabische Welt ist schon lange nicht mehr mit dynamischen Staatsmännern gesegnet. Von Ägypten und Syrien sind bis zu den Umwälzungen des Jahres 2011 über Jahrzehnte keine Impulse mehr ausgegangen, und auch Saudi-Arabien ist mehr mit bedächtigen Reformen im Inneren beschäftigt als mit Außenpolitik. Das Gravitationszentrum der arabischen Welt hat sich an den Golf verschoben, wo die Petrodollars ein wachsendes Selbstvertrauen erzeugt haben und wo sich die zunehmende wirtschaftliche Macht in mehr politischen Einfluss umsetzt. Kein Zufall war es, dass Qatar bei der Mobilisierung der Staatengemeinschaft gegen Gaddafi und bei der Unterstützung der Rebellen die führende Rolle übernahm. Der Fall Libyen zeigte die Schwäche und Unfähigkeit des alten Arabiens zu handeln auf. Qatar, unterstützt von den Vereinigten Arabischen Emiraten, setzte erst in der Arabischen Liga eine Resolution durch, die eine Flugverbotszone über Libyen forderte, dann im UN-Sicherheitsrat die Resolution für die Luftangriffe durch die Nato. Die großen arabischen Staaten schauten dem passiv und fast schon apathisch zu. Die Stunde der kleineren Staaten hat geschlagen. Unter ihnen steht Qatar mit seinem Emir vorne. Er und sein Außenminister haben Qatar zu einer Drehscheibe für Politik und Diplomatie gemacht. Qatar unterhält nur eine bescheidene Armee mit 12 000 Mann unter Waffen. Verteidigen will sich Qatar mit Einrichtungen wie dem Fernsehsender al-Jazeera, mit der amerikanischen Präsenz, aber auch, indem es sich als Friedensstifter unentbehrlich macht.

Der Emir und sein Außenminister machten 2008 dem Krieg zwischen der Hizbullah und dem libanesischen Staat ein Ende; mit dem »Abkommen von Doha« fanden sie eine innerlibanesische Lösung und beendeten die Regierungs- und die Staatskrise in Beirut. Vermittelt haben sie im Sudan und im Jemen, in Libyen zur Freilassung der bulgarischen Krankenschwestern, zwischen Eritrea und Djibouti, in Palästina zwischen den verfeindeten Fraktionen sowie zwischen diesen und Israel. In Doha haben sich die Familien von Mahmud Abbas, dem Präsidenten der Autonomiebehörde, und von Khaled Meshaal, dem Führer der Hamas, niedergelassen. Qatar hat den arabischen Boykott gegen Israel aufgegeben und 1996 eine israelische Handelsvertretung zugelassen, die faktisch wie eine Botschaft funktionierte. Doch Anfang 2009 brach Qatar die Beziehungen zu Israel ab. Der Emir bot Israel an, die Mission wiederzueröffnen, sollte Israel der Lieferung von Baumaterialien für den Wiederaufbau nach Gaza zustimmen. Die israelische Regierung antwortete nicht einmal.

Die beiden Hamads an der Spitze des Staats betreiben eine Außenpolitik auf der Grundlage der Prinzipien Dialog und friedliche Beilegung von Konflikten. Das setzt sich im Inneren fort. Doha wurde das Konferenzzentrum der arabischen Welt. Bei dem jährlichen Dialog der monotheistischen Weltreligionen kommen jüdische, christliche und muslimische Theologen zusammen, bei Konferenzen, etwa zu Afghanistan, sitzen Vertreter der Vereinigten Staaten und Irans im selben Saal. Qatar versucht, Menschen an einen Tisch zu bringen, wo sie sich persönlich gegenübersitzen und in die Augen schauen. Sie kommen, und alle akzeptieren Doha als neutralen Boden. So kann es geschehen, dass an einem Tag die amerikanische Außenministerin Doha besucht und am nächsten Tag eine iranische Fregatte in den Hafen von Doha einläuft. Dabei weiß die rechte Hand aber sehr wohl, was die linke tut.

Die Qataris sehen es nicht als Widerspruch, die größte amerikanische Basis am Golf zu sein und gleichzeitig Sitz von al-Jazeera. Auf der Luftwaffenbasis al-Udaid sind zeitweise mehrere Zehntausend amerikanische Soldaten stationiert. Sie verfügt über die größte Landebahn in der Region; dort hat auch das Central Command der amerikanischen Armee für den Nahen Osten und Westasien seinen Sitz. Das ist für Qatar der bestmögliche Schutz, selbst vor George W. Bush, der während des Irakkriegs erwogen haben soll, die Sendezentrale des arabischen Kanals von al-Jazeera zu bombardieren. Noch vor dem Siegeszug des Internets hatte gerade al-Jazee-

ra, das 1996 mit arabischen Journalisten, die zuvor für die BBC gearbeitet hatten, auf Sendung gegangen war, die arabische Welt verändert, wie es keiner anderen Institution und keinem Politiker gelungen war. Die live übertragenen Debatten sparen kein Tabu aus,
mit al-Jazeera wurde Zensur irrelevant.

Der Einfluss von al-Jazeera ist nicht zu unterschätzen. Tag und
Nacht laufen in arabischen Haushalten die Fernsehgeräte. Abends
legten sich etwa die Menschen zu Bildern über das Chaos schlafen,
das die Amerikaner im Irak angerichtet haben, morgens standen sie
mit neuen Bildern über das Leiden der Palästinenser auf. In allem
gibt al-Jazeera für die Gefühle der Araber Ton und Tendenz vor. Anderen blieb keine andere Wahl, als zu folgen. Heute ist al Jazeera,
das zeigen Markenumfragen, das bekannteste Medienunternehmen
überhaupt. Al-Jazeera ist ein Pionier der Meinungsfreiheit, brachte
Qatar aber auch viel Ärger. Viele Staaten, ob Ägypten oder Saudi-
Arabien, Jordanien oder Bahrain, forderten Qatar auf, al-Jazeera
einzuschränken. Qatar hat nie darauf reagiert.

Am 15. Januar 2006 ging der englischsprachige Sender al-Jazeera
International auf Sendung. Zu Programmbeginn nahmen die Verantwortlichen den Kritikern den Wind aus den Segeln, ebenso wie
der arabische Sender als Sprachrohr von Bin Laden und al-Qaida
abgekanzelt zu werden. In der ersten Einblendung warf der letzte Informationsminister von Saddam Hussein al-Jazeera vor, im
Dienste der amerikanischen Angreifer »Falschmeldungen« über die
militärische Lage zu verbreiten. In der nächsten Sequenz klagte der
amerikanische Verteidigungsminister Donald Rumsfeld den Sender
an, was er tue, sei »bösartig, ungenau und nicht entschuldbar«.
Dann war vor dem Sitz von al-Jazeera das Denkmal für die Journalisten zu sehen, die bei der Ausübung ihres Berufs ums Leben gekommen sind, wie Tariq Ayyub, der 2003 bei einem amerikanischen
Angriff auf das Studio von al-Jazeera in Bagdad getötet wurde.

Der arabische Sender von al-Jazeera hat die arabische Welt geeint, wie das seit Nasser keinem arabischen Politiker gelungen war.
Er und noch mehr der englischsprachige Sender verkörpern aber
vor allem die Verschiebung der Gravitationszentren weg von der
westlichen Welt. Gerade der englischsprachige Sender will dem Zuschauer das Gefühl vermitteln, die ganze Welt im Blick zu haben,
mit einer Perspektive von 360 Grad. Für Qatar ist das leichter als für
große Staaten. Denn Qatar ist so klein, dass es keine eigenen Ziele

verfolgt, auch keine ideologischen. Und so war es kein Zufall, dass sich al-Jazeera mit dem Zusatz definiert: »Sendet aus Doha.«

Keine anderen Medien haben ausführlicher über die Umwälzungen in der arabischen Welt von 2011 berichtet, waren näher am Geschehen und bei den Arabern populärer. Facebook und Twitter haben die Kommunikation innerhalb der Demokratiebewegungen erleichtert, die Breitenwirkung erfolgte aber über al-Jazeera. Auch wenn die Regime Journalisten von den Kundgebungen fernhalten konnten, erfuhr die Welt von ihnen. Demonstranten nahmen mit ihren Mobilfunkgeräten Szenen der Kundgebungen und der Zusammenstöße mit den Sicherheitskräften auf. Sie schickten sie an al-Jazeera, und binnen weniger Minuten war in der ganzen arabischen Welt bekannt, was die Regime früher hatten unterdrücken können. Der Sender verstärkte damit die Proteste, gab den Menschen eine Stimme, die von ihren Regimen marginalisiert worden waren. Wermutstropfen war indes, dass al-Jazeera umso weniger berichtete, je näher das Land an Qatar lag, und bei Bahrain seine Berichterstattung aus politischer Rücksichtnahme auf ein Minimum reduzierte.

■ Sultanat Oman: Ein Sonderfall am Indischen Ozean

Qatar ist in der arabischen Welt der Senkrechtstarter, Oman gilt jedoch als die moderne Version von »Arabia felix«. Gegen die Umwälzungen des Jahres 2011 blieb Qatar immun, Oman indes, das für viele das Paradies am Rande der arabischen Welt war, wurde von den Unruhen stärker als erwartet getroffen. Auf der Arabischen Halbinsel ist Oman jedoch ein Sonderfall und anders als seine Nachbarn, ein Außenseiter. Geografisch liegt das Sultanat am Rande der Arabischen Halbinsel, durch die Sandwüste des »Leeren Viertels« von der arabischen Welt getrennt, durch den Indischen Ozean aber mit Indien und Ostafrika verbunden. Religiös folgen drei Viertel der Einwohner Omans dem ibaditischen Islam, der sich nur in Oman gehalten hat. Die Ibaditen stehen den Sunniten nahe. Sie gehen auf die Kharijiten zurück, die es in der Frühzeit des Islam abgelehnt hatten, dass der Machtkampf zwischen dem Sunniten Muawiya und Ali, dem Stammvater der Schiiten, im Jahr 658 durch einen Schiedsspruch entschieden werden sollte. Oman ist größer als die anderen Kleinstaaten am Golf, verfügt aber über nur geringe Ölvorkommen.

Zu diesen Besonderheiten kommt eine außergewöhnliche Vielfalt von Minderheiten hinzu. Sie sind eine Folge der langen Seefahrertradition Omans. Belutschen aus dem iranisch-pakistanischen Hochland hatten sich in den Hafenstädten Maskat und Mattrah niedergelassen, weil Oman von 1784 bis 1958 im Besitz des Hafens Gwadar war, der 400 Kilometer von der omanischen Hauptstadt entfernt auf der anderen Seite des Golfs von Oman im heutigen Pakistan liegt. Die Zahl der omanischen Belutschen wird auf bis zu 250 000 und damit ein Zehntel der Einwohner Omans geschätzt.

Aus Pakistan stammen ferner die Zadjali, die eine eigene Sprache sprechen. Die Khoja sind indische Schiiten, die sich vor mehr als drei Jahrhunderten als Händler in Oman niedergelassen haben. Hinzu kommen Schiiten aus Bahrain sowie Zuwanderer aus Sansibar, das Oman bis 1964 verwaltet hatte. Auffallend ist auch die Kleidung der Omanis. Man erkennt sie immer an ihrer Kopfbedeckung,, der dem Fes ähnlichen »kummah«, um die sie bei feierlichen Anlässen einen Kaschmirschal wickeln.

Kulturell steht das Sultanat Oman, das sich anders als der Rest der arabischen Welt entwickelt hat, am ehesten dem Süden des Jemen nahe. Der Weihrauch, durch den Oman bereits in der Antike bedeutend war, stammte aus der Region Dhofar, die an den Jemen grenzt. Die Volksrepublik Südjemen hatte die Guerilleros der »Befreiungsfront Dhofar« unterstützt, die 1963 ihren Kampf gegen den Sultan aufgenommen hatte. Um den Aufstand niederzuschlagen, bediente sich der Oman nicht der Hilfe arabischer Staaten, die eher der Befreiungsfront zuneigten, sondern der Hilfe des Schahs von Persien und der Briten. Der Krieg gegen die Befreiungsbewegung war auch der Grund, weshalb im Juli 1970 Sultan Said bin Taimur gestürzt und durch seinen Sohn Qabus ersetzt wurde.

Bereits die Hintergründe und Umstände des Wechsels von 1970 zeigen, wie sehr sich Oman von seinen Nachbarn unterscheidet. Sultan Said hatte 1932 den Thron bestiegen, er war erst 21 Jahre alt. Er war in Bagdad und am Mayo-College ausgebildet worden, der führenden Universität Indiens. Mit einer geschickten Politik und britischer Hilfe stellte er die Herrschaft über das Hinterland von Maskat wieder her. Von 1962 an war der Sultan von Maskat erstmals wieder Herrscher auch über die Stammesgebiete jenseits des Küstenstreifens und ebenso in der südlichen Provinz Dhofar. Im selben Jahr wurde Erdöl entdeckt. Anstatt die Einigung und die zu erwartenden Öleinnahmen zu einer Modernisierung zu nutzen, schottete Sultan Said Oman von der Außenwelt ab. Damals hatten in Oman 400 000 Menschen gelebt. Mehr als 50 000 wanderten auf der Suche nach Arbeit in die arabischen Golfstaaten aus.

Sultan Said zog sich in seinen Palast in Salalah zurück, der Hauptstadt der Provinz Dhofar. Von nun an wollte er jegliche Moderne von seinen Untertanen fernhalten. Er soll verboten haben, Fahrrad zu fahren und Schuhe zu tragen. Er herrschte durch handgeschriebene Dekrete, die er von Zeit zu Zeit in die Hauptstadt Maskat schickte. Aufgeschreckt durch die Revolutionen 1958 im Irak und 1962 im Jemen sowie die arabische Niederlage 1967 gegen Israel hoffte er, sein Land bliebe von allen Unruhen verschont, würde es nur gegen äußere Einflüsse isoliert. Der Sultan baute keine Schulen und keine Straßen und verbot den Untertanen, ins Ausland zu reisen und Sonnenbrillen zu tragen.

Die Unruhen hatten sein Land aber längst erreicht. Sozialistische arabische Staaten wie Ägypten und der Irak unterstützten die Aufständischen von Dhofar, selbst Saudi-Arabien und Kuwait standen an ihrer Seite, da der Sultan 1962 das ibaditische Imamat aufgelöst hatte. Imam Ghalib, der 1912 geborene letzte gewählte Imam der ibaditischen Gemeinde, wurde in den meisten arabischen Hauptstädten als der rechtmäßige omanische Führer empfangen. Die meisten Rebellen der Befreiungsbewegung wollten eine Revolution. Der sozialistische Südjemen unterstützte sie mit Waffen, ebenso die Sowjetunion und China. Die Briten, bis zur Unabhängigkeit Omans 1971 Schutzmacht, waren beunruhigt, dass in Oman ein »arabisches Vietnam« entstehen könnte. Mit unzufriedenen Omanis bereiteten sie daher den Sturz des Sultans vor. Als Nachfolger hatten sie dessen Sohn Qabus auserkoren.

Sultan Said musste diese Gefahr geahnt haben. Denn seit 1964 hatte er seinen Sohn im gleichen Palast, in dem er residierte, faktisch unter Hausarrest gestellt. Dort bekam Qabus, Jahrgang 1940, kaum etwas von den Vorgängen in Oman mit. Davor aber war er viel gereist. 1958 schickte ihn sein Vater nach England, wo er sich bei einer befreundeten Familie in der Grafschaft Suffolk auf die Militärakademie Sandhurst vorbereitete. Dort graduierte er im August 1962 und schloss sich dem schottischen Infanterieregiment an, das in den Jahren zuvor in Oman die Bewegung des ibaditischen Imams besiegt hatte. Danach war er in Minden bei der britischen Rheinarmee stationiert, wo er Gefallen an der europäischen klassischen Musik fand, und auch in Garmisch-Partenkirchen, wo er später ein Haus erwarb, in das er sich immer wieder zurückziehen sollte. 1964 ging er in Begleitung des britischen Majors Leslie Chauncey auf eine dreimonatige Weltreise, kehrte nach Oman zurück, sah zuvor im Südjemen die pulsierende Hafenstadt Aden. Dann sperrte ihn sein Vater in einen goldenen Käfig ein, wo er sich mit religiösen Texten vertraut machen sollte.

Am 23. Juli 1970 umstellten omanische Truppen, unterstützt von den Briten, den Palast des Sultans in Salalah. Scheich Buraiq bin Hamud al-Ghafiri, Sohn des Gouverneurs von Dhofar und omanischer Offizier, drang mit anderen in das Studierzimmer des Sultans vor. Nach einem kurzen Gefecht, bei dem ein Soldat getötet wurde und sich der Sultan ins Bein schoss, unterzeichnete dieser die Abdankungsurkunde. Ohne seinen Sohn noch einmal zu sehen, wurde er in ein Flugzeug gesetzt, erst nach Bahrain und von dort nach London ausgeflogen, wo er am 19. Oktober 1972 im Dorchester Hotel starb. In Maskat löste die Nachricht vom Sturz des Sultans Freudendemonstrationen aus. Exilierte Omaner kehrten in ihre Heimat zurück.

Sultan Qabus übernahm 1970 ein rückständiges Land, das völlig isoliert war und archaisch verwaltet wurde. Die ersten Jahre stand für den neuen Sultan die Rebellenbewegung von Dhofar im Vordergrund. Die britische Armee baute ihre Unterstützung für die omanische Armee aus, der Schah von Persien sandte Sondereinheiten und Kampfhelikopter. Nach 13 Jahren war der Aufstand 1976 besiegt. Der lange Bürgerkrieg hinterließ Narben. Seither haben die innere und äußere Sicherheit hohe Priorität. Die Armee steht in hohem Ansehen, den Briten und Amerikanern räumte Sultan Qabus die Nutzung der omanischen Basen auf der Insel Masirah sowie der Luftwaffenstützpunkte Thamarit und Seeb ein.

Im Vordergrund stand aber die rasche Entwicklung des völlig zurückgebliebenen Landes.»Vierzig Jahre Renaissance« feierte Oman im Jahr 2010. Als Sultan Qabus am 23. Juli 1970 die Amtsgeschäfte übernahm, hatte das Land drei Knabenschulen und lediglich in der Hauptstadt Maskat ein paar geteerte Straßen. Der Sultan nutzte die Einnahmen aus den beschränkten Ölvorkommen klug. Im Jahr 2000 hatte die Ölproduktion mit 850 000 Barrel am Tag ihre höchste Menge erreicht, seither geht sie zurück. Das Einkommen je Einwohner liegt jedoch heute über jenem in Saudi-Arabien und der Tschechischen Republik. Alle schulpflichtigen Kinder Omans besuchen eine der 1300 Schulen. Das Land wurde mit einem Straßennetz, einer modernen Elektrizitätsversorgung und einem landesweiten Gesundheitsdienst erschlossen.

Oman hat den Entwicklungsrückstand nicht mit spektakulären, aber erratischen Wachstumssprüngen, sondern mit einem beständigen und nachhaltigen Wachstum aufgeholt. Ganz oben im Staatshaushalt stand stets das Bildungswesen. Qabus fördert auch die Frauen. Er berief Ministerinnen in seine Regierung, entsandte Botschafterinnen nach Berlin und Washington. Als einer der ersten arabischen Staaten richtete Oman ein Umweltministerium ein. 1986 wurde das »Royal Omani Symphony Orchestra« gegründet, in dem ausschließlich junge Omanis spielen, die im Konservatorium von Maskat ausgebildet worden sind. Im Jahr 2012 wird das Opernhaus in Maskat eröffnet, mit der größten Orgel in der arabischen Welt.

Jahrhunderte des Fernhandels und der Seefahrt haben bei den Omanis eine Toleranz geschaffen, die in der arabischen Welt ihresgleichen sucht. In Maskat nimmt niemand Anstoß an dem hinduistischen Tempel und den 28 Kirchen. Der Sultan stellte auch Grundstücke für den Neubau von Kirchen zur Verfügung und finanzierte Orgeln. Mit seiner Toleranz nach innen und nach außen ist Oman ein Sonderfall in der arabischen Welt. Händler und Missionare hatten bereits im 8. Jahrhundert die chinesische Hafenstadt Kanton erreicht.

Die arabischen Legenden lassen den Seefahrer Sindbad von der Hafenstadt Sohar aus zu seinen Abenteuern aufbrechen. Die Seefahrer der Wirklichkeit segelten nach Malaysia und Indonesien, nach Brunei und auf die Philippinen. Entlang der Küsten des Indischen Ozeans gründeten sie muslimische Gemeinden, sie handelten mit Essenzen und Edelmetallen, mit Perlen und Elfenbein, sie waren die am meisten kosmopolitischen und toleranten Muslime ihrer Zeit. In Indien lernten sie die Briten kennen, unter deren Schutz sich die omanischen Seefahrer schließlich gegen die golfarabischen Wettbewerber durchsetzten.

Auch aus Oman zog sich Großbritannien 1971 als Schutzmacht zurück, und Oman entwickelte sein eigenes Modell einer Monarchie. Alle Gewalt geht dabei vom Sultan aus, und doch findet diese Gewalt in den Treffen mit den Untertanen ihre Grenzen. Auch Oman kennt die Tradition der Majlis, in denen die Untertanen freien Zugang zum Herrscher haben. In anderen Staaten kommen sie in die Majlis des Herrschers, in Oman kommt der Sultan zu ihnen. Jeden Herbst bricht er mit seinem Hofstaat zu einer Reise durch die Provinzen auf, die bis zu sechs Wochen dauert. »Seine Majestät begegnet der Bevölkerung«, heißt es dann, und die kann dem Sultan auf Augenhöhe sagen, was ihr auf dem Herzen liegt.

Oman ist eine absolute Monarchie. Das schreibt die Verfassung von 1996 fest. Der Sultan ist gleichzeitig sein eigener Ministerpräsident sowie Verteidigungs-, Finanz- und Außenminister. Er regiert per Dekret, zwei Kammern beraten ihn dabei. Er ernennt die 41 Mitglieder des Oberhauses, des Staatsrats (Majlis al-Dawla). Omanis im Alter ab 21 Jahren wählen in das Unterhaus, die beratende Versammlung (Majlis al-Shura), 164 Abgeordnete, aus denen der Sultan 82 auswählt. Die können dann Minister vorladen und ihnen unangenehme Fragen stellen.

Die Verfassung regelt die Nachfolge des Sultans nicht. Sultan Qabus war 1976 nur einmal kurz mit einer Cousine verheiratet. Die Ehe brachte keine Kinder hervor. Sultan Qabus hat auch keinen Bruder. In einem Umschlag aber soll er zwei Namen aus seiner Dynastie der Bu Said hinterlegt haben, die er für geeignete Thronfolger hält. Vermutet wird, dass es sich um zwei Söhne seines Onkels Tariq bin Taimur (1921 bis 1980) handelt, den er 1970 zum Ministerpräsidenten berufen und dessen Tochter Nawwal er 1976 geheiratet hatte. Der Familienrat ist aber nicht an diese Empfehlung gebunden.

Nach außen erschien Oman als das arabische Paradies. Das Bild der Eintracht trog jedoch. Unter der Oberfläche keimte in den letzten Jahren eine Unzufriedenheit, die zwar geringer war als jene in anderen Ländern. Im Frühjahr 2011 entlud sie sich aber in Protesten. Erstmals waren im Jahr 2009 Gerüchte über einen Putschversuch kursiert, der vereitelt worden sein soll. In dem von aller Welt gelobten Musterland hatten die Klagen über die Korruption seit Jahren zugenommen. Profitiert haben von ihr vor allem hohe Regierungsbeamte und Offiziere, die Schere zwischen Arm und Reich wurde weiter, und so nahm in einem Land, in dem es auch unter Einheimischen Arme gibt, der Unmut zu. Sultan Qabus ist zwar unverändert beliebt. Viele Omanis bedauern aber, dass er gegen die Korruption nicht entschieden genug vorgeht. Um einer Eskalation zuvorzukommen, wollten daher bereits vor dem Ausbruch der Proteste angeblich einige Offiziere putschen. Anfang 2011 entlud sich die Unzufriedenheit schließlich. Zunächst versammelten sich am 17. Januar 200 Omanis im Stadtteil al-Khuwair der Hauptstadt Maskat zu einem Protestmarsch. Sie forderten eine Anhebung der Löhne und eine Senkung der Lebenshaltungskosten. Die Polizei trieb sie rasch auseinander. Erst am 19. Februar versammelten sich 350 Omanis wieder zu einer Kundgebung, die sie den »grünen Marsch« nannten. Eine Woche später wurden die Proteste erstmals von Gewalt überschattet. Demonstranten und Polizei lieferten sich in Sohar Kämpfe, es gab Plünderungen, und unzufriedene Jugendliche legten Feuer. Sohar, die wichtigste Industriestadt des Omans mit viel Schwerindustrie, wurde das Zentrum der Proteste. Viele junge Industriearbeiter klagen dort, dass sie mit ihren Löhnen nur sich selbst, aber keine Familie ernähren könnten. Drei Tage dauerten die Unruhen in Sohar. Die Armee riegelte die Stadt ab, um ein Anschwellen der Proteste und ein Übergreifen auf andere Städte zu verhindern. In der Stadt blockierten Demonstranten die Straßen zum Hafen und zur Raffinerie, sie setzten den Amtssitz des Gouverneurs, eine Polizeistation und einen Supermarkt in Brand. Sie forderten Arbeit, die Entlassung korrupter Minister und die Bekämpfung der Korruption. Einen Regimewechsel forderten sie nicht, vielmehr zeigten sie sich loyal zu Sultan Qabus, kritisierten indes Regierung und Bürokratie massiv. Die Sicherheitskräfte gingen gegen die 2000 Demonstranten mit Gummigeschossen vor. Dabei wurden sechs Menschen getötet.

Bereits am 16. Februar hatte Sultan Qabus mit wirtschaftlichen Maßnahmen versucht, die Proteste einzudämmen. Er hob den Mindestlohn für Omanis um 43 Prozent auf 200 Rial an, was 400 Euro entspricht, und die monatliche Zahlung an Studenten von fünfzig Rial auf neunzig Rial. Am 26. Februar bildete er sein Kabinett auf sechs Posten um, beließ die wichtigsten Ministerposten aber unverändert. Am 27. Februar ordnete er die Schaffung von 50 000 neuen staatlichen Stellen an, eine monatliche Hilfe für Arbeitssuchende von umgerechnet 300 Euro und die Schaffung einer Behörde für den Konsumentenschutz, die die Preisentwicklung bei Nahrungsmitteln verfolgen soll. Neun omanische Intellektuelle überreichten in jenen Tagen Sultan Qabus eine Petition mit sieben Punkten. Sie bezeichneten die Maßnahmen als enttäuschend, kritisierten den Einfluss der Stämme auf die Regierung und bezeichneten die finanziellen Leistungen, die Sultan Qabus ankündigte, als Rechte und nicht als Schenkung.

Als Reaktion auf die Proteste und die Petition forderte Sultan Qabus den teilweise gewählten Konsultativrat auf, Vorschläge für eine Änderung der Verfassung vorzulegen. Der Auftrag lautete, dass der Konsultativrat und der von Sultan Qabus ernannte Staatsrat legislative Kompetenzen erhalten sollen. Bisher beschränken sich ihre Kompetenzen auf die Beratung des Sultans. Die Demonstranten nahmen die Ankündigung positiv auf und rechnen nun damit, dass der Konsultativrat bei der Bildung des Kabinetts mitreden werden könne. Die Lage beruhigte sich ferner, als Sultan Qabus zehn Minister entließ und fünf Mitglieder des Konsultativrats zu Ministern berief. Er entließ den Generalinspekteur für die Polizei, der für den Tod von Demonstranten in Sohar verantwortlich gemacht wurde. Ferner ordnete er die Erhöhung der niedrigsten Pensionsstufe für Staatsbedienstete um fünfzig Prozent an und die Erhöhung der untersten Sozialhilfe, die 45 000 omanische Staatsbürger beziehen, um hundert Prozent. Ende April begnadigte er 234 Demonstranten, die am 1. April festgenommen worden waren.

Die Proteste gingen zwar weiter, ebbten aber ab. Die Sitzstreiks in Sohar wurden eingestellt, in der Hafenstadt Salalah dauerten sie vor dem Amtssitz des Gouverneurs jedoch an. Zeitweise nahmen an ihnen mehr als 3000 Jugendliche teil. Bei den Protesten in Sohar und Salalah standen die Verbesserung der Lebensbedingungen sowie die Bestrafung korrupter Minister und Beamter im Vordergrund, in der Hauptstadt Maskat forderten die Demonstranten meist mehr politische Rechte. Frauen forderten vor dem Sitz des Konsultativrats die Gleichstellung mit Männern, etwa bei den Gehältern oder der Vergabe von Stipendien.

In Oman hat damit die Debatte um die Weiterentwicklung des Gesellschaftsvertrags zwischen dem Sultan und der Gesellschaft eingesetzt. Solche Debatten erfolgen in Oman weniger aufgeregt als anderswo. Das Land hat ohnehin einen weniger hektischen Weg der Entwicklung eingeschlagen als seine golfarabischen Nachbarn. Es gilt mit seinen vielfältigen Landschaften als eines der schönsten Länder der arabischen Welt und als eines, das in sich ruht. Dazu trägt bei, dass sich das Land nicht in einen Sog politischer Entwicklungen ziehen lässt. Der Palästinakonflikt ist in Oman weiter entfernt als in jedem anderen arabischen Land. Dafür sind die Omanis über die Ereignisse in Afghanistan und Pakistan besorgt, während sie zu Iran als einer Islamischen Republik gutnachbarschaftliche Beziehungen unterhalten, was Ende des Jahres 2010 Spannungen mit den benachbarten Vereinigten Arabischen Emiraten auslöste. Oman führt eine unabhängigere Außenpolitik als die anderen Golfstaaten, pflegt zu allen seinen Nachbarn gute Beziehungen, auch zu Iran. Diese Nähe zu Iran beunruhigte die Falken in Abu Dhabi, je mehr die Spannungen zwischen

Die großen Nachbarn

Das aufstrebende Asien: Der alte und neue Partner

Die Weltfinanzkrise von 2008 und 2009 beschleunigte einen Prozess, der längst eingesetzt hatte: den Aufstieg Asiens und den relativen Abstieg Europas. Die Gravitationszentren verschieben sich von West nach Ost. Die Gesellschaften Asiens sind jung, ihre Volkswirtschaften wachsen, ihre Menschen sind risikobereit. Europa ist immer noch innovativ, die Dynamik findet aber in anderen Regionen der Welt statt, vor allem in Asien. Die großen Motoren sind China und Indien. Am Übergang vom aufstrebenden Asien nach Europa liegen die Golfstaaten und der prosperierende Teil Arabiens. Sie blicken in beide Richtungen, nach Europa und nach Asien. Je mehr Europa stagniert, demografisch wie wirtschaftlich, desto mehr orientieren sie sich nach Asien – und stellen damit die historischen Handelsbeziehungen wieder her.

Im Norden der Arabischen Halbinsel hatte die alte Seidenstraße Asien mit dem Mittelmeer verbunden. Der südlichste Strang der Seidenstraße verlief über das Meer. Omanische Seefahrer segelten bis China, und chinesische Flotten kamen bis zum Golf und nach Ostafrika. 1413 erreichte die Flotte des chinesischen Admirals Zheng He, die aus 63 Schiffen mit 28 000 Mann Besatzung bestanden haben soll, bei ihrer vierten Expedition Richtung Westen die Meerenge von Hormuz, wo sie Perlen und Edelsteine erwarb. Ein Teil segelte nach Ostafrika und Mosambik weiter. Im Sommer 1415 lief die Flotte mit arabischen Gesandten und wertvollen Gütern aus dem Orient an Bord wieder in ihren Heimathafen Nanjing ein. Es war kein Zufall, dass der Seefahrer Zheng He der muslimischen Minderheit Chinas angehörte und neben Chinesisch auch Arabisch sprach.

Heute wird die Seidenstraße wiederbelebt. Gehandelt werden nicht mehr Gewürze, Hölzer und Textilien. Gehandelt werden Erdöl und petrochemische Produkte, geliefert werden industrielle Anlagen und Konsumgüter. Anstelle von Segelschiffen verkehren große Containerschiffe, statt Karawanen der Airbus A380. Die aufstrebenden Volkswirtschaften Asiens brauchen viel Energie, die Golfden arabischen Golfstaaten und der Islamischen Republik zunahmen. Die Vereinigten Arabischen Emirate bauten in Oman daher Agentenzellen auf, die mehr über die omanische Iranpolitik herausfinden sollten. Der britische Geheimdienst MI6 setzte Sultan Qabus über diesen Ring in Kenntnis, wodurch die Beziehungen zwischen Oman und den Emiraten kräftig abkühlten. Kuwait vermittelte und entschärfte den Konflikt. Der Nachbar Iran legt sich aber weiter als Schatten auf die golfarabischen Staaten.

In Shanghai und Guangzhou hat Bourouge zudem Vertriebszentren eingerichtet. Das Wachstum des chinesischen Markts erklärt zu einem großen Teil die guten Ergebnisse von Sabic, Bourouge und den anderen petrochemischen Herstellern vom Golf. Bourouge hat die Erweiterung seiner Kapazitäten gerade mit Blick auf das Wachstum des chinesischen Markts vorgenommen. Immerhin drei Milliarden Dollar soll die moderne Pferderennbahn kosten, die die Meydan-Group aus Dubai in Peking nach dem Vorbild der Anlage in Dubai baut. Die Kette für Luxushotels aus Dubai, Jumeirah, hat in Shanghai ein Hotel eröffnet, und der Hafenbetreiber Dubai World hat drei chinesische Häfen erworben.

Eine weitere Erfolgsgeschichte liefern die chinesischen Bauunternehmen. Mehr als tausend chinesische Unternehmen sind 2010 in den Vereinigten Arabischen Emiraten tätig, die größten von ihnen sind Baufirmen. Zwischen 2001 und 2003 hatten sie in den Vereinigten Arabischen Emiraten einen einzigen Auftrag bekommen. 2008 und 2009 unterzeichneten sie aber 18 Aufträge im Wert von 1,8 Milliarden Dollar. Sie profitieren von den Erfahrungen, die sie beim Bau großer Infrastrukturprojekte in China gewonnen haben. Gewachsen sind sie in den Boomjahren Chinas. Nun bieten sie Preise, bei denen die Konkurrenten nicht mithalten können. Aufgrund ihrer Verzahnung mit den chinesischen Banken bringen sie zudem günstige Finanzierungen mit. In Abu Dhabi bauten sie die prestigereichen Türme Etihad Towers sowie die Sun and Sky Towers. In Saudi-Arabien haben sie für 1,8 Milliarden Dollar die Hochgeschwindigkeitsbahn zwischen Mekka und Medina gebaut. Auch haben sie den Auftrag für zwei saudische Kraftwerke erhalten. Das ist erst der Anfang, denn der saudische Stromanbieter ACWA hat in China ein Büro eingerichtet, um eine Kette von Zulieferern aufzubauen.

Ebenfalls eng, aber weniger dynamisch sind die Beziehungen zwischen den GCC-Staaten und Indien. Anders als bei China verbinden die beiden Regionen aber auch enge kulturelle Beziehungen. So ist es keine Seltenheit, dass Bollywood Premieren seiner Filme nach Dubai verlegt, wo Stars wie Aishwarya Rai und Akshay Kumar ohnehin häufig auftreten. Der preisgekrönte indische Schriftsteller P. Manikhandhan lebt in Dubai, und der Bollywoodstar Salman Khan brachte im März 2010 ein Cricketspiel zwischen

Indien und Pakistan nach Dubai. Wie stark gerade Dubai mit Indien vernetzt ist, zeigte sich im April 2010. Ein Cricketskandal, der zum Rücktritt des indischen Ministers Shashi Tharoor führte, spielte zu einem nicht geringen Teil in Dubai. Denn die Freundin von Tharoor, die attraktive Sunanda Pushkar, ist eine indische Unternehmerin, die von Dubai aus ihre Geschäfte leitet. Tharoor stolperte über ihre Rolle in der Vergabe einer Cricketlizenz.

Jenseits von Bollywood und Cricket bestimmen wirtschaftliche Interessen die bilateralen Beziehungen. Indien muss siebzig Prozent seines Ölbedarfs importieren. Den Löwenanteil bezieht es aus den GCC-Staaten. Im Gegenzug haben Investoren aus den GCC-Staaten auf dem indischen Subkontinent mehr als 125 Milliarden Dollar investiert, überwiegend in Infrastrukturprojekte. So betreibt Dubai World Port in Indien fünf Häfen und damit mehr als jede andere Hafengesellschaft. Zwei neue Häfen baut die Firma aus, in den von Vallarpadam investiert sie eine Milliarde Dollar. Der Immobilienentwickler Emaar hat in 26 indischen Städten 4600 Hektar Land für künftige Projekte gekauft. Zudem hat sich von 2004 bis 2008 der bilaterale Handel zwischen Indien und den GCC-Staaten auf 92 Milliarden Dollar verfünffacht.

Noch weiter – oder vielmehr höher hinauf – gelangt als China und Indien ist Südkorea. Der Führer des Konsortiums, das den Burj Khalifa gebaut hat, war die Samsung Corporation. Als Samsung 2004 den Zuschlag für den Bau des höchsten Gebäudes der Welt bekommen hatte, war es der erste große Auftrag für ein koreanisches Unternehmen in der Region seit langem.

Im Januar 2010 wurde der Burj Khalifa eingeweiht, im Jahr davor, 2009, hatte Samsung bereits neue Aufträge im Wert von 71 Milliarden Dollar im Nahen und Mittleren Osten akquiriert. Das war ein Viertel des gesamten Auftragsvolumens in der Region. Noch ein Jahrzehnt früher hatten sich koreanische Unternehmen bei großen Ausschreibungen nicht einmal für die Vorauswahl qualifizieren können. 2009 aber gingen in Abu Dhabi nahezu alle Großaufträge an koreanische Unternehmen. Samsung Engineering akquirierte 2009 rund 85 Prozent seiner Aufträge in Abu Dhabi, Saudi-Arabien und Algerien.

Der Einstieg war den südkoreanischen Unternehmen zunächst in den Branchen Öl und Gas gelungen, die noch in den 1980er und 1990er Jahren fest in der Hand amerikanischer und europäischer

Anlagenbauer waren. Dann fassten koreanische Anbieter mit preislich günstigeren Angeboten Fuß. Heute bauen koreanische Baufirmen und Anlagenbauer Öl- und Gasanlagen, Raffinerien und petrochemische Komplexe, Öltanker und sogar Atomkraftwerke. So vergab Abu Dhabi im Dezember 2009 den Auftrag zum Bau von vier Atomkraftwerken an ein koreanisches Konsortium. Es setzte sich gegen Wettbewerber aus Frankreich, den Vereinigten Staaten und Japan durch, die die meisten internationalen Ausschreibungen gewonnen hatten. Abu Dhabi gab Korea, dessen Angebot vierzig Prozent unter dem der Wettbewerber lag, den Zuschlag. Die Korea Electric Power Corporation (KEPC) hatte zu dem Zeitpunkt bereits zwanzig Atomkraftwerke gebaut. Allein die Vergabe dieses Auftrags zeigt, wie sich die Welt verändert. Nun sei Korea bereit, die industrielle Basis für Abu Dhabi zu bauen, kündigte der koreanische Vizewirtschaftsminister Park Young-June an.

Korea hatte für Asien die Bresche in den GCC-Markt geschlagen, nun haben die chinesischen Unternehmen zur Aufholjagd angesetzt. Indien, Malaysia und Singapur spielen ebenfalls mit. Die Golfstaaten sichern langfristig den Energiedurst Asiens, ihre Investoren wollen auch an der Dynamik Asiens teilhaben. Das aufstrebende Asien mit seinen Bauunternehmen und Konsumgüterherstellern profitiert von den aufstrebenden Golfstaaten. Zwei Regionen, die sich ergänzen, wachsen zusammen.

Iran: Der nahe und unbequeme Anrainer

Verbündete kann man sich aussuchen, den geografischen Nachbarn nicht. Ein flaches Gewässer trennt die Arabische Halbinsel von den Hochebenen Persiens. Über Jahrtausende haben die Flüsse Euphrat und Tigris das Becken zwischen dem Schatt al-Arab und der Meerenge von Hormuz gefüllt. Iran beharrt darauf, dieses Becken »Persischer Golf« zu nennen. Mit diesem Selbstverständnis und mit dem Hochmut, durch seine jahrtausendealte Geschichte den beduinischen Nachbarn überlegen zu sein, begegnet Iran den arabischen Staaten. Es hält arabische Inseln im Golf besetzt und hat auf Bahrain wiederholt Anspruch erhoben. Den GCC nennt Iran den »Persischen Golfkooperationsrat« (PGCC). Die arabischen Staaten dagegen verwenden ausschließlich den Begriff »Arabischer Golf«. Jede Küstenstadt hat eine Prachtstraße mit dem Namen »Straße des Arabischen Golfs«.

Aus militärischen und politischen Gründen fürchten die Golfstaaten die Islamische Republik Iran. Zum einen stehen in Iran fünf Mal so viele Soldaten unter Waffen wie in den GCC-Staaten. Die reguläre iranische Armee besteht aus 820 000 Soldaten, die Pasdaran aus 1,3 Millionen Revolutionsgardisten. Nicht eingeschlossen ist deren Freiwilligenmiliz der Bassij. Die Revolutionsgardisten entwickeln ständig neue Waffensysteme und testen sie in teilweise wochenlangen Manövern im Golf. Dem stehen auf der Arabischen Halbinsel sechs Heere mit insgesamt nur 385 000 Soldaten gegenüber, die allerdings auf den Schutz durch die Vereinigten Staaten setzen können. Die arabischen Golfstaaten fürchten zum anderen aber auch den politischen Einfluss Irans. Teheran übt ihn im Irak aus und über die Hizbullah im Libanon, unterstützt die Hamas und zeitweise die zaiditischen Schiiten im Jemen und versucht, wenn auch ohne großen Erfolg, die arabischen Schiiten der saudischen Ostprovinz in Bahrain und Kuwait als Hebel für seine Hegemonie einzusetzen. Der arabische Argwohn stieg mit den Protesten der Schiiten in Bahrain, selbst wenn sich die nicht von Iran haben instrumentieren lassen. Doch mit der umstrittenen Wiederwahl von Staatspräsident Mahmud Ahmadineschad im Juni 2009 und der blutigen Niederschlagung der Proteste hat Iran in der arabischen Welt viel an Ansehen und Einfluss eingebüßt. Nur noch wenige Araber sehen in Iran ein alternatives Modell zu ihren autoritären Staaten.

Immer deutlicher wird, dass Iran in eine Militärdiktatur abgleitet, die von den Revolutionsgarden und den Bassij politisch und wirtschaftlich kontrolliert wird. Die Theologen der Islamischen Republik hatten ihre Legitimation aus der Revolution bezogen, die Revolutionsgarden beziehen sie aus der Verteidigung der Republik im Krieg gegen den Irak von 1980 bis 1988. Als sie aus dem Krieg zurückkehrten, bauten sie das Land wieder auf; erst waren sie mit ihren neuen Unternehmen eine wirtschaftliche Macht. Dann griffen sie auch nach der politischen Macht. Anders als die Armee des Schahs bleiben sie nicht neutral. Sie ersticken die Proteste mit Gewalt. Ein Modell ist das für die arabischen Golfstaaten mit ihrem freiheitlichen und prosperierenden Modell Dubai nicht.

Iran ist in gewisser Weise das Nordkorea der Region. Nordkorea hat die Atomwaffen bereits, ist isoliert und verfügt über eine starke

Armee. Iran strebt aber erst nach der Atomwaffe, will sich damit eine Hegemonie verschaffen, hat in der Region Verbündete und könnte mit Schläferzellen und einer asymmetrischen Kriegsführung seine Unterlegenheit gegenüber den amerikanischen Waffen kompensieren. Die Golfstaaten fürchten das iranische Atomprogramm, weil der radioaktive Niederschlag eines iranischen Atomkraftwerks binnen Stunden die arabische Golfküste erreichen würde. Sie fürchten ferner, dass Iran einen amerikanischen oder israelischen Erstschlag gegen iranische Atomanlagen auslösen könnte, auf den Iran dann mit Vergeltungsschlägen gegen seine arabischen Nachbarn, in denen amerikanische Soldaten stationiert sind, reagiert. Außerdem verschiebt das Programm das strategische Gleichgewicht, bekräftigt das iranische Hegemoniestreben und löst ein Wettrüsten aus, das Ressourcen, die für die gesellschaftliche Entwicklung vorgesehen sind, in die Rüstung umleitet.

Einen Vorgeschmack darauf liefern die Waffenbestellungen arabischer Golfstaaten von mehr als 120 Milliarden Dollar, die dem amerikanischen Kongress Ende 2010 vorlagen. Auf Saudi-Arabien entfiel mit 68 Milliarden Dollar mehr als die Hälfte. Die Vereinigten Arabischen Emirate, die seit 2005 unter den fünf weltweit größten Importeuren von Rüstungsgütern rangieren, haben für ihre 50 000 Mann starke Armee Bestellungen von 35 Milliarden Dollar aufgegeben. Die Vereinigten Arabischen Emirate begründen ihre Waffenorder mit den Bedrohungen Iran und Terror. Als größte Gefahr gilt den arabischen Golfanrainern das iranische Arsenal ballistischer Raketen.

Mit Sorge betrachten die Golfstaaten, dass Iran sein Atomprogramm forciert vorantreibt und diplomatische Avancen ausschlägt. Iran fordert zwar ein regionales Sicherheitssystem, verknüpft es aber mit der Bedingung, dass alle ausländischen Truppen die Region zunächst verlassen. Darauf lässt sich kein arabischer Staat ein. Wenn Ahmadineschad oder andere iranische Politiker arabische Golfstaaten besuchen, gehen sie nicht auf deren Sorgen ein, sondern beharren allein auf dem Thema des Ausbaus der wirtschaftlichen Beziehungen. Lediglich in nichtstrategischen Bereichen ist Iran kooperativ, etwa bei der maritimen Bekämpfung der Piraterie und der Bekämpfung der organisierten Kriminalität sowie bei gemeinsamen Such- und Rettungsaktionen zur See.

Indikator für den Umgang Irans mit seinen golfarabischen Nachbarn ist sein Verhalten zu den drei Inseln Abu Moussa sowie Große

Tunb und Kleine Tunb, die in der Einfahrt in die Meerenge von Hormuz liegen. Abu Moussa gehört zum Territorium des Emirats Sharjah, die beiden Tunbs sind historisch Teil des Emirats Ras al-Khaimah. Der Schah hatte sie in den frühen Morgenstunden des 30. November 1971 besetzen lassen, zwei Tage vor der Gründung der Vereinigten Arabischen Emirate. Die Männer waren auf ihren Fischereibooten ausgefahren, die Frauen machten ihre Kinder für die Schulen fertig, als iranische Schnellboote auf den Inseln landeten. Auf Widerstand stießen sie nicht. Lediglich ein Polizist, Salim Suhail, wurde getötet, als er sich weigerte, die Flagge des Emirats Ras al-Khaimah einzuholen. Als die Fischer mit ihrem Fang zurückkehrten, wurden viele von ihnen nach Ras al-Khaimah abgeschoben. Iranisiert hat Iran auch Abu Moussa, wo von den ehemals 1500 Einwohnern, die den arabischen Stämmen der Suwaidi, Muhairi und Mazroui angehört hatten, nur noch hundert dort leben. Besucher aus Sharjah benötigen heute ein iranisches Visum, um die Insel betreten zu können.

Die britische Protektoratsmacht hatte seit 1928 auf den Versuch des damaligen Schahs hingewiesen, sich die drei Inseln einzuverleiben. Ein regierungsinterner Bericht aus jenem Jahr, verfasst von Lord Hailsham, erklärte den Anspruch des Schahs mit dem Versuch, den britischen Einfluss am Golf zu unterlaufen und Irans Einfluss zu stärken. Er nannte das Vorgehen Irans »aggressiv«. Iran begründe seinen Anspruch damit, dass der arabische Stamm der Al Qassimi, der von der iranischen Hafenstadt Bandar-e Lengeh aus bis 1887 die Insel verwaltet hatte, Untertan der persischen Dynastie der Qajaren gewesen sei. Andere Zweige der Al Qassimi stellen bis heute die herrschenden Familien der Emirate Sharjah und Ras al-Khaimah. Als Folge der Auseinandersetzung zwischen London und dem Schah Reza Khan widerrief Iran 1931 die Landeerlaubnis für britische Flugzeuge auf dem Weg nach Indien in Südpersien. Am 5. Oktober 1932 machten die Flugzeuge stattdessen erstmals im Emirat Sharjah eine Zwischenlandung.

Emiratische Fischer beklagen sich regelmäßig, in internationalen Gewässern von iranischen Marineschiffen aufgebracht zu werden. Die emiratische Regierung greift die Besetzung der drei arabischen Inseln immer wieder auf. Im April 2010 nannte Außenminister Abdullah bin Zayed Al Nahyan sie eine »Schande« und verglich sie mit der Besetzung von arabischem Land in Palästina durch Israel.

Der Vergleich empörte Iran. Zeitungskommentatoren in den Emiraten schrieben aber, Abu Moussa sei »unser Jerusalem« und erinnerten daran, dass, ebenso wie Israel die Lieferung von Baumaterial und Gütern nach Gaza verbiete, auch Teheran verhindere, dass die letzten arabischen Bewohner auf den Inseln vom arabischen Festland Baumaterialien und andere Produkte einführen dürften. Irritation ruft in den Emiraten hervor, dass sich iranische Politiker auf keine Diskussion einlassen. Bei internationalen Konferenzen verlassen die iranischen Delegationen den Saal, sobald Emiratis die Inseln ansprechen. Bestenfalls reagieren sie mit der Aussage, es gebe keinen Disput, die Sache sei beigelegt und man möge sich drängenderen Fragen zuwenden. Möglicherweise sieht sich Iran tatsächlich nicht als Besatzer. Nach iranischem Verständnis ist der Golf ja ein »Persischer Golf«, und aus dieser Sicht wären die drei Inseln Teil seines Territoriums.

Innerhalb der Vereinigten Arabischen Emirate nimmt Abu Dhabi eine härtere Haltung gegenüber Iran ein als Dubai. Denn die Handelsstadt Dubai lebt zu einem nicht geringen Teil vom Geschäft mit Iran. Seit der Mitte des 19. Jahrhunderts haben sich in Dubai persische und arabische Händler von der gegenüberliegenden Seite des Golfs niedergelassen. 2010 wurde die Zahl der Iraner, die dauerhaft in Dubai leben, auf 350 000 geschätzt und damit auf ein Fünftel der Gesamtbevölkerung. Sie besaßen 9000 Unternehmen, die meist auch Handel mit Iran trieben. Mehrere Hundert Flüge verbinden jede Woche Dubai und Sharjah mit Iran. Jeden Tag laufen zwischen hundert und 200 Dhows aus dem Creek nach Iran aus. Sie werden kaum kontrolliert. Iranische Geschäftsleute haben in Dubai in Immobilien und Firmen mehr als 300 Milliarden Dollar investiert.

Aufgrund der langen Präsenz iranischer Händler und der unbürokratischen Handhabung des Warenverkehrs hat Iran traditionell einen Großteil seines Imports über Dubai abgewickelt. Andererseits soll ein Drittel des Re-Exports aus dem Hafen Jebel Ali für Iran bestimmt gewesen sein. Iran importierte 2002 aus den Vereinigten Arabischen Emiraten und überwiegend aus Dubai Güter für 1,8 Milliarden Dollar. 2008 erreichte der Import 13 Milliarden Dollar. 2009 sank er auf acht Milliarden Dollar, 2010 auf weniger als sechs Milliarden Dollar. Grund für den Rückgang waren die Sanktionen der Vereinigten Staaten und der Vereinten Nationen. Der Druck auf Dubai war gewachsen, die vier Sanktionen, die der Sicherheitsrat der Vereinten Nationen zwischen 2006 und 2010 verabschiedete, anzuwenden. Bereits vor der Auseinandersetzung über den Handel mit Iran waren die wirtschaftlichen Freiheiten Dubais in Kritik geraten. In den 1970er Jahren war über Dubai der illegale Goldhandel Indiens abgewickelt worden. Später wurden über Dubai elektronische Güter in Länder mit restriktiven Importregimen geschmuggelt. Afrikanische Bürgerkriegsparteien versorgten sich über Dubai mit Waffen, und der umstrittene pakistanische Atomphysiker Abdul Qadeer Khan besorgte die Komponenten für seine geheimen atomaren Machenschaften über Scheinfirmen in Dubai. Sie flogen 2003 auf. Nun war die Sorge groß, dass Material für das Atomprogramm über Dubai nach Iran gelangen könnte.

Die vierte Sanktionsrunde vom 9. Juni 2010, die sich gegen die iranischen Banken richtete, versetzte dem Handel den entscheidenden Stoß. Seit 2007 hatte die Küstenwache der Emirate iranische Schiffe abgefangen, die verbotene Substanzen oder Produkte transportierten. Die Behörden schlossen mehr als hundert iranische Firmen, die etwa verbotene Geschäfte für die Revolutionsgarde abwickelten und als Scheinfirmen aus dem Westen Ausrüstungen für das Atomprogramm beschaffen wollten. Identifiziert wurden sie meist vom amerikanischen »Iran Contact Office« in Dubai. Von 2010 an haben Iraner in Dubai größere Schwierigkeiten, ihre Aufenthaltsgenehmigungen zu verlängern. Neue Handelslizenzen werden ihnen kaum mehr ausgestellt. Die Polizei von Dubai verhaftete im Juni 2010 den iranischen Geschäftsmann Shahram Abdullah Zadeh, dessen Oriental Oil Company Komponenten für ein Ölprojekt der Revolutionsgarde lieferte.

Die vierte Sanktionsrunde brachte auch einen Großteil des legalen Handels zum Erliegen. Nun akzeptieren keine Banken mehr, auch nicht jene Dubais, Akkreditive iranischer Banken zur Finanzierung von Importen. Nur noch gegen Vorkasse und bar liefern die internationalen Unternehmen an iranische Händler. Ferner forderte die Zentralbank der Emirate die Geschäftsbanken auf, ihr alle Transaktionen mit Iran zu melden. Nicht betroffen war lediglich, wer immer bar bezahlt hatte. Zwischen erlaubtem und verbotenem Handel wird nicht mehr unterschieden. Auch Dissidenten wie Hashemi Rafsanjani, der der größte iranische Investor in Dubai sein soll, leiden darunter. Abu Dhabis Politik der Falken hat sich damit gegen den merkantilen Geist der Freiheit in Dubai durchgesetzt.

Weltanschaulich ist Iran in den arabischen Golfstaaten aber iso-liert. Selbst die Schiiten Bahrains, die dort siebzig Prozent der Be-völkerung stellen, lehnen die Regierungsform Irans ab. Umgekehrt beeinflusst Dubai aber das Denken der jungen Generationen Irans, die sich nach einem Leben in Freiheit und Wohlstand sehnen, wie es Dubai bietet.

Jemen: Der arme und fremde Nachbar

Iran beansprucht die Aufmerksamkeit des »Golfkooperationsrats« der sechs arabischen Staaten mit seiner aggressiven Politik und mit seinem indirekten Anspruch aufgrund der Benennung als »Persi-scher Golfkooperationsrat«. Der Jemen versuchte, wenn auch ohne Chance, auf ordentlichem Weg Mitglied zu werden. 2002 nahmen ihn die GCC-Staaten als Beobachter auf; in die Arbeit einiger Aus-schüsse wird er auch einbezogen. Der iranische Staatspräsident Mahmud Ahmadineschad war im Dezember 2007 offizieller Gast bei einem Gipfeltreffen der Staatschefs der GCC in Doha. Der je-menitische Staatschef Ali Abdullah Saleh war indessen nie eingela-den worden.

Die Gemeinsamkeiten zwischen dem Jemen und den sechs Gründungsmitgliedern des GCC sind zu gering, als dass auf abseh-bare Zeit die Chance auf eine Mitgliedschaft bestünde. Der Jemen erhofft sich, in die wirtschaftlichen Strukturen des GCC integriert zu werden, um seine Armut zu überwinden und das fragile Land zu stabilisieren. Dabei verweist der Jemen darauf, ebenso wie die GCC-Staaten Objekt iranischer Einflussnahme zu sein. Denn im Konflikt der Zentralregierung mit den schiitischen Houthi-Rebellen, der seit 2004 schwelte, hatte sich Iran in Jemens innere Angelegenheiten eingemischt. Als der Konflikt Ende 2009 eskalierte und über die Grenze nach Saudi-Arabien übergriff, setzte die saudische Armee Bodentruppen und Luftwaffe ein, um das Ganze zumindest vorläu-fig zu beenden. Zuvor hatte der Jemen diesen Konflikt mit den schii-tischen Rebellen sozusagen im Unterleib Saudi-Arabiens über Jahre benutzt, um sich die Unterstützung des reichen Königreichs zu si-chern.

Die Unterschiede zwischen den GCC-Staaten und dem Jemen sind gewaltig. Der Jemen zählt zu den zwanzig ärmsten Ländern überhaupt, die GCC-Staaten gehören zu den reichsten oder wenigstens reicheren Ländern der Welt. Im Jemen leben 25 Millionen Einwohner, das ist mehr als ein Drittel aller Einwohner auf der Arabischen Halbinsel. Von ihnen sind sechzig Prozent jünger als 24 Jahre. Die GCC-Staaten fürchten, dass bei einer Aufhebung der Visapflicht verarmte Jemeniten ihre Länder überfluten würden. Denn im Jemen leben fast fünfzig Prozent der Bevölkerung unter der Armutsgrenze von weniger als zwei Dollar am Tag. Mehr als fünfzig Prozent sind Analphabeten und 35 Prozent ohne Arbeit.

Der Graben ist noch tiefer, als diese Zahlen vermuten lassen. Der Jemen ist auf der Arabischen Halbinsel die einzige Republik. Die Monarchen und Emire waren zu diesem Staat immer auf Distanz gegangen. Ob vor oder nach der Vereinigung der linken Volksdemokratischen Republik im Südjemen mit der von Stammesgesellschaften geprägten Arabischen Republik im Nordjemen am 22. Mai 1990: Stets blickten die anderen arabischen Staaten mit Misstrauen auf diesen so fremden und andersartigen Nachbarn im Süden. Im Nordjemen hatten sich im Bürgerkrieg der 1960er Jahre arabische Nationalisten, die dem Ägypter Nasser folgten und von diesem unterstützt wurden, gegen die Royalisten durchgesetzt, die von Saudi-Arabien aus Furcht vor der Ausbreitung linker Ideologien auf der Arabischen Halbinsel gestützt wurden. Zur gleichen Zeit drangen aus dem Osten des Jemen revolutionäre Gruppen mit dem Ziel nach Oman ein, dort das Sultanat zu stürzen.

Als Jemens Staatspräsident Ali Abdullah Saleh den Überfall von Saddam Husseins Irak auf Kuwait am 2. August 1990 guthieß, schloss er den Jemen endgültig aus dem Kreis der anderen Staaten auf der Halbinsel aus. Umgehend wiesen alle GCC-Staaten die jemenitischen Fremdarbeiter aus. Sie kehrten mit ihren bescheidenen Ersparnissen und wahhabitischer Glaubensgewissheit in ihr Heimatland zurück und vergrößerten dort Arbeitslosigkeit und Armut. Nicht wenige betätigten sich als islamistische Eiferer.

Die GCC-Staaten ließen damals die Jemeniten für die fragwürdige Außenpolitik ihrer Regierung büßen. Die jemenitischen Arbeiter galten auch als Sicherheitsrisiko. Indische und pakistanische Arbeiter sind ebenfalls häufig politisiert; sie streiten jedoch nie über arabische Themen. Mit der Ausweisung der jemenitischen Fremdarbeiter endeten die Sicherheitsrisiken aus dem Jemen aber nicht. Sehr spät haben die GCC-Staaten erkannt, dass sich die vier Krisen des Jemen nicht auf dessen Territorium eindämmen lassen. Die Bedrohung durch den islamistischen Extremismus geht weit darüber hinaus.

Über Jahrzehnte war es dem ab 1978 amtierenden Präsidenten Saleh gelungen, die Konflikte des Jemen wie ein geschickter Jongleur in der Luft und sich an der Regierung zu halten. Das ging gut, solange es lediglich drei Konflikte waren. Dann kam ein vierter hinzu, die Herausforderung durch al-Qaida. Da stieß Salehs Politik an ihre Grenzen. Vier Bälle konnte auch der Meister des »divide et impera« nicht gleichzeitig in der Luft halten, zumal andere Länder in jedem Konflikt mitmischten. Im Houthi-Konflikt stand Saudi-Arabien an der Seite von Präsident Saleh, Iran unterstützte die Rebellen. Die Sezessionisten im Süden werden von jenen Arabern unterstützt, die, beispielsweise in Saudi-Arabien, mit der Politik von Saleh nicht einverstanden sind. Eine dritte Flanke waren und sind die ständigen Konflikte der Zentralregierung mit den Stämmen, die, beispielsweise mit Entführungen als einem Mittel der Umverteilung, Zugeständnisse des Zentralstaats für ihre Regionen erpressen.

Dann kam al-Qaida hinzu, die den Jemen als Rückzugsgebiet nutzt. Die Jihadisten bewegen sich unter dem Schutz der Stämme, und die Stämme wandern über die Grenzen hin und her. Über sie sickerten Waffen, Drogen und Jihadisten ein. Eine Achse von Somalia über den Jemen nach Saudi-Arabien entstand. Mit dem Erfolg des saudischen Kampfes gegen den Terror zogen sich die saudischen Jihadisten in die unzugängliche Bergwelt des Jemen zurück. Durch sie, teilweise entlang der alten Weihrauchstraße, verlaufen die Schmuggelpfade der Stämme, die auch al-Qaida zu nutzen begann. Aus Somalia und den Häfen des Golfs landen in Qana und Shuqra kleine Schiffe, mit Waffen, Drogen und Flüchtlingen beladen. Zwei Pfade verlaufen landeinwärts und vereinen sich nahe Marib. Von dort verlaufen sie weiter nach Norden durch die Provinz Jawf, wo ein Weg nach Saada, dem Zentrum der Houthi-Rebellen, abzweigt, und dann über die Grenze nach Saudi-Arabien. So wurde al-Qaida Teil mafiöser Strukturen und des organisierten Verbrechens, und der Jemen wurde für afghanisches Heroin das wichtigste Transitland auf der Arabischen Halbinsel.

Im Jemen fand al-Qaida ein neues, weiteres Afghanistan. In beiden Ländern – um funktionierende Staaten handelt es sich ja nicht – werden weite Regionen nicht von der Zentralregierung kontrolliert. In beiden Ländern wissen weder die lokalen Sicherheitsapparate noch die Amerikaner oder Saudis, wo sich die meistgesuchten Terroristen jeweils aufhalten. Anders als in Afghanistan sind im Jemen die Stämme jedoch anarchisch genug, sich nicht von al-Qaida unterjochen zu lassen. Die Stämme lassen die Jihadisten gewähren, mit einer Mischung aus Verachtung gegen die Zentralregierung und Hass gegen die Vereinigten Staaten, aber auch gestützt auf die Stammesethik, dass man die eigenen Söhne schützen muss.

Im Jemen ist der Spielraum von al-Qaida größer, als er es in Saudi-Arabien je war. Über den Golf von Aden kommt, versteckt unter den 50 000 Flüchtlingen im Jahr, weiterer Nachschub an Jihadisten von den somalischen Shabab, den Mujahedin Somalias. Ein Wendepunkt war der 23. Februar 2006. An jenem Tag flohen aus dem Hochsicherheitsgefängnis von Sanaa 23 Jihadisten. Unter ihnen waren Mitglieder von al-Qaida, die wegen des Anschlags auf das amerikanische Kriegsschiff USS Cole im Oktober 2000 und den französischen Öltanker Limbourg im Oktober 2002 inhaftiert waren. Sie bauten al-Qaida neu auf, ergänzt um Jihadisten, die sich aus Saudi-Arabien abgesetzt hatten. Im Januar 2009 gaben sie die Gründung von »al-Qaida auf der Arabischen Halbinsel« bekannt. Als ihren Führer riefen sie den Jemeniten Nassir al-Wahaishi aus, der in Afghanistan als persönlicher Assistent von Bin Laden gearbeitet hatte. Nummer 2 wurde der Saudi Said al-Shihri, der sich in den Jemen abgesetzt hatte. Am gefährlichsten gilt Nummer 3, der Führer des militärischen Arms, Qassim al-Raimi.

Bis 2009 hatte al-Qaida ausschließlich Ziele im Jemen angegriffen: Botschaften und Touristen, Ölanlagen und den jemenitischen Sicherheitsapparat. Nun gaben sie sich eine regionale Agenda und ein internationales Mandat. Zuerst versuchte ein saudischer Bürger, Abdullah al-Assiri, im September 2009 ein Selbstmordattentat auf den stellvertretenden saudischen Innenminister Muhammad bin Nayef Al Saud, tötete aber nur sich selbst. Dann versuchte der Nigerianer Faruk Abdulmuttalib an Weihnachten 2009 beim Anflug auf Detroit den Sprengstoff PETN zur Explosion zu bringen. Im November 2010 wurden zwei Pakete mit PETN auf dem Weg zu zwei jüdischen Gemeinden in Chicago abgefangen. Sie hatten ebenfalls Absender aus dem Jemen.

Der Jemen bietet für al-Qaida günstige Voraussetzungen, um Rekruten zu werben. Ihr spielen der Mangel an Bildung und die grassierende Armut in die Hände. Der Schulunterricht fördert lediglich deskriptives Aufnehmen und nicht etwa analytisches Denken, geschweige denn, etwas zu hinterfragen. Ein verhafteter Jihadist hatte angegeben, ihm sei bei seiner Rekrutierung der Film ›Rules of Engagement‹ (deutscher Titel: ›Sekunden der Entscheidung‹) gezeigt worden, ein amerikanischer Kriegsfilm aus dem Jahr 2000, der ein Massaker zeigt, das amerikanische Soldaten vor der amerikanischen Botschaft in Sanaa an Jemeniten verüben. Das Geschehen des Films ist völlig frei erfunden, die Rekruten nahmen es aber für bare Münze, sie glaubten, alle Amerikaner verhielten sich so, und nun müsse man Vergeltung üben.

Geschickt legitimiert das Terrornetz al-Qaida sein Handeln mit religiösen Bezügen. Den militärischen Flügel nennt sie die »Aden-Abyan-Armee«. Denn der Prophet des Islams, Muhammad, soll in einem überlieferten Wort, einem Hadith, angekündigt haben, am Ende der Tage trage eine Armee zum Sieg des Guten bei, die aus den jemenitischen Provinzen Aden und Abyan komme. Wer sich ihr anschließt, ist des heilgeschichtlichen Segens gewiss. Qassim al-Raimi, ihr Führer, hat sich den Beinamen Abu Huraira zugelegt. Das war der bekannteste jemenitische Gefährte Muhammads. So fallen Predigten von radikalen Theologen, wie des 1971 im amerikanischen Bundesstaat New Mexico geborenen jemenitischen Predigers Anwar al-Awlaqi, bei vielen Jemeniten auf fruchtbaren Boden. Im April 2010 gaben die Vereinigten Staaten den Doppelstaatler Awlaqi zur Tötung frei. Er illustriert das Dilemma des jemenitischen Zentralstaats. Sollte Jemen Awlaqi an Washington ausliefern oder sollte Awlaqi hingerichtet werden, würde es einen Aufstand des mächtigen Stamms der Awlaq geben, dem er angehört und dessen Schutz er genießt. Neben Awlaqi bewegen sich auch andere führende Jihadisten, ob sie zu al-Qaida gehören oder nicht, im Schutz ihrer Stämme.

Mit einem scheinbar religiösen Argument nimmt al-Qaida die ländliche Stammesbevölkerung auch gegen die überfliegenden Drohnen der amerikanischen Luftwaffe für sich ein. Die Drohnen sammeln Hinweise auf die Bewegungen von Jihadisten und sind teilweise mit Raketen bestückt. Al-Qaida argumentiert, Drohnen höben die Privatsphäre auf, Frauen würden sichtbar und die Souveränität der Stämme sei nicht mehr geschützt. Das Argument verfängt. Die Stämme lehnen eine Zusammenarbeit mit der Regierung ab. Wenige Tage nach der Tötung von Usama Bin Laden am 1. Mai 2011 im pakistanischen Abbottabad ist im Jemen Awlaqi nur knapp einem Angriff durch ein amerikanisches Drohnenflugzeug entkommen. Der Angriff in der Provinz Shabwa galt dem Auto von Awlaqi, der mit einem saudischen Mitglied von al-Qaida unterwegs war. Das Auto wurde nur leicht beschädigt, die beiden fuhren in einem anderen Wagen weiter. Awlaqi gilt nach dem Tod Bin Ladens als einer der neuen Führer von al-Qaida. Von allen regionalen Organisationen innerhalb al-Qaida war die im Jemen die erste, die Rache für den Tod von Usama Bin Laden angekündigt hat. Möglicherweise greift al-Qaida dazu auf amerikanische Staatsbürger zurück, die im Jemen leben und Teil von al-Qaida sind. Ihre Zahl wird auf dreißig geschätzt. Neben der Mobilisierung durch den Tod von Bin Laden ist die anhaltende Staatskrise des Jemen ein weiterer Faktor, der al-Qaida in die Hände spielt. In den Provinzen des Jemen hat al-Qaida seit dem Beginn der Proteste wiederholt Kasernen der Armee belagert; auch erbeutete sie bei Überfällen auf Soldaten und Kasernen Waffen. Am 27. Mai 2011 eroberten ihre Krieger die Hafenstadt Zinjibar.

Seit Bin Ladens Tod steigt Awlaqis Einfluss. So scheinen viele der saudischen und jemenitischen Jihadisten der Führung von Ayman al-Zawahiri, Bin Ladens Vize und ein uncharismatischer Ideologe aus Ägypten, nicht zu folgen. An die Spitze des globalen Jihads wird Awlaqi zwar nicht vorstoßen, wohl aber wird er eine führende Rolle übernehmen. Seit Juli 2010 gibt er die Online-Zeitschrift ›Inspire‹ als Instrument im psychologischen Krieg gegen den Westen heraus und als Vehikel, um Anhänger zu rekrutieren. Sie enthält Anleitungen zum Bau von Bomben und gab Botschaften von Bin Laden wieder. In der Ausgabe vom 29. März 2011 verfasste Awlaqi einen Artikel mit der Überschrift »Der Tsunami des Wandels«. Darin behauptete er, die Rebellionen und Revolutionen in der arabischen Welt nutzten al-Qaida. Er widersprach der Aussage, dass diese Entwicklungen den Jihad und al-Qaida überflüssig machten. Wahrscheinlich hat al-Qaida nur in der Zeit des Übergangs in den arabischen Staaten ein Fenster, Einfluss zu nehmen. In einer gefestigten Demokratie kann sich al-Qaida nicht halten.

Die jemenitische Armee gibt regelmäßig die Verhaftung oder Tötung von Mitgliedern von al-Qaida bekannt. Gegen sie finden Prozesse statt, drakonische Strafen werden verhängt. Gegen das Terrornetz führt die jemenitische Armee aber einen aussichtslosen Feldzug. Der Staatspräsident und Berufssoldat Saleh, der mit 16 Soldat wurde und bis zum Feldmarschall aufstieg, will diese Aussichtslosigkeit nicht eingestehen. Denn das Ansehen des Präsidenten Saleh ist mit dem Erfolg des Soldaten Saleh verknüpft. Auch in anderen Konflikten setzt der Sicherheitsapparat, der das Rückgrat des jemenitischen Staats ist, auf militärische Lösungen und nicht auf politische. Das war bei den Houthi-Rebellen der Fall, und es geschieht gegenüber den Sezessionisten im Süden. Im Frühjahr 2009 hatten sich Regierung und legale Opposition aus Anlass der Verschiebung der Parlamentswahlen auf einen »Nationalen Dialog« verständigt, der jedoch nie wirklich stattfand. Anstatt ihn als politischen Hebel zu benutzen, brach Saleh ihn im November 2010 offiziell ab.

Über Jahrzehnte hatte sich Saleh an der Macht gehalten, indem er Allianzen schmiedete und immer so viele Gruppen zusammenführte, dass er sich weiter oben halten konnte. Das Militär und seinen Clan wusste er stets auf seiner Seite. Da er nicht ohne Gefahr gegen die Religionsgelehrten vorgehen konnte, band er sie ein. Über zwei Getreue hielt er sogar Kontakt zu islamistischen Extremisten. Ein stabiler Jemen entstand dadurch nicht. Aber Saleh schaffte es, dass nie zu viele zentrifugale Kräfte auf einmal den Staat bedrohten. Die Gefahr besteht daher, dass unter einem Nachfolger diese zentrifugalen Kräfte – zu ihnen gehören mächtige Stämme, die Separatisten des Südjemen und die schiitischen Houthi an der Grenze zu Saudi-Arabien – zu einer Spaltung des heutigen Jemen in mehrere Staaten münden könnten. Seit dem 15. Januar 2011 sah sich Saleh mit der größten Bedrohung seiner Macht konfrontiert. Studenten hatten seit 2007 vor dem Sitz der Regierung demonstriert. Nie waren mehr als ein paar Hundert zusammengekommen. Jeden Dienstag hatten sie die Freilassung der politischen Gefangenen sowie Meinungs-, Versammlungs- und Pressefreiheit gefordert. Inspiriert durch den Sturz des tunesischen Diktators Ben Ali fanden sie Anfang des Jahres 2011 wieder zusammen und forderten nun den Sturz von Saleh. An der Spitze der Bewegung standen Studenten und junge Akademiker. Eine Gruppe von 21 Jugendlichen koordinierte die Proteste auf dem Taghyir-Platz, dem »Platz des Wandels« vor der Universität. An ihrer Spitze stand die damals 32 Jahre alte Tawakul Karman, eine Mutter von drei Kindern, die die Stimme der jemenitischen Jugend wurde. Sie hatte bereits die Proteste von 2007 an organisiert. Ihre Gefolgschaft rekrutierte sie aus den überwiegend arbeitslosen Jugendlichen. Denn von den 200 000 Jugendlichen, die jedes Jahr auf den Arbeitsmarkt drängen, finden nur 20 000 eine Arbeit. Zudem lebt jeder zweite Jemenite unter der absoluten Armutsgrenze von zwei Dollar am Tag. Von Woche zu Woche schwollen ihre Kundgebungen an. In der Nacht auf den 21. Februar 2011 errichteten sie vor der Universität eine Zeltstadt und nannten den Ort »Platz des Wandels«. Auf ihm veranstalteten sie nach dem Vorbild Tunesiens und Ägyptens »Tage des Zorns«. Gleichzeitig organisierte Saleh auf dem Tahrir-Platz in der Stadtmitte von Sanaa Gegenkundgebungen. Von ihnen ging die Botschaft aus, dass dem Jemen für die Zeit nach Saleh ein Chaos drohe.

In den ersten Wochen hatte Saleh dem Druck der Straße noch Widerstand geleistet und Konzessionen angeboten. Er erklärte, auf eine weitere Amtszeit zu verzichten und bei der Wahl im Jahr 2013 nicht mehr anzutreten. Auch werde ihm nicht sein Sohn Ahmad Ali Saleh folgen. Zudem verkündete er soziale Wohltaten, um die Armut erträglicher erscheinen zu lassen, er ordnete die Anhebung der Gehälter der Beschäftigten im öffentlichen Dienst an und bei der Armee um dreißig Prozent, also durchschnittlich um 35 Euro. Zudem sollen 500 000 Jemeniten zusätzlich Sozialhilfe erhalten. Vor allem aber erhöhte er die Präsenz der Armee und anderer Sicherheitskräfte in den Straßen der großen Städte. Bei seinen großen Reden wirkte der geschickte Taktierer keineswegs nervös. Die Aktivisten und die Opposition misstrauten ihm weiter. Zu viele Versprechen hatte er gebrochen, als sich die Lage jeweils wieder zu seinen Gunsten gedreht hatte, etwa im Jahr 2006, als er zunächst versprochen hatte, nicht mehr zu einer weiteren Wahl anzutreten. Die Rufe nach seinem sofortigen Rücktritt ebbten daher nicht ab. Im Gegenteil schloss sich den Aktivisten das Bündnis der sechs offiziellen Oppositionsparteien an, die »Joint Meeting Parties« (JMP). Zu dem Bündnis gehören die islamistische Islah-Partei, die Sozialistische Partei, die Partei der Nasseristen und die liberale Ittihad-Partei. Damit wuchsen die Kundgebungen gegen Saleh weiter, und sie forderten immer wieder Salehs Rücktritt. Die Armee wurde nervös und begann vom 20. Februar an, auf Demonstranten zu schießen. Bei dem größten Blutbad wurden am 18. März in Sanaa 52 Demonstranten von Sicherheitskräften erschossen, mehr als 600 wurden verletzt. In den ersten vier Monaten der Proteste wurden 400

Demonstranten getötet. Die politischen Kosten dafür, dass Jemeniten auf Jemeniten schossen, waren für Saleh enorm. Minister traten aus der Regierung aus, ebenso traten Abgeordnete aus Salehs Staatspartei des »Allgemeinen Volkskongresses« aus, große Stammesverbände wie die Hashid und Baqeel wandten sich von Saleh ab, und Ali Muhsin al-Ahmar, ein Halbbruder des Präsidenten und Kommandeur der wichtigen Ersten Division, schloss sich der Opposition an. Gouverneure und Botschafter wandten sich von Saleh ab. Auch der populäre Geistliche Abdalmajid al-Zindani, den Saleh lange gefördert hatte, setzte sich von dem Präsidenten in der Furcht ab, Salehs schwindende Popularität könne ihm schaden. Dann gingen auch die Vereinigten Staaten zu Saleh auf Distanz. Politisch war Saleh geschwächt, die Mehrheit der Armee blieb jedoch loyal zu ihm. Nach dem blutigen 18. März bezogen als Prävention mehr als ein Dutzend Panzer um seinen Präsidentenpalast Aufstellung. Zunehmend schien es, dass er keinen Widerstand mehr leistete, sondern nur noch die besten Bedingungen für sich und seine Familie, etwa das Versprechen auf Immunität, aushandeln wollte.

Zunehmend beunruhigt war Saudi-Arabien über die Entwicklungen im Jemen. Sollte der Jemen in einen Bürgerkrieg abgleiten, drohten Millionen Jemeniten zu Fuß nach Saudi-Arabien zu gehen. Zudem wollte Saudi-Arabien in seiner Nachbarschaft keine Revolution, die in der Region einen Dominoeffekt hätte auslösen können. Saudi-Arabien, das lange Saleh wegen des Fehlens einer Alternative gestützt hatte, erarbeitete mit den anderen Mitgliedsstaaten des Golfkooperationsrats daher einen Plan, um die Lage im Jemen zu befrieden und das volkreiche, aber arme Land zu stabilisieren. Die Initiative sah vor, dass Saleh sein Amt an seinen Stellvertreter abgibt, der eine Übergangsregierung unter Führung eines Oppositionspolitikers einsetzt. Sie sollte innerhalb von sechzig Tagen die Neuwahl des Präsidenten durchführen. Konsens bestand zwischen der Staatspartei und der Opposition, dass diese Initiative der Golfstaaten Jemens letzte Chance auf eine friedliche Beilegung des Konflikts sei. Die Aktivisten auf dem »Platz des Wandels« lehnten die Klausel zur Immunität für Saleh und dessen Familie jedoch kategorisch ab und bestanden weiter auf einem sofortigen Rücktritt. Immer wenn sich Saleh in dieser Debatte der Defensive sah, signalisierte er Bereitschaft, die Initiative zu unterzeichnen. Witterte er in der Opposition aber eine Schwäche, tischte er einen Vorwand auf, weshalb die Initiative dem Jemen schade und das Land in eine noch größere Krise führen werde. Einmal war er bereit, zum Ende des Jahres 2011 zurückzutreten, dann wieder pochte er auf die Erfüllung seines Mandats bis zum Jahr 2013, um angeblich ein Abgleiten des Jemen in das Chaos zu verhindern. Die Proteste hatten inzwischen längst alle großen Städte des Landes erreicht, wie Taizz, Aden und Hudaida. Überall schossen Sicherheitskräfte auf unbewaffnete Demonstranten, die vor den Gebäuden der Regierung protestierten. In Sanaa selbst lieferten sich beide Lager jeden Freitag mit dem Freitagsgebet ein Kräftemessen, wobei jedes Lager nahezu gleich viele Teilnehmer mobilisieren konnten, was von Saleh weiteren Druck nahm, umgehend zurückzutreten. Nun gab er die Parole aus, er werde erst nach einer Wahl sein Amt niederlegen. »Wir werden bleiben, so wie ihr wollt«, rief er seinen Anhängern zu. Die Regierung hatte ihre Arbeit aber längst eingestellt, die Wirtschaft stand still, Erdöl wurde nicht mehr exportiert, die Devisenreserven schmolzen, das Land steuerte auf einen Kollaps zu, und in Sanaa lieferten sich zu Saleh-loyale Armeeeinheiten und Milizen der Stämme immer heftigere Gefechte. Sie eskalierten vom 23. Mai an. Am 3. Juni wurde Staatspräsident Saleh, der mit 200 Personen im Präsidentenpalast das Freitagsgebet verrichtete, bei einem Granatenbeschuss verletzt. Am Tag darauf reiste er zur medizinischen Behandlung nach Saudi-Arabien. Seine Gegner waren ihrem Ziel, Saleh abzusetzen, wieder einen Schritt näher gekommen.

Als Staat gänzlich gescheitert ist der Jemen nicht. Denn die Stämme sprechen ja, anders als etwa in Somalia, mit der Zentralregierung und erkennen sie als Verhandlungspartner an. Präsident Saleh greift aber am liebsten auf Waffen zurück. Bei allen Szenarien droht die Gefahr, dass das Land in mehrere Teile zerfällt und endgültig völlig unkontrollierbar wird. Ein Konzept, wie der Jemen gerettet und wie die Gefahr, die aus dem Jemen kommt, eingedämmt werden könnte, haben die GCC-Staaten nicht, auch nicht Washington oder eine andere Regierung.

▪ Der Hadramaut: Islamische Mystiker und islamistische Eiferer

Oft wird die jemenitische Händlerstadt mit Manhattan verglichen. Dabei ist Shibam um Jahrhunderte älter. Das mittelalterliche Ensemble seiner 437 Hochhäuser drängt sich auf der einzigen Anhöhe eines Wadi, das nur selten Wasser führt. Die Häuser sind aus Holz und Lehm, einige sind neun Stockwerke hoch, die meisten sieben. Das älteste wurde gebaut, als Kolumbus auf dem Seeweg nach Indien Richtung Westen aufbrach. Die Händler Shibams fuhren damals nach Osten, nach Indonesien und Malaysia, handelten mit Gewürzen und Stoffen.

Zu Hause, im Wadi des Hadramaut, verlor sich ihr Blick nicht am fernen Horizont. Er endete abrupt an den steil abfallenden rotbraunen Felsen, die nach oben auf die Hochebene führen. In dieser abgelegenen Gegend hatten sich die Hadramautis sicher gefühlt. Selbst die Römer hatte der Mut verlassen, sie wagten sich nicht in diesen Teil der Weihrauchstraße. Sie sahen nur die reichen Händler und meinten, deren Heimat müsse das »glückliche Arabien« sein, »Arabia felix«.

Hadramaut war einst dieses »glückliche Arabien«. Von dieser jemenitischen Provinz aus sind Händler in die Welt aufgebrochen. Die historischen Städte Shibam und Tarim künden noch in der Gegenwart von dem Glanz und der Bedeutung der Region. Sie hat bedeutende islamische Mystiker hervorgebracht und auch islamistische Eiferer. Die Familie Bin Laden stammt aus einem Tal nahe von Tarim. In einem Interview sagte Bin Laden einmal, sollte er aus Afghanistan vertrieben werden, würde er mit offenen Armen im Land seiner Vorfahren Aufnahme finden.

Shibam ist eines der am besten erhaltenen Stadtensembles in diesem ehemals glücklichen Arabien und wohl das spektakulärste. Wann immer in der Vergangenheit ein Haus abgerissen werden sollte, hatten sich Eigentümer und Nachbarn zusammengesetzt. Noch vor dem Abriss einigten sie sich auf ein Dokument, das alle Einzelheiten des Hauses festhielt, Position und Art der Fenster, selbst den Verlauf der Regenrinne. Genauso musste das Haus wiederaufgebaut werden. Und noch heute hält ein starkes Gemeinschaftsgefühl die Einwohner zusammen. »Das ist einer der Gründe«, sagt Omar Hallaj, »weshalb die Restaurierung von Shibam so erfolgreich ist.«

In den engen Gassen zwischen den hohen Mauern rufen ihm die Kinder »al-almani« nach, »der Deutsche«. Dabei ist Hallaj ein Syrer aus Aleppo. In Shibam leitete er das Projekt der deutschen »Gesellschaft für Technische Zusammenarbeit« GTZ (die seit dem 1. Januar 2011 GIZ heißt, »Gesellschaft für Internationale Zusammenarbeit«) zur Restaurierung der alten

Gebäude und zur Wiederbelebung der kommunalen Strukturen. Begonnen hatte das Projekt im Jahr 2000. Seither sind mehr als siebzig Prozent der Häuser über mindestens einen Bauauftrag mit dem Projekt verbunden. »Die einen haben wenig Geld und restaurieren in mehreren Schritten, die anderen haben mehr Geld und restaurieren schneller.«

Jedes dritte Haus, das 2000 leer stand, ist bereits wieder bewohnt. Die Menschen kehren zurück. Vollkommen unbewohnbar war ein Haus gewesen. Stock für Stock wird es nun neu gebaut. Damit der Lehm gut trocknet, wird nach jedem Stockwerk eine Pause von mehreren Monaten eingelegt. Gebaut wird das Haus um eine zentrale Säule, »al-arus« (die Braut). Um sie führen die Treppen nach oben. »Solange dieser Teil intakt ist, kann man jedes Haus restaurieren.« Im Erdgeschoss hatten die Händler ihre Lager, im Stock darüber die Tiere. Der dritte Stock war für die Männer, darüber wohnten die Familien. Drinnen ist es mehr als zehn Grad kühler als draußen in der Hitze der Wüste. Dafür sorgt der Luftschacht, der »shumsak«.

Hallaj macht sich nichts vor. Das Restaurieren ist teurer als ein Neubau mit billigen Methoden und billigen Materialien. Der jemenitische Staat subventioniert daher über den »Social Development Fund«, der über Geberstaaten finanziert wird, jedes Restaurierungsprojekt mit 35 Prozent. Bei einigen Maßnahmen, etwa der Konservierung von Holz und dekorativen Elementen, sogar mit 75 Prozent. Die jemenitische Regierung subventioniert die Baumaßnahmen, die GIZ stellt Expertise und Experten zur Verfügung und gab dafür bislang sechs Millionen Euro aus, ein Viertel für Ausbildung.

Der Fonds hätte den Auftrag zur Sanierung Shibams auch einem großen Bauunternehmen geben können. Stattdessen einigte man sich aber darauf, dass die GIZ die örtlichen Handwerker in den traditionellen Methoden ausbildet und der Fonds nur dann eine Subvention auszahlt, wenn der Bauherr mit der Maßnahme auch ein Mitglied der städtischen Bauzunft beauftragt. Vor neun Jahren hatte diese Zunft noch 34 Mitglieder. Die meisten waren alt und mit den traditionellen Techniken nicht mehr vertraut. Heute sind es 42, und ihre Fertigkeiten sind so begehrt, dass sie auch außerhalb Shibams arbeiten. Um das Projekt herum ist eine blühende Wirtschaft entstanden.

Eine Bürgerversammlung ist angesetzt. Stadtverwaltung, Fonds und GIZ wollen mit den Einwohnern über die Sanierung der gesamten Infrastruktur diskutieren. Die Erfahrungen über das Pilotviertel hinter der Polizeistation sollen ausgetauscht werden. Die Experten der GIZ, wie Hallaj überwiegend Araber, fanden Lösungen, damit Shibam auch künftig wie eine traditionelle Stadt aussehen wird, ausgestattet aber mit moderner Infrastruktur. Rohre für Wasser und Abwasser, Kabel für Strom und für Telefon, Straßenbeleuchtung und Regenwasserdrainage werden vorhanden sein, aber nicht zu sehen. Die Sanierung ist ein Projekt der ganzen Gemeinschaft, die Einwohner wollen im Geist dieser Tradition leben. Die Holzhandwerker haben ein Laboratorium eingerichtet, um alte Hölzer zu konservieren, etwa für Kapitele oder Fenster. Einer säubert gerade ein Kapitell von Termiten und ersetzt ein fehlendes Stück. Auch in anderen Branchen haben sich Handwerker zusammengeschlossen. Eine Vereinigung bietet ein Alphabetisierungsprogramm und Nähkurse für Frauen an. Dadurch nahm der Schulbesuch der Töchter zu. Der Kulturklub will eine Bibliothek einrichten, und der Imam Omar BaObaid gründete eine Vereinigung für Landwirtschaft und Bewässerung.

Ein Zufall ist es nicht, dass Projektleiter Omar Hallaj aus Aleppo stammt. Dort hatte die GIZ die Altstadt saniert, an dem Projekt war Hallaj schon beteiligt. In Austin (Texas) hatte er zuvor Architektur studiert und dabei Vorlesungen in Soziologie und Geschichte belegt. Er brachte aus Aleppo Fachleute mit, die auch in Shibam ausbilden. Das Gesellenstück ihrer Schüler war der Predigerstuhl, der Minbar, in der Freitagsmoschee Shibams aus dem 14. Jahrhundert. An der Stelle hatte zu Muhammads Lebzeiten bereits eine Moschee gestanden. Aus demselben Holz wie der Minbar war auch Jesu Dornenkrone.

Heute führen die Handwerker, die den Minbar restaurierten, das Holzlabor von Shibam. An einem weiteren Ort bilden sie Fachleute für Restaurierungen aus. Denn die in Aleppo und Shibam gewonnenen Erfahrungen werden bereits in weiteren Städten angewandt, zunächst in Zabid, dem historischen Ort in der Tihama-Ebene am Roten Meer. Der Stadt hatte gedroht, von der »World Heritage List« gestrichen zu werden. Das angelaufene GIZ-Projekt hat das rechtzeitig verhindert.

»Immer hatten im Islam Friedfertige und Fanatiker nebeneinandergelebt«, sagt der Scheich. »Wer den Frieden aber zurückweist, kann an diesem Institut nicht lange bleiben.« Vorsichtig wählt Umar bin Hussein al-Khatib al-Ansari seine Worte. Er führt eine islamische Hochschule. Sie ist vom mystischen Islam geprägt und liegt in der Kleinstadt Tarim, im Süden der Arabischen Halbinsel. Zwar im Jemen, aber in Reichweite der wahhabitischen Eiferer Saudi-Arabiens und in einem Land, in dem al-Qaida wichtige Rückzugsgebiete unterhält. Mystische Musik erklingt aus einem Raum nebenan; Studenten üben für den Maulid, den Geburtstag des Propheten.

Dar al-Mustafa heißt die islamische Hochschule. 400 Internatsschüler aus 35 Nationen haben sich eingeschrieben, die meisten aus Indonesien und Malaysia, auch aus Europa und Nordamerika. Der Berliner Niels, der sich den islamischen Namen Abdulkarim zugelegt hat, wählte für seine Studien das entlegene Tarim. Denn hier ist er keinen fremden Einflüssen ausgesetzt und lebt in einem authentisch islamischen Umfeld, in dem nur eine Sprache gesprochen wird: Arabisch. Nur die koloniale Architektur Asiens erinnert an diesem Ort daran, dass die Händler Tarims einst nach Asien aufgebrochen waren und von dort Reichtümer und Baustile mitgebracht haben.

»Ahmad bin Issa hatte im 10. Jahrhundert den Geist der Liebe und der Toleranz in den Hadramaut gebracht«, sagt einer der Studenten. »Muhajir« war der Heilige genannt worden, einer, der sich auf dem Weg zu Gott befunden hat – ein Mystiker also. Unweit von Tarim erhebt sich die weiße Kuppel seines Grabmals. Dieser mystische Islam, den die weltoffenen, aber konservativen Händler des Hadramaut seit Jahrhunderten praktizieren, ist den puritanischen Wahhabiten ein Dorn im Auge. Sie lehnen Grabstätten als Götzenverehrung ab und wollen sie dem Erdboden gleichmachen.

Das Grabmal von Ahmad bin Issa steht noch. In den vergangenen zwei Jahrzehnten haben die Wahhabiten aber ihre Spuren hinterlassen. Ziel der Fundamentalisten sei es, alle materiellen Artefakte lokaler muslimischer Tradition und Vergangenheit zu vernichten, sagt Omar Hallaj. Die Fundamentalisten argumentieren, die Muslime hätten sich vom wahren Islam entfernt; geboten sei die Rückkehr zur Praxis des frühen Islam. Daher wollen sie die unmittelbare Geschichtswahrnehmung der Menschen zugunsten eines mythologisierten »ursprünglichen Islam« zerstören.

Großzügige saudische Spender hatten in den vergangenen Jahrzehnten auch diese Region mit viel Geld überschüttet. Dann zerstörten die wahhabitischen Eiferer die alten Moscheen und Schulen unter dem Vorwand, sie ja nur zu erweitern und zu verbessern. Bewusst löschten sie aber das physische Erbe und die Geschichte aus, um in dem entstandenen Vakuum ihre Botschaft verwurzeln zu können. Sie sandten wahhabitische Prediger und Redner, die von Moschee zu Moschee zogen. Diese Prediger bekämpften zunächst auch die Restaurierung der historischen Stadt Shibam und unterstellten dem Projekt, die islamischen Werte zu verändern. »Erst als sie sahen, dass die gesamte Bevölkerung das Projekt unterstützt, gaben sie ihren Widerstand auf«, erinnert sich Hallaj.

Projekte wie in Shibam wirkten der Ausbreitung des Fundamentalismus entgegen, sagt der Syrer. Denn es trage zur Erhaltung des greifbaren Erbes bei. Es lasse bei den Menschen ein Gefühl des Stolzes heranwachsen, was sie weniger anfällig für das Argument mache, ihr Leben sei doch nur mit der Verpflichtung für den »Heiligen Krieg«, den »Jihad«, sinnvoll. Zudem wirke der Dialog aller Beteiligten an dem Projekt den ideologischen Rückzugsräumen entgegen, in denen Terroristen rekrutiert würden.

Einen weiteren Beitrag, um der islamistischen Radikalisierung entgegenzuwirken, liefern Institute wie die Hochschule Dar al-Mustafa. Ansari und der Gründer der Hochschule, Umar bin Muhammad al-Hafidh, lehren, dass Mission nie mit dem Schwert erfolgen dürfe, sondern nur mit der Zunge. In diesem Sinne wollen sie die sufischen Traditionen des friedfertigen Islams wiederbeleben. Hafidh hatte das Institut in den siebziger Jahren als kleine private Einrichtung in Tarim gegründet, 1994 zog es in den heutigen Gebäudekomplex. Dort sitzen die männlichen Studenten auf dem Boden, den Koran vor sich auf einem Ständer und exegetische Werke, in denen sie blättern. Ein Radiosender der Hochschule strahlt ein religiöses und theologisches Programm aus, ein Fernsehsender mehrere Stunden Gespräche und Ansprachen. Bei Baumaßnahmen wendet die Hochschule traditionelle Methoden an, wie sie in Shibam erprobt werden.

In Abu Dhabi, der Hauptstadt der Vereinigten Arabischen Emirate, gibt ein Tochterinstitut der Hochschule eine arabische Übersetzung der Dokumente des Zweiten Vatikanischen Konzils heraus und bringt sich als Partner für den muslimisch-christlichen Dialog ins Spiel. Im Jemen hat die Hochschule schon 37 Ableger. Staatspräsident Ali Abdullah Saleh griff zunehmend auf die Hochschule zurück, verschaffte ihr einen direkten Zugang zu sich und damit Prestige, um den radikalen Islam in Schach zu halten. Der Erfolg stelle sich ein, beobachtet Hallaj. Vor wenigen Jahren sah sich noch jeder zweite Einwohner der Region des Hadramaut als Wahhabit. Seit jüngerer Zeit nimmt der Einfluss der wahhabitischen Eiferer ab. Ganz können sich selbst Einrichtungen wie die Dar al-Mustafa nicht dem Wettbewerb mit den Radikalen entziehen, die von sich behaupten, sie seien die frömmsten und die besten Muslime. Daher geben sich auch Hochschulen wie die Dar al-Mustafa konservativer, als sie in Wirklichkeit sind.

Dank

Im Sommer 1990 bereiste ich das erste Mal die Vereinigten Arabischen Emirate. Noch keine zwanzig Jahre war es her, dass sich sieben kleine Emirate am Golf zu einer Föderation zusammengeschlossen hatten. Ich sah Dubai, war von dem regen Treiben seiner Händler am natürlichen Meeresarm, dem Creek, fasziniert und davon überzeugt, dass hier etwas entsteht, was sich vom Rest der arabischen Welt abhebt. Noch war Dubai weit von der Glitzerstadt der Gegenwart entfernt. Die Freiheiten, die seine Herrscher gewährten, hatten aber eine Dynamik entfacht, die nicht mehr zu bremsen war. Ich hatte damals auch Abu Dhabi besucht, das zunächst einen gemächlicheren Schritt eingeschlagen hatte. Im Gegensatz zum polyglotten Dubai war die arabische Kultur jedoch spürbar, statt der Baukräne, die das hektische Dubai dominierten, machten die vielen Palmen auch damals die Stadt zu einer grünen Oase.

Im Herbst 2008 siedelte ich von Istanbul nach Abu Dhabi über. Danken, dass sie mich kenntnisreich und mit viel Sympathie für die Region in die großen Zusammenhänge und in viele kleine Details eingeführt haben, will ich in Abu Dhabi vor allen anderen Frauke Heard-Bey und ihrem Mann David Heard, in Dubai Steffen Schubert, auch den Politikwissenschaftlern Ebtisam al-Kitbi und Abdulkhaleq Abdulla. Sema Aytan verdanke ich Inspiration zum Schreiben. Dank schulde ich der ›Frankfurter Allgemeinen Zeitung‹, die in jenem Jahr meinen Wunsch erfüllte und mir die Berichterstattung über diese aufstrebende Region anvertraute. Auch stimmte sie zu, dass ich einige Reportagen, die bereits in der ›F.A.Z.‹ erschienen waren, in dieses Buch übernehmen durfte. Danken will ich Andrea Wörle, dass sie mich ermunterte, nur drei Jahre nach meinem Buch über die Türkei dieses Werk über die Golfstaaten in Angriff zu nehmen.

Danken will ich meiner Frau Ursula Hermann. Sie ertrug nicht nur meine vielen Reisen, sondern auch, dass ich mich über Monate zur Abfassung dieses Buches selbst dann, wenn ich einmal physisch anwesend war, doch in meine Schreibklause zurückgezogen habe. Das soll sich nun ändern. Es wird wieder Wochenenden geben und abendliche Muße.

Anmerkung zur Umschrift arabischer Namen

Die Umschrift der arabischen Namen folgt der international üblichen Schreibweise. Um die Suche über elektronische Suchmaschinen zu erleichtern, hat sich der Verfasser nicht für eine Schreibweise entschieden, die die deutsche Aussprache wiedergibt, sondern für jene, die sich als Folge der englischsprachigen Dominanz weltweit durchgesetzt hat. Der arabische Nachrichtensender aus Qatar heißt daher al-Jazeera und nicht al-Dschasira.

Das arabische Alphabet hat 26 Konsonanten und damit mehr als das lateinische. Einige sind für mitteleuropäische Zungen nicht immer leicht auszusprechen. Die folgende Aufstellung soll eine kleine Hilfe sein, um arabische Namen möglichst korrekt wiederzugeben.

dh   (wie in Dhow oder Dhofar): ein emphatisch ausgesprochenes »d«, welches das Deutsche nicht kennt, oder aber ein stimmhaftes »th« wie im Englischen »the«

ee   (wie in Jazeera oder Reem): ein langes »i« wie in »vier« und »Tier«

gh   (wie in Ghanim oder Ghurair): ein Zäpfchen-»r« wie in »Rand« und »Rind«

h   (wie in Saleh oder Sabah): ein »h« als stimmloser Reibelaut, wie ihn das Deutsche nicht kennt, etwa als ein weiches »ch«. Seltener ein »h« wie im Deutschen. Ein »h« am Ende kann, wie bei Sharjah und Fujairah, ein Auslaut femininer Nomina sein, der nicht ausgesprochen wird.

j   (wie in Jihad oder Burj): ein stimmhaftes »dsch« wie im italienischen »giorno« und im englischen »journey«

kh   (wie in Khalifa und Nakhuda): ein stimmloses »ch« wie in »Bach« und »Buch«

q   (wie in Qatar und Saqr): ein in der Kehle gesprochenes »k«, welches das Deutsche nicht kennt

sh   (wie in Sheikh oder Sharjah): der stimmlose Zischlaut »sch« wie in »Schande« und »Schund«

y   (wie in Yusuf oder Nayef): das deutsche »j« wie in »Jahr« und »Jacht«

z   (wie in Zayed oder Abdalaziz): das stimmhafte »s« wie in »Sand« und »sind«

Literatur

al-Abed, Ibrahim/Hellyer, Peter (Hrsg.). United Arab Emitates. A New Perspective. London (Trident Press) 2001.

Abu Dhabi Urban Planning Council. Plan Abu Dhabi 2030. Urban Structure Plan. September 2007.

Basar, Shumon etc. (Hrsg.). With/Without. Spatial Products, Practices & Politics in the Middle East. Dubai (Bidoun and Moutamarat) 2007.

Blum, Elisabeth/Neitzke, Peter (Hrsg.). Dubai. Stadt aus dem Nichts. Basel (Birkhäuser) 2009.

Codrai, Ronald. Seafarers of the Emirates. An Arabian Album. Dubai (Motivate Publishing) 2003.

Davis, Mike. Gier und Luxus in Dubai. Die Glitzerstadt am Persischen Golf als Apotheose des Neoliberalismus. In: Lettre International, Heft 75, Winter 2006, S. 16–21.

Elsheshtawy, Yasser. Dubai: Behind an Urban Spectacle. Abingdon (Taylor & Francis Books) 2009.

al-Fahim, Mohammed. From Rags to Riches. A Story of Abu Dhabi. London (The London Centre of Arab Studies) 1995.

Government of Abu Dhabi. The Abu Dhabi Economic Vision 2030. November 2008.

Gross, Christian/Remple, David. Falconry and Birds of Rey in the Gulf. Dubai (Motivate Publishing) 1993, Nachdruck 2007.

Heard-Bey, Frauke. Kulturelle Aspekte der Zuwanderung in die Golf-staaten. In: Hopfinger, Hans/Kopp, Horst (Hrsg.). Wirkungen von Migrationen auf aufnehmende Gesellschaften. Neustadt an der Aisch (Degener) 1996.

Heard-Bey, Frauke. The United Arab Emirates: Stateshood and Nation-Building in a Traditional Society. In: Middle East Journal, Vol. 59, No. 3, 2005, S. 357–375.

Heard-Bey, Frauke. Conflict Resolution and Regional Co-operation: The Role of the Gulf-Co-operation Council 1970-2002. In: Middle Eastern Studies, Vol. 42, No. 2, 2006. S. 199–200.

Heard-Bey, Frauke. Die Vereinigten Arabischen Emirate. Zwischen vorgestern und übermorgen. Oldenburg (Olms) 2010.

Hellyer, Peter (Hrsg.). Waves of Time. The Maritime Heritage of the United Arab Emirates. London (Trident Press) 1998.

Henderson, Edward. This Strange Eventful History. Memoirs of earlier days on the UAE and the Sultanate of Oman. Dubai (Motivate Publishing) 2001.

Hermann, Rainer. Krisenregion Nahost. Schriftenreihe der Vontobel-Stiftung. Zürich 2010.

Hillyard, Susan. A Personal Memoir of Abu Dhabi 1954–1958. Great Longstone (Ashridge Press) 2002.

Höselbarth, Frank. Die Bildungsrevolution am Golf. Ein Handbuch. Hildesheim (Olms) 2010.

Khezri, Bijan. Generation Dubai. Exit, Voice and Loyalty. Guernsey (Khezri Collection) 2009.

Khoubrou, Mitra/Bouman, Ole/Koolhaas, Rem (Hrsg.). Al Manakh. Analysis of developments along the Gulf: A Guide, a Survey, an Agenda. Amsterdam (Archis Foundation) 2007.

Krane, Jim. Dubai: The Story of the World's Fastest City. London (Atlantic) 2009.

Langham, Eric u.a. (Hrsg.). Mubarak Bin London. Wilfred Thesiger and the Freedom of the Desert. Abu Dhabi Culture & Heritage. 2008.

Maitra, Jayanti/Qasr Al Hosn. The History of the Rulers of Abu Dhabi 1793–1966. Abu Dhabi (Centre for Documentation and Research) 2001.

O'Sullivan, Edmund. The New Gulf. How modern Arabia is changing the world for good. Dubai (Motivate Publishing) 2008.

Potter, Lawrence G. / Sick, Gary G. (Hrsg.). Security in the Persian Gulf. Origins, Obstacles, and the Search for Consensus. New York (Palgrave) 2002.

Sampler, Jeffrey/Eigner, Saeb. Sand to Silicon. Achieving Rapid Growth Lessons from Dubai. London (Profile Books) 2003.

Schindhelm, Michael. Dubai Speed. Eine Erfahrung. München (Deutscher Taschenbuch Verlag) 2009.

Simpfendorfer, Ben. The New Silk Road: How a Rising Arab World is Turning Away from the West and Rediscovering China. Basingstoke (Palgrave Macmillan) 2009.

Tatchell, Jo. A Diamond in the Desert: Behind the Scenes in the Worlds Richest City [Abu Dhabi]. London (Sceptre) 2009.

Thesiger, Wilfred. Die Brunnen der Wüste. Mit den Beduinen durch das unbekannte Arabien. München (Piper) 1998. Im englischen Original: Arabian Sands. London (Longman, Green and Co.) 1959.

Thesiger, Wilfred. The Life of My Choice. London (W. W. Norton and Company) 1987.

Karten

Die Staaten der Golfregion

Die wichtigsten Städte in der Golfregion

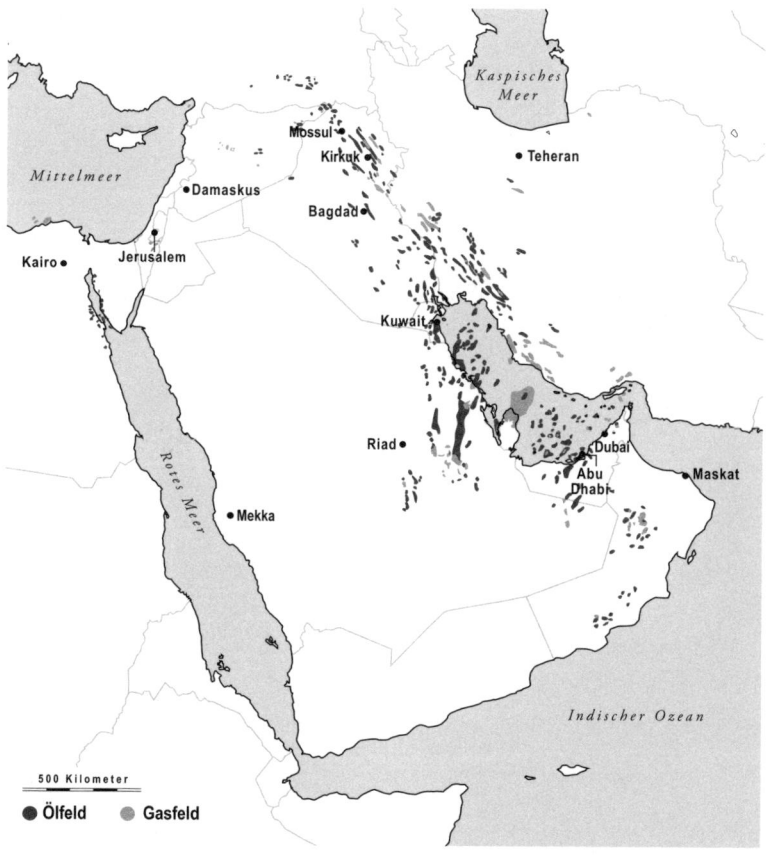

Die wichtigsten Erdöl- und Erdgas-Vorkommen in der Golfregion

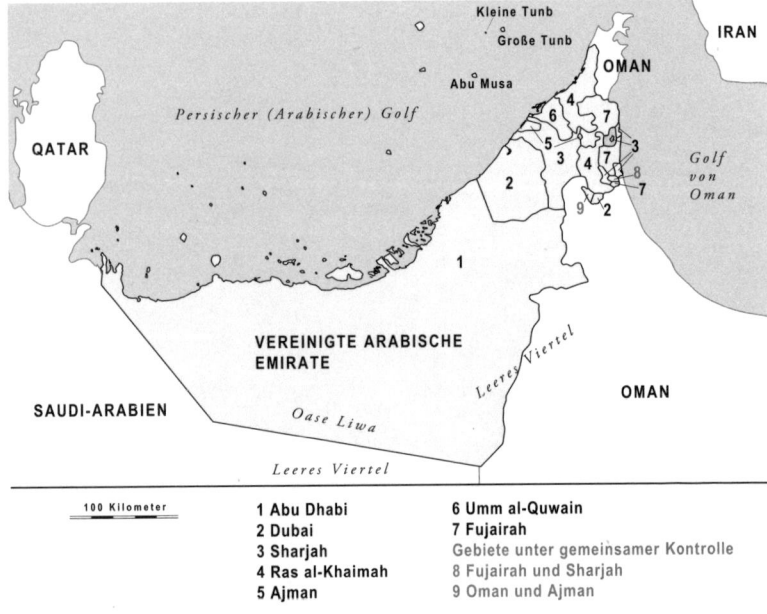

1 Abu Dhabi
2 Dubai
3 Sharjah
4 Ras al-Khaimah
5 Ajman

6 Umm al-Quwain
7 Fujairah
Gebiete unter gemeinsamer Kontrolle
8 Fujairah und Sharjah
9 Oman und Ajman

Die Vereinigten Arabischen Emirate

Register

Abbas, Mahmud 301
Abbasiden 221
Abbasidenreich 58
Abbottabad 328
Abd al-Wahhab, Muhammad ibn
(Reformer) 266
Abdalaziz, Ebtisam 211
Abdulaziz Al al-Sheikh
(Großmufti) 265
Abdullah, Abdulkhaleq 86
Abdulmuttalib, Faruk 326
Abdulwahid, Khalil 211
Abu Dhabi 11, 28, 31–35, 37–54,
58–63, 65f., 72, 74, 77, 79f., 89,
93, 95f., 98, 107f., 110–112,
128, 138, 144, 146–149, 151,
155, 158–160, 171–242, 246,
251, 254–260, 274f., 290,
296, 298, 310, 313–317, 321f.,
337
Abu Dhabi Authority for Culture
and Heritage (Adach) 35, 63,
214f., 217f., 221
Abu Dhabi Education Council
(Adec) 234
Abu Dhabi International Energy
Company (Taqa) 181
Abu Dhabi Investment Authority
(ADIA) 191–193, 196
Abu Dhabi Investment Council
(ADIC) 185, 192, 196
Abu Dhabi Music & Arts
Foundation (Admaf) 210,
215
Abu Dhabi National Oil
Company (Adnoc) 181
Abu Dhabi University 236
Abu Moussa (Insel) 45, 319ff.
Abyan 327
AC Mailand 198
Adach s. Abu Dhabi Authority
for Culture and Heritage
Adami, Filippo 219
Addis Abeba 69
Adec s. Abu Dhabi Education
Council
Aden 306, 326f, 332
Aden-Abyan-Armee 327

Advanced Military Maintenance,
Repair and Overhaul Centre
(AMMROC) 195
Aedas (Architekturbüro) 136,
185
Afar (Nomadenvolk) 70
Afghanistan 74, 90, 105, 139f.,
142, 149, 246, 251, 301, 310,
325f., 333
Afrika 54, 60, 70, 111, 128, 166,
181, 195, 245, 251, 260, 262,
285–287, 304, 312f., 322
Agha Khan Foundation 299
Ägypten 9, 11, 14–17, 20–25, 28,
42f., 49, 90, 93f., 101, 104, 136,
139, 142, 164, 210, 246, 260,
272, 300, 302, 305, 328, 330
Ahmad, Kamal 283
Ahmad, Yusuf, al- 264
Ahmadi (Kuwait) 291
Ahmadineschad, Mahmud
(Präsident) 318f., 323
Ahmar, Ali Muhsin al- 331
Ain, al- 34, 38, 52f, 58, 63, 72,
80, 179, 185, 194, 198, 215,
218f., 221, 224, 229, 231, 236
Ajdabiya (Libyen) 12
Ajman (Emirat) 31, 40, 45, 78,
213
Ajtebi, Ahmad 65
Akab (Insel, Emirat Umm al-
Qaiwain) 55
Al al-Sheikh (Familie; s. auch:
Ibn Abd al-Wahhab) 266f.
Al Bu Falasah (Stamm) 38
Al Ghanim (Familie) 288
Al Khalifa (Familie) 272, 275f.,
279, 282, 284
Al Khalifa, Ahmad bin Atiyaallah
283
Al Khalifa, Hamad bin Issa
(König) 32, 275, 278, 281
Al Khalifa, Issa bin Salman
(Emir) 277f.
Al Khalifa, Khalid bin Ahmad
283
Al Khalifa, Khalifa bin Abdullah
283